"十四五"职业教育国家规划教材

"十三五"职业教育国家规划教材

高职高专汽车类教学改革成果教材

汽车制造工艺

主　编　邢　峰　黄超群
副主编　魏显坤　李　军
参　编　杨　平　刘绍波
主　审　李若刚

机械工业出版社

本书为"十四五"职业教育国家规划教材。

本书是汽车制造类课程教材，汽车类专业都可以开设相关课程，并选用本书。本书以面向职业教育为主，也可作为汽车类本科教育或工程技术人员学习、培训用书。

本书内容以项目化教学方式编排，系统介绍汽车制造工艺过程。针对汽车零件制造工艺、汽车车身制造工艺、汽车装配工艺、汽车先进制造技术四个学习领域，以项目引导教学内容的展开，注重学生操作训练，注重产品加工制造过程规范训练，具有较好的项目教学操作性，是汽车制造工艺课程项目化教学的优秀教材。

本书配有电子课件、教案、习题答案、课程标准、8套试卷及答案、二维码视频资源等，凡使用本书作为教材的教师可登录机械工业出版社教育服务网 www.cmpedu.com 免费下载。咨询电话：010-88379375。

图书在版编目（CIP）数据

汽车制造工艺/邢峰，黄超群主编. —北京：机械工业出版社，2016.9（2025.8重印）
高职高专汽车类教学改革成果教材
ISBN 978-7-111-53666-6

Ⅰ.①汽… Ⅱ.①邢…②黄… Ⅲ.①汽车-生产工艺-高等职业教育-教材 Ⅳ.①U466

中国版本图书馆 CIP 数据核字（2016）第 087323 号

机械工业出版社（北京市百万庄大街22号　邮政编码100037）
策划编辑：葛晓慧　责任编辑：葛晓慧
责任印制：常天培　责任校对：任秀丽　李锦莉
唐山楠萍印务有限公司印刷
2025年8月第1版·第18次印刷
184mm×260mm·15.5印张·373千字
标准书号：ISBN 978-7-111-53666-6
定价：44.00元

电话服务　　　　　　　　　网络服务
客服电话：010-88361066　　机　工　官　网：www.cmpbook.com
　　　　　010-88379833　　机　工　官　博：weibo.com/cmp1952
　　　　　010-68326294　　金　书　网：www.golden-book.com
封底无防伪标均为盗版　　机工教育服务网：www.cmpedu.com

关于"十四五"职业教育国家规划教材的出版说明

为贯彻落实《中共中央关于认真学习宣传贯彻党的二十大精神的决定》《习近平新时代中国特色社会主义思想进课程教材指南》《职业院校教材管理办法》等文件精神，机械工业出版社与教材编写团队一道，认真执行思政内容进教材、进课堂、进头脑要求，尊重教育规律，遵循学科特点，对教材内容进行了更新，着力落实以下要求：

1. 提升教材铸魂育人功能，培育、践行社会主义核心价值观，教育引导学生树立共产主义远大理想和中国特色社会主义共同理想，坚定"四个自信"，厚植爱国主义情怀，把爱国情、强国志、报国行自觉融入建设社会主义现代化强国、实现中华民族伟大复兴的奋斗之中。同时，弘扬中华优秀传统文化，深入开展宪法法治教育。

2. 注重科学思维方法训练和科学伦理教育，培养学生探索未知、追求真理、勇攀科学高峰的责任感和使命感；强化学生工程伦理教育，培养学生精益求精的大国工匠精神，激发学生科技报国的家国情怀和使命担当。加快构建中国特色哲学社会科学学科体系、学术体系、话语体系。帮助学生了解相关专业和行业领域的国家战略、法律法规和相关政策，引导学生深入社会实践、关注现实问题，培育学生经世济民、诚信服务、德法兼修的职业素养。

3. 教育引导学生深刻理解并自觉实践各行业的职业精神、职业规范，增强职业责任感，培养遵纪守法、爱岗敬业、无私奉献、诚实守信、公道办事、开拓创新的职业品格和行为习惯。

在此基础上，及时更新教材知识内容，体现产业发展的新技术、新工艺、新规范、新标准。加强教材数字化建设，丰富配套资源，形成可听、可视、可练、可互动的融媒体教材。

教材建设需要各方的共同努力，也欢迎相关教材使用院校的师生及时反馈意见和建议，我们将认真组织力量进行研究，在后续重印及再版时吸纳改进，不断推动高质量教材出版。

机械工业出版社

前　言

我国汽车产业经过几十年的发展，产销量已连年稳居世界第一。汽车产业总体保持稳定增长势头，一批有竞争力的汽车及汽车零部件制造企业已初具规模。我国汽车工业主要呈现以下几个方面的特点：产销再创新高，增速稳中有进；乘用车产销增长明显；汽车技术质量进步明显；重点企业市场集中度有所提升；新能源汽车产销增长较快；新工艺、新技术得到推广应用。

汽车产业的发展带来相关岗位技能型人才的大量需求。本书以立德树人为根本，以岗位能力为核心，以技能培养为导向，以汽车制造与试验技术专业人才培养目标为依据进行编排，将精益求精、团队合作的工匠精神融入其中。本书分为汽车零件制造工艺、汽车车身制造工艺、汽车装配工艺、汽车先进制造技术四个学习领域，将汽车的零件加工、车身、装配工艺与汽车先进制造技术组合在一起，学习者既可以掌握汽车典型零件的加工过程、零件的加工工艺内容和工艺编写，进行零件加工的操作实训，又可以把握汽车车身、装配的要求与操作；注重提升学习者在汽车制造方面技术能力的培养，又兼顾国内各类院校汽车制造方面实际实训条件的教学要求和学生培养的目标要求；注重对学生职业道德职业素养的提高，增加了思政案例等内容。

本书内容以项目化教学方式编排，系统介绍汽车制造工艺过程。教材内容组织上以实际任务为驱动，和汽车装调工、车铣工资格考试内容衔接。针对各类汽车零件制造、汽车车身制造、汽车装配工艺、汽车先进制造技术四个学习领域，以项目引导教学内容的展开，注重学生操作训练，注重产品加工制造过程规范训练，具有较好的项目教学操作性。

本书为适应教学需求，适应"互联网+"的新的教学形式，在配套上加入了视频二维码资源，可实现部件的三维宣传、剖切、拆分等效果，学生可直接扫码观看；为了方便教师教学和学生学习，本书还配套了教案、课程设计、电子课件、试卷及答案、习题答案等资源。

作为汽车制造类课程教材，汽车类专业都可以开设相关课程，并选用本书。本书以面向职业教育为主，也可作为汽车类本科教育或工程技术人员学习、培训用书。

本书由重庆工商职业学院和重庆耐德工业股份有限公司相关人员合作编写。其中，重庆工商职业学院邢峰副教授任主编，并编写了学习领域一的模块一、学习领域二的模块六和模块八以及学习领域四的内容；黄超群副教授任主编，并编写了学习领域三的内容；魏显坤任副主编，并编写了学习领域一的模块二、模块四和模块五的内容；李军任副主编，并编写了学习领域一的模块三、学习领域二的模块七的内容。参与本书编写的还有重庆工商职业学院杨平和刘绍波老师。全书由重庆耐德工业股份有限公司李若刚高级工程师任主审。

本书编写过程中得到了汽车及零部件制造企业和众多同行的支持，并提出了不少好的建议，在此表示衷心的感谢！在编写过程中，作者参阅了大量的文献资料和专著，借鉴了不少宝贵的资料。在此，向本书所参考、借鉴资料的原作者致以衷心的谢意！

鉴于编者水平有限，书中难免有不妥或错误之处，敬请广大读者批评指正。

编　者

二维码清单

名称	图形	名称	图形
学习领域一_主轴承盖的定位装夹		学习领域一_传动轴加工过程	
学习领域一_传动轴的定位与夹		学习领域一_叉类零件加工过程	
学习领域一_曲轴加工过程		学习领域一_曲轴定位与装夹	
学习领域一_盘套类零件加工过程		学习领域一_箱体加工过程	
学习领域一_箱体的定位和装夹		学习领域一_铸造工艺过程	
学习领域一_锻造工艺过程		学习领域一_齿轮的各类加工方式	
学习领域二_汽车总装配描述		学习领域二_冲压加工过程	
学习领域二_汽车车身涂装过程		学习领域二_车身板件焊接过程	
学习领域四_先进制造技术描述		学习领域四_智能制造	

目 录

前言
二维码清单
学习领域一　汽车零件制造工艺 ………… 1
　模块一　轴类零件制造工艺 ……………… 2
　　项目一　传动轴加工工艺 ………………… 2
　　　任务一　传动轴工艺分析 ……………… 6
　　　　知识点　如何进行工艺分析 ………… 8
　　　任务二　确定传动轴的毛坯
　　　　　　　类型 ……………………………… 11
　　　　知识点　常见的毛坯类型及
　　　　　　　　选用 …………………………… 12
　　　任务三　选择定位基准和装夹
　　　　　　　方式 ……………………………… 16
　　　　知识点　基准及定位 …………………… 17
　　　任务四　拟订传动轴机械加工
　　　　　　　工艺路线 ………………………… 22
　　　　知识点　工艺路线的拟订 ……………… 24
　　　任务五　加工工序设计 …………………… 26
　　　　知识点　工序加工余量、工序尺寸
　　　　　　　　及时间定额的确定 …………… 28
　　　任务六　填写工艺文件 …………………… 31
　　　　知识点　工艺规程的概念及
　　　　　　　　要求 …………………………… 31
　　　实作训练 …………………………………… 33
　　项目二　曲轴加工工艺 …………………… 33
　　　任务一　发动机曲轴工艺分析 …………… 38
　　　任务二　确定曲轴的毛坯类型 …………… 39
　　　　知识点1　铸造工艺 …………………… 39
　　　　知识点2　曲轴、凸轮轴的铸造
　　　　　　　　　工艺 …………………………… 42
　　　　知识点3　锻造工艺 …………………… 46
　　　任务三　选择定位基准和装夹
　　　　　　　方式 ……………………………… 48
　　　任务四　拟订曲轴机械加工工艺
　　　　　　　路线 ……………………………… 49
　　　　知识点　曲轴机械加工工艺
　　　　　　　　分析 …………………………… 51
　　　实作训练 …………………………………… 53
　模块二　叉架类零件制造工艺 ……………… 54
　　项目　斜支架加工工艺 …………………… 54
　　　任务一　斜支架工艺分析 ……………… 56
　　　任务二　斜支架毛坯选择 ……………… 58
　　　任务三　定位基准和装夹方式的
　　　　　　　选择 ……………………………… 59
　　　　知识点　夹具及定位 …………………… 60
　　　任务四　工艺路线制订 …………………… 70
　　　任务五　工序加工余量、工序尺寸
　　　　　　　及公差 …………………………… 73
　　　任务六　选择工艺装备及工艺
　　　　　　　设备 ……………………………… 74
　　　任务七　填写工艺文件 …………………… 79
　　　　知识点　机械加工 ……………………… 84
　　　实作训练 …………………………………… 93
　模块三　盘套类零件制造工艺 ……………… 94
　　项目　主轴承盖加工工艺 ………………… 94
　　　任务一　主轴承盖加工工艺
　　　　　　　分析 ……………………………… 96
　　　任务二　主轴承盖毛坯选择 ……………… 97
　　　　知识点　热处理 ………………………… 99
　　　任务三　定位基准和装夹方式的
　　　　　　　选择 ……………………………… 107
　　　　知识点　基准选择原则 ………………… 110
　　　任务四　拟订工艺路线 …………………… 110
　　　　知识点1　组合工序的原则 ……………… 111
　　　　知识点2　精加工和光整加工 …………… 112
　　　任务五　设计加工工序 …………………… 116
　　　任务六　填写主轴承盖机械加工
　　　　　　　工艺文件 ………………………… 120
　　　实作训练 …………………………………… 122
　模块四　齿轮制造工艺 ……………………… 123
　　项目　齿轮加工工艺 ……………………… 124
　　　任务一　齿轮工艺分析 ………………… 124
　　　任务二　齿轮毛坯选择 ………………… 125
　　　任务三　定位基准和装夹方式的

选择 ……………………………	125	任务五　CO_2 气体保护焊 …………… 189
任务四　工艺路线 …………………	126	项目二　车身焊装夹具 …………………… 192
任务五　填写工艺文件 ……………	126	任务一　了解车身焊装夹具 ………… 192
知识点1　齿面加工 ……………	127	任务二　焊装件的定位与夹紧 ……… 193
知识点2　花键及螺纹加工 ……	129	任务三　常见车身焊装夹具 ………… 194
实作训练 ……………………………	132	项目三　车身焊装的工艺性 …………… 196
模块五　箱体制造工艺 …………………	133	任务一　车身焊件分块 ……………… 196
项目　变速器箱体制造工艺 …………	134	任务二　焊接结构与焊点布置 ……… 196
任务一　箱体工艺分析 ……………	136	习题 ……………………………………… 198
知识点　箱体零件制造工艺 ……	137	模块八　汽车车身涂装工艺 ……………… 199
任务二　箱体毛坯选择 ……………	141	项目一　汽车车身用涂料 ……………… 199
任务三　定位基准和装夹方式的		任务一　车身用底漆 ………………… 200
选择 ……………………………	141	任务二　车身用中间涂层 …………… 200
任务四　工艺路线 …………………	143	任务三　车身用面漆 ………………… 201
任务五　工序加工余量、工序尺		项目二　漆前表面处理 ………………… 202
寸及公差 ………………………	144	任务一　车身表面脱脂 ……………… 203
任务六　填写工艺文件 ……………	145	任务二　车身表面磷化处理 ………… 205
实作训练 ……………………………	151	项目三　汽车车身涂装工艺 …………… 206
学习领域二　汽车车身制造工艺 ………	152	任务一　汽车车身涂装工艺的
模块六　汽车车身冲压工艺 ……………	153	关键工序 ……………………… 206
项目一　了解冲压工艺 ………………	153	任务二　汽车车身涂装典型
任务一　了解冲压过程 ……………	154	工艺 …………………………… 208
任务二　了解冲压材料 ……………	155	习题 ……………………………………… 211
任务三　了解冲压模具 ……………	156	学习领域三　汽车装配工艺 ……………… 212
项目二　冲压工艺过程 ………………	159	模块九　装配工艺与设备 ………………… 213
任务一　汽车零件的冲压工艺 ……	160	项目一　装配生产方式 ………………… 213
任务二　冲压生产线及冲压		项目二　装配工艺与设备 ……………… 214
设备 ……………………………	161	任务一　汽车装配工序与装配车间
项目三　汽车车身覆盖件冲压工艺 …	166	平面布置 ……………………… 214
任务一　汽车车身覆盖件冲压成形		任务二　装配工作法 ………………… 216
特点 ……………………………	166	任务三　内饰装配线 ………………… 217
任务二　覆盖件冲压基本工序及		任务四　车辆检查线和调整线 ……… 218
冲压工艺方案的确定 …………	168	模块十　车身安装工艺 …………………… 220
任务三　车身覆盖件拉深件成形 …	169	习题 ……………………………………… 224
项目四　冲压件质量控制 ……………	177	学习领域四　汽车先进制造技术 ………… 225
习题 ……………………………………	178	模块十一　精益生产 ……………………… 226
模块七　汽车车身焊装工艺 ……………	179	模块十二　并行工程 ……………………… 229
项目一　车身焊接工艺 ………………	179	模块十三　快速成形技术 ………………… 231
任务一　了解车身焊接工艺 ………	179	模块十四　敏捷制造 ……………………… 235
任务二　电阻焊 ……………………	181	模块十五　虚拟制造 ……………………… 237
任务三　点焊 ………………………	183	习题 ……………………………………… 239
任务四　缝焊和凸焊 ………………	187	参考文献 …………………………………… 240

学习领域一　　汽车零件制造工艺

从 19 世纪末至今，汽车工业的发展已有一百多年的历史。从欧洲国家"敢想敢做"，到美国"称霸世界"，日本"后来居上"，中国"大国崛起"，构成了一部汽车竞争史。

新中国成立后，建立和发展了自己的汽车工业。1992 年，中共十四大和人大八届四次会议确定将汽车工业列为国民经济支柱产业。在国家和地方产业方针、政策指引下，中国的汽车工业经过半个世纪、几代人的艰苦奋斗，发生了翻天覆地的变化，从一个曾经是"只有卡车没有轿车""只有公车没有私车""只有计划没有市场"的汽车工业，形成了种类齐全、生产能力强大、产品水平日益提高的汽车工业体系。

世界上各个国家在汽车上的竞争，一个主要方面就是制造技术的竞争，先进的制造技术是提高汽车产品市场竞争力的基本保证。中国汽车产销量已经连续十余年位居世界第一，汽车质量也越来越得到国内外消费者和行业专家的认可。中国一代代汽车人不断学习、积累、实践、创新，与时俱进，研发进取；更有无数汽车人不畏艰辛、艰苦奋斗、艰难探索，勇于发扬工匠精神，才使中国汽车品质不断提高。相信随着汽车人的不懈努力，中国制造的汽车会以更高的品质、更优的性能被人们接受和喜欢。中国制造将集成更多先进科技成果，为我国的发展和中华民族伟大复兴发挥更大作用。

汽车是由几万个零件相互协调、配合组成的复杂机器。汽车的质量在很大程度上取决于汽车零件的制造质量。汽车零件往往产量大、类型多、结构复杂，而且对零件的形状、尺寸和性能都有较高的质量要求。为了保证这些要求，针对不同类型的汽车零件，常采用不同的制造工艺满足产品要求。

模块一　轴类零件制造工艺

知识目标

1. 了解工艺文件主要类型。
2. 了解汽车零件制造工艺的内容和要求。
3. 掌握轴类零件制造工艺过程。
4. 掌握零件加工工艺文件的一般编制方法。

能力目标

1. 能够看懂汽车零件制造工艺文件。
2. 能够编制轴类零件制造工艺。

学习引导

1. 常见典型轴类零件

轴类零件是汽车上应用最广泛的机械零件，主要用于支承传动零件和传递动力，具有多种结构形式。汽车上常见轴类零件如图1-1所示。

图 1-1　汽车上常见轴类零件

a）活塞销　b）空心阶梯轴　c）发动机曲轴　d）发动机凸轮轴

2. 轴类零件的结构特点

常见轴类零件的基本形状是阶梯状的回转体，其长度大于直径，主体由多段不同直径的回转体组成。轴上一般有轴颈、轴肩、键槽、挡圈槽、销孔、内孔、螺纹、螺纹孔等结构要素，以及中心孔、退刀槽、倒角、圆角等机械加工工艺结构。

3. 轴类零件的材料

轴类零件的制造材料一般多为碳素钢，其中45钢最常用。不重要或受力较小的轴，可采用Q235-A等普通碳素钢。外形复杂的轴则一般采用高强度铸铁或球墨铸铁。

项目一　传动轴加工工艺

项目任务书

编制某传动轴制造工艺，其项目任务书见表1-1。

表1-1 传动轴制造工艺项目任务书

任务名称	编制传动轴机械加工工艺
编制依据	1. 相关技术文件和资料 （1）传动轴零件图如图1-2所示 （2）传动轴装配示意图如图1-3所示。每台产品中传动轴的数量为1件 2. 产品生产纲领 （1）产品的生产纲领为200台/年，成批生产 （2）传动轴的备品百分率为2%，废品百分率为0.1% 3. 生产条件和资源 （1）毛坯为外协件，生产条件可根据需要确定 （2）由机加工车间一班负责生产 （3）现可供选用的加工设备如下： 1）CA6140×1000卧式车床多台 2）X5032普通立式铣床多台 3）GDM-300A万能外圆磨床多台 （4）各设备均达到规定的工作精度要求
工作结果	1. 传动轴锻件 2. 传动轴机械加工工艺过程卡

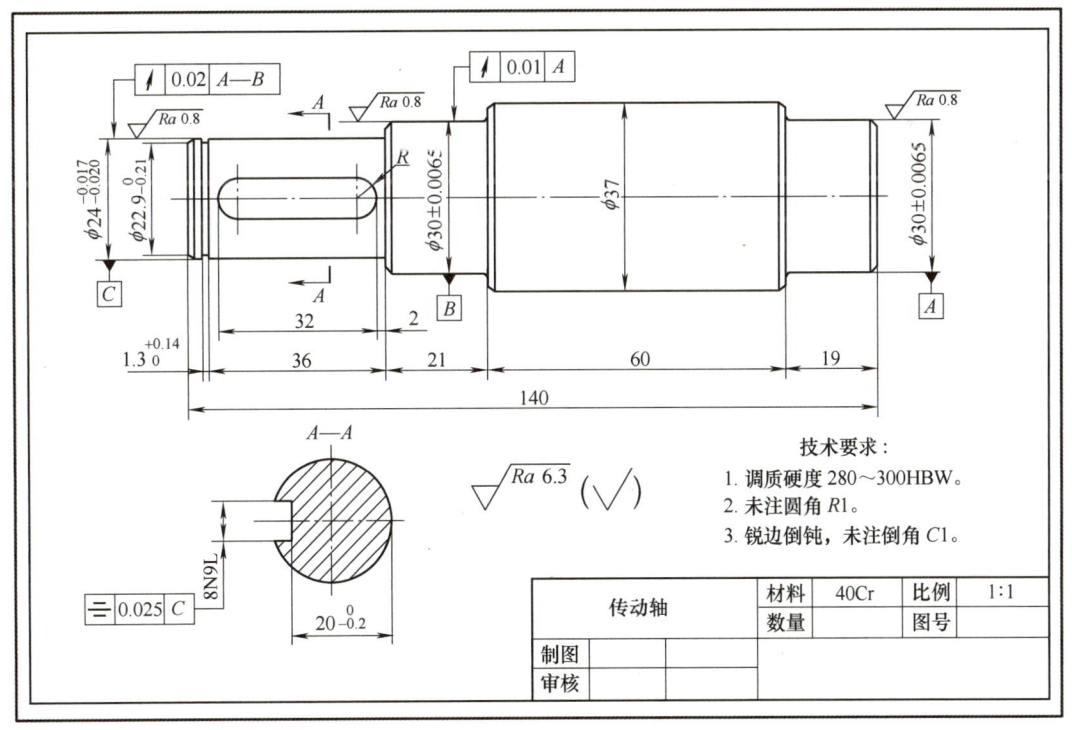

图1-2 传动轴零件图

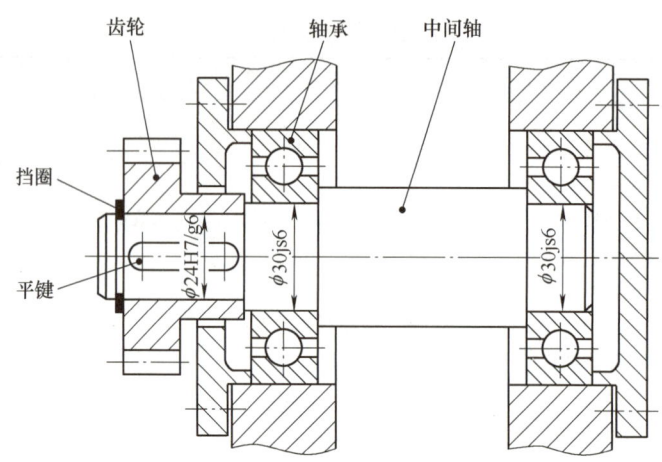

图 1-3 传动轴装配示意图

项目基础知识　汽车及零部件生产工艺过程

一、汽车生产过程与工艺过程

1. 汽车生产过程

将原材料转变为汽车产品的全过程称为汽车生产过程。包括原材料运输和保存、生产准备工作、毛坯制造、零件加工及热处理、部件装配和油装、整车装配和试验调整等。

汽车生产过程可以分为几个主要阶段。在制造厂中，这些阶段如下：

1）毛坯制造（在铸造、锻压等车间进行）。

2）零件加工（在机加工、冲压、焊接、热处理和表面处理等车间进行）。

3）部件装配（在装配车间进行）。

4）整车试验（在试车台上进行）。

汽车的生产过程是一个十分复杂的过程，不仅包括直接作用在生产对象的工作，也包括许多生产准备工作（如生产计划的制订、工艺规程的编制与生产工具的准备等）和生产辅助工作（如设备的维修、工具的刃磨、原材料和半成品的供应、保管与运输以及生产中的统计与核算等）。

现代汽车的生产由许多工厂合作完成，有利于汽车零部件的标准化和组织专业化生产，提高产品质量，降低生产成本。

2. 汽车生产工艺过程

（1）什么是工艺过程　工艺过程是与改变原材料或半成品使其成为成品直接有关的过程。汽车生产工艺过程有机械加工、冲压、锻压、铸造、焊接、热处理、表面处理、装配和试车等。机械加工在总劳动量中占的比重最大，是获得复杂构形和高精度汽车零件的主要手段，在汽车生产的整个工艺过程中占有最重要的地位。

（2）工艺过程的组成

1）工序。工序是指一个或一组工人，在一个工作地，对一个或同时几个工件所连续完成的那一部分工艺过程。汽车及零部件制造工艺过程由一系列工序组成，工序的内容可繁可简，它是组成工艺过程的基本单元，毛坯依次通过这些工序加工为成品。

完成一个工序，常需要进行许多工作，这些工作可分为基本工作（切削）和辅助工作

(装卸工件、开动机床、引进工具和测量工件等)两部分。在辅助工作中,工件的安装占有很重要的地位。

2)安装。安装是使工件在机床上占据应有的位置,并夹紧使其固定在这个位置上。安装包括定位和夹紧两个内容。在一个工序中,可以用一次安装或几次安装来进行加工。

工件在一个工序中进行多次安装,往往会降低加工质量,而且还要花费很多装夹时间,因此,当工件必须在不同的位置加工时,常利用夹具来改变工件的位置。

3)工位。工位是工件在一次装夹后,在机床上所占有的各个位置。

4)工步。工步是指在被加工表面、切削工具和机床工作用量的转速和进给量均保持不变的条件下所进行的工作。为了提高生产率,常常将几个工步合并成为一个复合工步。这种复合工步的特点是用几个工具同时加工几个表面。在多刀、多轴机床上进行零件加工时,主要是利用这一特点来提高劳动生产率。一个工步又可分为几次走刀进行。

5)走刀。走刀是指在一个工步中,切削工具从被加工表面上每切去一层金属所进行的工作。当工件表面上需要切去的金属太厚,不可能或不宜一次切下时,就需要分几次走刀来进行加工。

(3) 设计工艺过程的基本要求　设计零件的机械加工工艺过程,是生产技术准备工作的一个重要组成部分。

一个零件可以采用不同的工艺过程制造出来。正确与合理的工艺过程,应满足下列基本要求。

1)保证产品的质量符合设计图和技术条件所规定的要求。

2)保证高的劳动生产率。

3)保证经济上的合理性。

在设计工艺过程中,要合理地解决技术和经济问题。为了使设计的工艺过程更为合理,需要对各种可行的方案进行分析比较,使工艺过程能全面地符合质量、生产率和经济性要求。

(4) 设计工艺过程的技术依据　零件机械加工的工艺过程,取决于零件的技术要求、产量大小和现场生产条件。在设计工艺过程时,必须掌握下列资料作为基本技术依据。

1)零件图及技术条件。

零件图及技术条件是对制造对象的基本描述,是设计工艺过程的首要技术依据。设计工艺过程时,首先应对零件图进行详细的工艺分析,掌握工艺关键并采取必要的工艺措施。

2)生产量及生产类型。

工艺过程必须根据生产量来设计。产品的产量及劳动量的大小,是影响生产类型的主要因素。生产类型一般分为单件生产、成批生产和大量生产。

在同一工厂内,甚至在同一车间中,各个工段也可能按不同的生产类型来组织生产。由于生产类型的不同,对生产组织、生产管理、车间布置、设备、工艺装备、工艺方法以及操作者的技术水平等各方面的要求也都有所不同。在设计工艺过程时,必须注意和生产类型相适应。

3)生产条件。

设计工艺过程是指在工厂现有的条件下,从现有的机床设备出发设计合理的工艺过程,使现有的设备得到充分利用。如果在新设计的工厂条件下进行,可以根据需要和可能的条件来选择设备,采用较为先进的技术。

新技术、新工艺的发展,新设备的不断出现,标志着生产工艺水平的提高。为了保证质量、提高劳动生产率并降低生产成本,设计工艺过程时,要注意新技术的应用。

二、获得工件尺寸及形状的方法

1. 获得工件尺寸的方法

可采用以下方法使工件加工后尺寸达到规定要求。

(1) 试切法 加工每个工件时,通过反复试切、测量、调试,确定刀具相对于工件的正确位置,获得规定尺寸。其特点是生产率低、对工人技术要求高,仅适用于单件、小批量生产。

(2) 调整法 加工一批工件之前,先调整好刀具与工件在机床上的相对位置,并在加工中保持这个位置,获得规定尺寸。调整法加工的特点是生产率高,尺寸稳定性好,对工人技术要求较低,适于批量生产。

(3) 定尺寸刀具法 定尺寸刀具法是利用刀具的相应尺寸来获得工件被加工部位尺寸的一种方法,使用该方法生产率较高。

(4) 主动测量法 主动测量法是指在加工工件尺寸的同时,利用自动检测装置来测量和控制被加工表面尺寸的一种方法。主动测量法的加工精度高,主要用在自动生产线或精密机床上。

2. 获得工件形状的方法

(1) 轨迹法 依靠刀具的运动轨迹获得工件所需的形状。

(2) 成形法 利用与工件形状相匹配的成形刀具将工件加工成所需的形状。

(3) 展成法 利用刀刃在运动过程中形成的包络线加工出工件所需形状的方法。

三、经济精度

任何一种加工方法都有相对应的经济精度。所谓经济精度是指在正常的机床、刀具、工人等工作条件下,在标准的加工时间内进行加工所能达到的加工精度。在确定零件的加工工艺路线时,零件加工后应达到的公差等级必须与所选加工方法的经济精度相对应。

四、工艺规程

每个零件依次通过的全部加工内容称为工艺路线。为了将毛坯加工成符合要求的零件,必须制订零件的工艺路线。每个零件的工艺路线并不是唯一的,要根据优质、高产、低消耗的原则选择最优路线。写成文件形式的工艺路线就是工艺规程。

任务一 传动轴工艺分析

【任务目标】

1)看懂传动轴的零件图和装配图,明确传动轴在产品中的作用。
2)找出其主要技术要求,确定传动轴的加工关键表面。
3)计算传动轴的生产纲领。
4)确定传动轴的生产类型及工艺特征。

【任务实施】

步骤1 明确传动轴的装配位置和作用

由传动轴装配图可知,传动轴起支承齿轮、传递转矩的作用。两 $\phi 30\mathrm{mm}$ 外圆(轴颈)

用于安装轴承，φ37mm轴肩起轴承轴向定位作用。φ24mm外圆及轴肩用于安装齿轮及齿轮轴向定位，采用普通平键联接，左端有挡圈槽，用于安装挡圈，以轴向固定齿轮。

步骤2 确定传动轴的加工关键表面

1）零件图采用了主视图和移出断面图表达其形状结构。产品由四段不同直径的回转体组成，有轴颈、轴肩、键槽、挡圈槽、倒角、圆角等结构。

2）φ30js6、φ24g6轴颈都具有较高的尺寸精度（IT6）和位置精度（圆跳动分别为0.01mm、0.02mm）要求，表面粗糙度要求也较高，是加工关键表面；φ37轴肩两端面进行轴向定位，也应列为加工的关键表面。

3）键槽侧面（宽度）尺寸精度（IT9）要求中等，位置精度（对称度0.025mm约为8级）要求比较高，表面粗糙度要求较低，键槽底面（深度）尺寸精度和表面粗糙度要求都较低，所以键槽是次要加工表面。

4）挡圈槽、左、右端面、倒角及圆角R1等其余表面，尺寸及表面精度要求都比较低，为次要加工表面。

步骤3 计算传动轴的生产纲领

根据任务书已知：产品的生产纲领 $Q=200$ 台/年；每台产品中传动轴的数量 $n=1$ 件/台；传动轴的备品百分率 $a=2\%$；传动轴的废品百分率 $b=0.1\%$。

传动轴的生产纲领计算如下

$$N = Qn(1+a)(1+b)$$
$$= 200 \times 1 \times (1+2\%) \times (1+0.1\%)$$
$$= 204 \text{ 件/年}$$

步骤4 确定传动轴的生产类型及工艺特征

传动轴属于中型机械类零件。根据生产纲领（204件/年）及零件类型（中型机械），由《机械加工工艺手册》可查出，传动轴的生产类型为小批生产。

【任务结果】

根据前述工作，传动轴的加工关键表面见表1-2，在零件图上表示如图1-4所示。传动轴的生产纲领和生产类型见表1-3。

表1-2 传动轴的加工关键表面

名　　称	结　　果
加工关键表面	φ30js6、φ24g6轴颈及轴肩两端面
加工次要表面	其余表面

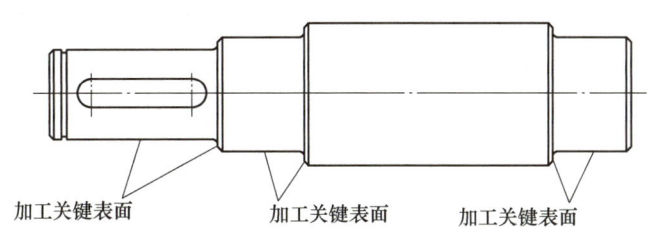

图1-4 传动轴的加工关键表面

表 1-3　传动轴的生产纲领和生产类型

项　目	结　果
生产纲领	204 件/年
生产类型	小批生产
工艺特征	1）毛坯采用自由锻造，精度低，余量大 2）加工设备采用通用机床 3）工艺装备采用通用夹具或组合夹具、通用刀具、通用量具、标准附件 4）工艺文件需编制简单的加工工艺过程卡片 5）加工采用画线、试切等方法保证尺寸，生产率低，要求操作工人技术熟练

【知识点】　如何进行工艺分析

设计工艺路线之前，首先要进行仔细的工艺分析。通过了解零件的功用和工作条件，分析精度及其他技术要求，掌握零件构造特点和工艺关键。

一、分析产品的零件图和装配图

工艺分析的目的是审查零件的结构形状和尺寸精度、相互位置精度、表面粗糙度、材料及热处理等的技术要求是否合理，是否便于加工和装配；通过工艺分析，对零件的工艺要求进行深入了解，制订合理的工艺规程。

编制零件机械加工工艺规程前，应首先研究零件图和产品装配图，熟悉该产品的用途、性能及工作条件，明确零件在产品中的位置和作用；研究各项技术条件制订的依据，找出主要技术要求和关键点，在拟订工艺规程时采取适当措施加以保证。一般要具体进行下列几方面的工艺分析。

1. 零件的主要表面及其要求和保证方法

零件的主要表面是指零件与其他零件相配合的表面，或者是直接参加机器工作过程的表面。主要表面的加工质量往往对零件工作的可靠性与寿命有很大的影响，精度要求一般比较高，而且零件的构造、精度及材料的加工性等问题，都会在主要表面的加工中反映出来。在设计工艺路线时，首先要考虑如何保证主要表面的要求。

根据主要表面的形状、尺寸与精度等因素的要求，便可初步确定这些表面的最后加工方法。根据这些最后的加工方法，进一步确定在这以前的一系列工序的加工方法。

2. 重要的技术要求及保证的方法

重要的技术要求一般指表面的形状精度和位置关系精度、表面处理、热处理及特种检验等，是影响工艺路线设计的重要因素，特别是位置精度要求较高时，对加工过程影响很大。

3. 位置尺寸的标注

表面间位置尺寸标注的方式，在一定程度上决定了加工的顺序。

综上所述，在对零件进行工艺分析时，应从构形、技术要求和材料各方面进行分析。尤其是对主要表面、重要的技术条件和主要的位置尺寸标注应做重点研究，从而把握零件在加工过程中的关键工艺及主要工序，为具体设计工艺路线提供必要的技术基础。

二、零件结构工艺性分析

1. 零件结构工艺性的概念

零件结构工艺性是指零件在满足使用要求前提下制造的可行性和经济性。包括零件各个制造过程的工艺性,如零件结构的铸造、锻造、冲压、焊接、热处理、切削加工、装配等工艺性。在制订机械加工工艺规程时,主要进行零件切削加工工艺性分析。

在不同的生产类型和生产条件下,同样结构的制造可行性和经济性可能不同。零件结构工艺性的分析,可从零件的组成要素、零件尺寸和公差的标注和零件的整体结构三方面来阐述。

2. 零件要素的工艺性

零件要素是指组成零件的各加工面。零件要素的工艺性会直接影响零件的工艺性,零件要素的切削加工工艺性主要有以下三点要求。

1)加工面与非加工面应明显分开,加工面之间也应明显分开。
2)各要素的形状应尽量简单,面积尽量小,规格尽量标准、统一。
3)能采用普通设备和标准刀具进行加工,且刀具易进入、退出和顺利通过加工表面。

表1-4列出了常见零件结构要素的工艺性实例,供分析时参考。

表 1-4　常见零件结构要素的工艺性实例

主要要求	结构工艺性		要点说明
	不合理的结构	改进后的结构	
1)避免斜孔			1)简化夹具结构 2)几个平行的孔便于同时加工 3)减少孔的加工量
2)钻孔的入端和出端应避免斜面			1)避免刀具损坏 2)提高钻孔精度 3)提高生产率
3)加工面积应尽量小			1)减少加工量 2)减少材料及切削工具的消耗量
4)孔的位置不能距壁太近		S $S > D/2$ D	1)可采用标准刀具和辅具 2)提高加工精度

3. 零件整体结构的工艺性

零件是各要素、各尺寸组成的一个整体,所以更应考虑零件整体结构的工艺性,具体有以下五点要求。

1)尽量采用标准件、通用件。

2)有便于装夹的基准。图 1-5 所示的车床小刀架,当以定位面定位加工加工面时,为满足加工工艺的需要而在零件上增设工艺凸台,就是便于装夹的辅助基准。

3)零件要有足够的刚性,便于采用高速和多刀切削。

4)有位置要求或同方向的表面能在一次装夹中加工出来。

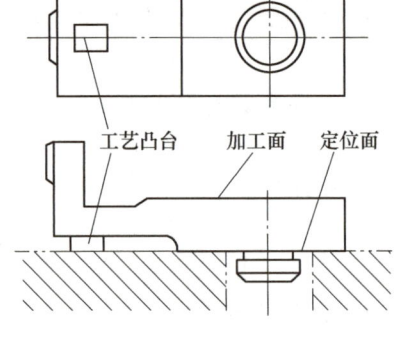

图 1-5　车床小刀架的工艺凸台

5)节省材料,减轻质量。

随着并行工程引入设计制造领域,在解决设计和制造这对矛盾方面有了新的观点,提出可制造性设计和可装配性设计。并行工程优化产品设计技术,使设计的产品易于制造、装配,以获得最低的制造和装配费用。把制造提到和设计并列的地位,有时甚至更强调制造,使设计满足制造要求,这是符合市场需要又满足企业根本利益的。

三、生产纲领和生产类型

1. 生产纲领

产品的生产纲领是指企业在一年的计划期内应当生产的产品产量和进度计划。零件的生产纲领是指该零件(包括备品和废品在内)的年生产总量。每台产品中相同零件的数量可能不止一件,零件的产量和产品的产量不一定相同。零件的生产纲领按下式计算

$$N = Qn(1+a)(1+b)$$

式中,N 为零件的生产纲领(件/年);Q 为产品的年生产纲领(台/年);n 为每台产品中该零件的数量(件/台);a 为零件的备品百分率;b 为零件的废品百分率。

需要指出的是,随着汽车制造新工艺、新技术的不断发展,以及现代物流管理水平的不断提高,现在许多汽车公司正在向生产的零库存和产品的零缺陷方向迈进。

2. 生产类型

根据产品大小和年生产纲领的不同,可以将生产分为单件生产、成批生产和大量生产三种类型。

单件生产的工艺特点是按零件类型划分车间或工段,产品改型对生产影响不大,零件生产无流水线,通常采用试切法加工,广泛采用通用机床、标准刀具、万能量具、通用夹具或组合夹具,也可采用加工中心等柔性加工设备。

大量生产的工艺特点是按部件组织生产,采用流水线或自动生产线。由于通常采用高效率的专用设备进行加工,故产品改型后原来的设备很难改装,广泛采用专用复合刀具、成形刀具、专用量具和专用夹具,用调整法进行加工。

中批生产的工艺特点是每台设备完成多种零件的相同工序。可以采用标准刀具、通用量具、夹具,也可采用专用刀具、量具、夹具,大部分采用调整法加工,个别用试切法加工。小批生产与单件生产的工艺特征相近,而大批生产的工艺特征与大量生产相似。

零件生产类型的确定，主要取决于产品的生产纲领，但也要考虑零件质量的大小和结构的复杂程度。轻型和重型的零件、结构简单和结构复杂的零件，它们的加工难度和工艺技术都有很大差别。表1-5列举了汽车生产厂生产类型与生产特征及年产量之间的关系。不同生产类型的零件，其加工过程、加工设备和工艺装备等都有很大差别，各种机加工生产类型的生产纲领及工艺特点可查阅《机械加工工艺手册》。

表1-5 汽车生产厂机械加工生产类型的划分

生产类型	生产特征	轿车、1.5t以下载货汽车年产量/辆	载货汽车、自卸汽车年产量/辆	
			2~6t	8~15t
成批生产	小批	2000以下	1000以下	500以下
	中批	2000~10000	1000~10000	500~5000
	大批	10000~50000	10000~30000	5000~10000
大量生产		50000以上	30000以上	10000以上

任务二　确定传动轴的毛坯类型

【任务目标】

1）选择传动轴的毛坯类型及其制造方法。

2）绘制传动轴的锻件图。

【任务实施】

步骤1　选择传动轴毛坯类型及其制造方法

根据传动轴的制造材料（40Cr），查《机械加工工艺手册》可确定，毛坯类型可采用型材或锻件，传动轴有较高机械性能要求，选用锻件；根据其生产类型为小批生产，毛坯采用自由锻造法。

步骤2　绘制传动轴锻件图

1）确定传动轴毛坯的余量。根据《机械加工工艺手册》中阶梯轴的自由锻造机械加工余量计算公式（$D<65\text{mm}$时，按65mm计算，$L<300\text{mm}$时，按300mm计算），传动轴锻件余量计算如下

$$A = 0.26L \times 0.2D \times 0.5$$
$$= 0.26 \times 300 \times 0.2 \times 65 \times 0.5\text{mm}$$
$$= 6.56\text{mm}$$

传动轴锻件余量取整数为7mm。

2）绘制传动轴锻件图，见表1-6。

表1-6 传动轴锻件图

项目	图例
1）用粗双点画线画出传动轴的主视图。只画主要结构，次要细节简化不画，非毛坯制造的孔不画	

(续)

项　目	图　例
2）将加工总余量按尺寸用粗实线画在加工表面上	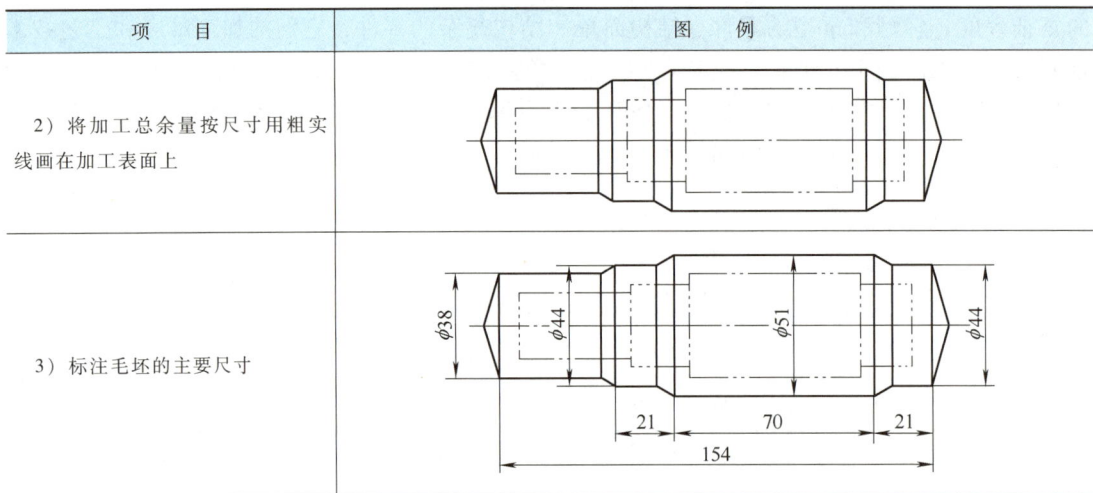
3）标注毛坯的主要尺寸	

【任务结果】

传动轴的毛坯类型及其制造方法见表1-7。

表1-7　传动轴的毛坯类型及其制造方法

项　目	结　果
毛坯的类型及其制造方法	1）毛坯类型为锻件 2）制造方法采用自由锻造
毛坯的机械加工余量及毛坯的尺寸偏差、锻件图	

【知识点】　常见的毛坯类型及选用

材料的成形过程是机械制造的重要工艺过程。机器制造中，大部分零件是先通过铸造成形、锻压成形、焊接成形或非金属材料成形方法制得毛坯，再经过切削加工制成的。毛坯的选择对机械制造质量、成本、使用性能和产品形象有重要的影响，是机械设计和制造中的关键环节之一。

通常，零件的材料一旦确定，其毛坯成形方法也大致确定了。例如，零件采用HT200、QT600-2等材料，显然其毛坯应选用铸造成形；齿轮零件采用45钢、LD7等常采用锻压成形；零件采用Q235、08钢等板、带材，则一般选用切割、冲压或焊接成形；零件采用塑料，则选用合适的塑料成型方法；反之，在选择毛坯成形方法时，除了考虑零件结构工艺性之外，还要考虑材料的工艺性能能否符合要求。

一、常用毛坯成形方法的比较

1. 铸造

铸造是液态金属充填型腔后凝固成形的成形方法，适用于制造各种尺寸和批量且形状复杂尤其具有复杂内腔的零件，如支座、壳体、箱体、机床床身等。手工砂型铸造是单件、小批生产铸件的常用方法；大批大量生产常采用机器造型；特种铸造常用于生产特殊要求或非铁金属铸件。

2. 锻造

锻造是固态金属在压力下塑性变形的成形方法，适用于制造受力较大、组织致密、质量均匀的锻件，如转轴、齿轮、曲轴和叉杆等。自由锻锻造工装简单、准备周期短，但产品形状简单，是单件生产和大型锻件的唯一锻造方法；胎模锻是在自由锻设备上采用胎模进行锻造的方法，可锻造较为复杂、中小批量的中小型锻件；模锻的锻件较复杂，材料利用率和生产率远高于自由锻，但只能锻造批量较大的中小型锻件。

3. 粉末冶金

粉末冶金是通过成形、烧结等工序，利用金属粉末和（或）非金属粉末间的原子扩散、机械楔合、再结晶等获得零件或毛坯的。

粉末冶金材料利用率和生产率高，制品精度高，适合于制造有特殊性能要求的材料和形状较复杂的中、小型零件。例如制造减摩材料、结构材料、摩擦材料、硬质合金、难熔金属材料、特殊电磁性材料、过滤材料等板、带、棒、管、丝各种型材，以及齿轮、链轮、棘轮、轴套类等各种零件；可以制造重量仅百分之几克的小制品，也可制造近 2t 重的大型坯料。

4. 冲压

冲压是借助冲模使金属产生分离或变形的成形方法。冲压可获得各种尺寸且形状较为复杂的零件，材料利用率和生产率高。冲压广泛应用于汽车、仪表行业，是大批量制造质量轻、刚度好的零件和形状复杂的壳体的首选成形方法。

5. 焊接

焊接是通过加热和（或）加压使被焊材料产生共同熔池或塑性变形或原子扩散而实现连接的。焊接可获得各种尺寸且形状较复杂的零件，材料利用率高，采用自动化焊接可达到很高的生产率，适用于形状复杂或大型构件的连接成形，也可用于异种材料的连接和零件的修补。

6. 塑料成型

塑料成型可在较低的温度下（一般在 400℃ 以下）采用注射、挤出、模压、浇注、烧结、真空成形、吹塑等方法制成制品。由于塑料的原料来源丰富易得，制取方便，成型加工简单，可以少无切削加工，成本低廉，性能优良，所以塑料在国民经济中得到广泛应用。

常用的毛坯成形方法比较见表 1-8。

表 1-8 常用的毛坯成形方法比较

成形方法	成形特点	对材料的工艺要求	制件特征		材料利用率	生产率	主要应用
			尺寸	结构			
铸造	液态金属填充型腔	流动性好，集中缩孔	各种	可复杂	较高	低~高	型腔较复杂，尤其是内腔复杂的制件，如箱体、壳体、床身、支座等

（续）

成形方法	成形特点	对材料的工艺要求	制件特征		材料利用率	生产率	主要应用
			尺寸	结构			
自由锻	固态金属塑性变形	变形抗力较小，塑性较好	各种	简单	较低	低	传动轴、齿轮坯等
模锻			中小件	可较复杂	较高	较高或高	受力较大或较复杂，且形状较复杂的制件，如齿轮、阀体、叉杆、曲轴等
冲压			各种	可较复杂	较高	较高或高	重量轻且刚度好的零件以及形状较复杂的壳体，如箱体、罩壳、覆盖件、仪表板、容器等
粉末冶金	粉末间原子扩散、再结晶，有时重结晶	粉末流动性较好，压缩性较大	中小件	可较复杂	高	较高	精密零件或特殊性能的制品，如轴承、金刚石工具、硬质合金、活塞环、齿轮等
焊接	通过金属熔池液态凝固，或者塑性变形或原子扩散实现连接	淬硬、裂纹、气孔等倾向较小	各种	可复杂	较高	低~高	形状复杂或大型构件的连接成形，异种材料间的连接，零件的修补等
塑料成型	采用注射、挤出、模压、浇注、烧结、真空成型、吹塑等方法制成制品	采用注射、挤出、模压、浇注、烧结、真空成型、吹塑等方法制成制品	各种	可复杂	较高	较低或较高	一般结构零件、一般耐磨传动零件，减摩自润滑零件，耐腐蚀零件等，如化工管道、仪表壳罩等
陶瓷成形	陶瓷材料通过制粉、配料、成形、高温烧结获得制品	坯体结构均匀并有一定的致密度	中小件	可较复杂	较高	低~较高	高硬度、耐高温、耐腐蚀绝缘零件，如刀具、高温轴承、泵、阀
复合材料成形	基体材料和增强材料复合而成的一类多相材料，材料与结构一次成形	纤维有高强度和刚度，有合理的含量、尺寸和分布；基体有一定的塑性、韧性	各种	可复杂	较高	低~较高	高比强度、比模量、化学稳定性和电性能好，如船、艇、车身及配件，以及管道、阀门、储罐、高压气瓶等
快速成形	通过离散获得堆积的路径和方式，通过堆积材料叠加起来成形三维实体	有利于快速精确地加工原型零件；原型的力学性能和物理化学性能要满足使用要求并有利于后续处理工艺	各种	可复杂	高	单件成形速度快	产品设计、方案论证、产品展示、工业造型、模具、家用电器、汽车、航空航天、军事装备、材料、工程、医疗器具、人体器官模型、生物材料组织等

二、毛坯的形状及尺寸

毛坯的形状及尺寸主要由零件组成表面的形状、结构、尺寸及加工余量等因素确定。毛坯尺寸与零件图样上的尺寸之差称为毛坯余量。毛坯余量与毛坯的尺寸、部位及形状有关。对于单件小批生产,铸铁件上直径小于 30mm 和铸钢件上直径小于 60mm 的孔可以不铸出。而对于锻件,若用自由锻,当孔径小于 30mm 或长径比大于 3 的孔可以不锻出。对于锻件应考虑锻造圆角和模锻斜度。带孔的模锻件不能直接锻出通孔,应留冲孔连皮等。

毛坯的形状及尺寸的确定,除了将毛坯余量附在零件相应的加工表面上之外,有时还要考虑到毛坯的制造、机械加工及热处理等工艺因素的影响。在这种情况下,毛坯的形状可能与工件的形状有所不同。例如,图 1-6 所示铸有工艺凸台的工件,为了加工时装夹的需要,在铸件毛坯的 B 部位铸出了工艺凸台。工艺凸台在零件加工后一般应去掉。

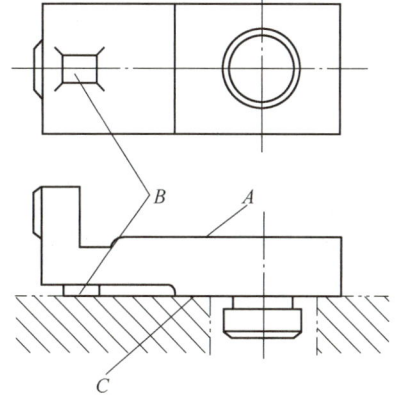

图 1-6 铸有工艺凸台的工件

有时可将多个小零件合成一个毛坯,加工后再分割成若干个零件,以便于加工过程中装夹,提高生产率。

三、毛坯的选择原则

1. 工艺性原则

零件的使用要求决定了毛坯的形状特点,各种不同的使用要求和形状特点,形成了相应的毛坯成形工艺要求。对于不同零件的使用要求,必须考虑零件材料的工艺特性(如铸造性能、可锻性、焊接性等)来确定采用何种毛坯成形方法。

2. 适应性原则

在毛坯成形方案的选择中,还要考虑适应性原则。既根据零件的结构形状、外形尺寸和工作条件要求,选择适应的毛坯方案。

3. 生产条件兼顾原则

毛坯的成形方案要根据现场生产条件选择。现场生产条件主要包括现场毛坯制造的实际工艺水平、设备状况以及外协的可能性和经济性,但同时也要考虑因生产发展而采用较先进的毛坯制造方法。

4. 经济性原则

经济性原则就是使零件的制造材料费、能耗费、工资费等成本最低。在选择坯件的类型和具体的制造方法时,应在满足零件使用要求的前提下,把几个预选方案做经济性比较,从中选出整体生产成本低廉的方案。

5. 可持续性发展原则

在工艺流程设计中应考虑环保和节能问题,尽量减少能源消耗,不使用对环境有害和会产生对环境有害物质的材料,少用或不用煤、石油等直接作为加热燃料,减少排出大量 CO_2 气体。

四、毛坯选用时的注意点

1) 毛坯的种类和制造方法主要与零件使用要求和生产类型有关。

2）轴类零件最常用的毛坯是锻件与圆棒料，只有结构复杂的大型轴类零件（如曲轴）才采用铸件。

3）对不重要的光轴或直径相差不大的阶梯轴，一般以圆棒料为主。

4）锻造后的毛坯，能改善金属的内部组织，提高其抗拉、抗弯等力学性能，比较重要的轴或直径相差较大的阶梯轴，大都采用锻件。

5）锻件的制造方法有自由锻、模锻等。在选择锻件的制造方法时，并非是制造精度越高就越好，需要综合考虑机械加工成本和毛坯制造成本，以达到零件制造总成本最低的目的。

6）当生产批量较小、毛坯精度要求较低时，锻件一般采用自由锻造法生产。

7）当生产批量较大、毛坯精度要求较高时，锻件一般采用模锻法生产。

任务三　选择定位基准和装夹方式

【任务目标】

1）确定传动轴的粗基准和夹紧方案。

2）确定传动轴的精基准和夹紧方案。

【任务实施】

步骤1　选择传动轴的精基准和夹紧方案

根据基准重合原则，考虑选择传动轴的轴线作为定位精基准是最理想的，即采用两端中心孔作为精基准。传动轴的精基准和夹紧方案如图1-7所示。

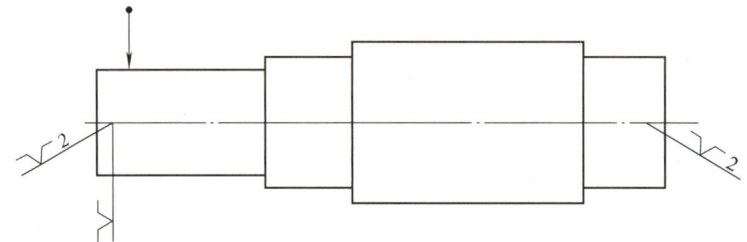

图1-7　传动轴的精基准和夹紧方案

步骤2　选择传动轴的粗基准和夹紧方案

选择毛坯 ϕ51mm 外圆作为粗基准，能方便地加工两端面和中心孔，可以尽快获得精基准。传动轴的粗基准和夹紧方案如图1-8所示。

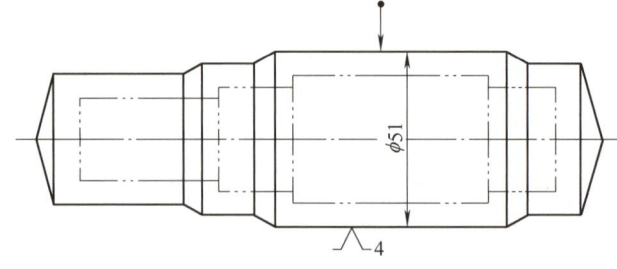

图1-8　传动轴的粗基准和夹紧方案

根据传动轴的工艺特性，加工设备采用通用机床，即卧式车床、立式铣床、万能磨床。工艺装备采用通用夹具（自定心卡盘及顶尖）、通用刀具（标准车刀、键槽铣刀、砂轮等）

和通用量具（游标卡尺、外径千分尺等）。

【任务结果】

传动轴的基准及其加工设备见表1-9。

表1-9 传动轴的基准及其加工设备

项 目	结 果
精基准	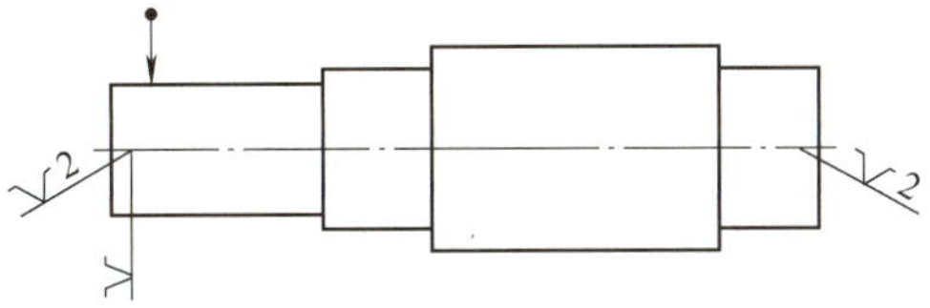
粗基准	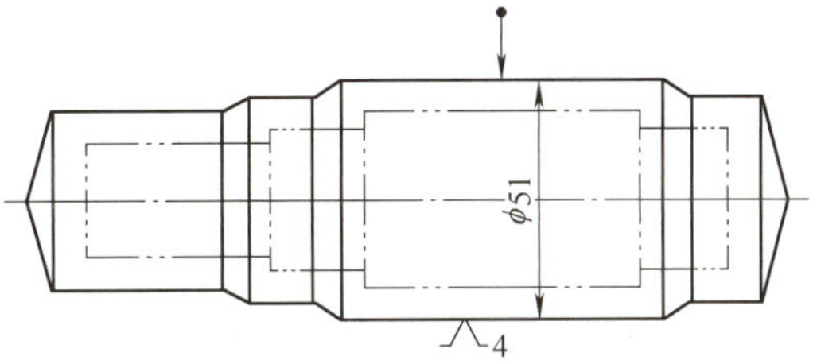
加工装备	1）加工设备采用通用机床 2）夹具主要采用自定心卡盘及顶尖 3）刀具采用标准车刀、键槽铣刀、砂轮 4）量具采用游标卡尺、外径千分尺等

【知识点】 基准及定位

定位基准的选择是一个很重要的工艺问题。制订机械加工工艺规程时，正确选择定位基准对保证零件表面间的位置要求（位置尺寸和位置精度）和安排加工顺序都有很大的影响。用夹具装夹时，定位基准的选择还会影响到夹具的结构。

一、基准的概念及其分类

1. 基准的概念

基准是用来确定生产对象上几何要素间的几何关系所依据的那些点、线、面。一个几何关系就有一个基准。

2. 基准的分类

根据基准作用的不同，可分为设计基准和工艺基准两大类。

（1）设计基准 设计基准是设计图样上所采用的基准。按照国标要求，设计基准仅指零件图样上采用的基准，不包括装配图样上采用的基准。

（2）工艺基准 工艺基准是在工艺过程中所采用的基准。主要包括：

1）工序基准。在工序图上用来确定本工序所加工表面加工后的尺寸、形状、位置的基准。

2）定位基准。在加工中用作定位的基准。用夹具装夹时，定位基准是工件上直接与夹具的定位元件相接触的点、线、面。

3）装配基准。装配时用来确定零件或部件在产品中的相对位置而采用的基准。

4）测量基准。测量时所采用的基准。

二、定位基准的选择

用未经加工的毛坯表面做定位基准，称为粗基准；用加工过的表面做定位基准，称为精基准。选择定位基准时，要从保证工件精度要求出发，因而分析定位基准选择的顺序就应从精基准到粗基准。

1. 精基准的选择

选择精基准时，应能保证加工精度，并且装夹可靠方便，可按下列原则选取。

（1）基准重合原则 采用设计基准作为定位基准称为基准重合原则。设计基准与定位基准不重合会产生基准不重合误差。基准不重合误差也适用于其他基准不重合的场合，如装配基准与设计基准、设计基准与工序基准、工序基准与定位基准、工序基准与测量基准、设计基准与测量基准等基准不重合时，都会引起基准不重合误差。

（2）基准统一原则 在工件加工过程中尽可能采用统一的定位基准，称为基准统一原则。一次装夹加工多个表面时，多个表面间的位置尺寸及精度和定位基准的选择无关，而是取决于加工多个表面的各主轴及刀具间的位置精度和调整精度。箱体类工件上孔系（若干个孔）的加工常采用一次装夹而成，孔系间的位置精度和定位基准选择无关，常用基准统一原则。

（3）自为基准原则 当某些表面精加工要求加工余量小而均匀时，选择加工表面本身作为定位基准称为自为基准原则。遵循自为基准原则时，不能提高加工面的位置精度，只是提高加工面本身的精度。

（4）互为基准原则 为了使加工面间有较高的位置精度，同时加工余量小而均匀，可采取反复加工、互为基准的原则。例如加工精密齿轮时，齿面淬硬后需进行磨齿，而齿面淬硬层较薄，所以要求磨削余量小而均匀。加工时，先以齿面为基准磨孔，再以孔为基准磨齿面，从而保证齿面余量均匀，且孔和齿面又有较高的位置精度。

（5）保证工件定位准确、夹紧可靠、操作方便的原则 精基准应该是精度较高、表面粗糙度值较小、支承面积较大的表面，应能保证工件定位准确、稳定，夹紧可靠。

当用夹具装夹时，选择的精基准面还应使夹具结构简单、操作方便。

2. 粗基准的选择

粗基准应有利于保证加工面与非加工面之间的位置要求，合理分配各加工面的余量，为后续工序提供精基准。具体应按下列原则选择。

1）为了保证加工面与非加工面之间的位置要求，应选非加工面为粗基准。如图1-9所示的毛坯，若孔和外圆有同轴度要求，则采用非加工面（外圆）为粗基准来加工孔，加工后孔与外圆的轴线是同轴的，即壁厚均匀。当工件上有多个非加工面与加工面之间有位置要求时，应以要求较高的非加工面为粗基准。

2）合理分配各加工面的余量。在分配余量时，应考虑以下两点。

①选择重要加工面为粗基准，以保证重要加工面的

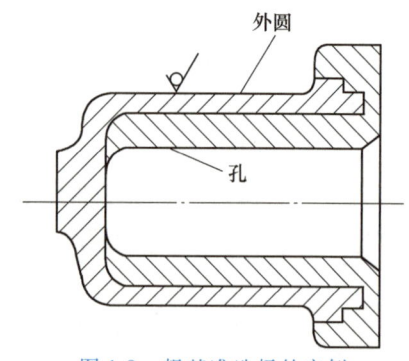

图1-9 粗基准选择的实例

余量均匀。当多个重要加工面都要求保证余量均匀时，应选余量要求最严的面为粗基准。

②选择毛坯余量最小的面为粗基准，以保证各加工面都有足够的加工余量。

3）选作粗基准的表面应平整光洁，要避开锻造飞边和铸造浇冒口、分型面、飞翅等缺陷，以保证定位准确、夹紧可靠。当用夹具装夹时，选择的粗基准面还应使夹具结构简单、操作方便。

4）粗基准应避免重复使用，在同一尺寸方向上，通常只允许用一次。

粗、精基准选择的原则，是从不同角度提出的要求。这些要求有时会相互矛盾，甚至根据一条原则也会产生不同的结果，这就要求全面辩证地分析，分清主次，解决主要矛盾。

3. 轴类零件的精基准和粗基准

1）轴类零件的加工，多以轴两端的中心孔作为定位精基准。因为轴的设计基准是中心线，这样既符合基准重合原则，又符合基准统一原则，还能在一次装夹中最大限度地完成多个外圆及端面的加工，易于保证各轴颈间的同轴度以及与端面的垂直度。

2）当不能用两端中心孔定位（如带内孔的轴）时，可采用外圆表面或外圆表面和一端孔口做精基准。

3）轴类零件的粗加工，可选择外圆表面作为粗基准，定位加工两端面和中心孔，为后续工序准备精基准。

三、工件的安装及安装方式

1. 工件的安装

为了在工件上加工出符合要求的表面，在机械加工前必须使工件在机床或夹具中占据某一正确的位置，通常把这个过程称为工件的"定位"。当工件"定位"后，还应采用一定的机构，将工件"夹紧"，使它在加工中保持定位所确定的位置。工件从"定位"到"夹紧"的整个过程就是安装所完成的工作。

2. 工件的安装方式

在各种不同的机床上加工工件时，可以有不同的安装方式，归纳起来有以下三种。

（1）直接找正安装　工件在机床上的位置是通过一系列的尝试而获得的。工件直接装上机床，用千分表或划针盘的划针找正工件位置，一边校验一边找正。

直接找正安装的缺点：安装费时多，生产率低；凭经验操作，对工人技术要求高。直接找正安装一般仅用于单件、小批生产中。工件的定位精度要求较高时，若采用夹具难以达到要求，也可使用精密量具，由较高水平的工人直接找正定位。

（2）画线找正安装　先在待加工处画线，然后装上机床，按所画的线进行找正定位。这种安装方法多一道画线工序，由于画的线本身有一定宽度，而且画线时有一定的画线误差，找正工件位置时还有观察误差，因此定位精度也不高。这种方法多用于批量较小，毛坯精度较低，以及大工件等不宜使用夹具的粗加工中。

（3）采用夹具安装　该方法在成批和大量生产中有着广泛的应用。

四、定位原理

1. 六点定位原则

一个物体在空间有六个自由度，即在空间直角坐标系中，沿 X、Y 及 Z 轴方向的移动自由度以及绕 X、Y 及 Z 轴方向的转动自由度。假定工件是一个刚体，如果要使它在某个方向有确定的位置，就必须限制它在该方向上的自由度。如果要使工件在空间处于唯一确定的位置，就必须限制它在空间的所有六个自由度。

用适当分布的六个支承点来约束工件的六个自由度，每个支承点相应地消除工件一个自由度，这就是工件的六点定位原则。

2. 确定工件应限制的自由度

工件在机床或夹具上的正确定位，并不意味着对工件的六个自由度都必须加以限制，而是必须限制那些对加工精度有影响的自由度。通常把对加工精度有影响而必须加以限制的自由度称为第一类自由度，其余的则称为第二类自由度。对工件的第二类自由度尽量不要加以限制，因为少限制一个自由度，就可能使夹具结构简化、体积减小、质量减轻，并便于操作。有时，出于增强工件刚性、承受切削力或夹紧的需要，也可对部分或全部第二类自由度加以限制。在生产中，还会出现过定位现象，即工件的某个或几个自由度被重复约束了两次或更多次。过定位有可能使工件反而无法精确定位，甚至使工件或定位元件产生变形。从理论上讲，过定位现象是不允许的，但有时为了增强工件刚性、保证定位稳定可靠或便于夹紧等，在不影响加工精度的前提下，也可采取过定位方式。

3. 常见定位元件及其所限制的自由度

对工件的定位通常是利用定位元件来实现的，如支承钉、支承板、V形块、圆柱销、圆锥销等，定位元件起到若干个支承点的作用。

4. 定位方式

生产中常见的定位方式通常有以下几种。

（1）工件以平面定位　工件以平面定位是最常见的一种定位方式。用于平面定位的定位元件主要有以下几种。

1）支承钉。支承钉主要有平头支承钉、球头支承钉、齿纹平面支承钉三种结构形式，如图1-10所示。图1-10a所示为平头支承钉，主要用于精基准定位；图1-10b所示为球头支承钉，主要用于粗基准定位；图1-10c所示为齿纹平面支承钉，它增大了与工件定位面之间的摩擦，但槽中易积切屑，主要用于粗糙表面的侧面定位。以上三种支承钉的尾部与夹具体内孔均选用过盈配合。如果支承钉需经常更换，可采用图1-10d所示结构，在支承钉与夹具体之间增加一个中间套筒，套筒内孔与支承钉尾部采用过渡配合。

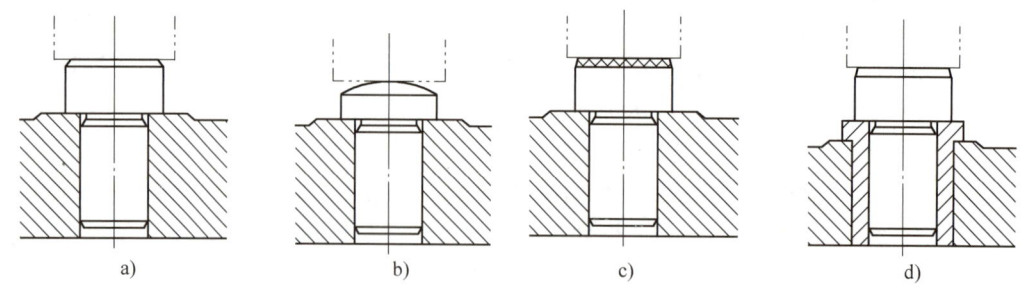

图1-10　支承钉
a）平头支承钉　b）球头支承钉　c）齿纹平面支承钉　d）支承钉需要更换的结构

在用三个支承钉支承大平面时，三个支承钉间的距离应尽可能加大；在用两个支承钉支承狭长平面时，两钉间距离应尽可能长，以利于定位稳定、可靠。几个支承钉在夹具上安装好后，可对支承钉的定位面统一进行磨削，以保证它们在同一个平面上。

2）支承板。支承板多用于精基准，如图 1-11 所示，这是两种形式的支承板。图 1-11a 所示支承板结构简单，但埋头螺钉处理切屑比较困难，适用于侧面和顶面定位；图 1-11b 所示支承板在螺钉处带有斜凹槽，易于清除切屑，适用于底面定位。

3）自位支承。自位支承又称浮动支承，主要用于粗基准及阶梯面的定位。它可以增加与工件的接触点但只限制工件的一个自由度，不会因接触点多而产生过定位。

4）可调支承。可调支承是一种可以调节的定位元件，主要用于工件毛坯尺寸及形状变化较大的场合。通常，每更换一批毛坯，可调支承就要调节一次。

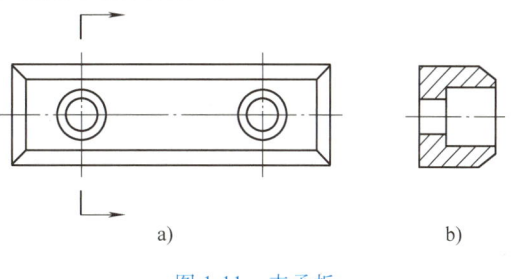

图 1-11　支承板

5）辅助支承。辅助支承不是定位元件，但它可以在定位过程中增加工件定位的刚性及稳定性。辅助支承在使用时不应破坏工件的正确定位。

（2）工件以内孔定位　工件以内孔定位时，常用的定位元件是刚性心轴和定位销。

1）刚性心轴。刚性心轴可以限制工件的五个自由度。定位时，将工件轻轻打入，依靠锥面将工件定心并胀紧。它定心精度高，但轴向定位精度低。

2）定位销。定位销有固定式定位销和可换式定位销。图 1-12a 所示为固定式定位销，销与夹具体的孔为过盈配合；图 1-12b 所示为可换式定位销，在夹具体中压有固定衬套，定位销装在衬套内，配合性质为间隙配合，在大量生产中可以方便地更换磨损了的定位销。

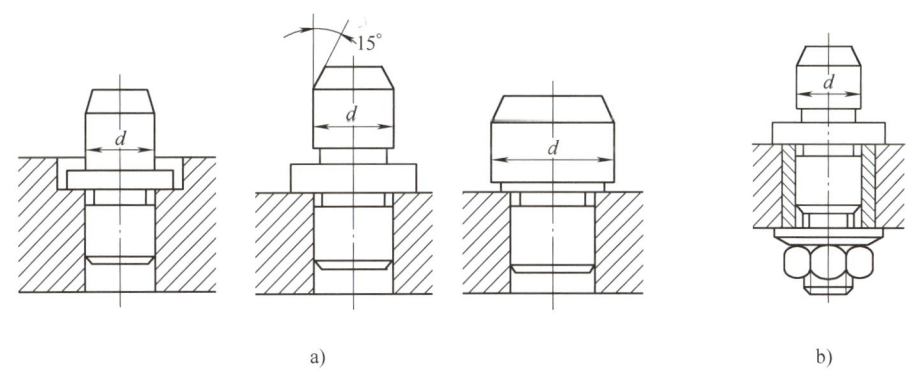

图 1-12　定位销
a）固定式定位销　b）可换式定位销

（3）工件以外圆定位　用以外圆定位的定位元件主要是 V 形块和定位套筒。

1）V 形块。V 形块是外圆定位中用得最多的定位元件，安装工件方便，工件定位后的对中性好，能使工件外圆轴线与 V 形块两个斜面的对称平面重合，对完整或不完整的外圆柱面都适用。

2）定位套筒。圆孔定位件通常做成定位套筒形式来支承工件外圆表面，工件外圆与套筒内孔的配合为间隙配合。这种定位元件结构简单，安装工件方便，但定心精度不高。

（4）工件以组合表面定位　在生产中，许多零件往往是以几个表面同时定位的。当工件以两个或两个以上的表面定位时，称为以组合表面定位。工件以组合表面定位的情况主要有以下几种。

1）一面一孔定位。图 1-13 所示为两种一面一孔定位的方案。在图 1-13a 中，长销限制四个自由度，小平面限制一个自由度。在图 1-13b 中，大平面限制三个自由度，短圆柱销限制两个自由度。

2）一面两孔定位。定位元件由一个大平面、一个短圆柱销和一个菱形销组成。大平面限制三个自由度，短圆柱销限制两个自由度，菱形销限制一个自由度。图 1-14 所示为常见的一面两孔定位方案。

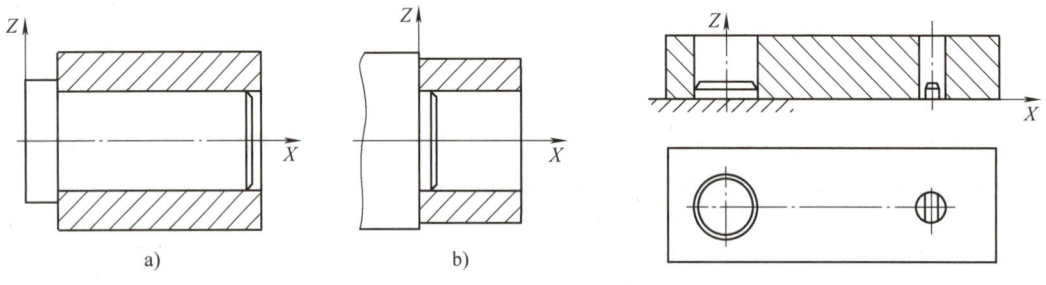

图 1-13　两种一面一孔定位方案　　　　图 1-14　常见的一面两孔定位方案

任务四　拟订传动轴机械加工工艺路线

【任务目标】
1）选择各表面的加工方法。
2）初步拟订传动轴机械加工工艺路线。

【任务实施】

(1) 划分加工阶段　传动轴主要表面的加工可划分为粗加工、半精加工、精加工三个阶段。根据各表面的加工要求，其加工方案见表 1-10。

表 1-10　各表面的加工方案

加工表面	精度要求	表面粗糙度值 $Ra/\mu m$	加工方案
$\phi 30js6$ 外圆	IT6	1.6	粗车→半精车→精车
轴肩及圆角	IT11 以上	6.3	
$\phi 24g6$ 外圆	IT6	1.6	粗车→半精车→精车
轴肩及圆角	IT11 以上	6.3	
键槽侧面、底面	IT9 以上	6.3	粗铣→精铣
挡圈槽 22.9mm×1.3mm	IT11 以上	6.3	粗车
各倒角	IT11 以上	6.3	粗车

(2) 安排加工顺序　根据机械加工的安排原则，先安排基准和主要表面的粗加工，然后安排基准和主要表面的精加工。

(3) 初步拟订工艺路线　初步拟订两个传动轴机械加工工艺路线方案，分别见表 1-11、表 1-12。

表 1-11 传动轴机械加工工艺路线方案一

工序号	工序名称	工序内容	定位基准	加工设备
1	车钻	分别车两端面、钻两端中心孔，总长车至140mm	毛坯φ51mm外圆	CA6140
2	粗车	分别粗车左、右端各外圆及轴肩端面，φ37mm 车至尺寸，φ30mm、φ24mm 外圆和轴肩端面均留余量	两中心孔	CA6140
3	热处理	调质处理		
4	研修	研修中心孔		CA6140
5	半精车	分别半精车左、右端各外圆及轴肩端面，均留磨削余量	两中心孔	CA6140
6	磨削	粗、精磨左、右端φ30js6、φ24g6 外圆及轴肩端面、圆角至尺寸	两中心孔	M131W
7	铣削	铣键槽，去毛刺	两中心孔	X5032
8	车削	车左端槽φ22.3mm×1.3mm至尺寸，去毛刺	两中心孔	
9	终检	按图样技术要求全部检验		

表 1-12 传动轴机械加工工艺路线方案二

工序号	工序名称	工序内容	定位基准	加工设备
1	车钻	分别车两端面、钻两端中心孔，总长车至140mm	毛坯φ51mm外圆	CA6140
2	粗车	分别粗车左、右端各外圆及轴肩端面，φ30mm、φ24mm 外圆和轴肩端面均留余量，φ37mm 车至尺寸	两中心孔	CA6140
3	热处理	调质处理		
4	研修	研修中心孔		CA6140
5	半精车、精车	半精车右端φ30mm 外圆及轴肩端面，留磨削余量；调头半精车左端φ30mm 外圆及轴肩端面，留磨削余量；半精车、精车φ24g6 外圆及轴肩端面、圆角至尺寸，车左端槽φ22.3mm×1.3mm至尺寸	两中心孔	CA6140
6	磨削	粗、精磨左、右端φ30js6 外圆及轴肩端面、圆角至尺寸	两中心孔	M131W
7	铣削	铣键槽8N9至尺寸，去毛刺	两中心孔	X5032
8	终检	按图样技术要求全部检验		

方案一优点：φ24g6 外圆的尺寸和位置精度容易保证。

方案一缺点：比方案二多一道工序，又磨削 φ24g6 外圆，加工成本稍高；车削端槽时，容易损伤已经精加工的外圆面。

方案二优点：与方案一相比，工序少，只精车 φ24g6 外圆（不磨削），加工成本低。

方案二缺点：φ24g6 外圆的精度较难保证，加工时须注意加强检测与控制。

传动轴为小批生产，考虑方案二不易损伤外圆关键表面，所以选择方案二。

【任务结果】

根据前述工作，任务结果见表 1-13。

表 1-13 任务结果

项 目	结 果
加工工艺路线方案	传动轴机械加工工艺路线方案二

【知识点】 工艺路线的拟订

拟订工艺路线要选择定位基准、选择各加工表面的加工方法、安排工序的先后顺序、确定工序的集中与分散程度以及选择设备与工艺装备等，是制订工艺规程的关键阶段。设计者一般提出几种方案，通过分析对比，选择最佳方案。工艺路线的拟订，往往采用经过生产实践总结出的一些带有经验性和综合性的原则，并结合具体生产类型和生产条件灵活应用。

一、选择加工方法时考虑的因素

选择加工方法时常常根据经验或查表来确定，再根据实际情况或通过工艺试验进行修改。满足同样精度要求的加工方法有若干种，选择时还应考虑下列因素。

1）工件材料的性质。例如淬火钢的精加工要用磨削，非铁金属的精加工则要用高速精细车或精细镗（金刚镗）。

2）工件的形状和尺寸。例如，精度为 IT7 的孔采用镗、铰、拉和磨削等都可以达到公差要求，但箱体上的孔一般不宜采用拉或磨，而常常选择镗孔（大孔）或铰孔（小孔）。

3）生产类型及生产率和经济性问题。选择加工方法要与生产类型相适应；大批大量生产应选用生产率高和质量稳定的加工方法。

4）具体生产条件。充分利用现有设备和工艺手段，发挥群众的创造性，挖掘企业潜力。

5）特殊要求。例如铰削和镗削孔的纹路方向与拉削的纹路方向不同，应根据设计的特殊要求选择相应的加工方法。

6）充分考虑利用新工艺、新技术的可能性，提高工艺水平。

二、加工顺序的安排

复杂工件的机械加工，工艺路线中要经过切削加工、热处理和辅助工序。因此，在拟订工艺路线时，工艺人员要全面地把切削加工、热处理和辅助工序三者一起加以考虑。

1. 机械加工工序的安排原则

（1）先加工基准面 应先加工选为精基准的表面，以便为后续工序的加工定位。

（2）先面后孔 因为平面的轮廓平整，安放和定位比较稳定、可靠，加工好平面后，就能以平面定位加工孔，保证平面和孔的位置精度。先加工平面也给平面上的孔加工带来方便，使刀具的初始切削条件得到改善。因此，箱体、支架和连杆等工件，应先加工平面后加工孔。

（3）划分加工阶段 工件的加工质量要求较高时，都应划分加工阶段。一般可分为粗加工、半精加工和精加工三个阶段。加工精度和表面质量要求特别高时，还可设置光整加工和超精密加工阶段。各加工阶段的主要任务如下。

1）粗加工阶段是从坯料上切除较多余量，达到精度和表面质量都比较低的加工过程。

2）半精加工阶段是在粗加工和精加工之间所进行的切削加工过程。

3）精加工阶段是从工件上切除较少余量，所得精度和表面质量都比较高的加工过程。

4）光整加工阶段是精加工后，从工件上不切除或切除极薄金属层，以获得很光洁表面或强化其表面的加工过程。一般不用来提高位置精度。

5）超精密加工阶段是按照超稳定、超微量切除等原则，实现加工尺寸误差和形状误差在 $0.1\mu m$ 以下的加工技术。

当毛坯余量特别大，表面非常粗糙时，在粗加工阶段前还可进行荒加工。荒加工阶段常在毛坯准备车间进行，以便及时发现毛坯缺陷，减少运输量。

上述加工阶段划分并非所有工件都需如此，在应用时要灵活掌握。对那些加工质量要求不高、刚性好、毛坯精度较高、余量小的工件，可少划分几个阶段或不划分阶段；刚性好的重型工件，由于装夹及运输费时，也常在一次装夹下完成全部粗、精加工。

划分加工阶段是对整个工艺过程而言的，应以工件的主要加工面来分析，而不应以个别表面（或次要表面）和个别工序来判断。

（4）次要表面可穿插在各阶段间进行加工　次要表面一般加工量较少，加工比较方便，可把次要表面的加工穿插在各加工阶段之间进行。

综上所述，一般机械加工的顺序：加工精基准—粗加工主要面—精加工主要面—光整加工主要面—超精密加工主要面，次要表面的加工穿插在各阶段之间进行。

2. 热处理工序的安排

热处理用于改善金属的加工性能、提高材料的力学性能以及消除残余应力。制订工艺规程时，工艺人员根据设计和工艺要求全面考虑热处理工序的安排。

（1）预备热处理　预备热处理的目的是改善加工性能，为最终热处理做好准备和消除残余应力，如正火、退火和时效处理等。预备热处理应安排在粗加工前、后和需要消除残余应力处。放在粗加工前，可改善粗加工时材料的加工性能，并可减少车间之间的运输工作量；放在粗加工后，有利于粗加工后残余应力的消除。调质处理能得到组织均匀细致的回火索氏体，有时也作为预备热处理，常安排在粗加工后。

（2）最终热处理　最终热处理的目的是提高力学性能，如调质、淬火、渗碳淬火、液体碳氮共渗和渗氮等都属最终热处理，应安排在精加工前后。变形较大的热处理，如渗碳淬火应安排在精加工磨削前进行，以便在精加工磨削时纠正热处理的变形，调质也应安排在精加工前进行。变形较小的热处理如渗氮等，应安排在精加工后。

表面装饰性镀层和发蓝处理，一般都安排在机械加工完毕后进行。

3. 辅助工序的安排

辅助工序的种类较多，包括检验、倒角、去毛刺、清洗、防锈、去磁及平衡等。辅助工序也是必要的工序，若安排不当或遗漏，会给后续工序和装配带来困难，影响产品质量，甚至使机器不能使用。

检验是必不可少的工序，对保证质量、防止产生废品起到重要作用。除了工序中自检外，需要在粗加工阶段结束后、重要工序前后、送往外车间加工的前后、全部加工工序完成后安排检验。有些特殊的检验，如探伤等检查工件的内部质量，一般安排在精加工阶段。密封性检验、工件的平衡和重量检验，一般安排在工艺过程最后进行。

三、确定工序集中与工序分散的概念与选用

工序集中与工序分散，是拟订工艺路线时确定工序数目（或工序内容多少）的两种不同的原则，它和产品生产类型、设备的选择等有密切关系。

1. 工序集中和工序分散的概念

工序集中就是将工件的加工集中在少数几道工序内完成。工序集中可采用技术上的措施集中，称为机械集中，如多刃、多刀和多轴机床、自动机床、数控机床、加工中心等；也可采用组织措施集中，称为组织集中。

工序分散就是将工件的加工分散在较多的工序内进行。每道工序的加工内容很少，最少时每道工序仅一个简单工步。

2. 工序集中和工序分散的选用

工序集中和工序分散各有利弊，应根据生产类型、现有生产条件、工件结构特点和技术要求等进行综合分析后选用。

单件小批生产采用组织集中，可以简化生产组织工作。大批大量生产可采用较复杂的机械集中，如多刀、多轴机床，各种高效组合机床和自动机加工。对一些结构较简单的产品，可采用工序分散的原则。成批生产应尽可能采用效率较高的机床，如转塔车床、多刀半自动车床、数控机床等，使工序适当集中。

对于重型零件，为了减少工件装卸和运输的劳动量，工序应适当集中；刚性差且精度高的精密工件，则工序应适当分散。

四、设备与工艺装备的选择

1. 设备的选择

确定了工序集中或工序分散的原则后，基本上也就确定了设备的类型。例如采用机械集中，则选用高效自动加工的设备，多刀、多轴机床；若采用组织集中，则选用通用设备；若采用工序分散，则加工设备可较简单。此外，选择设备时还应考虑如下。

1）机床规格与工件的外形尺寸相适应。

2）机床精度与工件精度相适应。

3）与现有加工条件相适应，如设备负荷的平衡状况等。如果没有现成设备供选用，经过方案的技术经济分析后，也可提出专用设备的设计任务书或改装旧设备。

2. 工艺装备的选择

工艺装备选择的合理与否，将直接影响工件的加工精度、生产率和经济性。应根据生产类型、具体加工条件、工件结构特点和技术要求等选择工艺装备。

3. 夹具的选择

单件小批生产首先采用各种通用夹具和机床附件，如卡盘、机床虎钳、分度头等。

有组合夹具站的，可采用组合夹具；中批、大批和大量生产，为提高劳动生产率而采用专用高效夹具；中、小批生产应用成组技术时，可采用可调夹具和成组夹具。

4. 刀具的选择

一般优先采用标准刀具，若采用机械集中，则应采用各种高效的专用刀具、复合刀具和多刃刀具等。刀具的类型、规格和公差等级应符合加工要求。

5. 量具的选择

单件小批生产应广泛采用通用量具，如游标卡尺、百分表和千分尺等。大批大量生产应采用极限量块和高效的专用检验夹具和量仪等。量具的精度必须与加工精度相适应。

任务五　加工工序设计

【任务目标】

1）确定各工序加工余量及工序尺寸。

2）计算工时定额。

【任务实施】

步骤1 确定各工序加工余量及工序尺寸

传动轴的加工过程、各工序尺寸及其公差、毛坯尺寸见表1-14。主要工序加工余量及工序尺寸如图1-15所示。

表1-14 传动轴的加工过程、各工序尺寸及其公差、毛坯尺寸

工序	外圆尺寸及公差	加工余量/mm	端面（长度）尺寸/mm	加工余量/mm
磨削	φ30js6	0.3（查表）	19、60	0.3（查表）
精车	φ24g6	0.5（查表）	140	0.5（查表）
半精车	φ30.6h11、φ24.6h11	1.3（查表）	18.7、60.6、21	1.3（按外圆）
粗车	φ33.2h13、φ27.2h13	(44 − 33.2) ÷ 2 = 5.4 (38 − 27.2) ÷ 2 = 5.4	17.4、63.2、21	
毛坯	φ44mm、φ38mm			

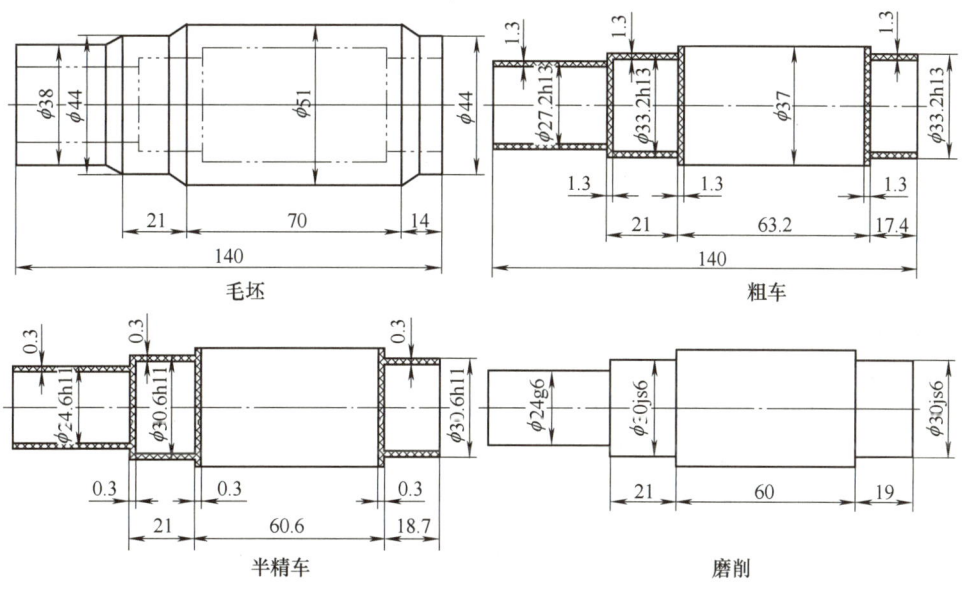

图1-15 主要工序加工余量及工序尺寸

步骤2 计算工时定额

因传动轴为小批生产，可以采用经验估算法计算各工序的工时定额。主要利用经过实践而积累的统计数据及进行部分计算来确定，工时定额表见表1-15。在实际生产中，工时定额应实际需要不断修正。

表1-15 工时定额表

工序号	工序名称	工序工时/min	工序号	工序名称	工序工时/min
1	车钻	6	5	磨削	11
2	粗车	12	6	铣削	4
3	研修	6			
4	半精车、精车	12		合计	51

【任务结果】

各工序加工余量及工序尺寸见表1-16。传动轴各工序时间估算表见表1-17。

表1-16　各工序加工余量及工序尺寸

工序	外圆尺寸及公差	加工余量/mm	端面(长度)尺寸/mm	加工余量/mm
磨削	ϕ30js6	0.3(查表)	19、60	0.3(查表)
精车	ϕ24g6	0.5(查表)	140	0.5(查表)
半精车	ϕ30.6h11、ϕ24.6h11	1.3(查表)	18.7、60.6、21	1.3(按外圆)
粗车	ϕ33.2h13、ϕ27.2h13	(44−33.2)÷2=5.4 (38−27.2)÷2=5.4	17.4、63.2、21	
毛坯	ϕ44mm、ϕ38mm			

表1-17　传动轴各工序时间估算表

工序号	工序名称	工序工时/min	工序号	工序名称	工序工时/min
1	车钻	6	5	磨削	11
2	粗车	12	6	铣削	4
3	研修	6			
4	半精车、精车	12		合　计	51

【知识点】　工序加工余量、工序尺寸及时间定额的确定

一、加工余量的确定

零件由毛坯变为成品的过程中,在某个加工表面上切除金属层的总厚度,称为该表面的加工总余量。每一道工序所切除金属层的厚度称为工序间加工余量。

加工余量大小的确定,是机械加工中很重要的问题。余量过大,必然要不恰当地增加机械加工的工作量,浪费材料,增加能源、工具等的消耗,导致成本提高。在某些情况下,从毛坯表面切去过厚的金属层,会降低被加工零件的机械性能。余量太小,往往会使某些金属缺陷层尚未切掉就到了零件应有的尺寸,使工件成为废品。

确定加工余量的常见方法有估计法和查表法。

1. 估计法

根据工厂的生产情况和工艺设计经验,估计并确定各表面的工序间余量和总余量。此法不够精确,为了保证不出废品,所确定的余量往往偏大,通常适用于单件、小批生产。

2. 查表法

通过大量的调查研究,分析和综合许多工厂的实际生产情况和经验,总结出一整套加工余量的数据,编制成表。在有关机械加工工艺手册,如《机械加工工艺师手册》中,通常都有这类数据表。确定加工余量时,以这类表格推荐的数据为基础,充分考虑本厂的实际情况加以修订。有些工厂也编制本厂常用的加工余量数据表,作为确定加工余量的参考。查表

法比较简单、可靠,用得较多。

二、切削用量的确定

选取切削用量,主要考虑以下因素。

1) 加工精度及表面粗糙度要求。
2) 被加工零件的材料、切削性能及形状。
3) 刀具材料及结构形状。
4) 机床的性能、功率和刚度。
5) 加工方法。
6) 对生产率的要求。

在具体确定切削用量三要素时,可参考有关手册、资料等推荐的数据。表1-18列举了各种切削方法推荐使用的切削用量。在刀具材料方面,各类切削加工都已采用硬质合金刀具,最近出现了硬质合金覆层与高韧性陶瓷刀具,更可进行高速切削并延长刀具寿命。

表1-18 各种切削方法推荐使用的切削用量

施工种类	刀具	刀具材料	被加工材料					
			中碳钢 (275~325HBW)		铸钢 (150~190HBW)		铸铝合金 (70~125HBW)	
			切削速度 /(m/min)	进给量 /(mm/r)	切削速度 /(m/min)	进给量 /(mm/r)	切削速度 /(m/min)	进给量 /(mm/r)
外圆加工(车削)	车刀(切削深度 0.6mm)	高速工具钢	26	0.18	41	0.18	240	0.18
		硬质合金	105	0.18	138	0.18	420	0.18
孔加工(钻削)	钻头(ϕ12.7mm)	高速工具钢	14	0.13	29	0.20	75	0.30
孔加工(铰削)	铰刀(ϕ12.7mm)	高速工具钢	9	0.2	20	0.25	90	0.30
		硬质合金	0.3	0.2	54	0.25	210	0.30
螺纹加工	丝锥	高速工具钢	7.5	—	12	—	27	—
孔加工(拉削)	拉刀	高速工具钢	4.5	—	9	—	9~15	—
平面加工	铣刀(切削深度 0.6mm)	高速工具钢	32	0.18①	41	0.36①	450	0.36①
		硬质合金	120	0.20①	159	0.46①	无穷大	0.30①

① 单齿进给量。

三、工序尺寸和公差的确定

工序尺寸和公差是每一道工序所要加工到的尺寸和控制的公差。零件图上所规定的尺寸和公差是最后一道工序所要得到的尺寸公差,其余工序的尺寸和公差在零件图上是没有的,需要工艺人员在制订工艺规程时确定。

工序尺寸和公差的确定,有以下两条途径。

1) 由最后一道工序的尺寸(零件图上的尺寸)往前道工序推算。

对于孔加工

$$T_{i-1} = T_i - \delta_i$$

对于轴加工

$$T_{i-1} = T_i + \delta_i$$

式中，T_i 为第 i 道工序应保证的尺寸（mm）；δ_i 为第 i 道工序的加工余量（mm）。

每道工序的加工余量 δ_i 可按《机械加工工艺手册》等资料所推荐的数据选取。每道工序的尺寸公差同样可按《机械加工工艺手册》等资料所推荐的数据选取。公差的分配，通常采用包容要求，即：孔类尺寸取单向正偏差；轴类尺寸取单向负偏差；中心距及毛坯公差取对称公差。

2）利用尺寸链进行换算。有些零件加工时，其定位基准或测量基准与设计基准不重合，有时各工序定位基准也不相同，这时就不能用往前道工序推算的方法来确定工序尺寸和公差，而必须利用尺寸链来计算。

四、时间定额的确定

1. 时间定额的概念

时间定额是在一定的生产条件下，规定生产一件产品或完成一道工序所消耗的时间。时间定额是安排作业计划、进行成本核算、确定设备数量和人员编制、规划生产面积的重要依据。

2. 时间定额及其组成

时间定额由下列部分组成：

（1）基本时间　直接改变生产对象的尺寸、形状、性能和相对位置关系的时间称为基本时间。

（2）辅助时间　为配合基本加工工作完成各种辅助动作所消耗的时间。确定辅助时间的方法与零件生产类型有关。基本时间与辅助时间的总和称为作业时间。

（3）布置工作地时间　为使加工正常进行，照管工作地所消耗的时间，称为布置工作地时间，又称工作地点服务时间，一般按作业时间的 2%~7% 估算。

（4）休息和生理需要时间　工人在工作班内为恢复体力和满足生理需要所消耗的时间，一般按作业时间的 2% 估算。

（5）准备与终结时间　工人为生产一批工件进行准备和结束工作所消耗的时间称为准备与终结时间。

3. 时间定额的制订方法

（1）经验估算法　根据经验对产品工时定额进行估算的一种方法，主要应用于新产品试制。

（2）统计分析法　对多人生产同一种产品测出数据进行统计，计算出最优数、平均达到数、平均先进数，以平均先进数为工时定额的一种方法，主要应用于大批、重复生产的产品工时定额的修订。

（3）类比法　主要应用于有可比性的系列产品。

（4）技术定额法　分实测法和计算法两种，是目前最常用的方法。

任务六 填写工艺文件

根据前述内容,填写传动轴的机械加工工艺过程卡片(表1-19)。

表1-19 传动轴的机械加工工艺过程卡片

山东汽车零件制造厂			机械加工工艺过程卡片		产品型号		零件图号		共1页
					产品名称		零件名称	传动轴	第1页
材料	40Cr	毛坯	锻件	毛坯尺寸	$\phi154mm \times 51mm$	每件毛坯制造件数	1件	每台件数	1件
工序号	工序名称		工序内容		车间	工段	设备	工艺装备	工时
10	车中心孔		车两端面,总长车至140mm,钻中心孔		机加工	一工段	CA6140	车刀、中心钻等	6min
20	粗车		分别粗车左右端各外圆至$\phi33.2h12$、$\phi27.2h12$和$\phi37mm$,轴肩两端留余量1.5mm		机加工	一工段	CA6140	车刀、游标卡尺等	12min
30	热处理		调质处理						
40	研修		研修中心孔		机加工	一工段	CA6140	研修顶尖等	6min
50	半精车、精车		半精车右端外圆至$\phi30.4h10$,长度车至18.7mm,圆角R0.7;调头,半精车左端$\phi30.4h10$,半精、精车$\phi24g6$外圆及轴肩端面、圆角至尺寸,车左端槽$\phi22.3mm \times 1.3mm$至尺寸		机加工	一工段	CA6140	车刀、游标卡尺等	12min
60	磨削		粗、精磨$\phi30js6$外圆及轴肩端面、圆角至尺寸		机加工	一工段	M131W	顶尖、游标卡尺等	11min
70	铣削		铣键槽至尺寸,去毛刺		机加工	一工段	X5032	铣刀、游标卡尺等	4min
90	终检				质检				
100	合计								51min
标记	处数		更改文件号	签名	日期	编制	审核	标准化	会签

【知识点】 工艺规程的概念及要求

一、机械加工工艺规程

机械加工工艺规程是规定零件制造工艺过程和操作方法的工艺文件。工艺规程的制订应保证零件的加工能够实现优质、高产、低消耗。

工艺规程通常是卡片形式的文件,一般包括以下类型。

1. 工艺过程卡

工艺过程卡也称工艺路线卡。以零件的加工工序为单位,按工艺过程顺序列出各个工序。在工艺过程卡中简要说明各工序的加工内容、所用机床、工艺装备、时间定额等内容。

2. 工序卡

为每个工序编制的卡片称为工序卡。在每张工序卡片上都绘有该工序的简图,注明该工序的定位基准、夹紧点、各加工表面的工序尺寸、表面粗糙度和其他技术要求等,并写明各工步的顺序和内容、使用的设备及工艺装备、切削用量、时间定额等。工序卡是指导操作工人进行生产的文件。

3. 调整卡

调整卡是对自动、半自动机床或某些齿轮加工机床等进行调整用的一种工艺文件。

4. 检验工序卡

检验工序卡是检验人员使用的文件。其中列有检验内容、使用的设备及量检具等。

5. 机械加工工序操作指导卡

机械加工工序操作指导卡是随着汽车零件加工质量要求不断提高而出现的一种文件。在一些加工质量重要控制点上,通常由它来代替工序卡。机械加工工序操作指导卡在传统工序卡片的基础上,另外规定了操作规范及工序质量控制内容。操作规范要为工人规定规范的操作动作,还要规定机床的工作状态,规定每个尺寸及几何精度的测量方法等。工序质量控制的内容包括控制项目、工艺要求、所用量具、自检频次、管理手段(直方图或 $\overline{X}$-R 图等)、重要度等级等内容。

二、制订工艺规程的步骤

从制订传动轴零件加工工艺规程的过程,可以看出制订工艺规程的步骤基本如下。

1)工艺分析。制订零件工艺规程,首先要熟悉零件所在产品的性能、用途及工作条件,明确零件在产品中的地位和作用。根据零件的结构特点和技术要求,找出关键性技术问题,同时还要对零件的工艺性进行审查。

2)毛坯选择。毛坯选择的基本任务就是确定毛坯的制造方法。毛坯选择的合理性,对零件工艺过程的经济性有很大影响,毛坯的质量对零件的定位、夹紧和加工后的质量也有很大的影响。毛坯的选择要根据生产类型和具体生产条件决定,并充分注意利用新工艺、新技术、新材料的可能性,使零件生产的总成本降低,质量提高。

3)拟订工艺路线。拟订工艺路线,就是制订出零件由粗到精的全部加工工序。主要内容包括确定定位基准、定位、夹紧方案及各表面的加工方法等。拟订工艺路线是制订工艺规程最关键的一步,一般需提出几个工艺方案进行分析比较,然后选择其中最佳的一个方案。

4)确定加工设备及工艺装备。即选择各工序所用的机床设备及各工序所需的刀具、夹具、量具及辅助工具。

5)确定各工序的加工余量,计算工序尺寸及其公差。

6)确定各工序的切削用量。

7)确定各主要工序的技术检验要求及检验方法。

8)确定时间定额。

9)填写工艺文件。

该过程针对不同产品或不同的企业环境会有所差别,但基本内容不变。

项目小结

本项目是课程第一个训练项目,以应用广泛、结构简单的传动轴加工工艺为例,训练学生初步掌握汽车零件制造工艺制订过程。

在项目实施过程中,学生初步接触工艺制订的基本步骤和方法,并了解汽车及零部件生产工艺过程、如何进行工艺分析、常见的毛坯类型及选用、基准及定位、工艺路线的拟订、工序加工余量、工序尺寸及时间定额的确定、工艺规程的概念及要求等工艺制订过程的基本知识。在一系列任务完成过程中,了解了制订工艺的基本过程和步骤;了解了工艺文件主要类型;了解了汽车零件制造工艺的内容和要求;掌握了轴类零件制造工艺过程;掌握了零件加工工艺文件的一般编制方法。并初步具备看懂汽车零件制造工艺文件;编制轴类零件制造工艺的能力。通过进一步实作训练,具备轴类零件工艺编制能力,对汽车零件制造工艺有初步认识和应用。

实 作 训 练

写出下面输出轴的加工工艺过程卡。

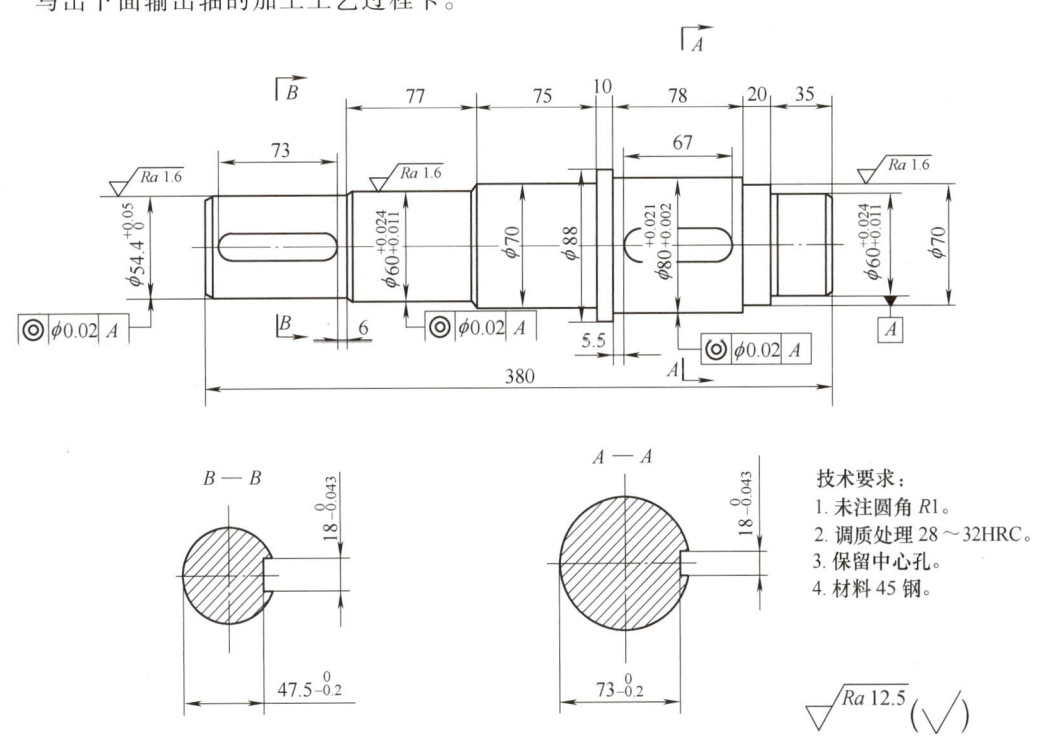

图 1-16 实作训练图

项目二 曲轴加工工艺

项目任务书

要求拟订某汽车六缸发动机曲轴的机械加工工艺路线,曲轴制造工艺项目任务书见

表1-20。汽车发动机曲轴零件图如图1-17所示。

表1-20 曲轴制造工艺项目任务书

任务名称	编制曲轴机械加工工艺
编制依据	1. 相关技术文件和资料 汽车发动机曲轴零件图如图1-17所示。发动机曲轴材料为45钢，毛坯要求模锻处理，热处理硬度160~190HBW 2. 产品生产纲领 1）发动机的生产纲领为100000台/年，大批量生产 2）曲轴的备品百分率为5%、废品百分率为0.1% 3. 生产条件和资源 1）毛坯为外协件，生产条件可根据需要确定 2）由机加工车间二班（两班制）负责生产 3）生产车间有成熟的专用、通用生产设备，各设备均达到机床规定的工作精度要求
工作结果	拟订汽车发动机曲轴机械加工工艺路线

项目基础知识　曲轴加工工艺特点

曲轴加工是轴类零件加工中难度最大的一种，其加工工艺包括车、磨、钻及其他工序，常采用特殊专用机床。

一、曲轴的结构特点

曲轴由三部分组成：曲轴前端、曲拐和曲轴后端。曲轴飞轮组分解图如图1-18所示。曲轴由主轴颈安装定位在发动机上，其连杆轴颈与连杆大头连接。曲轴前端装有正时齿轮或链轮、扭转减振器及带轮及启动爪等，曲轴的后端装有飞轮。

曲轴的结构有整体式和组合式两种，整体式曲轴较多，其特点是强度高，刚性好，结构紧凑。连杆大头为整体式的某些小型汽油机、大功率柴油机及采用滚动轴承作为曲轴主轴承的发动机，采用组合式曲轴。组合式曲轴加工较简单，先将曲轴各部分分段加工，然后再组合成整体曲轴。

曲轴的连杆轴颈偏置于曲轴轴线，为了曲轴旋转平稳，一般在连杆轴颈的相反方向上设置平衡重。曲轴上有钻通的油孔，润滑油经过油道，从主轴颈流到连杆轴颈，进行润滑。

二、曲轴的技术要求

曲轴形状特殊，刚性差，要求精度高，机械加工难度大。为了保证曲轴正常工作和约束曲轴制造的全过程，对曲轴规定了严格的技术要求。

（1）尺寸精度要求　主轴颈和连杆轴颈的直径尺寸精度通常为IT6~IT7，主轴颈的宽度极限偏差为0.1~0.36mm，连杆轴颈的宽度极限偏差为±（0.05~0.15）mm，曲轴半径极限偏差为±0.05mm，曲轴的轴向尺寸极限偏差为±（0.15~0.50）mm。

（2）形状精度要求　主轴颈、连杆轴颈的圆柱度公差为0.005~0.01mm，曲轴后端法兰的平面度公差为0.1mm。

（3）位置精度要求　连杆轴颈轴线对主轴颈轴线的平行度，每100mm长度上不大于0.02mm，轴颈素线间的平行度不大于0.015mm，连杆轴颈相位角偏差不大于130′，中间主轴颈在以前后主轴颈为基准时的径向圆跳动不大于0.015mm（曲轴长度为1.5m以内时），曲轴后端法兰面的径向圆跳动不大于0.06mm，止推面对主轴颈轴线的垂直度一般为0.012~0.017mm。

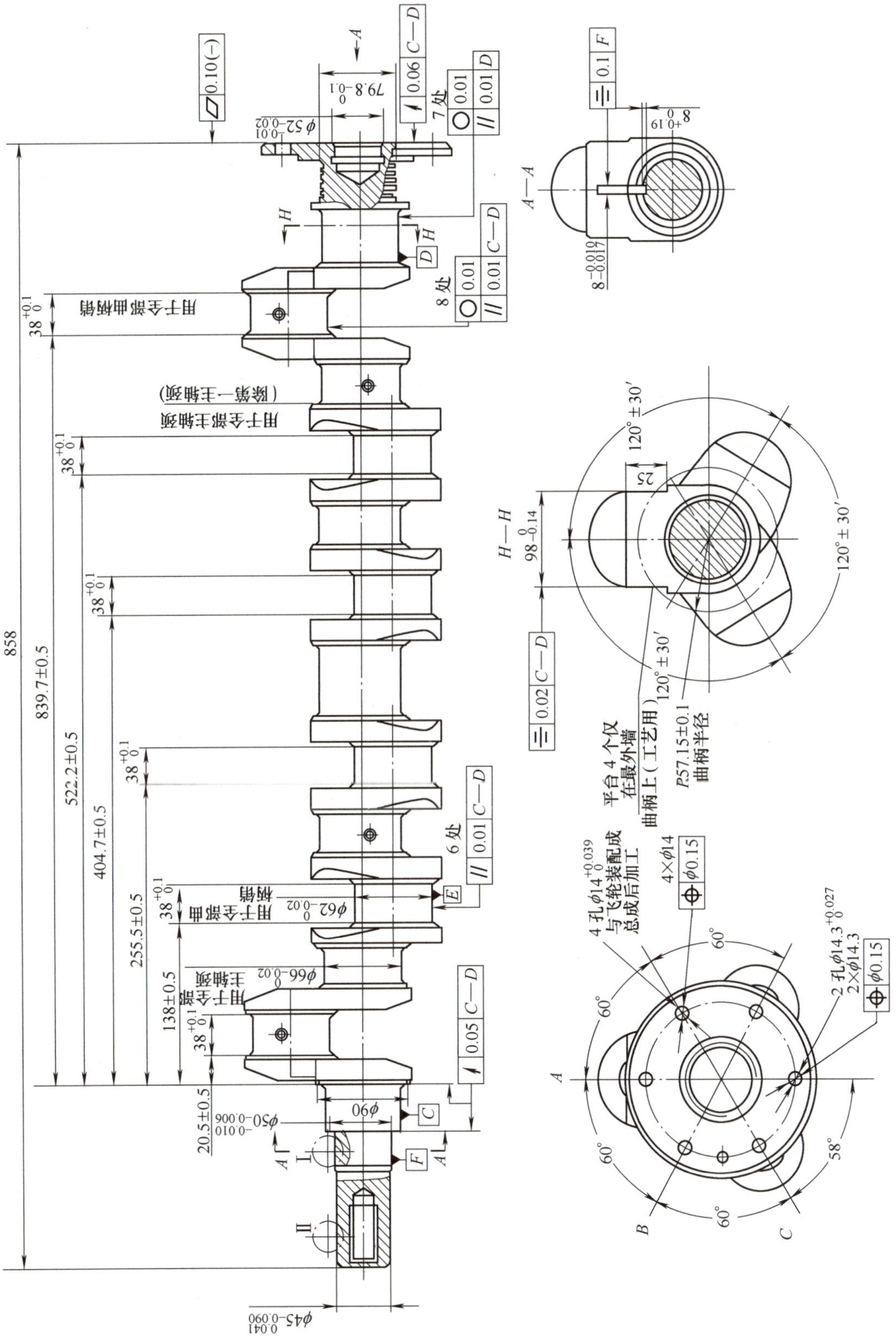

图 1-17 汽车发动机曲轴零件图

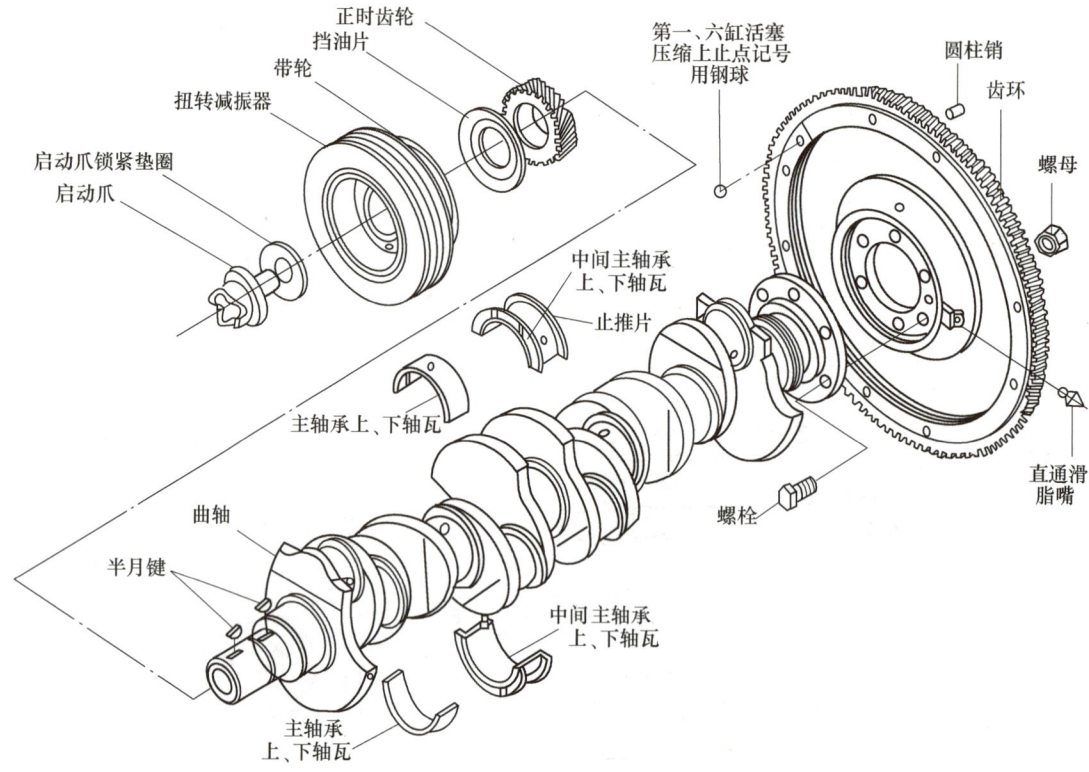

图 1-18 曲轴飞轮组分解图

(4) 表面粗糙度要求 曲轴的连杆轴颈和主轴颈的表面粗糙度值 Ra 为 $0.2\sim0.4\mu m$，曲轴的主轴颈、连杆轴颈与曲柄臂连接处圆角的表面粗糙度值 Ra 为 $0.4\mu m$。

(5) 其他技术要求 曲轴必须经过动平衡，平衡精度取决于发动机的用途、轴颈数目和每分钟转数；曲轴的主轴颈、连杆轴颈等表面，大部分要求进行喷丸处理和滚压圆角表面强化，滚压圆角的冷作硬化深度达到 $0.0025\sim0.0125mm$；一般要求曲轴调质、轴颈表面淬火、氮化等热处理，根据发动机结构和曲轴材料的不同，其热处理后的硬度一般为 $46\sim62HRC$；曲轴加工完毕后必须清洗外表面和油道孔，一般油道孔的清洁度标准为 $2.5\sim50mg$；曲轴不允许有横向裂纹存在，允许有小的轴向裂纹，各部位所允许存在的裂纹也不相同，其磁痕长度从 $3.2\sim22.2mm$ 不等；精磨主轴颈和连杆轴颈及精加工止推面时，曲轴的旋转方向一般与其在发动机中工作时的旋转方向相反，抛光主轴颈和连杆轴颈以及挤压或抛光止推面时，曲轴的旋转方向应与其在发动机中工作时的旋转方向相同。

三、曲轴材料及毛坯制造

曲轴毛坯的制造方法有锻造和铸造两种。锻造毛坯材料为钢材，铸造毛坯材料多使用球墨铸铁。整体锻造曲轴根据发动机的负荷、种类选用不同钢种，汽油机曲轴多用碳素钢；重型汽车发动机曲轴多用合金钢；柴油机曲轴多用低合金钢。常用的材料有 45 钢、40Cr、40MnB、35CrMo、QT60-2 等。

锻造曲轴所需设备十分庞大、昂贵，高强度球墨铸铁的出现，为铸造曲轴的广泛应用提供了基础。整体铸造曲轴材料以球墨铸铁为主，也可选用可锻铸铁、合金铸铁和铸钢等材料。铸造曲轴可以获得较合理的结构形状,从而使应力分布均匀。整体铸造曲轴的切削加工性能好,并有较好的减振性及耐磨性,生产成本较低。球墨铸铁具有优良的铸造性能,适于采用精密铸造,使机械加工余量减少,可简化机械加工工艺过程,提高生产率和降低生产成本。球墨铸铁曲轴还具有相当高的扭转疲劳强度,得到广泛应用。

球墨铸铁曲轴铸造后,须进行热处理。目前广泛应用高温完全奥氏体化正火和退火、部分奥氏体化正火及等温淬火等,以提高球墨铸铁的塑性和韧性。

四、曲轴的工艺性分析

曲轴结构复杂、加工表面多、工序多、技术要求高、加工困难,应做到工艺提前介入,以获得较好的结构工艺性。在曲轴设计初步阶段,就有工艺人员参与设计、提出意见;在曲轴产品初步设计后,应进行工艺性审查,提高设计质量。

对曲轴的工艺性进行分析时,有以下几个主要问题。

1)曲轴结构要考虑采用新工艺、新技术的可能性。

2)曲轴的结构设计应便于组织生产,尽量使工艺便于采用通用标准刀具和采用标准的热处理工艺。例如曲柄和轴颈连接处的过渡圆角可设计变曲率过渡曲线(图1-19a)。但这种曲线要求对磨圆角的砂轮进行专门修整,工艺复杂。有的曲轴采用曲轴沉割圆角,将过渡圆弧移到曲柄里,形成组合内凹圆角(图1-19b),简化工艺,方便加工。

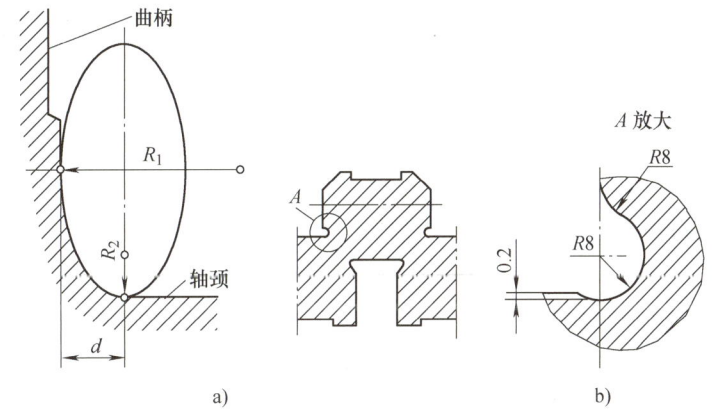

图1-19 曲轴圆角处理
a)变曲率过渡曲线 b)组合内凹圆角

3)曲轴的结构和尺寸应考虑采用成组加工工艺的可能性。对于多品种生产线上加工的曲轴,其结构、尺寸等应尽量标准化、系列化、通用化,主要尺寸应尽量统一。

4)曲轴的制造,包括了毛坯生产、切削加工、热处理、动平衡等许多加工阶段,结构设计必须全面考虑,使曲轴在各个加工阶段都具有良好的工艺性。

五、曲轴加工工艺过程

曲轴加工工艺过程的不同,主要取决于以下因素。

1)毛坯材质不同。钢曲轴在加工过程中,塑性变形较大,弯曲程度也大;铸铁曲轴在加工过程中塑性变形和弯曲程度较小。钢曲轴校直的次数多于铸铁曲轴的校直次数。

2)毛坯的技术条件不同。当曲轴主轴颈与连杆轴颈的毛坯精度比较高时,只进行一次车削即可;毛坯精度比较低时,要进行两次车削,即粗车后再进行一次车削。

3）生产纲领不同。大批量生产中，按工序分散原则安排工艺过程；单件小批量生产时，尽可能使工序集中。大批量生产时，主轴颈精磨在多道工序中完成；单件小批量生产时，曲轴主轴颈的精磨一般在一道工序中完成。

4）生产条件不同。主轴颈加工可以采用车削，也可采用大直径盘铣刀铣削。

5）曲轴结构差别。例如单缸曲轴与多缸曲轴的加工工艺过程差别很大。

6）技术要求不同。例如曲轴动平衡要求较高时，需对曲轴进行两次动平衡去重。

7）有些工序的顺序变动，对曲轴的加工过程和加工质量没有影响，这些工序在不同曲轴加工中的顺序可能有所不同。

任务一　发动机曲轴工艺分析

【任务目标】

1）看懂曲轴的零件图，明确曲轴各部分在产品中的作用。

2）找出其主要技术要求，确定曲轴的加工关键表面。

3）计算曲轴的生产纲领。

4）确定曲轴的生产类型及工艺特征。

【任务实施】

步骤1　明确曲轴的装配位置和作用

发动机曲轴将活塞连杆的往复运动转化为旋转运动，并对外输出转矩。曲轴轴颈用于安装、定位曲轴，支承曲轴的运动；连杆轴颈与连杆大头相连接，将活塞连杆的往复运动转化为旋转运动；一端与飞轮相连接，对外输出转矩；另一端与正时带轮、带轮等相连接，进行发动机正时和输出运动。

步骤2　确定曲轴的加工关键表面

1）零件图以主视图为主，辅以左视图和移出断面图表达其形状结构。从主视图可以看出，该曲轴主体由七个主轴颈和六个曲拐组成，是完全支承的典型六缸发动机曲轴，有轴颈、轴肩、挡圈槽、倒角、圆角等结构，由此可以想象出曲轴的结构形状。

2）曲轴各主轴颈、连杆轴颈都具有较高的尺寸精度和位置精度要求，油封轴颈与法兰外表面尺寸精度及表面粗糙度要求也较高，均为加工的关键表面。

3）键槽侧面（宽度）尺寸精度要求中等，位置精度要求比较高，表面粗糙度要求中等，键槽底面尺寸精度和表面粗糙度要求都较低，所以键槽是次要加工表面。

4）曲轴端面、油孔、回油螺纹、去重孔、倒角等其余表面，尺寸及表面精度要求都相对较低，均为次要加工表面。

5）其余表面为非加工表面。

步骤3　计算曲轴的生产纲领

根据任务书已知：

1）产品的生产纲领 $Q = 100000$ 台/年。

2）每台产品中曲轴的数量 $n = 1$ 件/台。

3）曲轴的备品百分率 $a = 5\%$。

4）曲轴的废品百分率 $b = 0.1\%$。

曲轴的生产纲领计算如下：

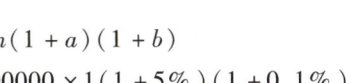

$$N = Qn(1+a)(1+b)$$
$$= 100000 \times 1(1+5\%)(1+0.1\%)$$
$$= 105105 \text{ 件/年}$$

步骤 4　确定曲轴的生产类型及工艺特征

曲轴属于中型机械类零件。根据生产纲领（105105 件/年）及零件类型（中型机械），由机械设计手册可查出，曲轴的生产类型为大批量生产。

【任务结果】

根据前述工作，曲轴的加工关键表面见表 1-21，曲轴的生产纲领和生产类型见表 1-22。

表 1-21　曲轴的加工关键表面

项目	结果
关键加工表面	曲轴各主轴颈、连杆轴颈、油封轴颈及法兰外表面
次要加工表面	其余加工表面

表 1-22　曲轴的生产纲领和生产类型

项目	结果
生产纲领	105105 件/年
生产类型	大量生产
工艺特征	1）毛坯采用模锻，精度高，余量小，材料利用率高，生产率高 2）加工设备广泛采用专用机床 3）工艺装备采用专用夹具或组合夹具、专用刀具、专用量具 4）工艺文件需编制规范的加工工序过程卡片（本任务不作为要求） 5）加工采用专用夹具定位保证尺寸，生产率高

任务二　确定曲轴的毛坯类型

【任务目标】

选择曲轴的毛坯的类型及其制造方法。

【任务实施】

曲轴毛坯可以采用铸造或锻造加工获得，根据该曲轴的制造材料（45 钢），查机械设计手册可确定，毛坯类型应采用锻件。因该产品为大批量生产，结构复杂，采用模锻锻造法制造毛坯。

【任务结果】

曲轴毛坯采用金属型模模锻法加工。

【知识点 1】　铸造工艺

将熔化的金属或合金浇入已制好的铸型中，经冷却凝固后获得所需形状和尺寸的铸件，这种方法称为铸造。铸造的主要原料包括生铁、废钢、回炉料等熔化用料，以及铸造用砂等造型材料。铸造工艺主要包括造型与造芯、熔化、铸造、热处理、落砂处理等技术与工序。

铸造生产有如下特点。

1）可以生产与机械零件形状接近的毛坯，也可以生产半成品甚至成品，减少机械加工及金属的消耗。

2）几乎可以制造任何尺寸、质量和复杂形状的铸件。

3）可以用其他方法不能加工或不易加工的材料生产铸件，如铸铁、高锰钢等。

4）生产成本低。铸造所用原材料来源广泛，价格低廉，废品回收容易，一般不需要很多复杂设备，生产准备工作也比较容易。

铸造生产可以根据金属材料和生产方法来分类。根据金属材料的不同，可分为铸铁、铸钢和非铁金属铸造等；根据生产方法的不同，可分为砂型铸造和特种铸造。

一、汽车铸件

由于铸件的成本低并具有强韧性和耐磨性，可用于制造发动机、变速器、车轴与车轮等动力、传动系统的大型复杂零件。最近，为了适应轻量化、散热性与工艺性的要求，气缸盖、气缸体与变速器壳等零件多采用铝合金制造。表1-23列出了汽车的典型铸件材料。

表1-23 汽车的典型铸件材料

部件	零件名称	材料
发动机	气缸盖	普通铸铁
		合金铸铁
	气缸体	普通铸铁
		合金铸铁
	曲轴	球墨铸铁
	凸轮轴	合金铸铁
	活塞	铝合金
变速器	拨叉	球墨铸铁
	变速器壳	铝合金
离合器	离合器盘	合金铸铁
制动器	制动鼓	普通铸铁
	制动盘	合金铸铁
	制动钳	球墨铸铁

二、铸造工艺与设备

1. 造型与造芯

（1）造型　造型就是用型砂和模样制造铸型的过程。造型方法分手工造型和机器造型两大类。手工造型主要用于单件和小批生产，也用于形状复杂和大型铸件的生产。在大量生产时，主要采用机器造型。

1）手工造型。手工造型时紧砂和起模是用手工来进行的，模样成本低，操作灵活，生产准备时间短，但铸件质量较差，生产率低，劳动强度大，主要用于单件、小批量生产。

2）机器造型。机器造型是现代化铸造车间生产的基本方式。它可大大提高劳动生产率，铸件尺寸精确，表面光洁，加工余量小。同时，可大大改变铸造车间的落后面貌，改善工人的劳动条件。

机器造型是采用模底板进行两箱造型的。模底板是将模样、浇注系统沿分型面与底板连接成一整体的专用模具，造型后底板形成分型面，模样形成铸型型腔。

机器造型多采用单面模底板造型，其特点是上、下型以各自的模底板，分别在两台配对的造型机上造型，造好的上、下半型用箱锥定位而合箱。对于小铸件生产有时采用双面模底板进行脱箱造型。双面模底板是把上、下两个半型及浇注系统闭定在同一模底板的两侧，此时，上、下两型均在同一台造型机上制出，铸型合箱后将砂箱脱除，并在浇注前在铸型上加套箱，以防错箱。

（2）造芯　和制造砂型一样，可用手工造芯、机器造芯。在大量生产中多采用机器造芯。手工造芯方法也有很多种，但主要是用芯盒造芯。

为了提高砂芯的强度，造芯时在砂芯中应放入铸铁芯骨（大型芯）或铁丝制成的芯骨（小型芯）。为了提高砂芯的透气能力，在砂芯里应做出通气孔，做通气孔的方法有：用通气针扎孔，埋蜡线形成复杂通气孔，在大型芯内部填放焦炭等。为了提高砂芯的退让性，大型芯可做成空心的，或者在芯骨上缠上草绳。

造芯一般使用吹芯机或射芯机。吹芯机是以 $5\sim7\ kg/cm^2$ 的气压将油砂、CO_2 干燥砂吹入芯盒，制成砂芯。壳芯制造可使用高效壳芯吹芯机。射芯机是靠安装在储气罐和砂斗之间的射芯阀的开合，将砂射入芯盒内造芯的，流动性差的砂也能使用。

2. 铸造类型

（1）砂型铸造　现在多采用高速高压造型，造型、拆箱和其他工序几乎全部自动化，以节省人力，提高生产率。一般来说，铁液先使用 Fe-Si、Ca-Si 等孕育剂孕育处理后，再注入砂型，以改善石墨形状，提高质量，防止薄壁部位微冷硬化，改进切削性。

一般采用自动浇注装置。浇注后，已经冷却的铸件经过捅型机、振动落砂机、除芯机等拆箱、落砂，再经抛丸机抛丸清理滚筒，充分清理后，送去热处理或机械加工。

（2）压力铸造　压铸机可分为热压室与冷压室两类。铝合金与镁合金一般采用冷压室压铸机。保温炉装在压铸机近旁，金属液由自动进给装置从保温炉中输出，送到压室内，然后在高速高压下于压铸型内成形。压铸件表面粗糙度、尺寸精度也比砂型铸件高。此外，由于金属液在金属型内的冷却速度极大，所以铸件力学性能显著提高。

（3）金属型铸造　将液态金属浇入金属型内，靠金属液自身质量充满型腔的铸造方法称为金属型铸造。金属型铸件尺寸精度高，力学性能好，但金属型的成本高，故多品种少量生产时的经济性差。

（4）低压铸造　使密闭坩埚内的金属液在低压（$0.05\sim0.5kg/cm^2$）下注入铸型内，称为低压铸造。由于直到最后凝固时，浇道中的液态金属始终承受着压力作用，所以能得到非常致密的铸件。这种方法常用于制造气缸盖、制动鼓之类的铝合金铸件。

3. 铸件的热处理

（1）普通铸铁　为了消除铸造应力，可将铸件于 500～600℃ 保温数小时后冷却。为了使铸铁凸轮轴的凸轮硬化，提高耐磨性，可以高频淬火或火焰淬火。

（2）球墨铸铁　为了得到预期的力学性能，可进行退火或正火处理。

（3）可锻铸铁　在 920～940℃，经过 10～30h 保温，然后再 700～740℃，经 20～45h 保温的可锻化退火处理。

4. 落砂清理

（1）落砂与抛丸　铸铁气缸体与气缸盖等是采用复杂砂芯的铸件，应在除芯机上去掉砂芯，并在悬链抛丸机上清理。小型铸件则在抛丸清理滚筒内清理。

（2）清除披缝　对气缸体、气缸盖等主要铸件，应用专用磨床清除披缝。其他小型铸件则可使用悬挂式砂轮机、双头砂轮机与手提式砂轮机清除披缝。铝合金铸件披缝的清理使用的是带锯或双头砂轮机。

三、模样

模样设计时应该考虑铸件的尺寸、形状、材料、组织变化与铸造缺陷等许多因素。并应根据造型方法的特点确定模样的结构、尺寸、材料和制造方法。

1. 模样材料

砂型铸造用模样常由铸铁、碳素钢、铜合金、铝合金、合成树脂与木材等制成。从强度、耐磨性、工作性能等方面考虑,以铸铁模样使用最多。为防止铸铁模受热变形,应该预先进行低温退火处理。

2. 起模斜度

为了便于起出模样,应使模样垂直面具备一定的起模斜度,其值视型砂特性、模样表面粗糙度、造型方法而定。起模斜度关系到铸件的加工余量,应该尽量减小,加工基准面的起模斜度,应从机械加工方面进行充分分析后再做决定。一般来说,砂型铸造的起模斜度约为1/50,芯型铸造的起模斜度为1/50~1/100。

3. 收缩余量

液态金属凝固时收缩,使得铸件尺寸小于型腔,所以应在模样尺寸上留出收缩余量。

铸件收缩率不仅与其材料有关,还受铸件形状、壁厚等因素的影响。一般而言,铸铁件的收缩余量为8mm/1000mm~12mm/1000mm,铸钢件的收缩余量为15mm/1000mm~20mm/1000mm。

4. 加工余量

根据铸件材料、形状、尺寸、加工条件、铸造性等因素,确定加工余量。加工余量虽应尽量减少,但有时还要适当加大,以作为铸造缺陷的预防措施。其值一般取1~4mm。

5. 芯头座

确定芯头座是支持和固定砂芯的重要部位,芯头座和砂芯之间要有适当的装配余量。

此装配余量不仅影响铸件的铸造披缝,而且影响铸件的壁厚。在砂型中使用壳芯时,必须考虑它们之间膨胀系数的差异。

6. 铸造方案

铸造方案关系到铸件质量的稳定和防止铸造缺陷的发生,必须慎重确定。设计铸造方案时,除应掌握各种铸造方法的特征外,还应充分考虑铸件形状、尺寸、壁厚和材料等因素。对于浇道系统的诸要素(直浇道、横浇道、内浇道等),应进行流体力学理论方面的计算。

【知识点2】 曲轴、凸轮轴的铸造工艺

一、球墨铸铁曲轴

球墨铸铁曲轴与传统的锻钢曲轴比较,既有制造简便、成本低廉的优势,又有吸振耐磨,对表面刻痕不敏感等锻钢材料所不具备的优良特性。球墨铸铁与巴氏合金、铅青铜、钢背铝合金的轴瓦均有良好的匹配性。石墨具有润滑作用和储存润滑油作用,其耐磨性比钢好;球墨铸铁在承受小能量多次冲击载荷条件下,其抗冲击性能也优于钢;球墨铸铁曲轴通过合金化、合理球化、孕育处理等,其在扭转、弯曲疲劳应力状态下的疲劳强度,可达到甚至超过锻钢曲轴。现在,铸态QT600-3、QT700-3牌号的球墨铸铁已广泛应用于汽车曲轴;QT800-2、QT900-5牌号的热处理球墨铸铁也成功地用于汽车曲轴的生产。

二、球墨铸铁曲轴（球铁曲轴）的湿砂型铸造

1. 球铁曲轴的铸造工艺

(1) 顺序凝固工艺　一般球铁曲轴采用顺序凝固工艺，并在曲轴大头部位安放冒口，再让浇道通过冒口，提高冒口中的铁液温度，使冒口最后凝固达到充分补缩的目的。

(2) 球墨铸铁曲轴的冒口　设置冒口的目的，在于把因铁液体积收缩而产生的缩孔转移到冒口中去，冒口起着补缩作用。从球墨铸铁的凝固特点可知，冒口可以有效地消除集中缩孔，但不能完全消除缩松。

冒口的形状种类很多，一般球铁曲轴采用圆柱形、腰圆形和球形冒口。球形冒口的补缩能力较强，因为同样质量的铁液，球形冒口具有最小的表面积，散热最慢，可以较长时间起到保温补缩作用。

一般采用暗冒口。暗冒口在铸件上的位置可分为顶冒口和侧冒口。顶冒口放在铸件壁最厚处（即热节）的上面，侧冒口则设在热节的侧面。冒口的尺寸对补缩效率和金属消耗影响较大，通常应根据热节产生缩孔的大小来确定。

(3) 球墨铸铁浇注系统的特点　球墨铸铁的铸造性能与普通灰铸铁不同，容易产生皮下气孔、二次氧化夹渣、球化衰退、浇不足和缩松等缺陷。因此，铸件浇注系统必须保证铁液平稳、畅通，比灰铸铁稍快地充型。为做到这点，许多工厂采用半封闭或开放式的浇注系统。其特点是：直浇道小，内浇道、横浇道的截面积均要比直浇道大；此时，铁液不会充满浇注系统，铁液进入型腔的速度低，平稳，无冲击，但挡渣效果差。

(4) 球墨铸铁曲轴的浇注方案　国内外球铁曲轴的浇注方案大致有四种，即卧浇卧冷（包括斜浇斜冷）、卧浇立冷、立浇立冷和侧浇侧冷四种方案。

1) 卧浇卧冷。卧浇卧冷的工艺适合于机械化、自动化程度较高的水平分型机器造型，大量流水生产。球铁曲轴卧浇卧冷浇注工艺方案如图 1-20 所示。

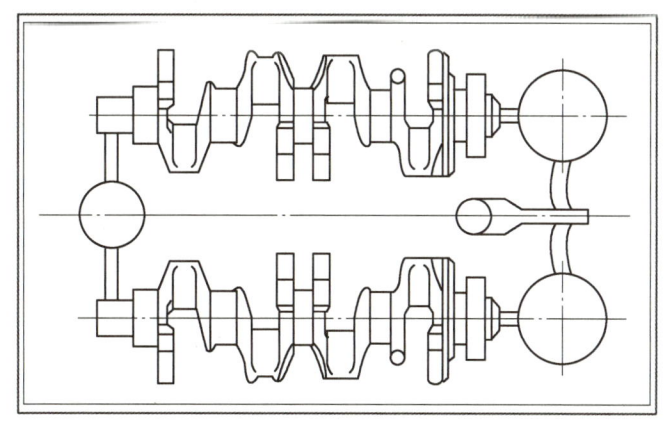

图 1-20　球铁曲轴卧浇卧冷浇注工艺方案

2) 卧浇立冷。浇注时，铸型放平，铁液平稳经过冒口，无冲击地进入型腔，这种工艺造型方便。浇满后用泥塞头堵塞直浇道，然后立即立起铸型。此时，冒口位置最高，温度也最高，造成曲轴自下而上的顺序凝固，充分补缩，有利于消除缩孔及减少缩松。一些尺寸较大的曲轴采用卧浇立冷的干砂型工艺。但这种工艺劳动条件差，还需要专门翻转机构和地坑，不适合大量流水生产。球铁曲轴卧浇立冷浇注工艺方案如图 1-21 所示。

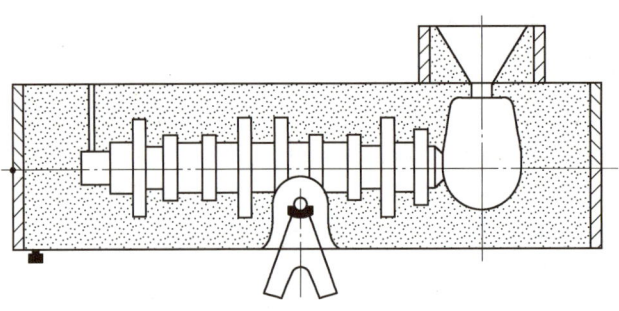

图 1-21　球铁曲轴卧浇立冷浇注工艺方案

3）立浇立冷。立浇立冷的工艺方案适合于壳型铸造工艺生产曲轴，可以实现一箱多型机械化流水生产。

4）侧浇侧冷。侧浇侧冷工艺适合于 DISA 造型线生产球铁曲轴。其最大特点是造型速度快，占地面积小，生产率高，无噪声，劳动强度低，辅机少，无砂箱，用砂量少，能耗小，自动化程度高。球铁曲轴侧浇侧冷浇注工艺方案如图 1-22 所示。

2. 曲轴湿砂型铸造生产过程

一般曲轴湿砂型铸造生产是由炉料准备、熔化、造型（含砂处理和造芯）、球化孕育、浇注、清理检查等以造型为中心的铸造生产过程组成的。

（1）炉料准备　炉料准备是熔炼铁液的准备部门，承担着生铁、废钢、回炉料、合金料、焦炭、石灰石等炉料的储存、净化、筛分、运输、装卸、配料称量、装卸等工序。

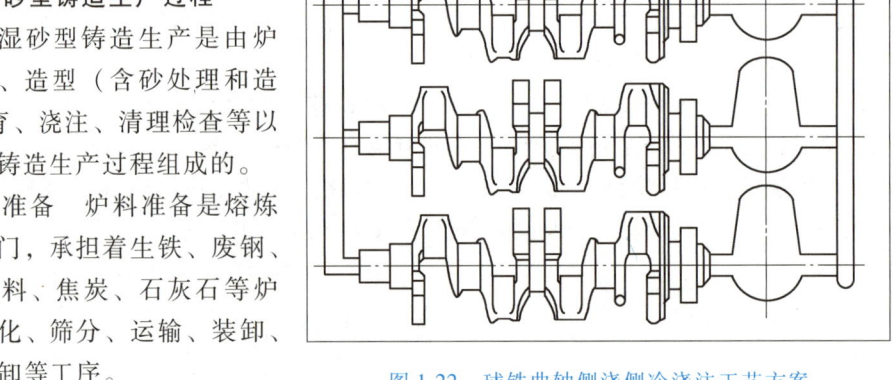

图 1-22　球铁曲轴侧浇侧冷浇注工艺方案

（2）熔炼　熔炼的任务是熔炼出合乎工艺要求的铁液。大量流水生产可采用冲天炉熔化、工频炉提温保温的双联熔炼工艺。冲天炉化铁便宜，感应电炉提温、调整质量分数容易。冲天炉熔炼出的铁液经铁液流槽或单轨输送，经炉外脱硫（如多孔塞底吹脱硫），进工频炉中提温、保温，均匀铁液质量分数，储存起来连续供应铁液。

为了提高铁液的纯净度，要求铁液有一定的过热温度；冬季球化处理温度一般取上限，夏季可以选择中下限；浇注度应根据曲轴的大小和实际情况进行调整。表 1-24 列出了不同阶段的铁液温度。

表 1-24　不同阶段的铁液温度　　　　　　　　　　　　　　　　（单位：℃）

过热温度	处理温度	浇注温度
1520～1550	1490～1520	1340～1420

（3）球化孕育处理　球化孕育处理是生产优质球铁曲轴的关键工序。一般采用堤坝加

盖包冲入法进行球化处理。曲轴生产应强化孕育工艺，采用延后孕育处理工艺措施，如型内孕育、随流孕育或倒包孕育。

球化处理包的凹坑内不许有残留铁液，不许过早将球化剂加入赤热的包内，尽可能缩短加入球化剂到球化处理之间的时间间隔，一般应少于2min。

（4）造型　目前，大中型铸造厂的造型基本上都实现了机械化造型和自动化造型。典型的机械化自动造型线有空气冲击造型线、静压造型线、DISA造型线和国产高压多触头造型线等，全线配备自动浇注机、自动下芯机和抓件机械手。全线采用计算机自动控制、液压传动或伺服电动机控制。

球墨铸铁曲轴的铸型紧实度高，型砂应具有较高的湿压强度和透气性，水分尽量低。处理后的型砂应定点定时进行型砂抽检性能，以保证制造出优质的砂型。

（5）造芯　曲轴生产用芯砂，一般选用高强度芯砂，根据生产条件也可以选用其他树脂砂。

（6）浇注　一般浇注温度为1420～1340℃，开始浇注时，铁液必须迅速充满浇口杯。在浇注过程中铁液不能断流，以保证浇口杯始终充满铁液，先快后慢收流要稳。球化处理后一般铁液要在12min内浇注完毕，防止球化处理衰退。浇注后，曲轴在砂型内冷却50min以后，曲轴温度约600℃以下，方可进行落砂。

（7）清理和检查

1）落砂及一次检查。球铁曲轴经造型线落砂，将曲轴浇注系统打掉后，对曲轴浇注系统断面及附铸试块断面进行宏观检查。

2）清理。将带冒口的曲轴挂在专用吊钩上，经悬链输送到抛丸室进行抛丸清理。抛丸后的曲轴打掉冒口。

3）最终检查。对清理后的曲轴进行最终检查。

4）防锈处理。合格的曲轴需经防锈处理后入成品库，一般采用磷化防锈处理工艺。

3. 球铁曲轴的局部强化

表面强化工艺对于以弯曲、扭转疲劳破坏和早期轴颈磨损烧伤为主要失效方式的曲轴生产是必不可少的强化工艺。国内外关于铸态球铁曲轴局部强化的研究与应用的方法有表面淬火、表面氮化处理、圆角滚压强化及强化喷丸等。

表面强化工艺方法可防止疲劳裂纹生成，提高曲轴疲劳寿命，提高耐磨性，局部强化的预压力可阻止或延缓裂纹的疲劳扩张速率。

三、合金铸铁凸轮轴

凸轮轴是发动机配气机构的主要零件之一。凸轮轴的主要失效方式是磨损（磨料磨损）、刮伤（黏着磨损）和疲劳（点蚀或剥落）失效。根据凸轮轴的工作状况和主要失效方式，要求凸轮轴材料有较高的强度和硬度。

凸轮轴材料有锻钢和铸铁两种。凸轮轴与挺杆相匹配。按铸铁种类分为球墨铸铁凸轮轴和合金铸铁凸轮轴。球墨铸铁凸轮轴可参照球铁曲轴工艺过程设计其铸造工艺。合金铸铁凸轮轴按工艺方法又分为激冷铸铁凸轮轴和可淬硬铸铁凸轮轴。

激冷铸铁凸轮轴是铸造时在铸型的凸轮位置加冷铁，使凸轮轴铸件形成白口耐磨层的一种铸造工艺方法。另一种是可淬硬铸铁凸轮轴，铸造的凸轮轴毛坯，通过后续的淬火热处理工艺，提高凸轮的硬度、耐磨性。可淬硬铸铁凸轮轴，是在普通灰铸铁基础上，选择合适的合金元素加入，铸态得到合格的金相组织，淬火后得到较高的硬度。

四、金属型复砂铸造工艺

1. 金属型复砂造型

金属型具有最大的刚度，然而这种铸型由于冷却速度过快，可能在球铁曲轴中形成渗碳体或白口，影响曲轴的性能。为了有效地利用金属型的刚度和快速冷却，同时避免由于冷却速度快带来的问题，采用了金属型内部表面复砂层与金属型形成一体的铸型，这就是金属型复砂造型工艺。

根据球墨铸铁共晶凝固膨胀大的特性，近年来，具有高刚度及高强度的金属型复砂造型工艺已越来越多地用于球墨铸铁曲轴的生产。金属型复砂造型是一次性使用酚醛树脂砂射砂成形的，砂型牢固附着在金属型上。因而得到强度和刚度高，导热冷却性能好，用砂量很少，尺寸精度高的铸型。从而得到晶粒细小、组织致密的球铁曲轴、凸轮轴。

2. 同时凝固工艺

金属型复砂工艺多采用同时凝固工艺。同时凝固工艺冒口很小或无冒口。球墨铸铁凝固时具有很大的石墨膨胀力，金属型复砂造型采用无冒口工艺使石墨膨胀力不是挤开铸型而是挤向液体金属内部，用其补偿金属液态收缩及凝固收缩，达到无缩松的目的。

3. 金属型复砂造型的工艺特点

1）采用同时凝固工艺，小冒口或无补缩冒口，提高铁液利用率。
2）大大减少型砂用量，不需庞大的砂处理系统。
3）大大减少加工余量，提高了尺寸精度。
4）提高了铸件的表面粗糙度。
5）得到致密组织，显著提高了曲轴、凸轮轴的韧性和强度。
6）消除常见的缩松等铸造缺陷，降低废品率。
7）比砂型铸造冷却快。
8）不需要冷铁，可根据轴的形状调节复砂层的厚度。
9）可以利用铸件的余热对铸件正火，取消正火热处理工序。

【知识点 3】 锻造工艺

由于各种模锻设备的工作特点不同，锻模的结构有较大差别。对于大多数保证汽车行驶安全的零件，锻造加工阶段的锻件质量控制十分重要。

一、概述

锻造是利用金属材料的可塑性，借助外力（加压设备）和模具的作用，使坯料产生局部或全部变形而形成所需要的形状、尺寸和一定组织性能锻件的加工方法。

锻件韧性强、可靠性高。发动机主要机械零件与齿轮以及车轮部分等要保证安全的零件很多都是锻件。锻造按所用工具与模具安置情况的不同可分为自由锻、胎模锻、模锻等类型；按加工温度可分为热锻、温锻、冷锻、等温锻等类型。

热锻是指终锻温度高于再结晶温度，工作温度高于模具温度的锻造。在受热状态下材料具有良好的加工性，很少受零件形状和尺寸的约束。汽车后半轴与转向节等需保证安全的重要零件，连杆、曲轴等发动机零件，以及齿轮等的毛坯，都采用热锻成形。

冷锻是指在室温下的或低于再结晶温度进行的锻造。由于冷锻具有生产率高并能提高零件强度等优点，在汽车制造中，近来已从加工发动机气门等小零件，发展到加工球头销、差速器小齿轮和后半轴等大、中型零件。

温锻是指介于热锻和冷锻温度之间的加热锻造。

等温锻是指模具带加热和保温装置，成形时模具与坯料等温的锻造。

一般来说，整个工艺过程包括落料、成形、锻件检验，以及原材料与毛坯热处理等各工序。这些工序从采用送料器开始，逐渐采用自动锻造机，提高了自动化程度，具备了高效率生产的可能性。

二、锻造工艺

1. 切断

材料切断一般使用锯床或剪床。锯床切断的断口平整，但效率低，又产生锯屑，不适于大量生产。剪床下料一般用于直径小于 150mm 的钢料，效率极高，又无切屑，但其断面精度较低。为此，可先将钢料预热，或者调整剪刀间隙，或者改善钢料硬度，在不同程度上改进断口的精度。

2. 热锻

热锻趋向于大型化、高速化、省力化与自动化。为了提高锻压设备锻制小型零件的生产率，以及不限于熟练工才能操作，其主流是逐渐用压力机和镦锻机代替锻锤。热锻模模膛润滑对提高锻模寿命和锻件质量，改进工艺性能有重要作用。

3. 冷锻

冷锻工艺是一种精密塑性成形技术，特别适合于大批量生产，而且可以作为最终产品的制造方法，在交通运输工具、航空航天和机床工业等行业具有广泛的应用。

冷锻零件的形状越来越趋于复杂，由最初的阶梯轴、螺柱、螺母和导管等发展到形状复杂的零件。冷锻工艺的特点是：生产率高，材料利用率高，表面粗糙度值小，冷锻模寿命比热锻模长，容易自动化，改善劳动环境，冷加工硬化可提高零件强度。冷锻工艺的不足之处是：形状复杂的零件不能冷锻成形，冷锻工艺容易使零件内部发生缺陷，有些材料不宜冷锻成形，冷锻成形压力比其他锻造方法的要高。

（1）冷锻工艺与冷锻件　冷锻可按工艺方法分为正挤压、反挤压、镦锻三种。正挤压广泛用于后半轴等轴类零件加工，镦锻则用于球头销、螺栓加工。表 1-25 列举了可用冷锻成形的汽车零件。

表 1-25　可用冷锻成形的汽车零件

钢　　种	用　　途
S10C、S15C、S20C、S25C	火花塞罩、压力开关壳、轴环、球节罩壳、扭力杆固定器、气门挺杆、气门、挺杆柱塞、活塞销、气门弹簧座、门锁齿轮、摇臂支持衬套、各种螺钉、各种衬套、销钉类零件
SCr21、SCr22、SCr23	活塞销、轴类件、轴承环、球头销、齿轮、各种衬套、销钉类零件、花键轴
S30C、S35C、S40C、S45C	半轴、球头销、发电机轴、减振器轴、传动轴端花键、各类螺钉、销钉等
SCr4、SCr5、SCM4	球头销、各类螺钉、销钉

（2）材料的预处理　冷锻与热锻不同，材料的预处理对于冷锻件质量和加工的难易程度有很大影响。在预处理方面，属于热处理的有软化退火和球化退火；此外，还有磷酸锌膜处理，这是目前最有效的润滑处理方法。

4. 温锻

温锻成形的温度范围介于冷锻和热锻之间，对于常用的合金结构钢，其温锻时的屈服应力约为冷锻时的1/3，材料的变形能力和室温下相比可提高2~3倍。锻造过程可以减少成形工步，节约设备投资；所成形零件的尺寸精度和表面质量与冷锻成形相当。因此，温锻成形既突破了冷锻成形中变形材料、零件形状，需增加中间热处理工步及变形抗力的局限性，又克服了热锻中因强烈氧化作用而引起的表面质量及尺寸精度问题，具有显著的优越性。

温锻精密成型技术具有显著的优越性，但该工艺需要高精度的专门设备，且对模具结构、模具材料的要求较高，所以只适宜于大批量生产。汽车工业中存在大量形状较复杂的轴对称或旋转对称零件，包括轴颈、内星轮、外套、齿轮、棘爪、联轴器等均适合温锻成形。

5. 特种锻造

（1）回转锻造 回转锻造有多种方式，其中横向轧制适于加工轴类零件。图1-23所示为横向楔形轧制加工原理图。在两个轧辊的圆周面上，刻出具有楔形成形斜面、尺寸相等、位置相差180°的轧制模膛，在上下模膛间插入与轧辊轴平行的已加热的棒料，上下轧辊每同方向回转一周，棒料随同回转并被轧制成形。这种成形方法生产率高，并可提高材料利用率。

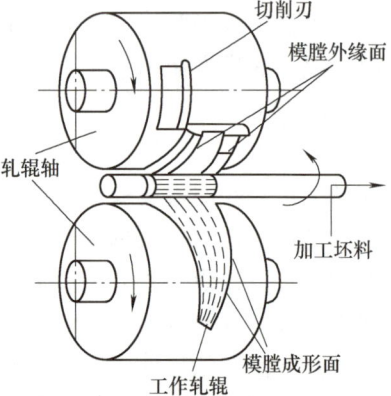

图1-23 横向楔形轧制加工原理图

（2）烧结锻造 烧结锻造是将粉末冶金技术中的烧结法和锻造加工法相结合的方法。其要点是以金属粉末为原材料，用粉末冶金方法做成预成形件，然后进行热锻，得到普通烧结法所不能比拟的、质量不低于一般锻件的产品。由于预成形件的形状和质量接近零件的最终要求，可得到几乎没有毛边、精度极高的成品。

（3）液态模锻 液态模锻又称高压铸造法或半熔融锻造法，是一种将铸造、锻造相结合的成形方法。将熔融或半熔融状态的金属注入金属型内，施加高压并保持，直至凝固终了，以阻止金属晶粒增长，提高零件强度，并能高效率生产形状复杂的零件。目前已有使用这种方法生产非铁金属零件的大量实例，但对钢材来说，尚处于试验阶段。

任务三 选择定位基准和装夹方式

【任务目标】

1）确定曲轴的粗基准和夹紧方案。
2）确定曲轴的精基准和夹紧方案。

【任务实施】

步骤1 选择曲轴的精基准和夹紧方案

根据基准重合原则，考虑选择曲轴的轴线作为定位精基准是最理想的。曲轴与一般的轴类零件相同，最重要的精基准也是中心孔。曲轴轴向上的精基准，按照曲轴的设计基准，选取曲轴齿轮侧轴颈的止推面。

步骤 2　选择曲轴的粗基准和夹紧方案

选择曲轴两端的主轴轴颈外圆作为粗基准能方便地加工两端中心孔，可以尽快获得精基准。

根据曲轴的工艺特性，加工设备多采用专用机床；工艺装备采用专用夹具或组合夹具、专用刀具、专用量具。

【任务结果】

曲轴的基准及其加工设备见表 1-26。

表 1-26　曲轴的基准及其加工设备

项　目	结　果
精基准	两端中心孔 齿轮侧轴颈的止推面
粗基准	第一、七主轴轴颈
加工装备	1）加工设备采用专用机床 2）夹具主要采用专用夹具或组合夹具 3）刀具采用专用刀具、键槽铣刀、砂轮 4）量具采用专用量具及游标卡尺、外径千分尺等

任务四　拟订曲轴机械加工工艺路线

【任务目标】

1）选择各表面的加工方法。

2）初步拟订曲轴机械加工工艺路线。

【任务实施】

步骤 1　划分加工阶段，确定各表面的加工方案

曲轴主要表面的加工可划分为粗加工、半精加工、精加工三个阶段。根据各表面的加工要求，各表面的加工方案见表 1-27。

表 1-27　各表面的加工方案

加工表面	精度要求	表面粗糙度值 $Ra/\mu m$	加工方案
曲轴主轴颈	IT6 以上	0.8~1.6	车→粗磨→淬火→精磨→粗抛光→精抛光
曲轴连杆轴颈	IT6 以上	1.6~3.2	车→粗磨→精磨→粗抛光→精抛光
键槽	IT9 以上	3.2~6.3	粗铣→精铣
油孔	IT11 以上	12.5	钻
端面	IT11 以上	12.5	铣削

步骤 2　安排加工顺序

根据机械加工的安排原则，先安排基准和主要表面的粗加工，然后安排基准和主要表面的精加工。

【任务结果】

大量生产六缸汽油机曲轴工艺过程见表 1-28。

表 1-28　大量生产六缸汽油机曲轴工艺过程

工序号	工序内容	加工设备
1	铣端面钻中心孔	铣钻组合机
2	粗车第四主轴颈	曲轴主轴颈车床
3	校直第四主轴颈	摆差油压机
4	粗磨第四主轴颈	双砂轮架外圆磨床
5	车除第四主轴颈以外的主轴颈	曲轴主轴颈车床
6	校直主轴颈	摆差油压机
7	粗磨第一主轴颈与齿轮轴颈	双砂轮架外圆磨床
8	精车第二、三、五、六、七主轴颈	油封轴颈和法兰曲轴车床
9	粗磨第七主轴颈	双砂轮架外圆磨床
10	粗磨第二、三、五、六主轴颈	双砂轮架外圆磨床
11	在第1第12曲柄上铣定位面	曲轴定位面铣床
12	车六个连杆轴颈	曲轴连杆轴颈车床
13	清洗	清洗机
14	在连杆轴颈上锪球窝	球形孔钻床
15	在第1第6连杆颈上钻油孔	深孔组合钻床
16	在第2第5连杆颈上钻油孔	深孔组合钻床
17	在第3第4连杆颈上钻油孔	深孔组合钻床
18	在主轴颈上油孔处倒角	交流两用电钻
19	去毛刺	风动砂轮机
20	高频淬火部分轴颈表面	曲轴高频淬火机
21	高频淬火另一部分轴颈表面	曲轴高频淬火机
22	校直曲轴	油压机
23	精磨第四主轴颈	双砂轮架外圆磨床
24	精磨第七主轴颈	双砂轮架外圆磨床
25	车回油螺纹	曲轴回油螺纹车床
26	精磨第一主轴颈与齿轮轴颈	双砂轮架外圆磨床
27	精磨带轮轴颈	双砂轮架外圆磨床
28	精磨油封轴颈与法兰外圈	双砂轮架外圆磨床
29	精磨第二、三、五、六主轴颈	双砂轮架外圆磨床
30	粗磨第六个连杆轴颈	曲轴磨床
31	精磨第六个连杆轴颈	曲轴磨床
32	在带轮轴颈上、齿轮轴颈上铣键槽	键槽铣床
33	加工两端孔	两端孔组合机
34	检查曲轴动平衡量	曲轴动平衡自动线

(续)

工序号	工序内容	加工设备
35	在连杆轴颈上钻去重孔	特种去重钻床
36	去毛刺	风动砂轮机
37	校直曲轴	油压机
38	加工轴承孔	曲轴轴承专用车床
39	精车法兰端面	端面车床
40	去毛刺	风动砂轮机
41	粗抛光主轴颈与连杆轴颈	曲轴油石抛光机
42	精抛光主轴颈与连杆轴颈	曲轴砂带抛光机
43	清洗	清洗机
44	检查、验收	

【知识点】 曲轴机械加工工艺分析

一、曲轴定位基准的选择

1. 精基准的选择

曲轴与一般的轴类零件相同，最重要的精基准是中心孔。曲轴轴向上的精基准，一般选取曲轴一端的端面或轴颈的止推面。但在曲轴的整个加工过程中，定位基准要经过多次转换。曲轴圆周方向上的精基准一般选取曲轴两端曲柄上的定位平台或法兰上的定位孔。

2. 粗基准的选择

曲轴的毛坯一般都呈弯曲状态，为保证两端中心孔都能钻在两端面的几何中心上，粗基准应选靠近曲轴两端的轴颈。为保证其他轴颈外圆余量均匀，在钻中心孔后，应对曲轴进行校直。对于不易校直的铸铁曲轴，在轴颈余量不大的情况下，为保证所有轴颈都能加工出来，粗基准应选距曲轴两端约为1/4曲轴长度的主轴颈。大批量生产的曲轴毛坯精度高，曲柄不加工，轴向定位基准一般选取中间主轴颈两边的曲柄。中间主轴颈两边的曲柄处于曲轴的中间部位，用作粗基准可以减小其他曲柄的位置误差。

二、加工阶段的划分与工序顺序的安排

曲轴的主要加工部位是主轴颈和连杆轴颈，次要加工部位是油孔、法兰、曲柄、螺纹孔、键槽等。除机械加工之外，还有轴颈淬火、探伤、动平衡等，在加工过程中还要安排校直、检验、清洗等工序。

1. 加工阶段的划分

曲轴的机械加工工艺过程，大致可分为加工定位基准面、粗加工主轴颈和连杆轴颈、加工润滑油道等次要表面、主轴颈和连杆轴颈热处理、精加工主轴颈和连杆轴颈、加工键槽和轴承孔等、动平衡、光整加工主轴颈和连杆轴颈。

曲轴的主轴颈和连杆轴颈的技术要求都很严格。各轴颈表面加工一般安排为粗车—精车—粗磨—精磨—超精加工。

对多缸发动机的曲轴进行粗加工时，一般都以中间主轴颈为辅助定位基准。所以，基本都是先粗加工和半精加工中间主轴颈，然后再加工其他主轴颈。而连杆轴颈的粗、精加工，一般都要以曲轴两端主轴颈定位,所以连杆轴颈的粗、精加工都安排在主轴颈加工之后进行。

在表1-28中主轴颈的粗车安排在工序5。连杆轴颈的粗加工,则安排在工序12。此时,主轴颈已经过粗磨,有利于多支承车削连杆轴颈。经高频淬火后的曲轴,进入主轴颈和连杆轴颈的精加工阶段。通过工序23~29精磨全部主轴颈,然后以主轴颈定位,在工序31精磨连杆轴颈。为了达到图样所要求的表面粗糙度,还需要经过工序41、42进行抛光加工或研磨加工。

2. 工序顺序安排

油道孔的进出口都在曲轴的轴颈上,安排在轴颈淬火前加工。钻油道孔时,用粗加工过的轴颈定位,可以保证其位置精度。

主轴颈是连杆轴颈的设计基准,主轴颈与连杆轴颈的车削(铣削)和磨削,一般都先加工主轴颈,后加工连杆轴颈。

在精磨主轴颈的过程中,先精磨第四主轴颈,这样精磨其他主轴颈和带轮轴颈、油封轴颈等轴颈时,就可以第四主轴颈为辅助支承,大大降低曲轴精磨后的弯曲变形。

在最后检查曲轴时,以曲轴两端的主轴颈为测量基准,测量其他轴颈的径向圆跳动。主轴颈的径向圆跳动超过要求时,可以通过校直进行纠正。带轮轴颈、齿轮轴颈、油封轴颈的径向圆跳动超过要求时,则无法纠正。为此,要求曲轴前端主轴颈的径向圆跳动,与带轮轴颈、齿轮轴颈的径向圆跳动矢量相减后,绝对值要最小。另外,钢曲轴在加工过程中,轴颈产生径向圆跳动的原因之一是曲轴经加工后内应力重新分布,从而造成变形。所以,在曲轴前端主轴颈的精磨工序之后,应接着安排齿轮轴颈、带轮轴颈的精磨工序。在末端主轴颈的精磨工序之后,应紧接着安排油封轴颈的精度工序。以免内应力重新分布,造成过大的影响。同时,为了避免曲轴刚度降低,造成这些轴颈磨削后径向圆跳动增大,其他主轴颈的精磨要放在这些轴颈精磨之后进行。

校直对曲轴的疲劳强度有着不利的影响,在制订曲轴的机械加工工艺过程中,应尽量减少曲轴的校直次数。一般为保证余量均匀,减少变形的影响,在关键工序时,如第四主轴颈加工前、淬火后、动平衡去重后安排校直。曲轴各轴颈的表面粗糙度要求较高,所以把各轴颈的超精加工放在最后进行。以避免已经加工好的轴颈表面被破坏。

项目小结

本项目是制订发动机曲轴加工工艺的训练。运用在传动轴工艺制订过程中学习的工艺制订方法,结合发动机曲轴的特点,完成曲轴工艺制订项目。

本项目通过发动机曲轴工艺分析、确定曲轴的毛坯类型、选择定位基准和装夹方式、拟订曲轴机械加工工艺路线等项目任务,完成曲轴工艺的制订过程。曲轴结构较为复杂,在项目实施过程中,融入曲轴加工工艺特点的学习;曲轴一般采用铸造或锻造毛坯,结合曲轴工艺过程,在本项目中融入铸造工艺、曲轴和凸轮轴的铸造工艺及锻造工艺的学习;针对曲轴的机械加工特点,融入曲轴机械加工工艺分析知识点的学习和掌握。通过相关知识的学习和曲轴工艺制订的训练,进一步掌握轴类零件工艺编制的方法,提高轴类零件制造工艺编制的能力。

榜样力量

东风汽车公司总装配厂调试分厂调整工王涛,走出了一条属于汽车产业工人的成功之路,先后荣获全国机械行业职工楷模、全国"五一劳动奖章""全国劳动模范""全国十大杰出职工"等称号。作为一名汽车调整工,王涛义务加班5000多个小时,参与装调东风车20多万辆,没出现过一次质量责任事故,被誉为汽车界"调整大王"。只有高中文化水平的他,写出了10本共计70多万字的汽车调整技术专业书籍,完成了30多项技术革新,创造了"王涛操作法"。王涛用奋斗者的姿态、用顽强的拼搏和执著的追求,在平凡的岗位上做出了不平凡的业绩。

实 作 训 练

写出下面单拐曲轴的加工工艺过程卡(小批生产)。

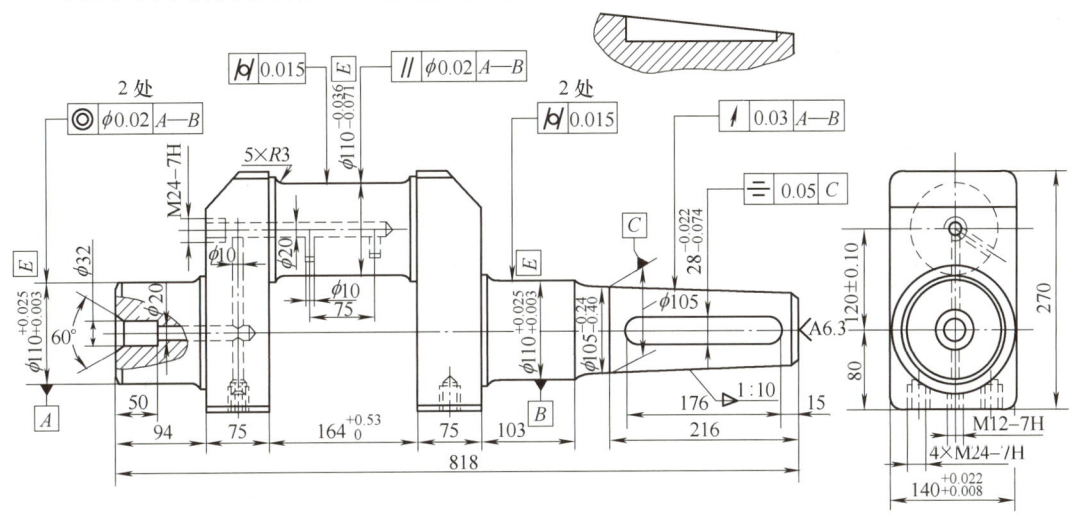

技术要求:
1. 1:10圆锥面用标准量规涂色检查,接触面≥80%。
2. 清除干净油孔中的切屑。
3. 其余倒角C11。
4. 材料QT600-3。

图1-24 实作训练图

模块二 叉架类零件制造工艺

知识目标

1. 熟悉工艺文件编制要求。
2. 掌握叉架类零件制造工艺过程。

能力目标

能够编制叉架类零件制造工艺文件。

学习引导

常见叉架类零件如图 2-1 所示。

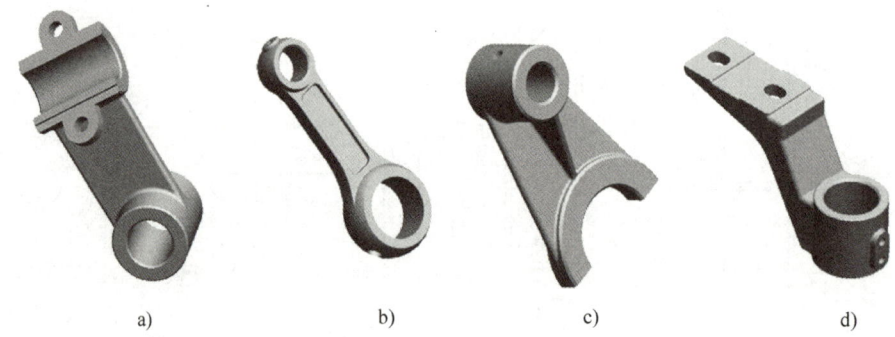

图 2-1 常见叉架类零件
a）支架 b）连杆 c）拨叉 d）摇臂

项目 斜支架加工工艺

项目任务书

编制某斜支架零件制造工艺，机械加工工艺编制任务书见表 2-1。

表 2-1 机械加工工艺编制任务书

任务名称	编制斜支架零件的机械加工工艺
编制依据	1. 相关技术文件和资料 1）斜支架零件图如图 2-2 所示 2）斜支架装配示意图如图 2-3 所示 3）每台产品中使用斜支架的数量为 1 件

(续)

任务名称	编制斜支架零件的机械加工工艺
编制依据	2. 产品生产纲领 产品的生产纲领为 200 台/年 备品百分率为 10% 废品百分率为 1% 3. 生产条件和资源 斜支架毛坯为外协件，毛坯的生产类型可根据需要确定 由机加工车间负责加工，可供选用的设备如下： 1）X6030CA 卧式铣床 1 台 2）X503 立式铣床 1 台 3）C6140×1000 车床多台 4）Z525 钻床多台 各设备均达到机床规定的工作精度要求，不计划再使用其他设备
工作结果	1. 产品锻件图 2. 机械加工工艺过程卡和工序卡一套 3. 设计需要的专用夹具，绘制夹具总装图

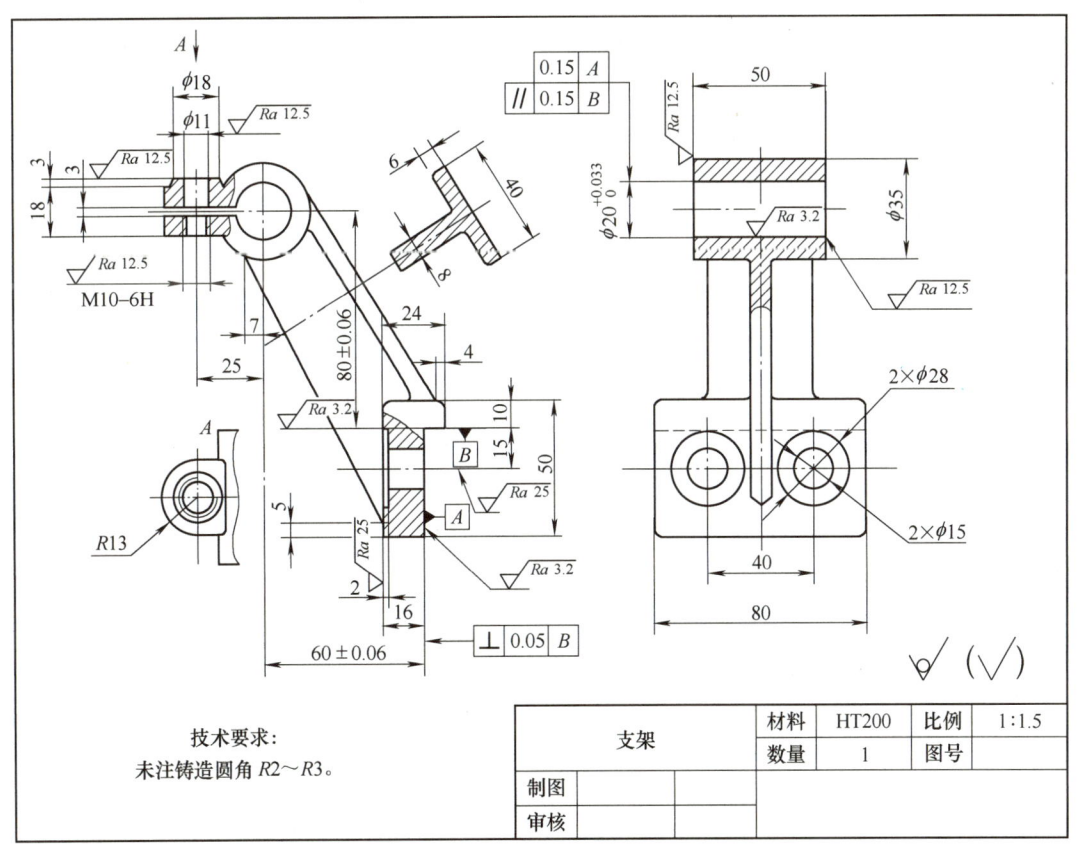

图 2-2 斜支架零件图

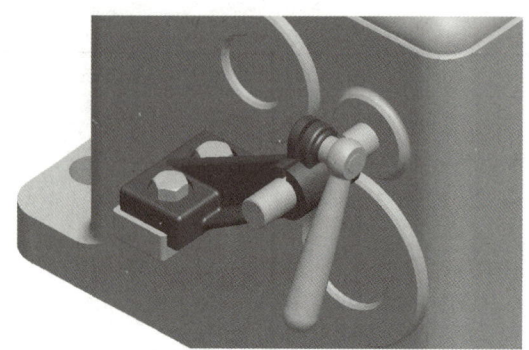

图 2-3　斜支架装配示意图

任务一　斜支架工艺分析

【任务目标】

1) 看懂零件图和装配图, 明确斜支架在产品中的作用。

2) 明确主要技术要求, 确定斜支架的加工关键表面。

3) 计算斜支架的生产纲领。

4) 确定斜支架的生产类型及工艺特征。

【任务实施】

步骤 1　明确斜支架的结构、装配位置和作用

1) 斜支架三维模型如图 2-4 所示。

2) 斜支架的结构如图 2-5 所示。

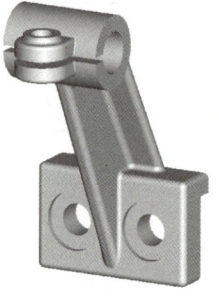

图 2-4　斜支架三维模型

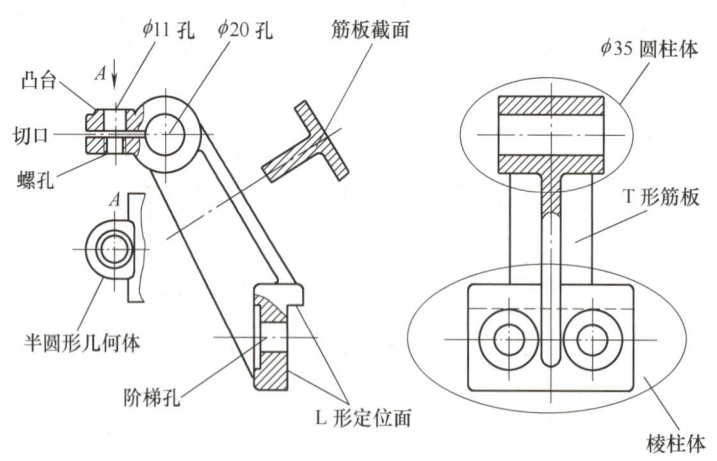

图 2-5　斜支架的结构

3) 斜支架各部分的功用如图 2-6 所示。

步骤 2　确定斜支架的加工关键表面

根据斜支架的零件图及装配要求, 关键加工面如图 2-7 所示。

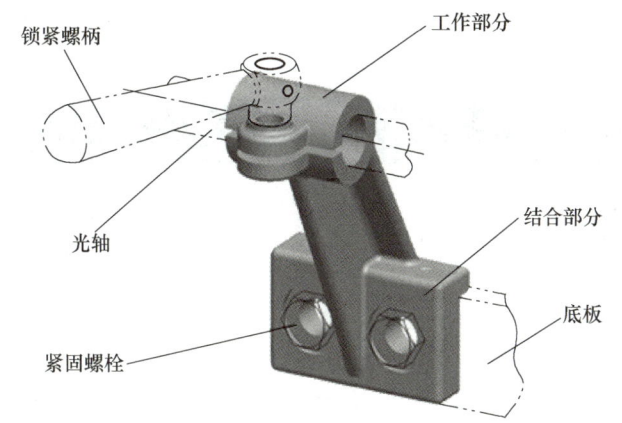

图 2-6 斜支架各部分的功用

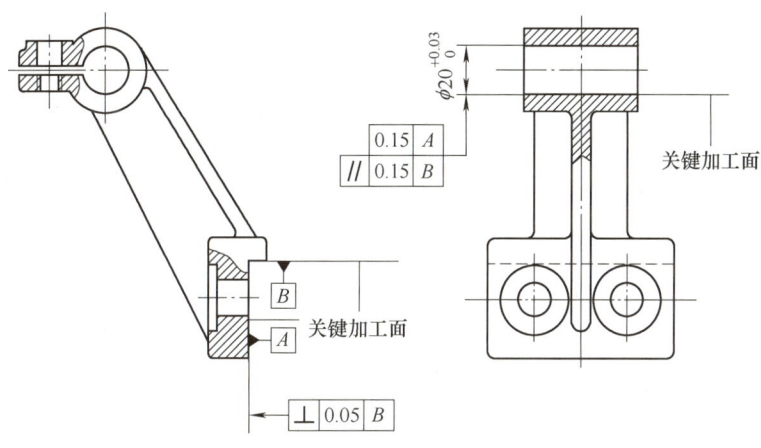

图 2-7 关键加工表面

步骤 3 计算斜支架的生产纲领

由任务书已知：$Q = 200$ 台/年；$n = 1$ 件/台；$a = 10\%$；$b = 1\%$，则

$$N = Qn(1+a)(1+b)$$
$$= 200 \times 1(1+10\%)(1+1\%)$$
$$= 222 \text{ 件/年}$$

斜支架的生产纲领为 222 件/年。

步骤 4 确定斜支架的生产类型及工艺特征

查《机械加工工艺手册》可知，本产品属中型机械。根据零件的生产纲领，斜支架的生产类型属于小批量生产。斜支架的工艺特征如下：

1）斜支架的毛坯铸件采用木模手工造型。
2）使用通用机床加工即可。
3）通用夹具和专用夹具结合使用。
4）采用画线找正和专用夹具进行定位。
5）需要具备一定技能的技术工人才能加工。
6）需要通用刀具和量具对零件进行检验。

7）生产率低，加工成本比较高。
8）制订简单的工艺过程卡片。

任务二 斜支架毛坯选择

【任务目标】
1）确定斜支架的毛坯类型和制造方法。
2）绘制斜支架的锻件图。

【任务实施】
步骤1 选择斜支架毛坯类型及其制造方法
根据设计图样零件的材料为HT200，决定了零件的毛坯为铸件。由零件的工艺特征确定其毛坯制造方法为"木模手工造型"。

步骤2 绘制斜支架锻件图
查《机械加工工艺手册》确定毛坯的余量。各加工表面毛坯余量表见表2-2。

表2-2 各加工表面毛坯余量表

图示（D表示孔/T表示面）	表面代号	公称尺寸/mm	总余量/mm	余量公差/mm
	D1~D4	—	实心	—
	T1	50	3	±1
	T2	50	3	±1
	T3	21	4	±1
	T4~T8	—	实心	—

斜支架锻件图如图2-8所示。
斜支架毛坯模型如图2-9所示。

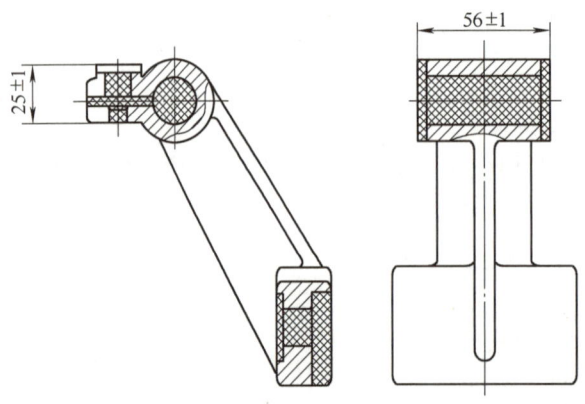

图2-8 斜支架锻件图

图2-9 斜支架毛坯模型

任务三　定位基准和装夹方式的选择

【任务目标】
1) 确定斜支架的粗基准和夹紧方案。
2) 确定斜支架的精基准和夹紧方案。

【任务实施】

步骤 1　选择斜支架的粗基准和夹紧方案

根据零件结构，有两种方案可以选择。粗基准和夹紧方案如图 2-10 所示。

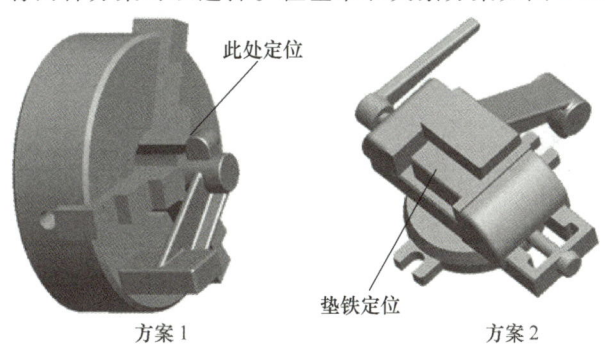

图 2-10　粗基准和夹紧方案

粗基准定位方案见表 2-3。

表 2-3　粗基准定位方案

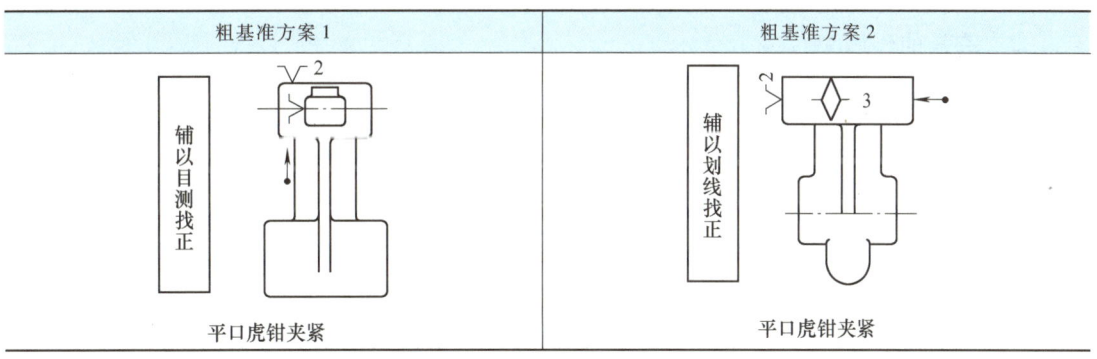

步骤 2　选择斜支架的精基准和夹紧方案

有两种精基准方案（图 2-11）可供选择。

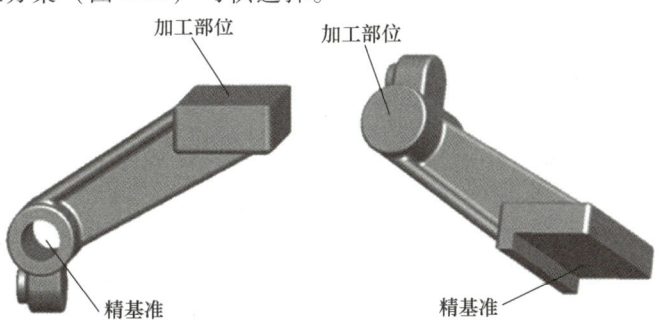

图 2-11　精基准方案

精基准定位方案见表2-4。

表2-4 精基准定位方案

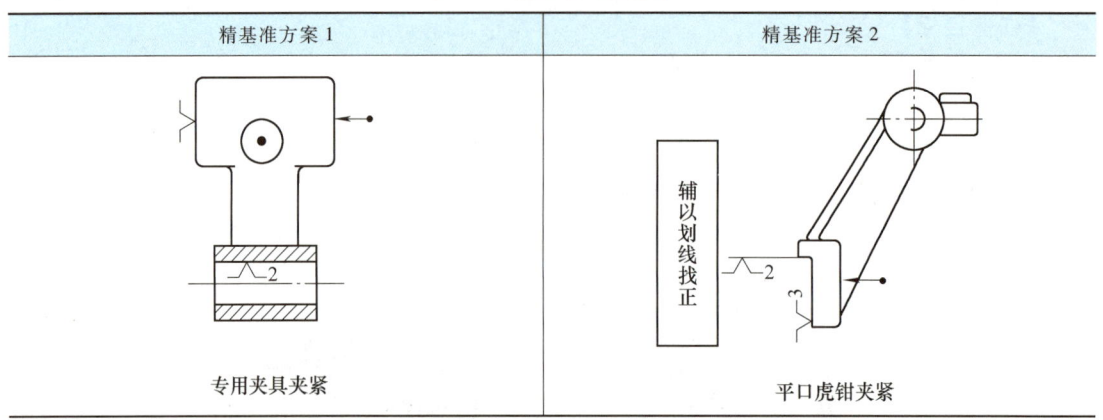

精基准方案1	精基准方案2
专用夹具夹紧	平口虎钳夹紧

【知识点】 夹具及定位

一、夹具概述

在机械加工过程中，夹具是装夹工件的机床附加装置，它被安装在机床上，且与机床、刀具之间有着正确的相对位置，这在工件安装之前已预先调整并得到保证。因此批量加工工件时，只要每个工件都处于夹具中的同一个正确的位置，不必再逐个找正定位就可以使工件迅速且正确地定位和夹紧，就可以保证一批工件的加工都满足加工要求，不但可以提高劳动生产率，而且可以减轻工人的劳动强度。

二、夹具的作用

夹具在机械加工过程中的作用归纳有以下几点。

1）加工精度稳定，容易保证加工精度。由于同一批工件都位于夹具的同一个正确位置上加工，因此，从工件安装角度来讲，只要第一个工件的加工精度得到保证，其他工件的精度都能满足要求，并且精度变化不大。

2）提高了劳动生产率，降低了制造加工成本。使用夹具后不必每个加工工件逐个找正定位，节约了工件找正、对刀的时间，加快了工件的安装速度。此外，用夹具安装容易实现多工位加工、多件加工，可以进一步缩短辅助时间，提高劳动生产率。

3）对工人的技术水平要求低，减轻了工人的劳动强度。用夹具安装的精度不受工人操作技术水平的影响，不需要反复测试、找正，对工人的技术水平要求减轻了工人的劳动强度。

4）扩大了机床加工工艺范围。使用夹具安装可以改变或扩大机床的功能，提高机床的利用率，降低生产成本。

三、夹具的分类

按照夹具的应用范围，可以分为如下四类。

(1) 专用夹具 专用夹具是专门为某一工件的某一道工序而设计制造的夹具。产品变换或工序内容变更后，就无法继续使用。专用夹具适用于大批量生产。

(2) 通用夹具 通用夹具是指已经标准化、可以用于加工同一类型的不同尺寸工件的夹具。例如回转工作台、自定心或单动卡盘、万能分度头、平口钳、磁铁吸盘等。通用夹具作为机床附件,由专业工厂制造,多用于单件、小批量生产。

(3) 组合夹具　组合夹具是在夹具部件、零件完全标准化的基础上,针对不同的加工对象和加工要求,拼装组合而成的专用夹具。使用完毕后,拆散成各种元件,可以重新组装成另一副夹具,不断重复使用。它的特点是装拆灵活,能重复使用。缺点是质量重、体积大、刚性较差。主要用于新产品的试制、单件或小批量生产。

(4) 成组夹具　成组夹具是加工完成一种工件后,经过调整或更换个别元件即可用于加工另外一种工件的夹具。主要用于加工尺寸相近、形状相似、加工工艺相同的一组工件,它是一组工件的专用夹具。

四、夹具的组成

夹具一般由夹紧元件、定位元件、夹具体、引导元件等组成,其中定位元件和夹紧元件是夹具必不可少的组成部分。

1) 夹紧元件——用来夹紧工件的元件。
2) 定位元件——确定工件在夹具中位置的元件。
3) 夹具体——夹具的基础件,它将夹具的其他各元件连成一个整体。
4) 引导元件——确定夹具相对于机床或刀具位置的元件。
5) 其他元件——例如分度盘、机械传动装置等。

五、工件在夹具中加工精度的保证

为保证工件的加工精度,除工件在机床或夹具中必须正确定位外,还需要满足以下条件。

1) 夹具在机床上的安装基准相对于机床应具有正确的位置。
2) 定位元件相对于夹具在机床上的安装基准应有正确的位置。
3) 刀具切削刃相对于定位元件应具有正确的位置。

六、安装与基准

1. 什么是安装

机械加工时,为了在工件上加工出符合图样规定的技术要求的表面,加工前必须使工件与机床、刀具之间具有正确的相对位置,即正确的安装。正确的安装包括定位、夹紧两个过程。首先,工件在夹具或机床上占有某一正确的位置,这个过程称为工件的"定位"。其次,因为工件在加工中会受到重力、切削力等的作用,要保持工件在加工时定位的位置不变,必须采用一定的机构将工件夹紧,这个过程称为工件的"夹紧"。工件安装是否正确、稳定、牢固,对生产率、加工质量都有很大的影响。

2. 工件的安装方式

加工工件时,在不同的机床上可以有不同的安装方式,工件的安装方式归纳有如下三种。

(1) 划线找正安装方式　对又重又大的复杂工件,一般先在待加工处划线再装上机床,按照所划的线找正定位。由于划的线有一定的宽度,在划线时就有划线误差,找正工件位置的时候又有观察误差,所以定位精度也不高。这种安装方式多用于毛坯精度要求较低、小批量生产以及大型工件等不适合采用夹具的粗加工过程中。

(2) 直接找正安装方式　采用直接找正安装,工件在机床上正确的位置是由一系列的尝试得到的。工件直接装上机床后,用千分表或划针盘上的划针来找正工件的位置,一边校验一边找正定位。这种安装方式的缺点是安装耗时多,生产率低,需要凭经验操作,对工人技术水平要求高。所以，直接找正安装方式只用于单件或小批量生产。有时候，工件的定位精度要求比较高，如果用夹具安装，由于夹具本身就有误差很难达到要求就只能使用精密量具，由技术水平较高的工人直接找正定位。

（3）使用夹具安装方式　在夹具中安装，可以使工件迅速且正确地定位和夹紧，不需找正就能保证工件与机床、刀具之间正确的相对位置。在夹具中安装，不但可以有效地保证加工精度，提高劳动生产率，而且可以减轻工人的劳动强度，因此，广泛地应用于成批或大量生产。

实际生产过程中，有时采用两种方式相结合的安装方法，如将工件安装在夹具中，同时辅以找正方法安装。总之，需要从保证加工精度、降低制造成本、提高生产率等方面综合考虑。

3. 什么是基准

工件是由点、线、面构成的，工件上任何一个点、线、面的空间位置，必须用它和另外一些点、线、面的相互位置关系来表示，这些被作为依据的点、线、面称为基准。根据所起的作用和使用场合的不同，基准分设计基准、定位基准两种类型。

（1）设计基准　设计基准是工件设计图样上采用的基准，是设计图上尺寸标注的起始点。设计基准既可以是中心要素，即由轮廓要素获取的中心平面或中心线，也可以是轮廓要素，即零件上实际存在的点、线、面。

在零件图上，按零件在产品中的工作要求，用一定的位置尺寸或位置关系来确定各表面间的相对位置。图 2-12 所示为设计基准。在图 2-12a 中，对平面 B 来说，平面 A 是它的设计基准；对平面 A 来说，平面 B 是它的设计基准；它们互为设计基准。图 2-12b 中平面 D 是平面 C 的设计基准。在图 2-12c 中，虽然 H 面和 G 面之间没有标注尺寸，但要求有一定的位置关系精度，所以，H 面是 G 面的设计基准。

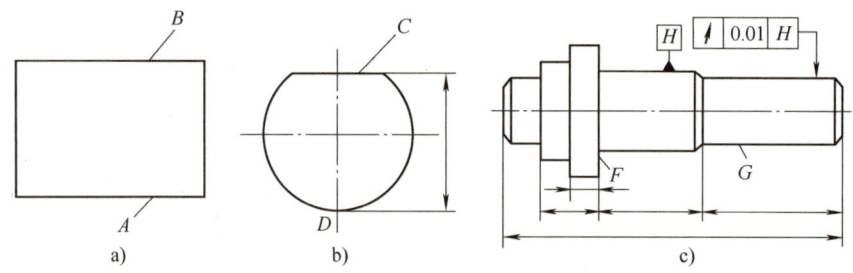

图 2-12　设计基准

整个零件有很多位置关系精度和位置尺寸的要求，但一般有一个主要的设计基准。图 2-12c 中，F 面就是零件轴向主设计基准。

在工艺设计过程时，要获得各表面之间的位置精度，需要根据设计基准来分析选取工艺基准。常用的工艺基准有定位基准和测量基准。

（2）定位基准　定位基准是工件上的一个面，当工件在夹具上或直接在设备上定位时，它使工件在原始尺寸方向上获得确定的位置。图 2-13 所示为定位基准。由于原始尺寸方向不同，定位基准的表面也不同。图 2-13a 中，原始尺寸为 H_1，工件以底平面为定位基准。图 2-13b 中，原始尺寸为 H_2、H_3，工件要以底面和圆柱面为定位基准。

与夹具或设备接触但不起定位作用的工件表面，称为支靠表面。

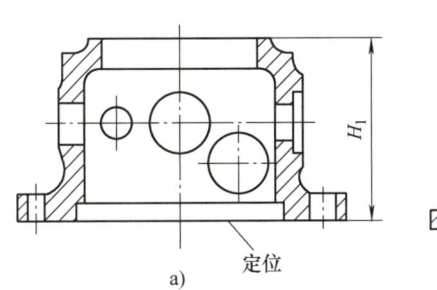
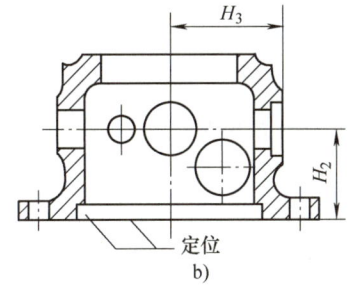

图 2-13 定位基准

(3) 工艺基准 工艺基准是在工序单上或工艺文件上，用来标定被加工表面位置的点、线、面的基准。标定被加工表面的位置尺寸，称为原始尺寸。图 2-14 所示为工艺基准。图 2-14a、b 所示两种方案被加工孔的工艺基准选择不同，原始尺寸也不同。

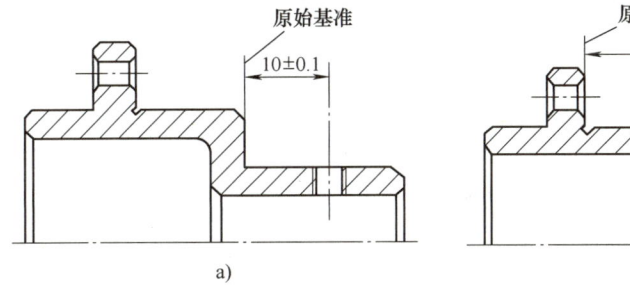

图 2-14 工艺基准

(4) 测量基准 测量基准是工件的一个表面、表面上的一个点或表面的素线，据此以测量被加工表面的位置。图 2-15 所示为测量基准。工艺基准不同，选择的测量基准也不同。

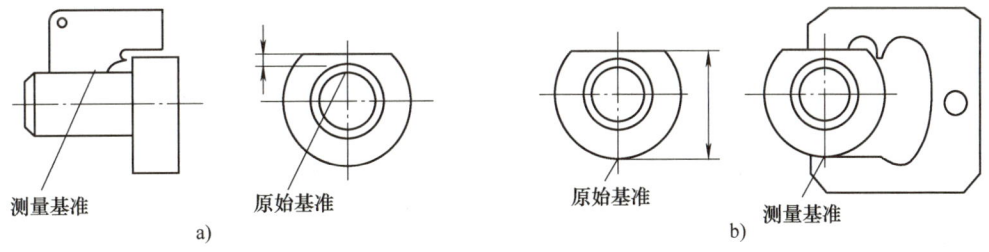

图 2-15 测量基准

七、定位原理

空间直角坐标系中，刚体有六个方向运动的可能性，即沿 X、Y、Z 轴三个方向的移动（分别用符号 $\vec{X}$、$\vec{Y}$、$\vec{Z}$ 表示），绕 X、Y、Z 三个方向的转动（分别用符号 $\hat{X}$、$\hat{Y}$、$\hat{Z}$ 表示）。一般刚体在某个方向运动的可能性称为一个"自由度"，即空间的一个自由刚体，共有六个自由度。

工件可近似地看成自由刚体，要使它在某个方向有确定的位置，就必须限制它在该方向的自由度。如果要使工件在空间处于唯一确定的位置，就必须限制工件在空间的所有六个自由度。用适当分布的六个支承点来约束工件的六个自由度，每个支承点相应地消除工件一个自由度，这就是工件的"六点定位原则"。如图2-16中，支承钉1、2、3限制刚体三个自由度（$\vec{Z}$、$\hat{Y}$、$\hat{Z}$），支承钉4、5限制刚体两个自由度（$\vec{X}$、$\hat{Z}$），支承钉6限制刚体一个自由度（$\vec{Y}$）。

从保证加工要求（尺寸、平行度、垂直度等）来看，工件的正确定位，并不是对工件的六个自由度都必须限制。对加工精度有影响的自由度必须限制。有些自由度不影响被加工表面的位置，就不一定限制。影响加工精度必须限制的自由度称为第一种自由度，其余的则称为第二种自由度。第二种自由度，应按照承受切削力、夹紧力等需要考虑是否限制。

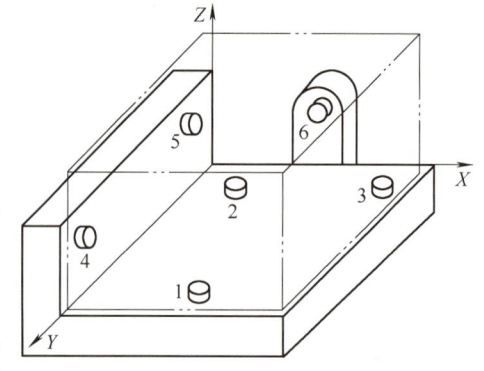

图 2-16　刚体在空间的自由度

在加工过程中，有时还会出现过定位现象，即工件的某个或几个自由度被重复约束了两次或更多次。过定位可能使工件无法精确定位，甚至使工件或定位元件变形。因此，从理论上讲，过定位现象是不允许出现的。但是有时为了保证定位稳定可靠，增强工件刚性，方便夹紧等，只能采取过定位方式，采取过定位的前提是不影响加工的精度。

八、工件在夹具中的定位方式

1. 平面定位方式

平面定位方式（见图2-17），这是最常见的一种定位方式。用于平面定位的定位元件主要有支承钉、支承板、可调支承、浮动支承、辅助支承。

平头支承钉，主要用于精基准定位。如果是球头支承钉，主要用于粗基准定位。支承板多用于精基准，用几块支承板进行定位时，为保证定位面在同一平面上，支承板在夹具中安装好后，应该将顶部定位面统一进行磨削。可调支承是可调节的定位元件，用于工件毛坯尺寸及形状变化比较大的场合。通常，换一批毛坯，可调支承就需要调节一次。浮动支承主要用于粗基准和阶梯面的定位，可以增加与工件的接触点，但只限制工件的一个自由度，不会因接触点多而产生过定位。缺点是支承的稳定性较差，必要时应予锁紧。辅助支承不是定位元件，但可以提高工件定位的刚性及稳定性，辅助支承不应破坏工件的正确定位。

2. 工件以圆柱表面定位

1）工件以圆孔定位。

2）工件以外圆柱面定位。工件以外圆柱面作为定位基面时，最常用的定位元件有V形块、定位套和半圆套。

3. 组合定位方式

1）工件以一面两孔定位。在加工箱体、支架类零件时，常用工件的一面两孔作为定位基准，以使基准统一。此时，常采用一面两销的定位方式。这种定位方式简单、可靠、夹紧方便。有时，工件上没有合适的小孔时，常把紧固螺钉孔的精度提高，专门做出2个工艺孔来，以备一面两孔定位之用。

2）常见的组合定位方式还有采用工件一孔及其端面定位（如齿轮加工中最为常用），其定位情况在其他章节中已有详细分析。此外，生产中有时还会采用V形导轨、燕尾导轨等组合成形表面作为定位基面，此时应当注意避免由于过定位而带来的定位误差。

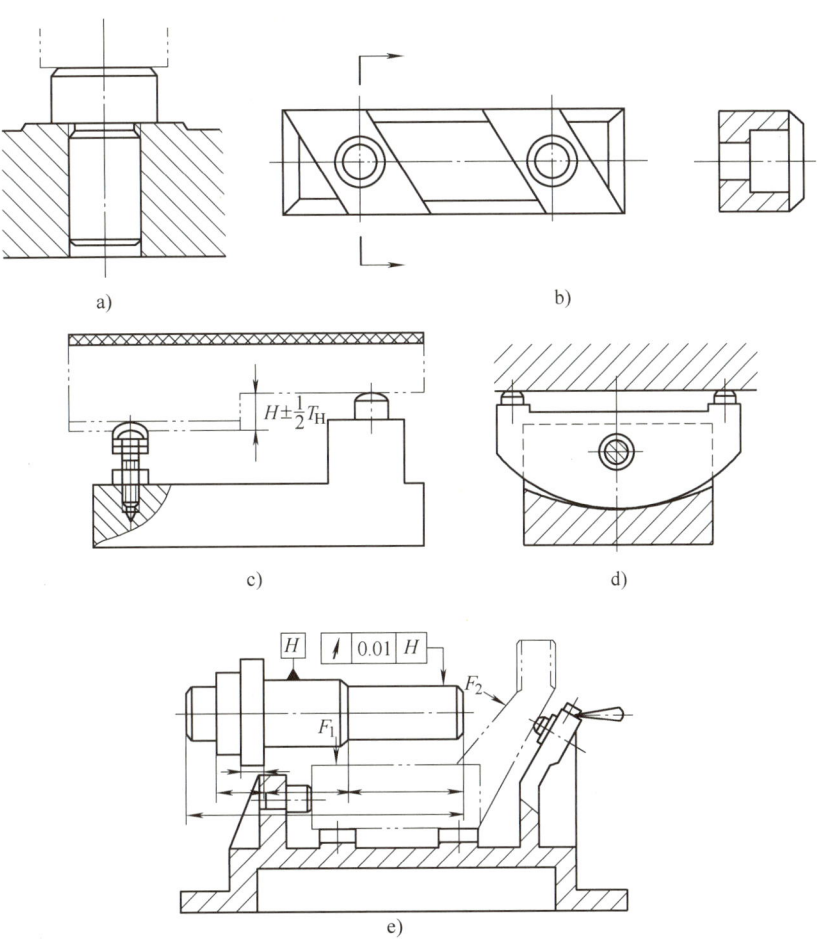

图 2-17 平面定位方式

a) 支承钉　b) 支承板　c) 可调支承　d) 浮动支承　e) 辅助支承

九、定位误差

1. 什么是定位误差

定位误差是由于定位所引起的、工件的工序基准沿工序尺寸方向上的最大偏移量。

2. 定位误差的组成

1）基准不重合误差。由于工序基准与定位基准不重合而引起的两基准沿工序尺寸方向的最大变动量。

2）基准位移误差。定位基准在工序尺寸方向上相对于定位元件的最大变动量。

若定位时上述两项原因同时存在，则通常定位误差为它们的代数和。在某些情况下，基准不重合误差和基准位移误差的影响会相互抵消，即为两项误差的矢量和。

十、对夹紧装置的基本要求

1. 夹紧装置的组成

工件加工过程需要夹紧工件，避免工件在加工过程中由于受到切削力、重力、惯性力等外力作用发生移动。夹紧装置一般分为夹紧机构和动力装置两个部分，是夹具的重要组成部分。

动力装置是产生夹紧力的动力源,它产生原始作用力。原始作用力来自人力的称为手动夹紧;原始作用力来自气动、电力、液压等动力源,称为机动夹紧。夹紧机构是将原始作用力转化为夹紧力,实现夹紧动作和夹紧效果的机构。

2. 夹紧装置的基本要求

对夹紧装置的基本要求如下:

1)工件被夹紧后,夹紧机构应使工件可靠地与定位元件接触,不应破坏定位精度。

2)夹紧力大小应适当,即夹紧力应足够大,能将工件可靠地夹紧。但又不能过大,避免压伤工件表面或使工件产生过大的夹紧变形。为此,设计夹紧机构时,需要进行夹紧力的计算和正确地选择夹紧力的作用点与方向。

3)夹紧机构应操作安全、省力、方便、迅速。采用手动夹紧时,其作用力一般不超过80N。在条件允许时,尽可能采用气动、液压夹紧装置,以减轻工人劳动强度和提高生产率。

4)夹紧机构应简单紧凑、容易制造、维修方便和具有足够的夹紧行程,应尽量选用标准夹紧元件。手动夹紧机构必须有良好的自锁性能和较大的增力装置。

十一、夹紧力三要素的确定

分析和计算夹紧力是夹紧机构设计的基础,是选择夹紧动力装置的依据。设计夹紧装置时,要合理地选择夹紧力的作用点、夹紧力的方向,正确确定夹紧力的大小。只有夹紧力的作用点分布合理、夹紧力大小适中、夹紧力方向正确,才能保证工件的正确夹紧。

1. 夹紧力的大小

夹紧力的大小直接影响着工件安装的可靠性。夹紧力的大小,根据对工件在加工过程中的受力分析,列出工件受力(或力矩)平衡方程求解。实际运用中,一般简化计算,假设工艺系统是刚性的,在切削过程中稳定不变,按照加工中对夹紧最不利的状态,列出受力平衡方程。一般受力分析时,大型零件,要考虑重力、切削力的影响;中、小型工件,只考虑切削力的影响;对加工时高速旋转的零件,还需考虑惯性力的影响。

2. 夹紧力的方向

夹紧力的方向不同,所需夹紧力的大小也就不同。在设计夹紧机构、考虑夹紧力方向时,应尽量使所需夹紧力最小。这样可以简化夹紧机构,节省能源,便于操作。

1)夹紧力的方向应朝向工件的主要定位基准,以保证工件和定位元件可靠地接触。

2)夹紧力的方向应有利于减小所需夹紧力的大小。

3. 夹紧力的作用点

夹紧力的作用点是指夹紧元件与工件接触的位置。作用点的选择,即确定作用点的数目及加紧位置,主要考虑工件夹紧时工件变形最小、夹紧稳定可靠。选择夹紧力作用点的原则如下:

1)夹紧力的作用点应该在工件刚性比较好的部位,特别是对刚性差的箱体等薄壁形工件,不仅可以避免工件的变形,而且夹紧比较可靠;夹紧力的作用点位于工件刚性较差的部位,会使工件变形。

2)夹紧力的作用点应在支承元件上或者几个支承元件所形成的平面内。夹紧力作用在支承平面外,会使工件变形或倾斜。

3)夹紧力的作用点要尽量接近加工面,以增加夹紧的可靠性,防止加工时产生振动、影响加工精度。

形状结构特殊的工件,夹紧力的作用点远离加工面或者夹紧力的作用点只能落在刚性较差的部位上时,需增添辅助支承,并附加夹紧力,以提高工件夹紧后的刚度。

十二、常用典型夹紧机构

1. 斜楔夹紧机构

大部分夹紧机构都是利用斜面夹紧的,基本形式是斜楔夹紧机构,如图 2-18 所示。斜楔夹紧机构结构比较简单,夹紧行程小,增力比较小。增大升角,可以增加行程,但是自锁性能会变差。手动夹紧或松开时要敲击,适用于夹紧力较小的场合。

2. 螺旋夹紧机构

采用螺杆作为中间传力元件的夹紧机构称为螺旋夹紧机构。螺旋夹紧机构的螺纹升角一般比较小,因此总是能够自锁的。螺旋夹紧机构结构简单,制造方便,自锁性能好,夹紧可靠,增力比大,且夹紧行程几乎不受限制,缺点是夹紧操作时间较长。当夹紧行程较大时,常和其他机构联合使用,以减少夹紧辅助时间。

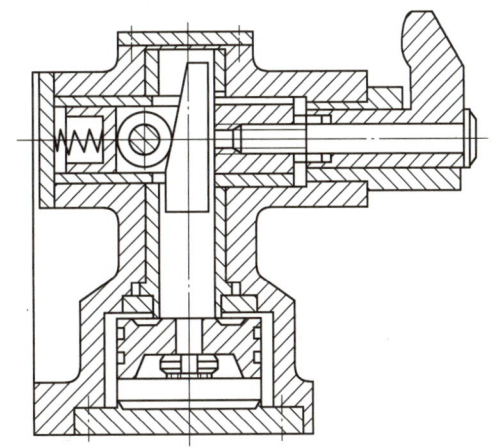

图 2-18 斜楔夹紧机构

螺旋夹紧机构有单螺旋夹紧机构、螺旋钩形压板夹紧机构、螺旋压板夹紧机构等。

图 2-19 所示为简单的螺旋夹紧机构。图 2-19a 中,用扳手拧紧螺钉 1,螺钉头直接作用于工件 2 的表面上,从而将工件夹紧。图 2-19b 所示为螺母夹紧机构,用扳手拧紧螺母 3,螺母和工件 5 之间加装球面垫圈 4,使工件受力均匀,避免螺杆弯曲。

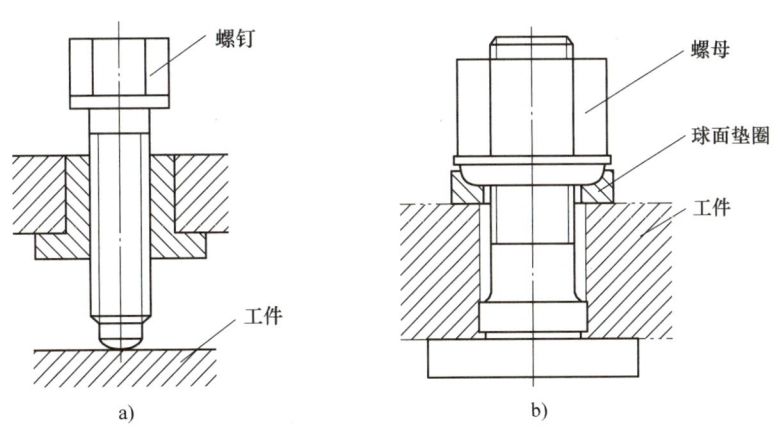

图 2-19 简单的螺旋夹紧机构
a) 螺钉夹紧机构 b) 螺母夹紧机构

3. 偏心夹紧机构

偏心夹紧机构(图 2-20)是指用偏心件直接或间接夹紧工件的机构。它是通过偏心轮或凸轮及偏心轴来实现夹紧的。偏心夹紧机构结构简单，操纵方便、动作迅速，在钻床夹具中应用广泛。缺点是夹紧行程、夹紧力都较小，自锁性能差，对工件在夹紧方向的尺寸偏差有一定要求。因此；多用于夹紧力较小、振动小的情况，以及没有离心力影响的加工中。

按偏心轮的外缘形状不同，偏心夹紧机构有曲线偏心轮、圆偏心轮两种。其中，圆偏心轮结构简单，制造容易，应用较多。曲线偏心轮的外缘曲线，通常是阿基米德螺旋线或对数螺旋线，虽然具有各工作点的升角相等或近似相等的优点，但制造困难，应用较少。

4. 铰链杠杆夹紧机构

铰链杠杆夹紧机构（图2-21）简单，摩擦损失小，扩力系数大，多用作夹具的中间传动机构，起到扩大原动力的作用，因此也称铰链扩力机构。特别适用于气、液压夹具，易于实现夹紧自动化，在生产中应用广泛。缺点是机构本身自锁性能差，在气液回路中应有保压措施，以保证夹紧稳定可靠。

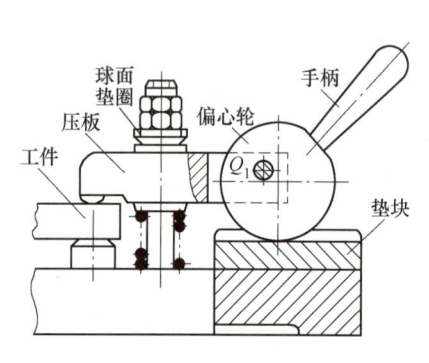

图 2-20　偏心夹紧机构

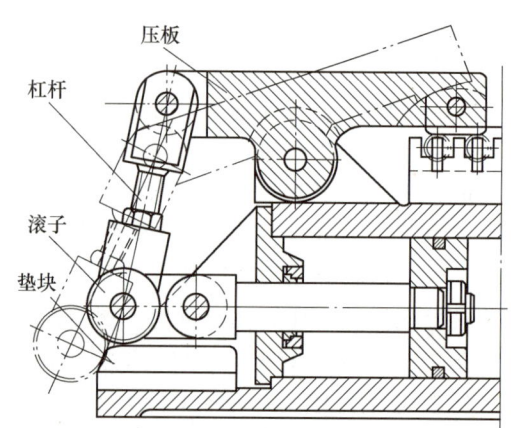

图 2-21　铰链杠杆夹紧机构

5. 定心夹紧机构

当工件被加工面以中心要素（轴线、中心平面等）为工序基准时，为使基准重合以减少定位误差，需采用定心夹紧机构。定心夹紧机构也称自动定心机构，它是定位元件和夹紧元件合一的形式，使工件的定位和夹紧过程同时完成。

外形对称的工件采用定心夹紧机构，不仅可以使加工余量分布均匀，而且可以获得较高的定心精度。因为定位和夹紧动作同时进行，可以缩短辅助时间，提高劳动生产率。因此，在生产中得到广泛应用。

十三、夹具的动力夹紧装置

大批量生产过程中，广泛使用液压、气动、气动—液压传动作为夹紧机构的动力装置，以实现机动夹紧。机动夹紧减少了辅助时间，操作工人只需按下电钮或扳动阀门手柄，就可以在几秒钟内完成夹紧动作，方便省力，不仅减轻了工人劳动强度，而且提高了劳动生产率。此外，机动夹紧可以实现远距离控制，便于实现自动化。同时，机动夹紧的夹紧力稳定、可靠、均衡，容易保证夹紧质量。机动夹紧装置缺点是需要有产生动力的整套装备及辅助装置等，夹具相对复杂。

1. 气动动力夹紧装置

压缩空气由气源经开关，通过分水过滤器、调压阀、油雾器、压力表、配气阀进入气缸推动活塞，将动力传给夹紧机构以夹紧工件。调压阀使气缸获得稳定的压力。分水过滤器的作用是除去杂质和水分。油雾器使雾化的润滑油与空气混合。配气阀的作用是控制压缩空气流动方向或中断气路。气动夹紧系统组成原理如图2-22所示。

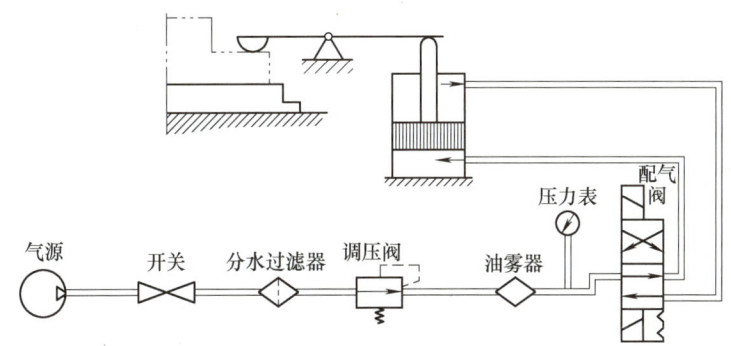

图2-22　气动夹紧系统组成原理

气动夹紧的特点如下。

1）压缩空气在管道中流动的压力损失小，容易集中供应，方便实现远距离操纵，便于实现自动化。

2）压缩空气来源于大气，取之不尽，废气可排入大气中，处理方便，没有污染。

3）压缩空气在管道中流动速度快，反应灵敏，可达到快速夹紧的目的。

4）压缩空气的工作压力较小，与液压夹紧装置相比，其结构体积大、工作时有噪声。

5）夹紧力基本稳定，但由于空气有压缩性，夹紧刚度差，故在重切削或断续切削时，应设置自锁装置。

2. 液压动力夹紧装置

液压动力夹紧装置利用液压油为介质传递动力，使夹紧装置产生夹紧力，将工件夹紧。液压动力夹紧装置和气动动力夹紧装置相比，传动的介质不同，但工作原理和结构相似。

液压夹紧的特点如下：

1）液体压缩比小，夹紧刚度好，工作平稳，夹紧可靠，噪声小。

2）由于液体介质的单位压力很大，要得到同样的夹紧力，所用液压缸的直径比气缸直径小得多，结构紧凑。

3）液压系统结构复杂，密封要求严格，油液易渗漏，调整安装较复杂。

4）液压元件制造精度要求高，液压系统成本高。

3. 气—液传动动力夹紧装置

气动动力夹紧装置结构简单、气源供应方便，但产生的作用力较小。液压动力夹紧装置所产生的作用力很大，但结构复杂，制造精度要求高。气—液传动动力夹紧装置综合两者的优点，利用气动装置的气源，再通过密闭装置，利用液压的增力作用，可以产生较大的作用力，而整个装置的结构尺寸增加不大。气动—液压传动原理图如图2-23所示。

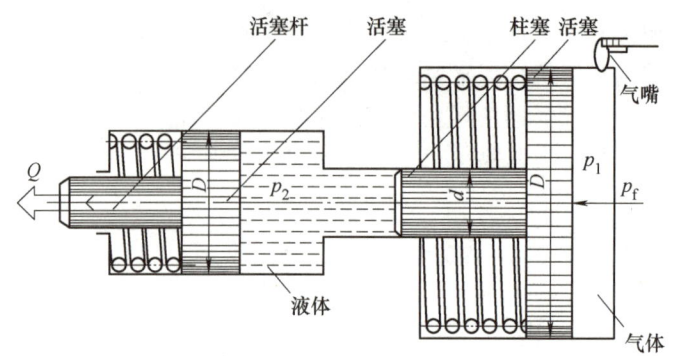

图 2-23 气动—液压传动原理图

任务四 工艺路线制订

【任务目标】
1）确定各表面的加工方法和设备。
2）拟订斜支架的机械加工工艺路线。
3）确定各表面的加工方法和设备。

【任务实施】

步骤 1 零件各表面加工方法和设备

查《机械加工工艺手册》，将零件各加工经济精度加工方法列入表 2-5。

表 2-5 各表面的加工方法和设备列表

加工部位	加工表面	公差等级	表面粗糙度值 $Ra/\mu m$	加工方法	设备
$\phi35mm$ 柱体	$\phi22mm$ 内孔	IT8	3.2	钻—扩—铰	钻床或车床
	端面	—	12.5	粗车或粗铣	车床或铣床
半圆几何体	凸台平面	—	12.5	粗铣	铣床
	$\phi11mm$ 圆孔	—	12.5	粗铣或锪削	钻床或铣床
	M10 螺纹孔	IT6	12.5	钻	钻床或铣床
	切口	—	12.5	粗铣	铣床
棱柱体	L 形定位面	IT10	3.2	粗铣—精铣	铣床或刨床
	阶梯孔 $\phi28mm$	—	12.5	钻	钻床或铣床
	阶梯孔 $\phi15mm$	—	12.5	钻底孔、攻螺纹	钻床或铣床

步骤 2 划分加工阶段和工序

1）工序阶段划分。不划分加工阶段。
2）划分工序原则。相对集中。
每一装夹划分为一个工序。

步骤 3　工序安排

本着"先主要、后次要"的原则，先加工关键面（L形定位面/φ20mm 孔），后加工其他加工面。

步骤 4　初拟工艺路线

拟订多个加工路线方案，选定一个加工路线方案。本零件拟订两个工艺路线方案，其中工艺路线方案 1 见表 2-6。

表 2-6　工艺路线方案 1

工序号	工序名称	工序内容	设　备	夹　具
10	车	加工 φ20mm 圆孔及其两端平面	车床 C6140×1000	自定心卡盘
20	铣 1	铣削 L 形定位面	立式铣床 X5032	专用夹具 1
30	钳	画线	—	
40	铣 2	钻 φ11mm 孔、铣凸台平面、钻 M10 底孔、攻螺纹、铣 3mm 开口槽	立式铣床 X5032	机用虎钳
50	钻 2	钻阶梯孔的 φ15mm 孔、锪凹坑平面	钻床 Z525	专用夹具 2

工艺路线方案 1 的工序 10～40 加工和装夹方案如图 2-24～图 2-27 所示。

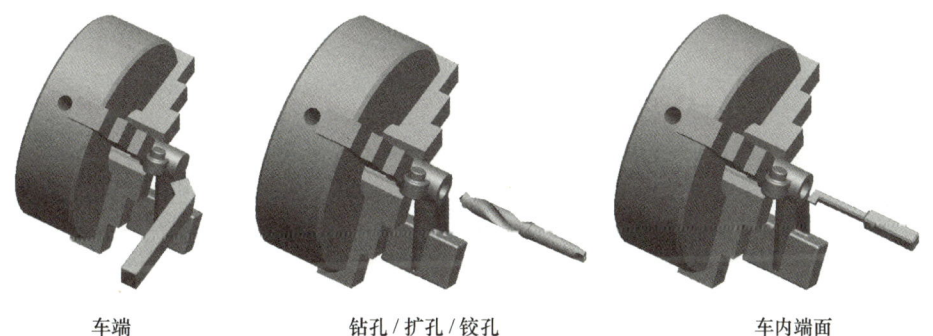

车端　　　　　钻孔/扩孔/铰孔　　　　　车内端面

图 2-24　工序 10（车）加工和装夹方案

图 2-25　工序 20（铣 1）加工和装夹方案

图 2-26 工序 30（钳）加工和装夹方案
（铣凸台平面 / 钻底孔/钻孔/攻螺纹 / 铣开口）

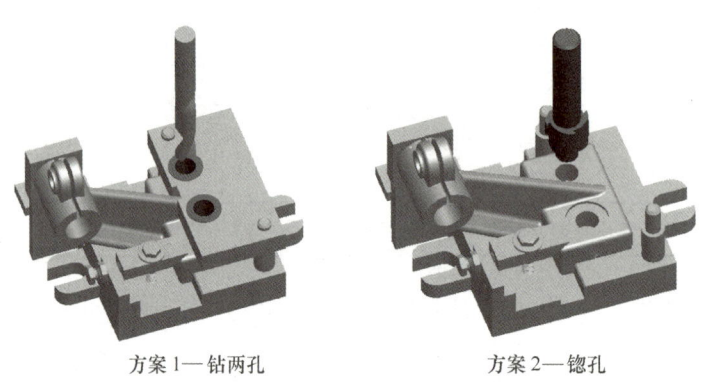

方案 1—钻两孔　　方案 2—锪孔

图 2-27 工序 40（铣 2）加工和装夹方案

本零件拟定的工艺路线方案 2 见表 2-7。

表 2-7 工艺路线方案 2

工序号	工序名称	工序内容	设备	夹具
10	钳	画线	—	—
20	铣 1	铣削 L 形定位面	立式铣床 X5032	机用虎钳
30	铣 2	加工 φ20mm 圆孔和一个端面	卧式铣床 X6030	机用虎钳
40	铣 3	铣凸台平面、钻 φ11mm 孔、钻 M10 底孔、攻螺纹、铣 3mm 开口槽、铣 φ20mm 孔的端面	立式铣床 X5032	机用虎钳
50	钻	钻阶梯孔的 φ15mm 孔、锪凹平面	钻床 Z525	专用夹具

工艺路线方案 2 的工序 20～50 加工和装夹方案如图 2-28～图 2-31 所示。

图 2-28 工序 20（铣 1）加工和装夹方案　　图 2-29 工序 30（铣 2）加工和装夹方案

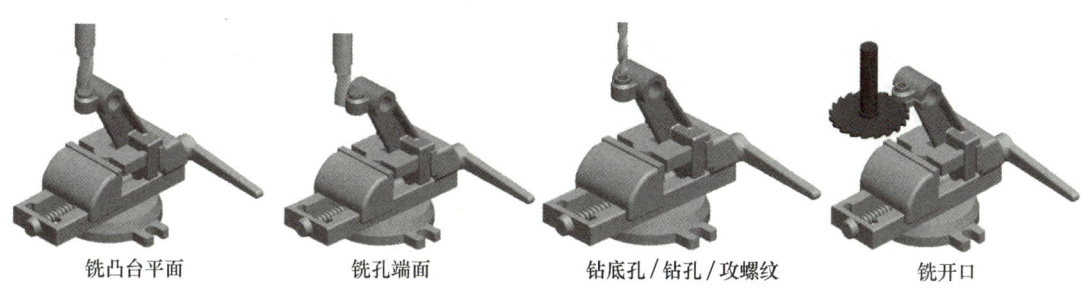

铣凸台平面　　　铣孔端面　　　钻底孔/钻孔/攻螺纹　　　铣开口

图 2-30　工序 40（铣 3）加工和装夹方案

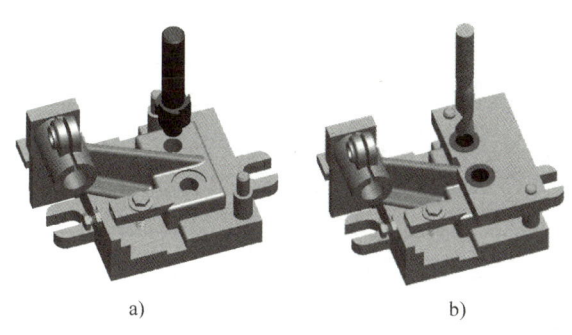

a)　　　　　　　　　b)

图 2-31　工序 50（钻）加工和装夹方案
a）钻模钻孔　b）锪孔

步骤 5　工艺路线方案（方案）分析

比较两个方案可知：方案 1 加工刚度好，方案 2 加工刚度差；方案 2 需使用卧式铣床，方案 1 使用车床，车床费用较低；方案 1 比方案 2 多用一套专用夹具；装夹速度为方案 1 快。

比较结论：选定工艺路线方案 1。

任务五　工序加工余量、工序尺寸及公差

【任务目标】

1）确定各个加工表面的参数，包括：每次走刀的加工余量；每次走刀的工序尺寸；每次走刀的尺寸公差。

2）确定各工序的加工定额。

【任务实施】

步骤 1　工序设计

通过查表，确定各工步的加工余量、公差等级、工序尺寸、表面粗糙度等参数，列入表 2-8 中。

表 2-8　工序设计表

工序号	加工部位	加工内容	加工余量/mm	公差等级	工序尺寸/mm	表面粗糙度值 $Ra/\mu m$
10	φ20mm 圆孔、D1 孔	钻孔	9×2	IT13	$\phi 18^{+0.110}_{\ 0}$	12.5
		扩孔	0.9×2	IT10	$\phi 19.8^{+0.084}_{\ 0}$	6.3
		铰孔	0.1×2	IT8	$\phi 20^{+0.033}_{\ 0}$	3.2
	φ20mm 圆孔、T1/T2 端面	粗车 T1 端面	3	IT13	53（无公差）	—
		粗车 T2 端面	3	IT13	50±0.23	12.5
20	L 形定位面、T7/T8 平面	粗铣	7.5	IT13	80.5、60.5	12.5
		精铣	0.5	IT10	80±0.06 60±0.06	12.5
40	半圆几何体	粗铣 T3 平面	4	IT13	按画线	12.5
		钻 D3 孔	4.6×2	IT13		12.5
		钻 D2 孔	5.5×2	IT13		12.5
		攻螺纹	M10	—	成形	—
		铣开口 T4/T5	3	IT13		12.5
50	阶梯孔	钻（φ15mm）D5 孔	7.5×2	IT13		12.5
		锪（φ28mm）D4/T6	6.5×2	IT13		12.5

步骤 2　计算工时定额

用类比法确定工时定额，工序用量表见表 2-9。

表 2-9　工序用量表

工序号	加工内容	类比工时/min
10	钻孔/扩孔/铰孔/粗车端面 1/粗车端面 2	95
20	画线	10
30	粗铣平面/精铣平面	85
40	粗铣凸台平面/钻孔 1/钻孔 2/攻螺纹/铣开口	130
50	钻（φ15mm）/锪孔（φ28mm）	30
	合　计	350

任务六　选择工艺装备及工艺设备

【任务目标】

1）为 20 号工序设计一铣削 L 面的夹具。
2）为 50 号工序设计一阶梯孔钻削夹具。

【任务实施】

步骤 1　铣削夹具设计方案

（1）确定设计方案　加工部位是铣削零件的棱柱体；定位元件采用 φ20mm 圆柱销和支

承钉；夹紧装置采用螺栓及压板夹紧；设置两个相互垂直的对刀平面进行对刀装配。

（2）铣削夹具设计方案图示（图2-32）

（3）铣削夹具零件装夹图示（图2-33）

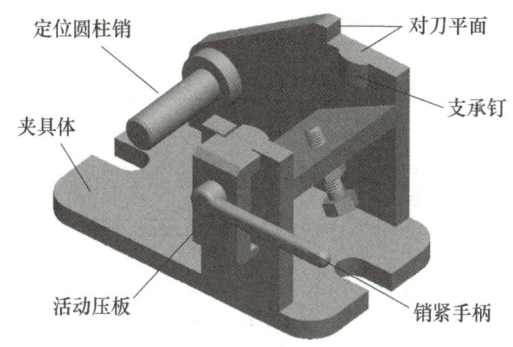

图2-32　铣削夹具设计方案图示

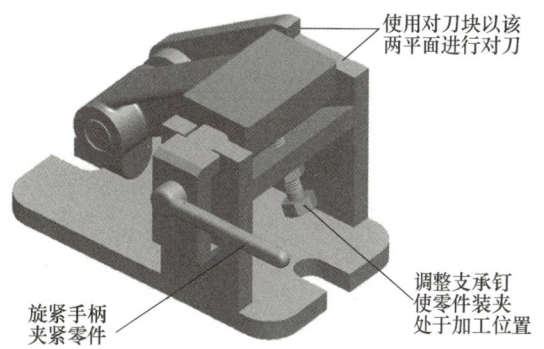

图2-33　铣削夹具零件装夹图示

（4）设计方案分析

1）定位分析。本夹具定位限制了6个自由度，其中 $\phi 20mm$ 圆柱销定位可限制4个自由度，两个支承点各限制1个自由度。

2）圆柱销定位精度控制。查《机械加工工艺师手册》：取圆柱销直径 $\phi 20f7$ ($^{-0.020}_{-0.041}$)，取对刀块厚度为2H1，它与 L 面的定位尺寸（X方向：$80-2mm=78mm$；Y方向：$60-2mm=58mm$）。

3）确定圆柱销定位尺寸公差。查《机械加工工艺师手册》423页表17-6有公式

$$\pm\delta_{Lx} = \pm\left(\frac{1}{5} \sim \frac{1}{3}\right)\delta_{Lg}$$

式中，δ_{Lx}是夹具圆柱销的定位尺寸公差（mm）；δ_{Lg}是零件图中孔的定位公差（mm）。

已知：$\delta_{Lg} = \pm 0.06mm$，取系数 $\frac{1}{3}$，得

$$\delta_{Lx1} = \frac{1}{3}(\pm 0.06)mm = \pm 0.02mm$$

圆柱销轴线与 L 面的平行度可用加工机床最高精度保证，圆柱销制造精度如图2-34所示。

4）夹紧力分析。零件完全定位，切削力方向上无夹紧摩擦力计算；M10螺栓生成的最大夹紧力可保证工件装夹牢靠。夹具体的刚度根据类比设计，有足够的加工刚度。

5）夹具使用说明如下。

①校准夹具。以机床工作台运动为参照，用千分表校准圆柱定位销的轴线（2个方向上）。

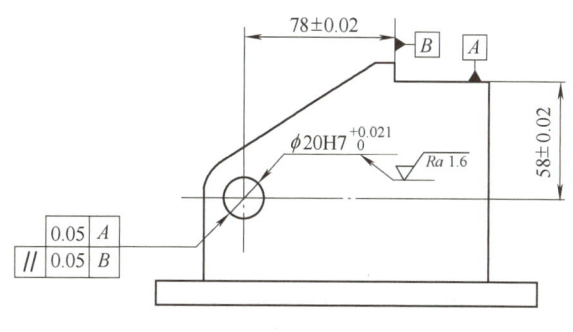

图2-34　圆柱销制造精度

②刀具定位。用2mm厚的对刀块对刀。
③工件定位。旋动可调支承钉，使工件处在正确加工位置上，锁紧支承钉。
④夹紧工件。扳动旋紧手柄，夹紧工件开始加工。
（5）铣削夹具装配图（图2-35）

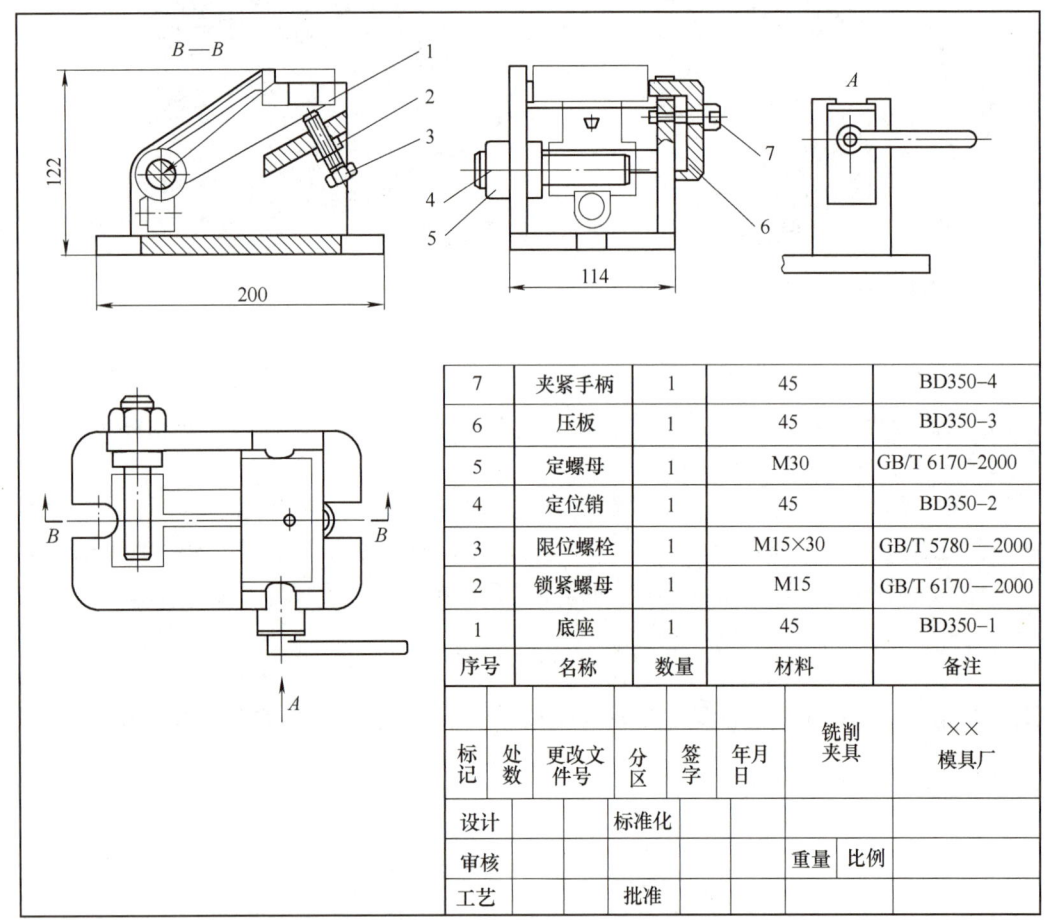

图2-35　铣削夹具装配图

步骤2　钻削夹具设计方案

（1）确定设计方案　加工部位是对零件棱柱体上的阶梯孔的钻削加工；定位元件采用L形定位面及 ϕ20mm 孔的一个端面；夹紧装置采用螺栓及压板（斜面）夹紧；设置一个活动钻模板进行对刀装配。

（2）钻削夹具设计方案图示（图2-36）

（3）钻削夹具零件装夹图示（图2-37）

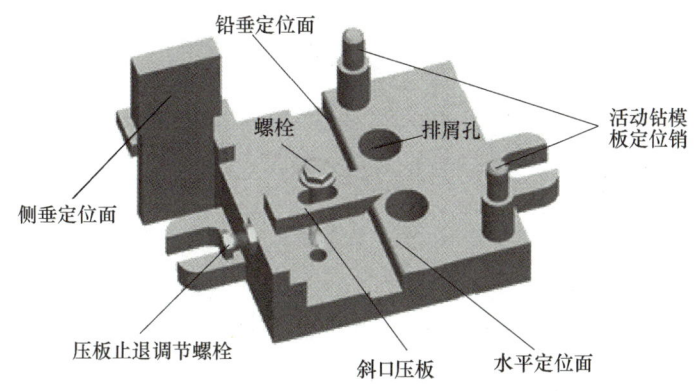

图 2-36　钻削夹具设计方案图示

（4）装入钻模板示意图（图 2-38）

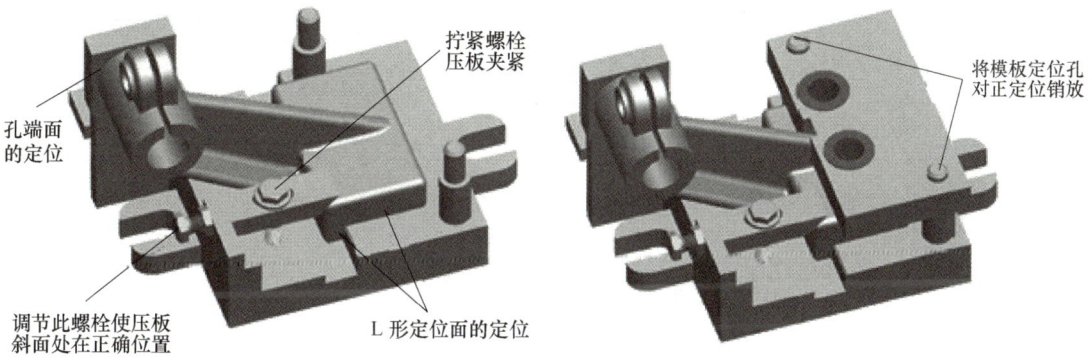

图 2-37　钻削夹具零件装夹方案图示　　　　图 2-38　装入钻模板示意图

（5）设计方案分析

1）定位使用了水平、铅垂、侧垂三平面定位，三个平面可算作窄长平面，每个平面可限制两个自由度，钻削夹具实现了六点定位。

2）夹紧力分析。三定位面的反作用力与钻削力平衡；斜压板的斜口同时产生水平和铅垂两个分力将工件夹紧；M8 螺栓可产生足够的夹紧力将工件压牢；钻削夹具刚度通过类比法设计，使用常用要求。

3）关键尺寸设计。钻模板厚度：$H = d \times l = 15\,\text{mm}$；钻套外径 $D = 25\,\text{mm}$，查表与钻模板配合 H7/r6；钻套内孔公差精度查表为 F8。

4）夹具其他尺寸精度选用。因所加工的孔没有公差要求（自由公差），制造钻削夹具从经济角度考虑，公差等级选取较经济的 IT12；取对称偏差值 JS。

（6）钻削夹具装配图（图 2-39）及钻模板零件图（图 2-40）

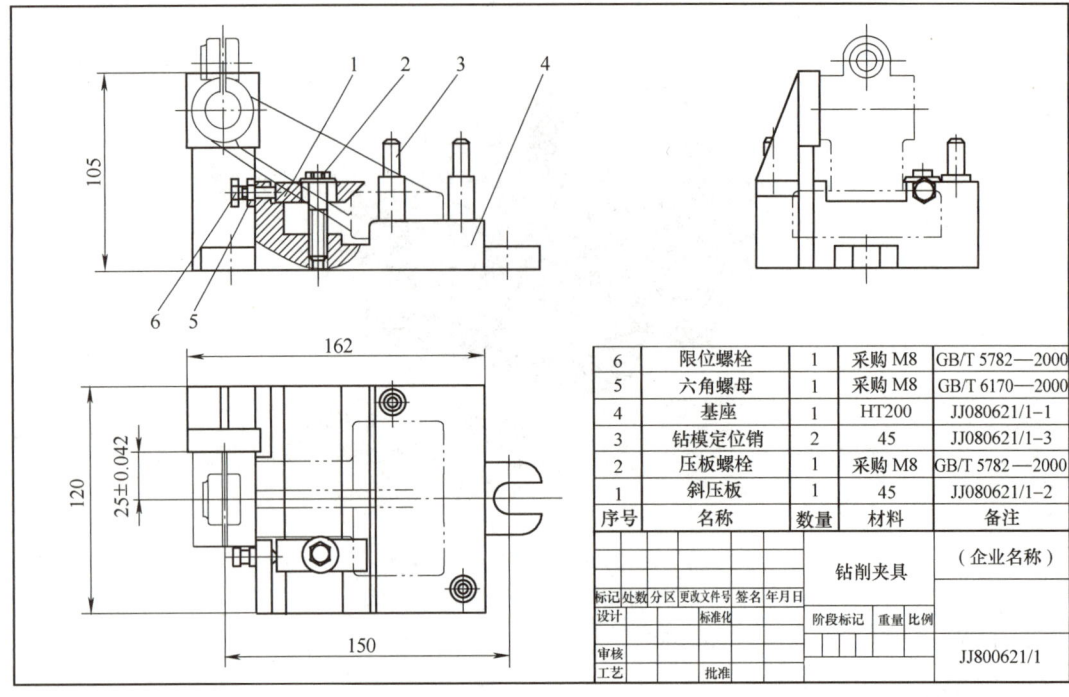

图 2-39 钻削夹具装配图

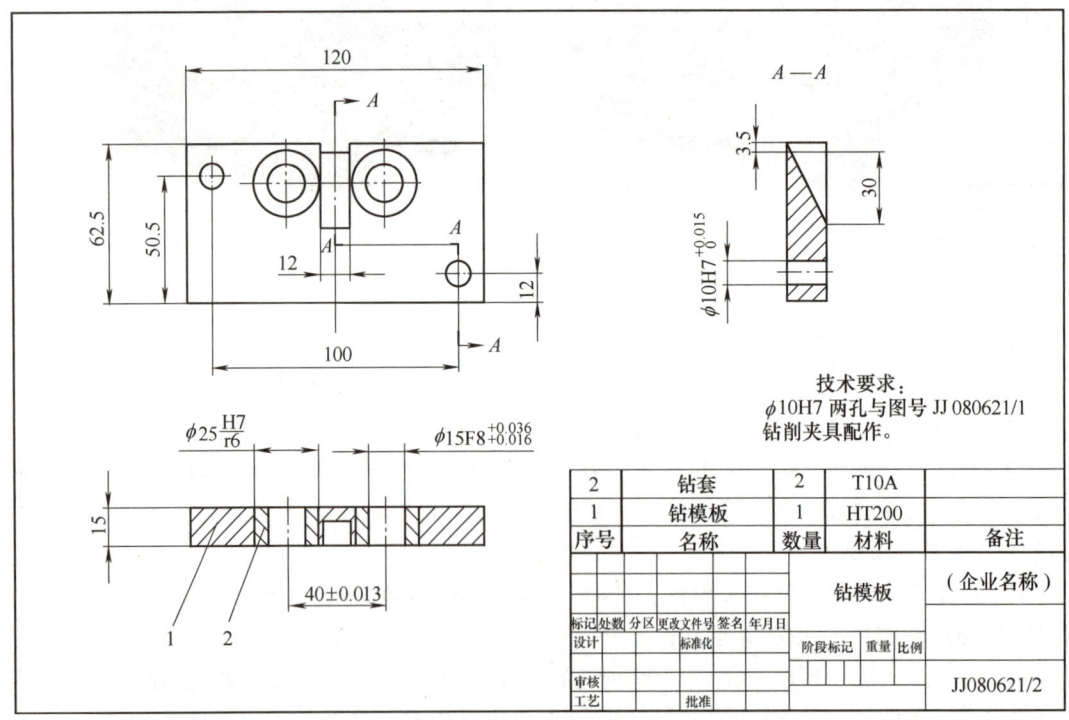

图 2-40 钻模板零件图

任务七　填写工艺文件

将以上查表和计算的相关数据填入工序文件中,用于指导生产。工序文件的填写要求,是根据零件的生产纲领有所不同的,工序文件的填写要求见表2-10。

表2-10　工序文件的填写要求

单件/小批	中批	大批/大量
简单的工艺过程卡	详细工艺过程卡/关键工序的工序卡	详细工艺过程卡/工序的工序卡

本零件属小批生产,生产实际中可以只编制简单的工艺过程卡,斜支架工艺过程卡见表2-11。但从学习角度考虑,仍编制了主要工序详细的工序卡,见表2-12～表2-15。

表2-11　斜支架工艺过程卡

企业名称		机械加工工艺过程卡片		产品型号	XY-Z	零(部)件图号	CA0B-3			
				产品名称		零(部)件名称	斜支架	共1页	第1页	
材料牌号	HT200	毛坯种类	铸件	毛坯外形尺寸	137mm×106mm×80mm	每毛坯可制件数	1	每台件数	1	备注
工序号	工序名称	工序内容		车间	工段	设备	工艺装备		工时/s	
									准终	单件
10	铸造	铸造毛坯		外协						
20	热处理	毛坯时效处理		外协						
30	车削	车φ20mm孔的外端面		机加工	金工	C6140	车床附件　自定心卡盘K01250			
		钻—扩—铰φ20mm孔		机加工	金工					
		车φ20mm孔的内端面		机加工	金工					
40	钳	画线,用于后续工序定位找正		机加工	金工	X5032	专用铣削夹具			
50	铣削1	铣削L形两个相互垂直的平面		机加工	金工					
60	铣削2	铣凸台平面		机加工	金工	X5032	铣床附件　机用虎钳Q12160			
		钻M10底孔,钻φ11mm沉孔,攻螺纹M10-6H		机加工	金工					
		铣3mm切口		机加工	金工					
70	钻削	钻φ15mm通孔,锪φ18mm沉孔		机加工	金工	Z525	专用钻削夹具			
描　图	80	钳	去毛刺		质检	质检站				
	90	终检	按检验工序卡片的要求检验							
描　校										
底图号										
装订号						编制(日期)	审核(日期)	标准化(日期)	会签(日期)	
	标记	处数	更改文件号	签名	日期	标记	处数	更改文件号	签名	日期

表 2-12 斜支架车削工序卡

企业名称		机械加工工序卡片	产品型号		零(部)件图号	CA0B-3		
			产品名称	XY-Z	零(部)件名称	斜支架	共7页	第2页

车间	工序号	工序名称	材料牌号
机加工	30	车削	HT200
毛坯种类	毛坯外形尺寸	每毛坯可制件数	每台件数
铸件	137mm×106mm×80mm	1	1
设备名称	设备型号	设备编号	同时加工件数
车床	C6140	001	1
夹具编号	夹具名称		切削液
通用001	自定心卡盘为 K01250		无
工位器具编号	工位器具名称	工序工时	
		准终	单件

工步号	工步内容	工艺装备	主轴转速 /(r/min)	切削速度 /(m/min)	进给量 /(mm/r)	切削深度/mm	进给次数	工时/s 机动	辅助
1	车 φ20mm 孔的外端面 T2	端面车刀							
2	钻 φ18mm 孔、钻穿	φ18mm 标准直柄钻头							
3	扩孔	扩孔钻 φ19.8mm、0~125mm/0.02mm 游标卡尺							
4	铰孔	机绞刀 φ20mm、0~125mm/0.02mm 游标卡尺							
5	车 φ20mm 孔的内端面 T1	弯切刀、0~125mm/0.02mm 游标卡尺							

描图				
描校				
底图号				
装订号				

			编制(日期)	审核(日期)	标准化(日期)	会签(日期)
标记	处数	更改文件号	签名	日期		
标记	处数	更改文件号	签名	日期		

表 2-13 斜支架铣削 1 工序卡

企业名称		机械加工工序卡片		产品型号		XY-Z	零(部)件图号		CA0B-3	
				产品名称			零(部)件名称		斜支架	共7页 第3页
				车间	工序号		工序名称		材料牌号	
				机加工	50		铣削1		HT200	
				毛坯种类	毛坯外形尺寸		每毛坯可制件数		每台件数	
				铸件	137mm×106mm×80mm		1		1	
				设备名称	设备型号		设备编号		同时加工件数	
				铣床	X5032		002		1	
				夹具编号		夹具名称		切削液		
				专用001		铣削专用夹具		无		
				工位器具编号		工位器具名称		工序工时		
								准终	单件	
									74	
工步号	工步内容		工艺装备	主轴转速/(r/min)	切削速度/(m/min)	进给量/(mm/r)	切削深度/mm	进给次数	工时/s	
									机动	辅助
1	粗铣		φ25mm 立铣刀							
2	精铣		φ25mm 立铣刀、0~125mm/0.02mm 游标卡尺							
				编制(日期)		审核(日期)		标准化(日期)	会签(日期)	
				标记 处数 更改文件号 签名 日期				标记 处数 更改文件号 签名 日期		

表 2-14 斜支架铣削 2 工序卡

企业名称		机械加工工序卡片		产品型号		零(部)件图号	CA0B-3		
				产品名称	XY-Z	零(部)件名称	斜支架	共7页	第5页

	车间	工序号	工序名称	材料牌号
	机加工	60	铣削2	HT200
	毛坯种类	毛坯外形尺寸	每毛坯可制件数	每台件数
	铸件	137mm×106mm×80mm	1	1
	设备名称	设备型号	设备编号	同时加工件数
	铣床	X5032	003	1
	夹具编号	夹具名称		切削液
	通用002	机用虎钳 Q12160		无
	工位器具编号	工位器具名称	工序工时	
			准终	单件
				74

工步号	工步内容	工艺装备	主轴转速 /(r/min)	切削速度 /(m/min)	进给量 /(mm/r)	切削深度/mm	进给次数	工时/s 机动	辅助
1	铣凸台平面	φ20mm 立铣刀							
2	钻螺纹底孔	φ9.2mm 麻花直柄钻头							
3	钻 φ11mm 孔、钻孔深 11mm	φ11mm 麻花直柄钻头							
4	钻螺纹 M10-6H	机用丝锥 M10							
5	铣切口	硬质合金锯片铣刀 φ50mm×3mm/刀杆							

			编制(日期)	审核(日期)	标准化(日期)	会签(日期)
标记	处数	更改文件号	签名	日期	标记 处数 更改文件号	签名 日期

表 2-15 斜支架钻削工序卡

企业名称		机械加工工序卡片		产品型号		零(部)件图号	CA0B-3		
				产品名称	XY-Z	零(部)件名称	斜支架	共7页	第6页
				车间	工序号	工序名称		材料牌号	
				机加工	70	钻削		HT200	
				毛坯种类	毛坯外形尺寸	每毛坯可制件数		每台件数	
				铸件	137mm×106mm×80mm	1		1	
				设备名称	设备型号	设备编号		同时加工件数	
				钻床	Z525	004		1	
				夹具编号	夹具名称		切削液		
				专用002	钻削专用夹具		无		
				工位器具编号	工位器具名称	工序工时			
						准终		单件	
								74	

工步号	工步内容	工艺装备	主轴转速/(r/min)	切削速度/(m/min)	进给量/(mm/r)	切削深度/mm	进给次数	工时/s 机动	辅助
1	钻 φ15mm 通孔	φ15mm 镶片硬质合金锥柄麻花钻							
2	锪 φ28mm×2mm 沉孔	带可换导柱锥柄平底锪钻 φ28mm/导柱 φ15mm							

			编制(日期)	审核(日期)	标准化(日期)	会签(日期)
标记	处数	更改文件号	签名	日期	标记 处数 更改文件号 签名 日期	

【知识点】 机械加工

一、大批量生产加工法概要

在汽车生产制造过程中，机械加工的部件很多，机械加工的特点是在公差允许的范围内，进行单一产品的大批量生产。机械加工的大批量生产技术发展迅速，目前，在生产过程自动化方面是以机械自动化为代表，已经进入定型化、实用化阶段。其发展过程：首先，改进工夹具、机床和测量仪器；其次，调整设备平面布置和加工工艺过程，使其合理化；然后，引进专用机和连续自动工作机，采用自动测量仪器，向着系统化的方向发展。

机械加工生产线由机床（包括夹具）、机械自动化装置、测量仪器、附属设备、工序管理装置等部分构成。机械加工系统化的发展过程中，下列因素起着重要的作用。

1）提高机械设备运转的可靠性和使用寿命。提高设备的开动率，降低运行成本，保证零件加工的质量精度，提高系统化程度。

2）机床和测量仪器的精密化与自动化。提高产品的加工精度和生产率。

3）切削加工技术的发展。提高切削速度，简化切屑处理过程，缩短工具更换时间，大大提高了劳动生产率。

4）控制方式及附属设备的改进。加工系统的高效化，切屑和切削液处理的简易化。

5）工艺管理技术的进步。产品质量、产量与设备维修等管理水平的提高和优化。

上述各因素有机结合，已发展成能够满足产量、质量、成本与节省人力的大批量生产技术。

机械加工系统化的发展方向：从人体工程学角度考虑操作人员和维修人员的工作条件；从环境保护角度考虑降低振动噪声，减少生产垃圾；研发节省资源和能源的高效生产技术；适应产品市场需求变化、产品改型、生产程序变更等情况，提高设备的可调整性，重新分析生产设备与生产线现状，从长远角度研究生产管理系统、产品质量自动管理系统、监控系统，与计算机技术有机结合，提高生产系统自动化控制水平。

二、切削工具与切削液

在汽车制造机械加工过程中，为保证产品质量和单一产品的大批量生产，常将加工车间划分为几个不同的加工区域，结合成一个整体，组成一条生产线。划分区域时，要分析并确定切削条件，根据产品质量要求、刀具寿命及切屑排除等因素选择切削液。另外，为方便人工操作，缩短更换刀具的时间，减少刃部形状的差异，对不重磨刀片、刀具预装方式等要进行分析，提高设备开动率。

1. 刀具预装方式与不重磨刀片

工具用量百分比举例如图2-41所示。不重磨刀片因更换操作方便，在更换后无须调整，且刀片和刀体具有容易标准化等优点，在生产制造中得到广泛使用。不重磨刀片结构在沟槽车刀、螺纹车刀、铰刀和铣刀上都有应用。图2-42所示为不重磨刀片刀具。

刀具预装方式是预先将切削工具安装在托架上，再用定位规找正基准面至刀刃间的相对位置。因为连同托架一起更换，缩短了换刀时间，提高了生产率。预装方式在钻头、丝锥、铰刀上都有应用。为方便刀具装卸作业，现在广泛使用快换托架结构。刀具预装方式如图2-43所示。

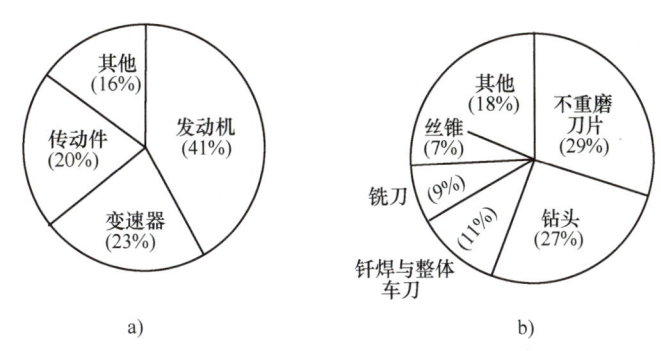

图 2-41 工具用量百分比举例

a) 按主要部件区分　b) 按工具类别区分

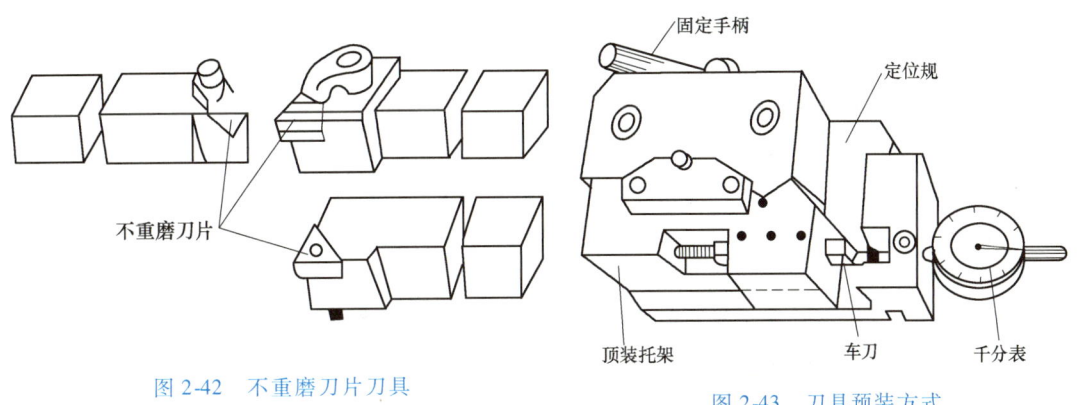

图 2-42 不重磨刀片刀具

图 2-43 刀具预装方式

2. 切削工具的发展与切削用量

确定切削用量时,需要考虑被加工材料、加工方法、精度要求、使用机床、加工成本等。各种切削方法推荐使用的切削用量见表 2-16。现在切削加工采用硬质合金刀具,甚至出现了硬质合金覆层和高韧性陶瓷刀具,不仅可以高速切削,而且延长了刀具寿命。随着切削方法和刀具材料的发展,滚子式砂轮刀、错齿滚刀、中高速磨削在生产实践中都有应用。

表 2-16 各种切削方法推荐使用的切削用量

施工种类	刀具	刀具材料	被加工材料					
			中碳钢 (275~325HBW)		铸钢 (150~190HBW)		铸铝合金 (70~125HBW)	
			切削速度 /(m/min)	进给量 /(mm/r)	切削速度 /(m/min)	进给量 /(mm/r)	切削速度 /(m/min)	进给量 /(mm/r)
车削	车削车刀（背吃刀量 0.6mm）	高速工具钢	26	0.18	41	0.18	240	0.18
		硬质合金	105	0.18	138	0.18	420	0.18

（续）

施工种类	刀具	刀具材料	被加工材料					
			中碳钢 (275~325HBW)		铸钢 (150~190HBW)		铸铝合金 (70~125HBW)	
			切削速度 /(m/min)	进给量 /(mm/r)	切削速度 /(m/min)	进给量 /(mm/r)	切削速度 /(m/min)	进给量 /(mm/r)
孔加工	钻头（φ12.7mm）	高速工具钢	14	0.13	29	0.20	75	0.30
	铰刀（φ12.7mm）	高速工具钢	9	0.2	20	0.25	90	0.30
		硬质合金	0.3	0.2	54	0.25	210	0.30
螺纹加工	丝锥	高速工具钢	7.5	—	12	—	27	—
孔加工（拉削）	拉刀	高速工具钢	4.5	—	9	—	9~15	—
平面加工	铣刀（切削深度0.6mm）	高速工具钢	32	0.18①	41	0.36①	450	0.36①
		硬质合金	120	0.20①	159	0.46①	无穷大	0.30①

① 单齿进给量。

3．切削液

切削液对被加工件的表面起润滑、冷却作用，它不仅可以延长刀具寿命，而且能提高被加工件的表面粗糙度，有助于排除切屑。选择切削液时需要考虑的间接因素有臭味、排水处理、对人体的影响等；直接因素有刀具材料、被加工材料、切削速度、加工方法等。表2-17列举了切削液的分类、特征及用途。图2-44所示为水溶性切削液的稀释率为50倍时，切削液使用情况的体积百分比。

表2-17 切削液的分类、特征及用途

分类		特性	主要用途
非水溶性切削液	第1种	矿物油或矿物油与脂肪油的混合油	高速轻切削，一般车、铣、钻
	第2种	高速含有非活性耐高压润滑油添加剂（cl、s系）的混合油	钻、铰、铣、滚齿、剃齿
	第3种	高速含有活性耐高压润滑油添加剂的混合油	难切削材料的磨削、攻螺纹、深孔加工、拉削
水溶性切削液	W1	以矿物油和催渗剂为主要成分，加水稀释成白色乳状液	一般钢材的钻削与铣削，非铁金属的钻削与铣削
	W2	以催渗剂为主要成分，加水稀释成透明或半透明状态	一般钢材的车、铣、钻，精密磨削，无心磨削
	W3	以无机盐类为主要成分，加水稀释成透明溶液	一般钢材磨削，高速车削

三、被加工材料

机械加工常用材料主要有铸铁、钢、镁铝轻合金等,在大批量生产过程中,材料的切削性对加工质量、加工成本有着重要影响。切削性一般以加工零件表面粗糙度、刀具寿命、切削力大小、排屑的难易程度为评价指标。

为了适应设备自动化,节省劳动力,缩短加工时间,广泛使用铅易切钢。由于价格和公害原因,又逐渐改用硫易切钢。作为消除汽车尾气公害的措施,采用了耐热钢、不锈钢等难切削材料,随着技术的发展,这些材料引起的刀具寿命、表面粗糙度、切屑处理等问题正逐步得到解决。

四、质量保证

1. 工艺管理

在机械加工大批量生产过程中,确保在稳定的工艺条件下生产质量均一的产品是十分重要的。在生产过程中,要按照图2-45所示的工艺管理步骤加强管理,以保证产品质量。主要根据异常现象进行管理,对异常现象及时采取纠正措施。有效的检测异常现象非常重要,基本方法是:从产品质量来检查工艺,并从工艺本身进行检查。在工艺管理中采用的方法有三种。

(1)目视管理法 发现异常现象或经过一段时间运转后,将正在工作中的机床停下来,用指示灯发现异常现象和检修的必要性,进而采取必要措施。

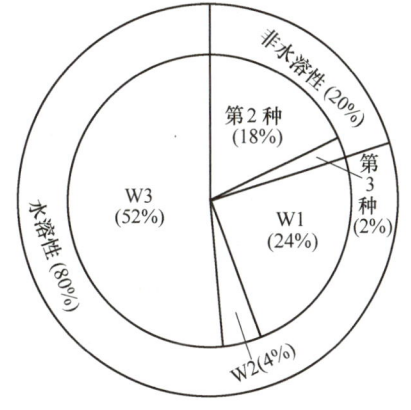

图2-44 水溶性切削液的稀释率为50倍时切削液使用情况的体积百分比

(2)管理图法 确定管理特性—管理图—管理标准,采用取样—打点—异常现象的发现—措施等循序渐进的方法,并正确运用 $X\text{-}R$、$x\text{-}R$、P、Pm、U、C 图表,称为管理图法。

(3)工艺检查图表法 确定检查项目、标准和次数、检查工艺,对不合标准的及时采取措施。

2. 检查

为了保证每道工序的质量,不仅要进行工艺管理,而且要做工序检查。

(1)首件检查 先加工出几件产品,如果产品质量不合格,立即对机床设备进行检查调整,直到加工出的产品检查合格后再开始生产。其统计方法基本上采用计量抽查法,同时与修正管理图配合使用。

(2)巡回抽查 操作工人或检查员定期检查本工序的加工质量,发现不合格产品时,立即调整机床设备,保证达到产品加工质量要求,避免出现大量不合格品。除前面已提到的

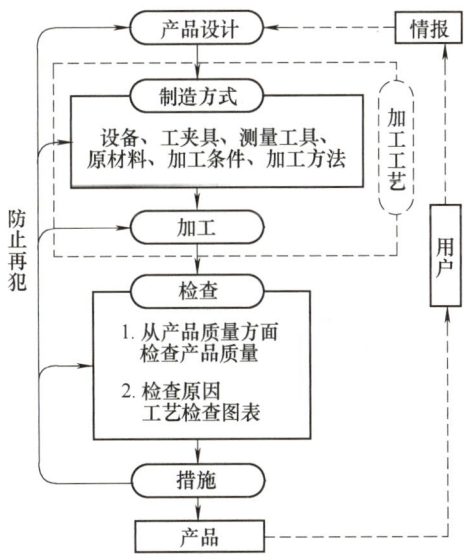

图2-45 工艺管理步骤

统计方法，还有连续生产型抽检法。这些方法都在生产制造中得到应用。

（3）全数检查　对具有重要功能的产品或关系到行车安全的产品，或者比采用抽检制度更为合理的产品，全部产品都检查。

五、加工生产线设计

加工生产线设计，即在指定条件下，综合考虑设备、材料、工艺、工人等主要因素，使产品的质量、成本、数量、生产节拍符合预定计划，制订出科学合理的设备计划和工艺计划。

机械加工生产线的生产方式，按规模大小分为三种：以自动机床为主的流水线生产方式，即大批量生产方式；以专用机床为主的流水线生产方式，即中批量生产方式；小量生产或多品种生产，即小批量生产方式。汽车制造属于大批量生产方式，通常采用前两类流水线生产方式。制订流水线生产的工艺计划时，需要注意以下几个方面。

1）生产线的平衡。各工序和各种零部件的生产能力之间应力求平衡，尽量消除浪费。

2）新生产技术的引进。不能满足于已经掌握的加工技术，而应积极研究或引进新的生产技术，以提高劳动生产率。

3）工艺管理的简易化。生产线的流程、设备布置、生产线长度应科学合理，在生产线开动条件下便于进行各项管理。另外，在自动化生产线的合适位置安装专用检验设备，方便有效地监测产品质量。

4）生产线的可调性。为了适应产品设计的改动或生产计划的变更，生产线必须具备适当的可调性。

5）工序间的最佳储存量。在提高设备开动率的前提下，保持工序间的最佳储存量。

6）对辅助设备的考虑。根据工厂内部和周边环境保护对烟尘、噪声和废弃物处理的要求，制订适合生产方式的辅助设备计划。

制订加工设备与辅助设备计划时，除需考虑上述要求外，还要注意以下几点。

1）确定设备各组成要素的必要性和科学性，去掉或改进不合适的结构。

2）设备结构应轻巧紧凑，具备必要的刚度。

3）从保持加工精度稳定性的前提出发，分析机床刚度与加工基准。

4）节省资源和能源，提高设备效率。

5）设计运动部分与控制部分时，必须充分考虑其安全性。

6）设备结构应能尽量缩短刀具更换时间，以提高设备开动率，方便修理维护，方便工人操作。

7）设备结构应方便改装，以适应产品设计变形的要求，从而在生产任务改变时，设备仍具有较高的使用价值。

六、专用机床

专用机床是为了完成某些特定零件的特定加工设计制造的，优点是工作效率高、加工精度稳定，因此在大批量生产中得到广泛应用。在专用机床上加工的工序主要有钻中心孔、镗孔、钻孔、攻螺纹、铰孔、铣削加工等。由标准部件构成的专用机床的类型如图2-46所示。

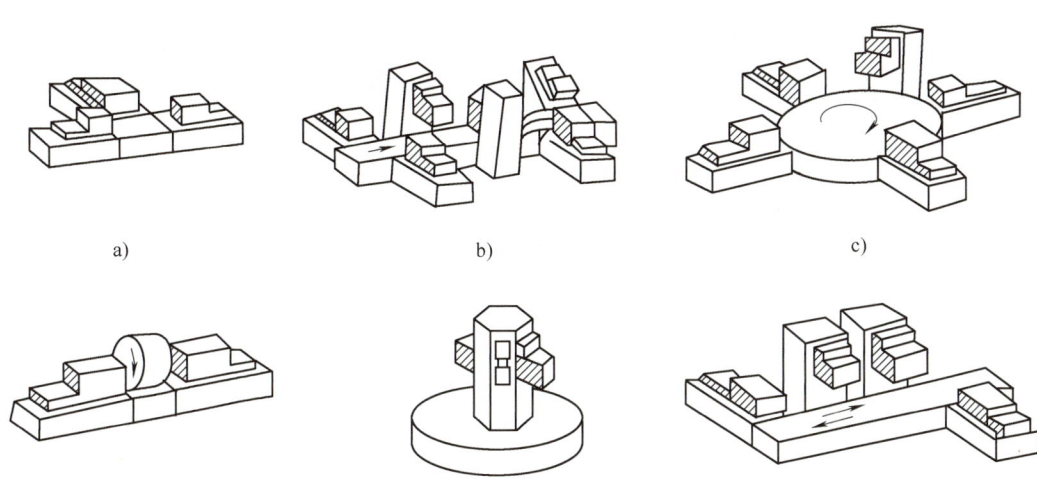

图 2-46 由标准部件构成的专用机床的类型
a) 单工位式 b) 回转台式 c) 中心柱式
d) 自动线式 e) 转鼓式 f) 往复式

专用机床的部件和床身一般是由专用机床制造厂生产出的标准部件组装成的,很少是每次进行个别设计制造的。专用机床常见标准部件的名称和装配方式如图 2-47 所示。机床进给机构由标准部件组成,在滑台底座上安装有各种动力头。构成标准部件的组成单元一般采用钢板焊接结构,这样可以缩短加工时间,降低加工成本。滑台的驱动方式有丝杠机械驱动和液压驱动两种。液压驱动装置因制造简单、调整方便,应用广泛。丝杠机械驱动装置因具有加工精度的稳定性更好、节省资源的优点,正重新得到重视。

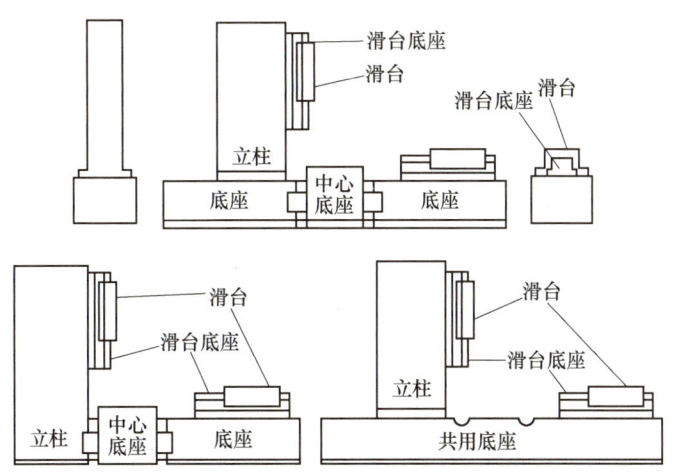

图 2-47 专用机床常见标准部件的名称和装配方式

专用机床的必备条件是：零件的加工精度能稳定在要求的公差范围内；适用于大批量生产，效率高；可以减少加工费用，降低产品的成本；对工人操作技能要求不高，不熟练的工人也可以操作；被加工工件的尺寸和形状变化时，容易采取相应措施；方便维护、维修，维修成本低。

七、自动机

自动机是各种专用机床单元的集合体，在一定间隔处设置具有特殊机能的工位。按机能可分为加工工位、测量工位、清洗工位、姿势变换工位和储备工位。加工工位具有专用机床的功能，运输装置在各工位之间同步或异步地自动搬运工件，以完成预定的加工过程。

在自动机上进行加工的种类很多，包括机械加工、滚轧、热处理、检查、装配等工序的自动机，以及发动机和差速器等部件装配的自动机。自动化生产线加工产品质量稳定性好、生产率高，适合大批量生产，所以在汽车零部件生产制造中广泛应用。随着切削技术的进步和材料可加工性的提高，进一步促进了自动化生产线技术的发展。

1. 自动机的组成

自动机的组成要素有中心底座、立柱、侧面底座、滑台底座、安装工件装置、进给装置、工件搬运装置、工件姿势变换装置、液压气压控制装置、电气控制装置等。上述要素合理组合，可形成各种类型的自动机。

组合过程要注意：使用同种切削液；切屑的处理方式相同；工序间的划分要合理；所需要的加工时间大致相同。

2. 自动机的种类

自动机分为独立型（异步搬运型）自动机和联运型（同步搬运型）自动机两类。

（1）独立型自动机　一种类型是采用装配自动机和一部切削自动机，在各加工工位间以存储型输送机相互结合，也称自动流通型。另一种类型是在通用机床上采用专用工具，并装有装料和卸料装置，将这些机床按一定距离布置，其间以存储型输送机相互连接。

根据各加工工位生产节拍的差异和开动率的差异，在各加工工位之间配置存储型输送机，生产节拍与开动率相乘计算出各加工工位的生产量，合理配置以保证各工序间的平衡，可以最大限度地提高自动机整体的开动率。

（2）联运型自动机　联运型自动机分直送式和托板式两种。托板式以托板作为搬运被加工零件的辅助工具，一般用于不易平稳放置、形状复杂的工件，消除搬运上和在满足加工精度要求上的困难。直送式自动机不需要搬运零件的辅助工具，一般用于容易平稳放置，而在搬运和保持加工精度方面又不致发生困难的零件。此外，被加工零件的搬运方式还可细分为托架式、滑合式、机械手式等。由于在加工精度管理、设备占地面积、设备费用和设备维修等方面，一般直送式优于托板式，因此，在制造自动机时，尽量采用直送式。随着搬运技术和夹具设计技术的进步，部分过去在托板式自动机上加工的零件也改在直送式自动机上加工。

3. 自动机的节拍

自动机的节拍包括切削加工的时间以及工件搬运、定位、夹紧、拆卸等辅助动作所需要的时间。切削加工时间根据加工生产线的设计和生产规模来确定，辅助动作时间一般为6~9s。自动机的节拍一般为30~60s。

八、自动化装置

自动化装置是使自动机床和专用机床组成的机械加工生产线成为自动加工生产线的必要设备。自动化装置分为被加工零件的储存、分配、供应、姿态变换等装置，以输送机为主的机床间搬运装置，在自动化设备出入口等处使用的装料、卸料装置，以及机械人（手）等数种。

1. 机床间的搬运设备

机床间的搬运设备有辊道输送机、链式输送机、带式输送机等，按照被搬运零件的形状来选用，有时候根据特定零件的形状制造专用的搬运设备。选择机床间的搬运设备需考虑的因素有所需要的搬运速度和停止精度，被搬运零件的重量和形状，向其他设备上的移载条件，以及被搬运零件表面划伤的允许程度等。机床间的搬运设备，有些只有搬运功能，有些兼有搬运和存储的功能。

2. 机械手

被加工零件在自动机床、专用机床、加工生产线蓄积装置处的安装与拆卸，常常使用装料装置和卸料装置。这些装、卸料装置以特定的零部件为对象设计制造，包含的通用因素少，已逐渐为包含通用因素多的机械人所代替。机械人手臂的基本动作有上下动作，前后动作，水平旋回动作，爪的开闭动作，以及手部回转动作等。此外，机械人整体还具有前后、左右方向的运动能力。

九、检验设备

1. 工序内检验设备的功能

工序内检验设备的安装位置分为加工中检测和加工后检测两种，对应的功能有产品质量的优劣鉴别、预防生产不合格品的产品质量反馈功能。大批量生产所用检验设备应该具有反馈功能，保证产品质量，即在加工过程中检测来防止加工出不合格产品，以加工后的检测来保证产品质量。大批量生产的检测设备必备的特性有测量速度快，测量精度稳定，可靠性高，便于调整，以及维护维修方便。在制订检验设备计划时，要充分考虑加工过程的需要，选择合适的设备。

2. 工序内检验设备的种类

按检查项目可区分为尺寸与形状、表面缺陷、压漏性、平衡、质量、淬火层深度、硬度等。

（1）尺寸检验　多用于发动机车间与变速器车间，以进行选配零件的级别选定、标记和优劣选择。常用的检测仪器有差动变压器式电动测微仪、反压式空气测微仪等。近年来，使用了提高检测仪器稳定性的零点漂移补偿装置和计算机，可以演算测量结果，提供质量数据，作为工艺管理和质量管理的一种手段。

（2）表面与内部的缺陷、淬火硬度、淬火层深度等项目的检验　一般以保证汽车行驶安全的零部件为对象，在无损检测仪上检查。所用设备有以荧光磁粉或超声波进行检查的磁力探伤机或超声波探伤机，也有利用电磁感应原理进行淬火层深度和淬火层硬度检查的设备。

（3）压漏检验　多用于发动机车间，检查铸件和压铸件的漏水、漏油情况。检查方法采用向被检查工件内输入压缩空气，并在水中进行有无气泡产生的目测检验，或者与标准样品比较，测定两者压差，以进行自动检验。所用检测仪器有各种压力变换器和流量变换器。

（4）平衡检验　检验零件旋转时的动平衡。使被检验零件在自由振动台上回转，以电磁型自动检测器测定不平衡量及其位置，然后在下道工序内加以修正，达到平衡。重量检验以连杆大小头的重量分配检查为对象，进行重量选分和去重平衡。采用差动变压器式称量仪作为检测器。

3. 工序外检验设备

工序外检验设备是指进行精密检验、抽样检验或其他特性检验所使用的设备，与工序内检验设备配合使用，提高产品质量。常用设备有三维空间测定仪、表面粗糙度测定仪、圆度测定仪等高通用性设备，也有凸轮外形测定仪、差速器壳校准测定仪、活塞外形测定仪等专用设备。此外，还有材料试验机、X射线透视仪等特殊理化仪器。当产品质量发生问题时，用来进行分析研究。

十、辅助设备

机械加工使用的辅助设备有工序间搬运装置、切削液处理装置、排屑装置、集尘集雾装置、生产管理装置等，这些装置与加工设备组成生产线。

1. 排屑装置

机械加工所用的排屑装置，有的是数台机床共用，规模较大，有的属于单台机床，规模较小。排屑装置的类型有拖板式、刮板式、鱼叉往复运动式、水压式、振动式、气压式等，根据切屑材料、数量、形状和干燥度来选用。此外，也可以将排屑装置与破碎机及压力机相连接，形成切屑处理线。

2. 切削液处理装置

金属材料机加工中所用的切削液，可以带走切削摩擦热，提高加工精度，延长刀具寿命，同时起着运送、排除切屑的作用。切削液处理装置的功能即从排放出来混有切屑的切削液中，将切屑分离，然后将清洁的切削液输送至加工部位。可以将加工相同材料的数台乃至数十台专用机床或自动机床使用的同一种类的切削液，在集中处理装置上一起处理。集中处理的优点是：容易进行切屑排除处理，提高了过滤性和加工精度，延长了切削液使用寿命，减少了设备布置面积，便于运行和维护管理，降低了处理费用。集中处理的缺点是：服务机床的数量多，一旦发生故障，将造成影响生产线全局的大事故，必须严格进行运行的维护管理。

目前，汽车制造中常用的切削液集中处理装置的过滤方式有滤芯式、重力式、离心分离式、电磁式、真空式、衬套缝隙式、压力式、非压差式等，这些方法常被综合使用。为了防止切削液附着在切屑上被带走，防止在切屑搬运过程中污染车间，可以装设切屑脱液装置。

项目小结

本项目是制订斜支架零件加工工艺的训练。运用上一模块项目实施过程中学习的工艺编制步骤和方法，结合斜支架零件的特点，完成斜支架工艺制订项目。

本项目通过斜支架工艺分析、斜支架毛坯选择、定位基准和装夹方式的选择、工艺路线制订、工序加工余量、工序尺寸及公差、选择工艺装备及工艺设备、填写工艺文件等项目任务，完成斜支架工艺的制订过程。斜支架外形较复杂，加工过程需要专用夹具。在项目实施过程中，融入夹具及定位和机械加工知识的学习。通过相关知识的学习和斜支架工艺制订的训练，掌握斜支架零件工艺编制的方法，具备叉架类零件制造工艺编制的能力。

实 作 训 练

1. 写出下面拨叉的加工工艺过程卡和工序卡（材质 ZG 310-570）。

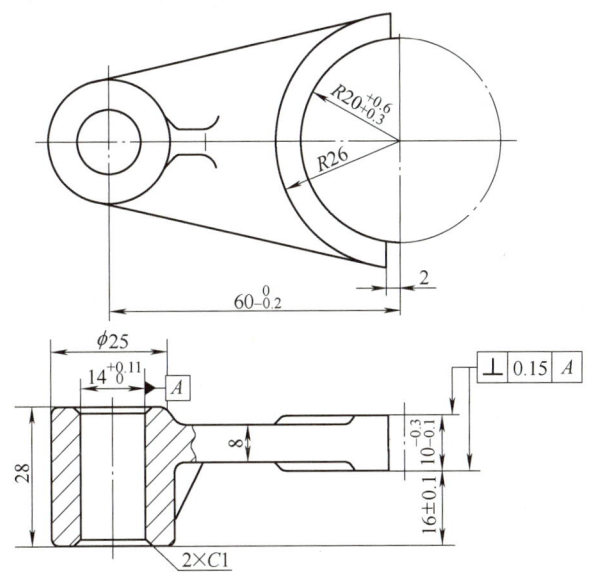

图 2-48　实作训练题 1

2. 写出下面连杆组件的加工工艺过程卡和工序卡（材质 45 钢）。

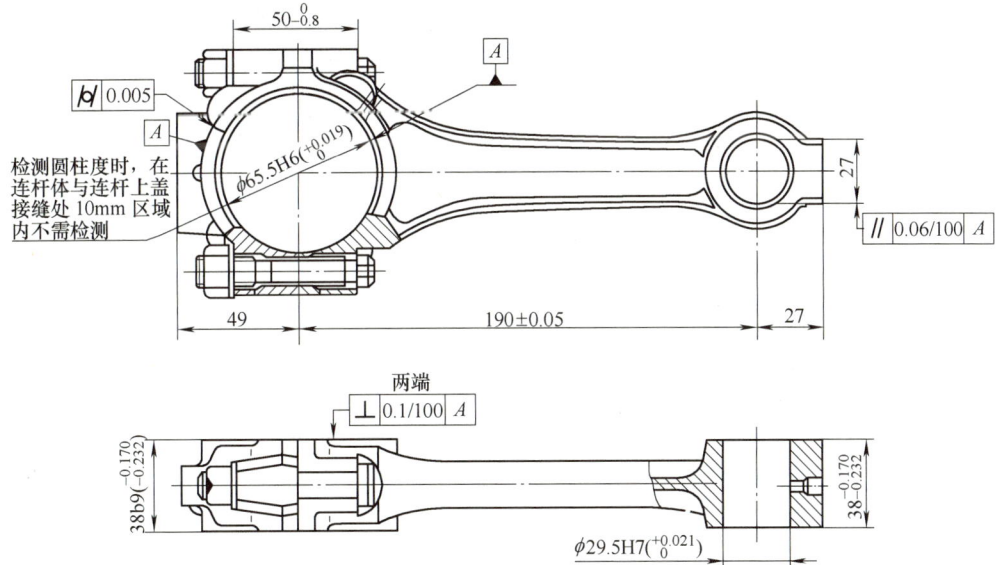

图 2-49　实作训练题 2

模块三　盘套类零件制造工艺

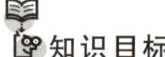

知识目标

1. 掌握盘套类零件制造工艺过程。
2. 掌握工艺文件编制要求。
3. 掌握盘套类零件制造工艺过程。

能力目标

1. 能够看懂汽车零件制造工艺文件。
2. 能够编制盘套类零件制造工艺。

学习引导

1. 盘套类零件（图3-1）

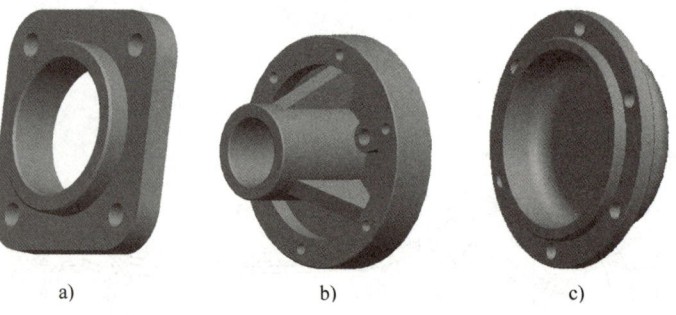

图3-1　盘套类零件
a）法兰盘　b）支承盖　c）闷盖

2. 盘套类零件的结构特点

盘套类零件基本的形状大多为扁平圆形又或是方形盘状结构，轴向尺寸相对于径向尺寸小很多，如图3-1所示。常见零件的主体一般由多个同轴的回转体，或者由一正方体与几个同轴的回转体组成；在主体上常有沿圆周方向均匀分布的凸缘、肋条、光孔或螺纹孔、销孔等局部结构；常用作端盖、齿轮、带轮、链轮、压盖等，制造材料一般多为灰铸铁。

项目　主轴承盖加工工艺

项目任务书

要求编制某主轴承盖制造工艺，项目任务书见表3-1。

表 3-1 项目任务书

任务名称	编制主轴承盖机械加工工艺
编制依据	1. 相关技术文件和资料 1) 主轴承盖零件图如图 3-2 所示 2) 产品装配图（局部）如图 3-3 所示。每台产品中主轴承盖的数量为 1 件 2. 产品生产纲领 1) 产品生产纲领为 45000 台/年 2) 主轴承盖备品百分率 8%、废品百分率 2% 3. 生产资源和条件 1) 由机加工车间一班负责生产 2) 毛坯为外协件，生产条件可根据需要确定 3) 现可供选用的加工设备如下： ①CB3463-1 半自动转塔车床 1 台 ②CA6140×1000 卧式车床多台 各设备均达到机床规定的工作精度要求 4) 机械加工设备可根据需要增加专用机床，不再增加通用设备
工作结果	1. 主轴承盖毛坯简图 2. 主轴承盖机械加工工艺规程

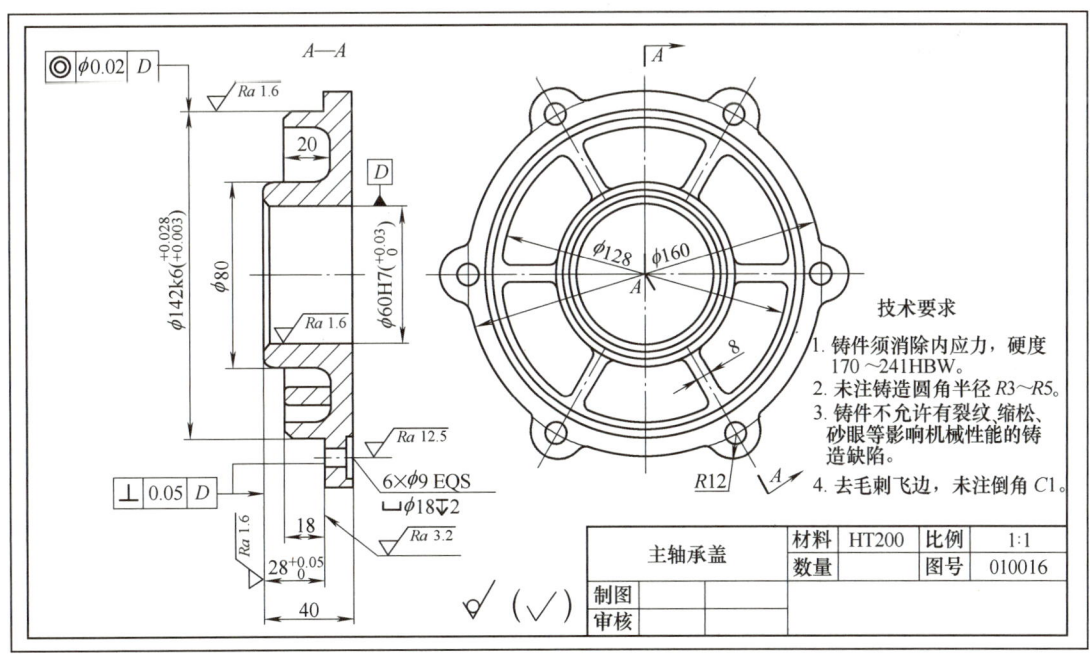

图 3-2 主轴承盖零件图

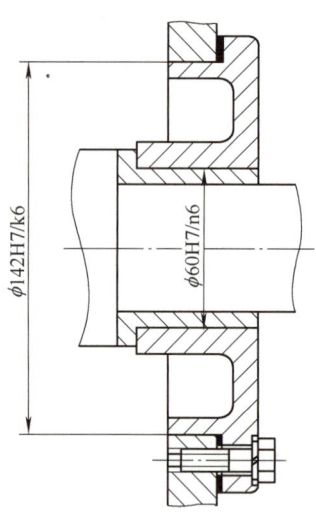

图 3-3　产品装配图（局部）

任务一　主轴承盖加工工艺分析

【任务目标】
1）分析主轴承盖零件图和装配图，明确主轴承盖在产品中的作用。
2）找出其主要技术要求，确定加工关键表面。

【任务实施】
步骤 1　看懂主轴承盖的结构和形状

1）主轴承盖零件采用了主视图和左视图用来表达其结构，主轴承盖零件三维视图如图 3-4 所示。主视图为旋转剖切的全剖视图，用来表达零件的内部结构和各表面的轴向相对位置。左视图主要表达零件的外形轮廓、主体上凸缘、沉孔、肋条的分布情况。

2）从主视图中可以看到，主体是由多个同轴内孔和外圆组成的。从左视图可以看到，在主体上沿圆周方向均匀分布有圆弧状的肋条、凸缘、沉孔，由此可以知道主轴承盖的结构与形状。

步骤 2　主轴承盖的装配位置和作用（图 3-5）

由图 3-5 可知，主轴承盖的作用是支承主轴承，并起轴向定位作用。$\phi142k6$ 外圆装配于机体内孔，$\phi60H7$ 孔用于安装主轴承，M 面为轴向定位面，与主轴承的轴肩端面接合，N 面为装配基面，与机体侧面接合。

步骤 3　确定主轴承盖的加工关键表面

1）$\phi60H7$ 孔、$\phi142k6$ 外圆都具有较高的尺寸精度（IT7、IT6）和位置精度（同轴度 $\phi0.02mm$）要求，表面粗糙度值 Ra 为 $1.6\mu m$，是加工的关键表面。

2）M、N 面距离尺寸为 28mm，尺寸精度要求不高（查《机械设计手册》"标准公差数值"可知约为 IT9），但均要求与 $\phi60H7$ 孔轴线垂直，公差为 $0.05mm$，表面粗糙度值 Ra 分别为 $1.6\mu m$、$3.2\mu m$，也是加工的关键表面。

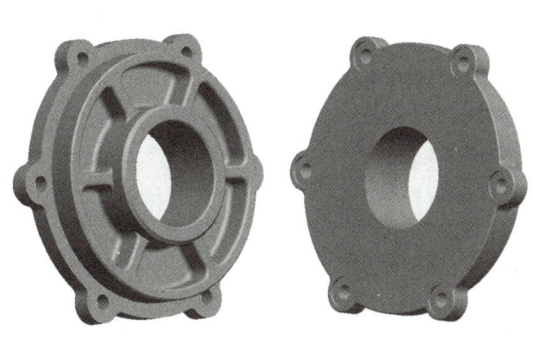
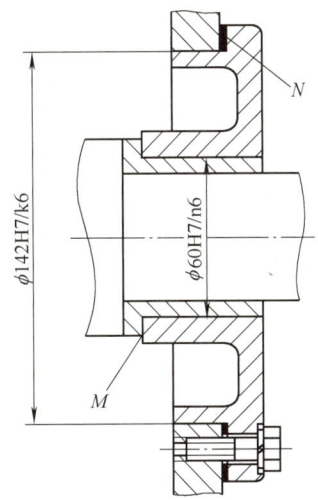

图 3-4 主轴承盖零件三维视图　　　　图 3-5 主轴承盖的装配位置和作用

3）$6 \times \phi 9$mm 和 $\phi 18$mm 沉孔尺寸精度要求较低（未注公差等级），表面粗糙度值 Ra 为 12.5μm，是加工的次要表面。

4）其他表面均为不加工表面。

【任务结果】

主轴承盖的加工关键表面见表 3-2。

表 3-2　主轴承盖的加工关键表面

名　称	结　果
关键加工表面	$\phi 60$H7 孔、$\phi 142$k6 外圆、M 和 N 面
次要加工表面	$6 \times \phi 9$mm 孔和 $\phi 18$mm 沉孔
不加工表面	其他表面

任务二　主轴承盖毛坯选择

【任务目标】

1）确定主轴承盖毛坯的类型及其制造方法。

2）估算主轴承盖毛坯的机械加工余量。

3）绘制主轴承盖毛坯简图。

【相关知识】

1）铸造毛坯的方法有很多种，如压力铸造、金属型铸造、砂型铸造、精密铸造等。其中，砂型铸造是最常用的铸造方法。

2）铸造毛坯的制造方法同时也决定了其制造精度，精度越高，毛坯机加工余量就越小，加工工作量和消耗的材料越少，加工成本也就越低，但是相对毛坯的制造成本就高。因此，铸件毛坯的制造精度并不是越高就越好，应考虑加工条件、生产总成本等因素。

3）铸造毛坯的制造方法是根据零件的生产类型、材料、机械性能、零件结构、生产条件确定，不同的生产批量与不同的毛坯制造方法相适应。

4）当生产批量较小、铸件一般采用木模手工造型的砂型铸造法。由于木模制造一次性投入费用较低，适用于单件和小批量生产。

【任务实施】

步骤1　选择主轴承盖毛坯类型及其制造方法

1）选择毛坯的类型。查《机械设计手册》"常用毛坯类型"，铸铁材料零件一般情况下只能采用铸件。根据主轴承盖的制造材料（HT200）可以确定，毛坯类型为铸件。

2）选择毛坯的制造方法。根据主轴承盖的材料，查《机械设计手册》"机加工工作各种生产类型的生产纲领及工艺特点"，主轴承盖的毛坯采用金属型机器造型的铸造方法。

步骤2　估算主轴承盖毛坯的机械加工余量

根据主轴承盖毛坯的最大轮廓尺寸（φ184mm）和加工表面的公称尺寸（按最大尺寸φ142mm），查机械设计手册《铸件的机械加工余量》（按中间等级2级精度查表）可得出，顶面的机械加工余量为5mm，底面及侧面的机械加工余量为4mm。各加工表面的机械加工余量统一取5mm。查机械设计手册《铸件的尺寸偏差》可得出，主轴承盖毛坯的尺寸偏差为±1.0mm。

步骤3　估算主轴承盖毛坯的机械加工余量

主轴承盖毛坯草图的绘制方法和步骤见表3-3。

表3-3　主轴承盖毛坯草图的绘制方法和步骤

步　骤	图　例	步　骤	图　例
1）用双点画线画出零件图主视图。只画主要结构，次要细节简化不画，非毛坯制造的孔不画		3）加粗或加深毛坯轮廓线，在余量层内打上网纹线，以区别剖面线	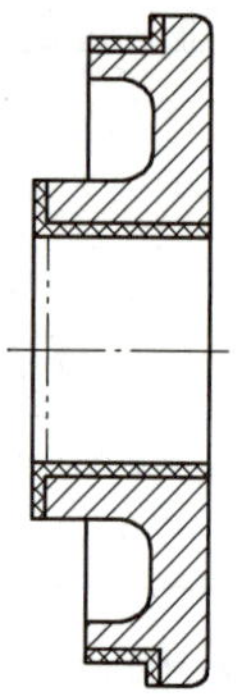
2）将加工总余量按尺寸用粗实线画在加工表面上	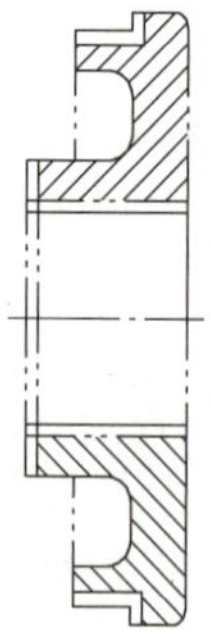	4）标注毛坯的主要尺寸	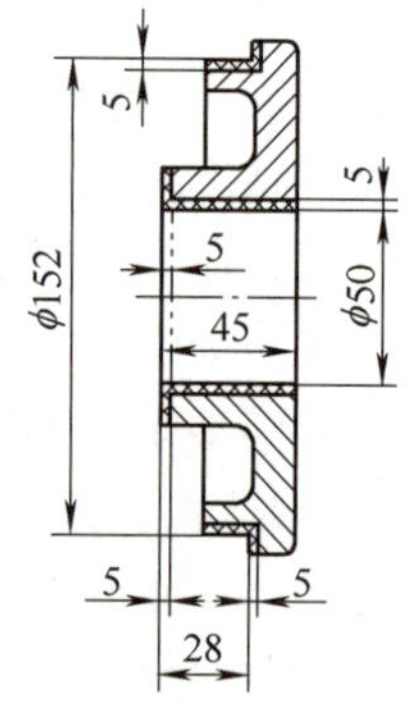

【任务结果】

主轴承盖的毛坯类型及其制造方法见表3-4。

表 3-4 主轴承盖的毛坯类型及其制造方法

名　　称	结　　果
毛坯的类型及其制造方法	1）毛坯类型为铸件 2）制造方法采用金属型机器造型的砂型铸造方法
毛坯的机械加工余量及毛坯的尺寸偏差	(5±1.0) mm
毛坯简图	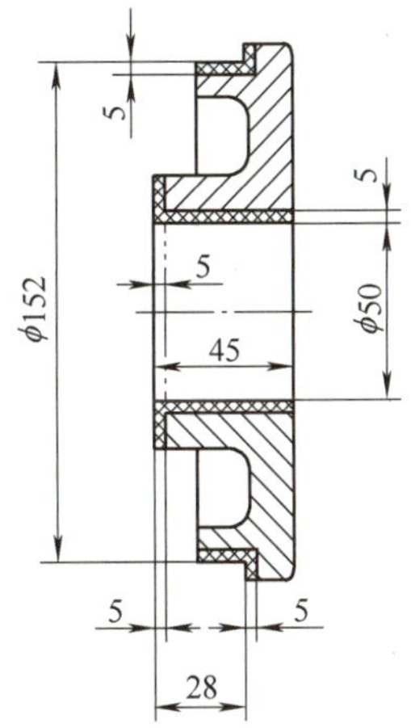

【知识点】 热处理

制造高强度的汽车零件所需的合金结构钢，虽然成分上已和普通结构钢有一定的区别，但还应该利用钢的相变特性，以各种速度进行加热与冷却，进行热处理，这样才能获得所需要的硬度、韧性与耐磨性。

随着热处理技术的不断发展，日益追求使用廉价材料并减轻零件质量。面对这两种相互矛盾的要求，摆在热处理工作者面前的重要课题是如何选择在符合零件性能要求的材料与热处理方法的条件下，并使得零件质量保持稳定。

一、汽车制造与热处理

热处理一般可区分为机械加工前（毛坯件的热处理）与机械加工后（机械加工件的热处理）两大类。毛坯件的热处理包括正火、淬火、回火、退火等工序。一般采用正火（或退火）与调质（正火—淬火—回火的连续工艺），以匀化组织，提高切削性，消除残余应力，提高硬度、韧性与疲劳强度。此外，还有辅助工序酸洗与喷丸，进行表面清理，去除氧化物，并收到喷丸强化与保持尺寸精度等效果。机械加工件的热处理有渗碳热处理、高频淬火等表面强化处理，以提高表面硬化部位的强韧性、耐磨性与疲劳强度。

1. 调质件

要求强韧性的汽车零件，其锻件毛坯可施以调质处理。属于这类的零件有连杆、前轴、后半轴与转向节臂等数种，一般由含碳量为0.4%左右的碳素钢与合金钢（调质钢）制成。

2. 渗碳件

汽车齿轮类（差速齿轮、变速齿轮等）零件要求具有强韧性与耐磨性，其锻件毛坯经正火（或退火）处理，机械加工后进行渗碳淬火表面强化。一般渗碳钢的含碳量在 0.2% 左右，有碳素钢，也有合金钢。

3. 高频淬火件

曲轴、凸轮轴、后半轴等类零件，通常以强韧钢（调质钢）制造，锻件毛坯经正火（或退火）与调质处理，机械加工后，对必要部位施以高频淬火表面硬化，以提高其耐磨性与疲劳强度。

二、毛坯件的热处理

热锻毛坯的晶粒过于粗大，硬度与组织的变动也大，强度低，这些缺点可通过各种热处理方法加以消除，经过改进后的铁碳合金状态，已成为当前热处理工艺的基本指针，在热处理实践中，应该灵活运用钢的组织转变理论，妥善进行正火、退火与调质处理。毛坯件热处理，可按其在机械加工后是否还需热处理而加以区分。机械加工后还应热处理（渗碳、高频淬火等）的调质钢、渗碳钢毛坯件，可先经正火或退火处理，调质钢也可先经调质处理。机械加工后不再经热处理的毛坯件，主要是调质钢件，应进行调质处理。

1. 正火

正火是将钢加热到 Ac_3 或 Ac_1 以上 30~50℃，保温足够时间，然后在空气中冷却的热处理工艺。图 3-6 所示为碳钢的正火加热温度范围。

正火不仅可以作为预备热处理，而且可以代替中碳钢的调质处理（淬火加高温回火），为随后的表面淬火等工序做组织准备。对于要求不太高的结构零件，还可以用正火作为最终热处理，获得使用性能。

将锻件加热至奥氏体化温度（850~930℃）并保持一定时间，随后气冷，得到铁素体、珠光体组织。正火目的在于匀化组织并改进切削性，可作为淬火、回火前的预处理，或者在正火后直接进行机械加工。

2. 淬火

淬火是将钢加热到 Ac_3 或 Ac_1 以上 30~50℃，保温后在水或油中冷却的热处理方法。淬火的加热温度根据钢的含碳量而定，对亚共析钢为 Ac_3 以上 30~50℃，对过共析钢为 Ac_1 以上 30~50℃淬火加热温度范围如图 3-7 所示。

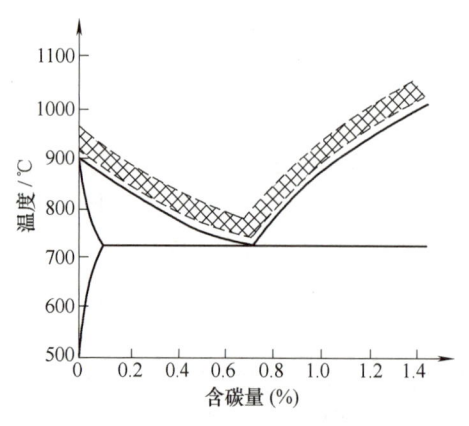

图 3-6 碳钢的正火加热温度范围

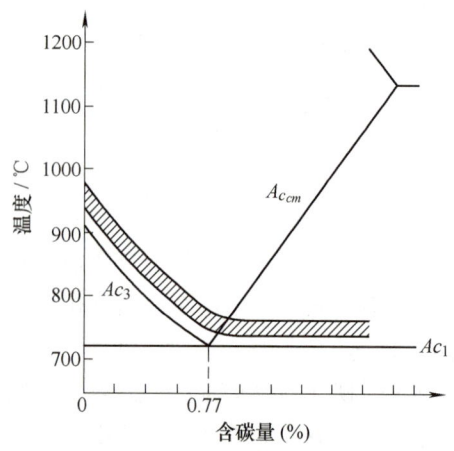

图 3-7 淬火加热温度范围

淬火操作必须保证快速冷却，一般情况下，合金钢在油中冷却，碳钢在水中冷却。钢在快速冷却的条件下，会产生极大的过冷度，因而奥氏体的转变温度很低。由于碳原子不能扩散，奥氏体不可能转变为珠光体，只是 γ 铁转变成了 α 铁，碳全部保留在 α 铁中，形成碳在 α 铁中的过饱和固溶体称为马氏体。因为 α 铁中溶解了过量的碳，使晶格发生畸变，增加了塑性变形的抗力，所以马氏体具有很高的硬度，可达 65HRC。

马氏体是一种不稳定的组织，并存在较大内应力和脆性。为了消除淬火钢的内应力，降低脆性，并获得所需的力学性能，淬火后必须进行回火。其目的是阻止图 3-7 所示平衡状态下 Ac_1 的转变，以获得硬的马氏体组织。方法是将已正火零件重新加热至奥氏体状态（800~850℃），保持一段时间以后，在水中或油中急冷。完全淬火状态下的马氏体硬度由其中碳含量决定，碳含量越高则越硬钢中碳含量与淬火最高硬度的关系如图 3-8 所示。然而，由于材料的质量效应，零件直径过大，内部将不能得到淬火组织。质量效应随材料而异，碳素钢的质量效应大，含有 Cr、Mo 等元素合金钢的质量效应小。图 3-9 所示为试棒直径与淬火硬度的关系。

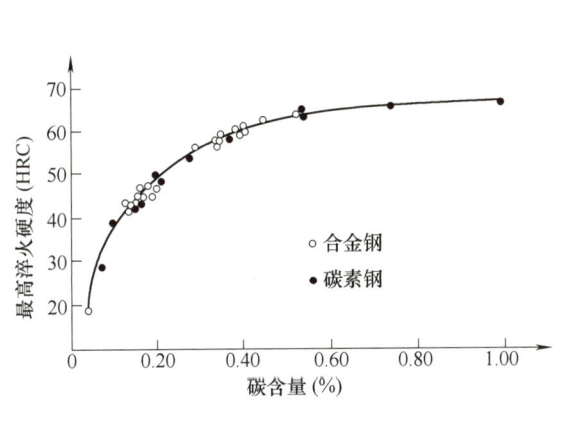

图 3-8　钢中碳含量与淬火最高硬度的关系

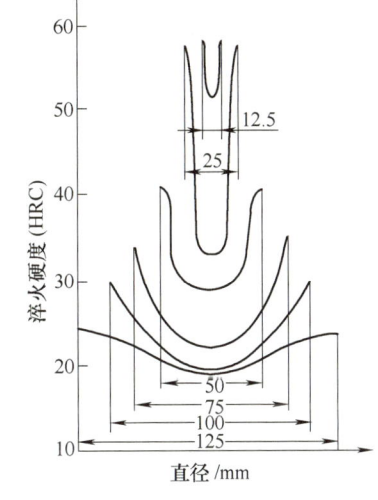

图 3-9　试棒直径与淬火硬度的关系

3. 回火

回火是将淬火钢重新加热到 Ac_1 以下的某一温度，保温一段时间，然后冷却（一般空冷到室温）的热处理方法。

回火的目的主要有以下三点。

（1）调整力学性能　用不同的回火温度去获得不同的回火组织，以得到不同的力学性能，从而满足工件的设计要求。

（2）消除内应力　通过回火，可以部分或全部消除工件在加工及淬火过程中产生的内应力，从而防止工件的变形或开裂。

（3）稳定工件组织　淬火后的组织是不稳定的，必须通过回火使其转变为较稳定的组织，从而防止工件在使用过程中发生尺寸变化。钢经过退火、正火或淬火等热处理后，其硬度随冷却速度加快而增加。但回火后钢的硬度，一般不取决于冷却速度，而是随加热温度升高而降低。

根据加热温度不同，回火可分为低温回火、中温回火和高温回火三种。

（1）低温回火　加热温度为150～250℃。淬火钢经低温回火后，可以消除内应力，降低脆性，并保持其高硬度和耐磨性，适用于各种工具、刃具和量具等。

（2）中温回火　加热温度为350～500℃，适用于弹簧、锻模等。

（3）高温回火　淬火钢经中温回火后，提高了弹性和屈服强度，加热温度为500～650℃。淬火钢经高温回火后，可以获得强度、硬度、塑性和韧性等都较好的综合力学性能，适用于受力情况复杂的重要零件，如主轴、齿轮、连杆等。生产上习惯把淬火后高温回火的热处理称为调质处理。

4. 退火

退火是将钢加热到高于或低于临界点，保温适当时间，然后在炉内缓慢冷却，使组织接近平衡状态的热处理方法。

在零件的加工工艺中，退火主要用来处理毛坯或半成品件，其目的是为以后的加工工序做组织和性能的准备，因此，通常称为预备热处理。退火有时也作为工件的最终热处理，主要用于对性能要求不高的工件。

生产中经常采用的退火工艺方法有完全退火、不完全退火、球化退火、均匀化退火、再结晶退火和去应力退火等。

目的在于降低锻件硬度，提高切削性，去除冷、热加工应力，细化、匀化晶粒，使碳化物球化，提高冷压力加工性能。根据使用要求，退火方法有很多种。近年来，为了提高渗碳钢的切削性，采用了等温退火，是将奥氏体化的钢材急冷至S曲线的珠光体转变在温度范围内，完成恒温转变。此法可防止产生普通退火的粗大铁素体、珠光体组织与带状组织，以形成比较细小均匀的铁素体、珠光体组织。

（1）完全退火　将钢加热到Ac_3以上30～50℃，保温足够时间，然后随炉缓冷的工艺称为完全退火。

主要应用于亚共析钢的铸、锻件，如挖掘机底座、镗床镗杆等。加热温度为Ac_3以上30～50℃，保温一段时间，使钢的原来组织全部转变为单一均匀的奥氏体然后在缓慢冷却中，使奥氏体转变为铁素体和珠光体，以达到细化组织、降低硬度和消除内应力的目的。

过共析钢不能采用完全退火。因为加热到Ac_{cm}（碳在奥氏体中的溶解限度线）以上退火后，二次渗碳体呈网状析出，使钢的力学性能显著降低，并易在淬火时开裂。

（2）不完全退火　将钢加热到Ac_1以上30～50℃，保温足够时间，然后随炉缓冷的工艺称为不完全退火。

由于不完全退火是在两相区加热，组织不能完全重结晶，铁素体的形态、大小与分布不能改变，晶粒细化的效果也不如完全退火。所以，不完全退火主要用于晶粒并未粗化，铁素体分布正常，只是锻、轧终止温度过低，或者冷却过快的亚共析钢件，以降低硬度，消除内应力，改善组织。

（3）球化退火　球化退火主要用于共析钢和过共析钢，以获得类似粒状珠光体的球化组织（因不一定是共析成分，故称为球化组织），从而降低硬度，改善切削加工性能，并为淬火做组织准备。

球化组织不仅比片状组织有更好的塑性和韧性，而且硬度稍低。在切削加工具有球化组织的工件时，刀具可以避免切割硬而脆的渗碳体，而在软的铁素体中通过（图3-10），因而延长了刀具寿命，提高了钢的切削加工性。

此外，以球化组织作为原始组织进行淬火加热时，奥氏体晶粒长大的倾向小，从而减小了淬火冷却时的变形与开裂，并提高了淬火钢回火后的力学性能。

许多共析和过共析成分的钢件，如轴承、量具、模具、刃具等，都以球化退火作为预备热处理。甚至一些低、中碳钢的冷变形件，为改善冷成形性，也采用球化退火工艺。

球化退火的工艺方法有多种，但关键在于严格控制加热温度与保温时间，使奥氏体中存在大量未溶的碳化物质点，并存在碳浓度的不均匀性，这样才能在冷却转变时形成球化组织。因此，经常采用在Ac_1附近的温度低温短时加热，然后进行缓慢冷却，或者在稍低于Ac_1温度等温分解的工艺。

具有网状渗碳体的过共析钢难以球化，因此，应先进行一次正火，以消除网状渗碳体。

（4）均匀化退火 将钢加热到Ac_3以上150~250℃，长时间保温（10~20h），然后缓慢冷却的工艺方法称为均匀化退火。均匀化退火主要用于合金钢铸锭和铸件，通过原子扩散，消除结晶过程中产生

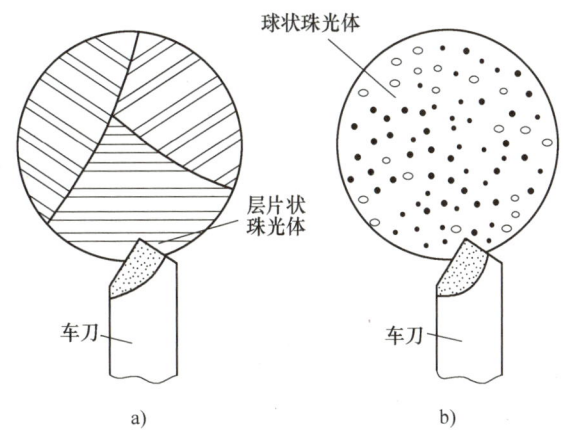

图3-10 切削加工性比较示意图
a）层片状珠光体 b）球状珠光体

的枝晶偏析，使成分均匀。均匀化退火后如不进行热压力加工，还须进行一次完全退火，以细化晶粒。

以上退火，既可采用连续冷却，也可采用等温冷却。采用连续冷却，是通过控制冷却速度来控制退火后的组织与性能，难免出现偏差和不均匀现象；而采用等温冷却，是通过控制等温温度来控制退火后的组织与性能，较为准确、均匀。同时，对于C曲线很靠右的钢，采用等温冷却可以缩短退火时间。因此，生产中采用何种冷却方式应根据实际情况而定。

（5）再结晶退火 再结晶退火又称中间退火，主要用于消除冷变形件的加工硬化，以利于继续变形加工。再结晶退火有时也作为冷变形件的最终热处理。

因钢的再结晶温度为450℃，故再结晶退火温度为600~700℃，保温1~3h后，随炉冷至550℃，出炉空冷。

三、渗碳淬火与高频淬火

1. 渗碳淬火

以上介绍的正火、淬火、回火及退火，一般都是使工件的整体性能发生变化，属于整体热处理。但生产中有些零件要求表面与中心具有不同的性能。例如，汽车变速器的高速齿轮，为减少长期运转后的磨损，要求轮齿表面有高硬度和耐磨蚀而在起动、紧急制动时有较大的冲击载荷作用，又要求轮齿心部具有良好的韧性。要满足上述要求，仅从选材方面去解决是很困难的，如选用高碳钢，淬火后硬度虽然高了，但心部韧性不足；如选用低碳钢，虽然心部韧性好，但淬火后硬度达不到要求。在这种情况下，生产上广泛采用表面热处理方法。

常用的表面热处理方法有表面淬火和化学热处理两种。

表面淬火是将钢表面迅速加热到淬火温度,不等热量传至中心,即快速冷却的热处理方法。加热表面的方法可采用火焰加热或感应电流加热(根据电流频率又有高频、中频和工频三种)。进行表面淬火的零件材料是中碳钢或中碳合金钢。工件经表面淬火及低温回火后,使表面具有高硬度,而心部仍保持原来的韧性。机床中的齿轮、内燃机中的曲轴轴颈等常采用表面淬火。

化学热处理是将钢放在含有某种化学元素的介质中加热和保温,使该元素的活性原子渗入到钢表面,从而改变钢件表层的成分、组织和性能的热处理方法。任何化学热处理都由分解、吸收、扩散三个基本过程所组成。

分解:通过一定的化学反应从介质中分解出具有活性的元素原子。

吸收:活性原子吸附在工件表面,并进入铁的晶格,形成固溶体或形成化合物。

扩散:渗入工件的元素原子,由表面向心部扩散,从而形成一定厚度的渗层。

根据渗入元素的不同,化学热处理有渗碳、氮化和碳氮共渗等方法。进行渗碳的零件材料一般为低碳钢或低碳合金钢。钢经渗碳后,表面层变为高碳组织,为了进一步提高其硬度和耐磨性,尚需进行淬火及低温回火;而心部仍为低碳组织,保持原来的高韧性。汽车变速器高速齿轮、机床离合器等常采用渗碳处理。

进行氮化的零件材料要采用专门的氮化用钢(钢中含有 Cr、Mo、Al 等合金元素)。零件经氮化后,表面形成一层氮化物,不需淬火便具有高的硬度、耐磨性、耐蚀性和抗疲劳性能等。此外,由于氮化温度低,氮化后零件变形不大,但氮化层薄,生产周期长,氮化成本高,高速传动的精密齿轮、镗床镗杆、磨床主轴等常采用氮化处理。

碳氮共渗中高温碳氮共渗以渗碳为主,低温碳氮共渗以氮化为主。

汽车齿轮类零件要求有很高的强韧性与耐磨性,可采用渗碳钢,经渗碳淬火后表面硬化,而心部则为未硬化的强韧性组织,常在这种状态下使用。渗碳方法有固体渗碳、液体渗碳、气体渗碳三种。目前,能适合大量生产需要并保持质量稳定的气体渗碳居于主流。

(1)渗碳气氛与渗碳机理 以丙烷、丁烷等碳氢化合物在镍基催化作用下所发生的含有 CO、H_2、N_2 等混合气体为载体气通入炉中,并加入适量的丙烷、丁烷为富化气,以提高气氛碳势而进行渗碳。通常,碳势通过测定载体气中微量水蒸气的露点来控制(露点法)。近来,一般已采用红外线吸收测定微量 CO_2 的方法。表 3-5 为载体气的成分,图 3-11 所示为吸热式气氛露点与平衡碳势的关系。

表 3-5 载体气的成分

气体成分	载体气的成分(体积%)				
	CO_2	CO	H_2	CH_4	N_2
C_4H_{10}	0.0	24.5	32.1	0.4	余量
C_8H_8	0.0	24.0	33.4	0.4	余量

气体渗碳的最大优点是能够控制零件表面碳浓度。在实际渗碳过程中所采用的工艺:先提高渗碳气氛的碳势,再提高表面碳浓度,以加速扩散,最后在渗碳末期降低气氛碳势,以获得所需要的表面碳浓度。渗碳层深度主要决定于渗碳温度与渗碳时间,其关系如图 3-12 所示。

（2）渗碳热处理条件　渗碳层深度在 1mm 左右时，渗碳温度常取 900~930℃。这是因为渗碳温度低于 900℃，渗碳时间将延长，渗碳温度高于 930℃，内部组织又将显著粗化。淬火温度因材料与零件形状而异，通常介于 800~850℃ 之间，并以 60~80℃ 的油为冷却剂。此外，对于薄壁零件，在防止铁素体析出的前提下，为了适当降低心部硬度，并防止热处理变形，也可采用 100~120℃ 热油淬火法。

处理差速器主、从动齿轮时，必须将变形量控制在最小范围内，以防噪声。为此，应采用加压淬火法。

渗碳淬火后应进行回火。为了不降低表面硬度又尽量消除残余应力及稳定组织，回火宜采用 150~180℃ 加热，保温 4h。渗碳层深度与渗碳时间和渗碳温度的关系如图 3-12 所示。

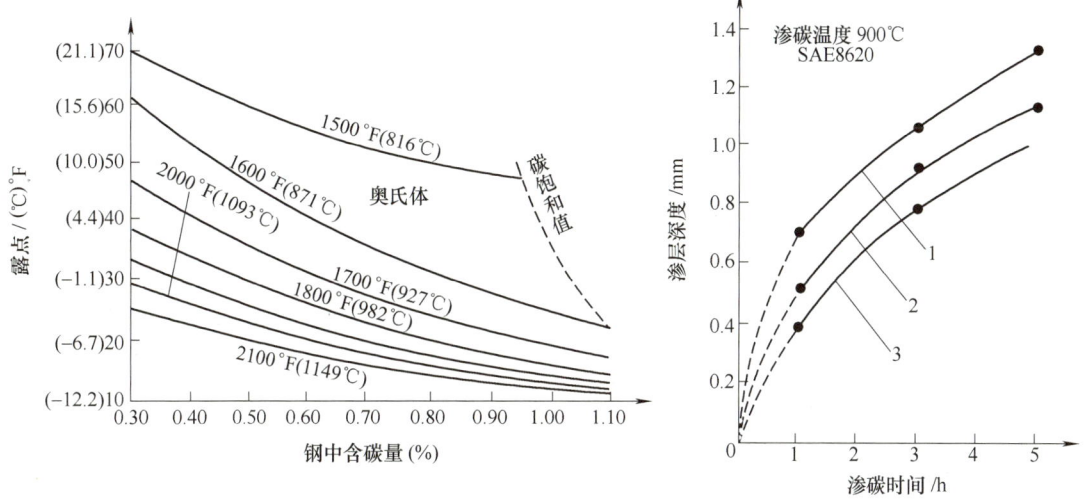

图 3-11　吸热式气氛露点与平衡碳势的关系

图 3-12　渗碳层深度与渗碳时间和渗碳温度的关系
1—碳势（1.2%C）　2—碳势（0.7%C）
3—碳势（0.4%C）

2. 高频淬火

渗碳热处理是一种使含碳量为 0.2% 渗碳钢的表面硬化的方法，而高频淬火则是一种将含碳量为 0.35%~0.55% 的调质钢表面加热、淬火的表面硬化方法。渗碳热处理以提高耐磨性为目的，高频淬火除此目的外，还可提高零件的疲劳强度。

（1）高频淬火原理　以高频电流输入感应器，在工件表面产生涡流使其急速加热，随后喷水急冷而硬化。淬火层深度主要随电流频率、输入功率、加热时间等参数变化，对其必须严格控制。此外，应使感应器形状与被处理件的形状相适应，以提高加热效率。

一般来说，加热层深度随电流频率的增加而减薄。图 3-13 所示为高频淬火层深度与输入功率的关系。图 3-14 所示为高频淬火层深度与淬火温度和保温时间的关系。使用上的区分：浅层淬火目的在于提高零件的耐磨性，深层淬火目的在于提高零件的疲劳强度。

（2）高频淬火的组织　为了适应高频淬火快速加热的特点，要先将工件进行调质处理，得到均匀的索氏体组织。因为索氏体组织比铁素体、珠光体组织更易奥氏体化。此外，高频淬火的硬度高于普通淬火，一般认为这是由于马氏体细化和表面残余压缩应力的缘故。

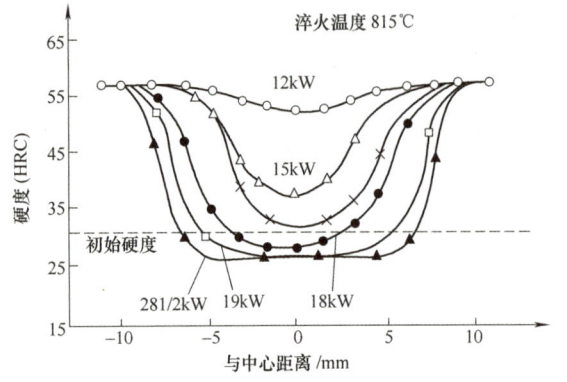

图 3-13　高频淬火层深度与输入功率的关系

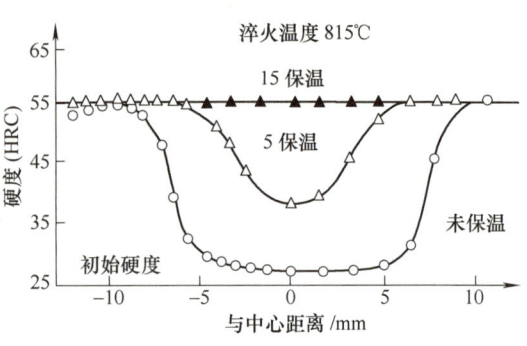

图 3-14　高频淬火层深度与淬火温度和保温时间的关系

四、热处理新技术

1. 可控气氛热处理与真空热处理

一般的热处理，由于在空气中加热，不可避免地要造成工件的氧化和脱碳。这不仅造成了钢材的损耗，而且使工件的力学性能，特别是疲劳强度显著降低。采用可控气氛热处理和真空热处理，可以有效地防止工件的氧化和脱碳，提高工件的力学性能。

（1）可控气氛热处理　可控气氛热处理除了可以作为工件的保护热处理外，还可以作为控制表面碳浓度的碳氮共渗处理，并可对已脱碳的工件进行复碳处理。

（2）真空热处理　真空热处理是指工件在真空度为 $133.32 \times (10^{-1} \sim 10^{-6})$ Pa 的物质空间中进行的热处理。一般钢件多采用 $133.32 \times (10^{-2} \sim 10^{-3})$ Pa 的真空度。

真空热处理具有以下优点。

1）无氧化加热。由于真空中氧气分子稀薄，氧的分压很低，故氧化作用被抑制，从而实现无氧化加热。

2）净化工件表面。工件表面附着的油污或氧化物，在真空中加热时，油污和氧化物将发生挥发，并由真空泵排出，从而使工件表面净化。

表面洁净的工件，不仅光亮美观，而且对提高耐磨性和疲劳强度有明显的效果。

3）脱气作用。工件在真空中加热时，溶入工件的气体将会向工件表面扩散，并从工件表面逸出，然后由真空泵排出。这种脱气作用，对于因吸氢量过多，容易造成导致断裂的合金钢工件特别有益。

4）变形小。工件在真空中的加热主要依靠热辐射，加热速度缓慢，工件的截面温差小，故热处理变形小。

2. 强韧化热处理

强韧化热处理是使钢获得强度和韧性更好地配合的性能，或者获得比普通热处理有更高强度或韧性的工艺方法。

（1）亚温淬火　按通常概念，亚共析钢为避免在淬火组织中出现铁素体，要求淬火加

热温度超过 Ac_3。但近年来，对亚共析钢采用在 $Ac_1 \sim Ac_3$ 两相区加热的亚温淬火，却可以提高钢的室温韧性，降低临界脆化温度，抑制可逆回火脆性。

(2) 快速加热淬火　对于原始组织细小、均匀的高碳钢或渗碳钢（渗后表面相当于高碳钢）采用比普通淬火更快的速度加热，即短时保温的快速加热淬火工艺，可以提高其强度和韧性。

(3) 形变热处理　形变热处理是将钢的形变强化与相变强化结合起来的一种复合强化的热处理工艺。

形变热处理可以使钢获得强而韧的性能，其原因主要有以下几点。

1) 形变热处理细化了奥氏体晶粒，从而获得细小的马氏体。

2) 形变热处理使位错密度大幅增加，在马氏体中形成强化效果极大的胞状亚结构。

3) 形变热处理使碳化物以高弥散状态析出，并与位错发生交互作用，使强度大幅度提高。

4) 形变热处理因高温加热，可使钢中板条马氏体量增加。

3. 激光热处理

利用激光作为热源的热处理称为激光热处理。

激光热处理有以下特点：

1) 加热速度极快并可自冷淬火。由于激光具有很高的能量密度，可以使工件迅速加热（在 $10^{-2} \sim 10^{-3}$ s 内达到所需温度）。而由于热量来不及传导给周围金属，故停止激光照射后，周围的冷金属立即对加热点冷却淬火。

2) 工件质量高。由于加热速度极快，不仅工件晶粒细小，而且不产生氧化、脱碳，热处理后的变形量也极小。激光热处理后的工件表面光洁，不需再进行表面精加工。

3) 可进行局部的选择性淬火。由于激光的方向性强，故可以对异形零件，如微孔、沟槽、拐角、不通孔等部位进行局部淬火。

4) 可进行表面合金化处理。通过用激光照射经过涂覆的表面，可以得到不同性能的合金化表层，同时也可以在同一零件不同部位得到不同的合金化表层。

5) 无工业污染，节省能源。凡是经过机械加工的金属表面，对激光有较强的反射能力，其吸收率极低（约10%）。为了提高吸收率，可在工件表面涂覆一层能大量吸收激光的物质，如墨汁、炭黑等。

目前激光淬火多采用 CO_2 激光器，其功率可达数十千瓦，激光淬火的硬化层深度一般小于 0.75mm，宽度小于 1.2mm，而硬化效率可达到 $80 \sim 85 mm^2/min$。

任务三　定位基准和装夹方式的选择

【任务目标】

1) 选择主轴承盖的粗基准。
2) 选择主轴承盖的精基准。
3) 选择传动轴的加工装备。

【相关知识】

1) 零件已加工的表面作为定位基准，这种基准称为精基准。合理选择精基准是保证零件加工精度的关键。

2）选择精基准首先根据零件关键表面的加工精度（尤其是有位置精度要求的表面），同时还要考虑所选基准的装夹是否稳定可靠、操作方便。

3）选定精基准所需用的夹具结构是否简单。

4）精基准的选择原则如下。

①基准重合原则。尽量选择设计基准作为精基准，避免基准不重合而引起的定位误差。

②基准统一原则。尽量选择多个加工表面共享的定位基准面作为精基准，以保证各加工面的相互位置精度，避免误差，简化夹具的设计和制造。

③自为基准原则。精加工或光整加工工序应尽量选择加工表面本身作为精基准，该表面与其他表面的位置精度则由先行工序保证。

④互为基准原则。当两个表面相互位置精度以各自的形状和尺寸精度都要求很高时，可以采取互为基准原则，反复多次进行加工。

【任务实施】

步骤 1　选择主轴承盖的精基准

1）经分析零件图可知，$\phi 60H7$ 孔轴线是高度和宽度方向的设计基准，M 面是长度方向的设计基准。主轴承盖各基准面如图 3-15 所示。

图 3-15　主轴承盖各基准面

2）根据基准重合原则，考虑选择已加工的 $\phi 60H7$ 孔和 M 面作为精基准。这样可以保证关键表面 $\phi 142k6$ 外圆的同轴度、N 面的垂直度要求。此外，这一组定位基准定位面积较大，工件的装夹稳定可靠，容易操作，夹具结构也比较简单。主轴承盖各定位表面如图 3-16 所示。

3）根据基准统一原则，零件各表面的加工过程如下。

①加工 $\phi 142k6$ 外圆、N 面时，可使用这一组精基准定位。

②加工 $6 \times \phi 9mm$ 孔和 $\phi 18mm$ 沉孔时，由于 M 面的直径只有 $\phi 80mm$，比加工孔的位置尺寸 $\phi 160mm$ 小，工件装夹有可能不够稳定可靠。如图 3-16 所示，改用 N 面定位，可大大提高工件装夹的稳定可靠性。因此，加工 $6 \times \phi 9mm$ 孔和 $\phi 18mm$ 沉孔时，采用 N 面与 $\phi 60H7$ 孔作为定位基准更合理。

4）选择 M 面和 $\phi 60H7$ 孔作为主要定位基准时，加工其他表面时能使用这一组定位基准作为主要精基准，既符合基准重合原则，又符合基准统一原则，合理又可行。

5）由于定位基准与设计基准重合，不需要对工序尺寸和定位误差进行分析和计算。

步骤 2 选择主轴承盖的粗基准

选择不加工的 ϕ160mm 外圆、L 面作为粗基准，能方便地加工出 M 面和 ϕ60H7 孔（精基准），还可以保证 ϕ160mm 外圆与 ϕ142k6 外圆的轴线重合。ϕ160mm 外圆、L 面的面积较大，也较平整光洁，无浇道、冒口、飞边等缺陷，符合粗基准的要求。主轴承盖粗基准和定位装夹表面如图 3-17 所示。

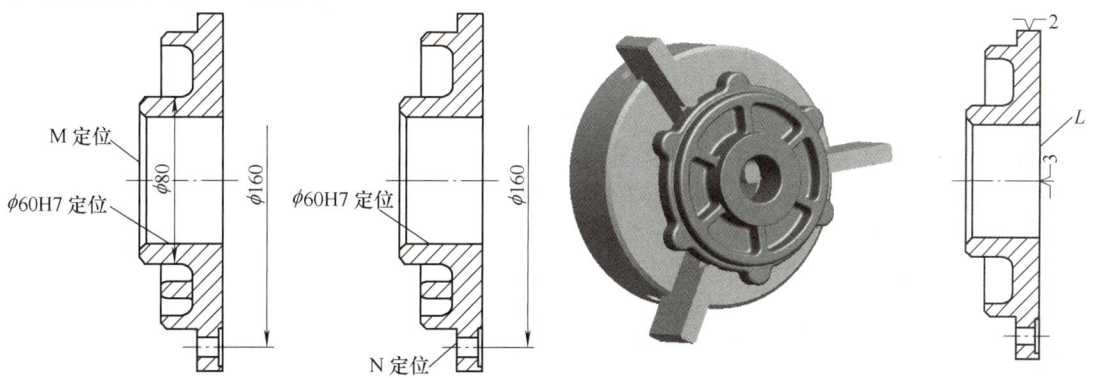

图 3-16 定位表面　　　　图 3-17 主轴承盖粗基准和定位装夹表面

步骤 3 选择工艺装备

根据主轴承盖的工艺特性，采用专用机床加工。工艺装备采用专用夹具、专用刀具、专用量具，如图 3-18 所示。

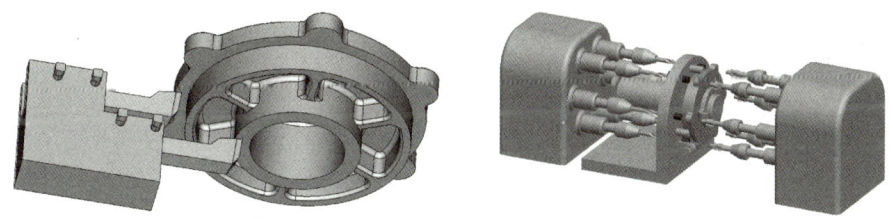

图 3-18 工艺装备

【任务结果】

主轴承盖的定位基准和加工装备见表 3-6。

表 3-6 主轴承盖的定位基准和加工装备

名　称	结　果
精基准	M 面和 ϕ60H7 孔
粗基准	L 面和 ϕ160mm 外圆
加工装备	1）加工设备采用专用机床加工 2）夹具主要采用专用液动、气动夹具 3）刀具采用专用和标准车刀、标准和专用复合钻头（用标准钻头改制） 4）量具采用塞规、环规、专用量具等

【知识点】 基准选择原则

1）以毛坯表面作为定位基准，称为粗基准。

2）粗基准选择要考虑下列原则。

①选用的粗基准必须便于加工精基准，以尽快获得精基准。

②粗基准应选用面积较大，平整光洁，无浇道、冒口、飞边等缺陷的表面，这样工件定位才稳定可靠。

③当有多个不加工表面时，应选择与加工表面位置精度要求较高的表面作为粗基准。

④当工件的加工表面与某不加工表面之间有相互位置精度要求时，应选择该不加工表面作为粗基准。

⑤当工件的某重要表面要求加工余量均匀时，应选择该表面作为粗基准。

⑥粗基准在同一尺寸方向上应只使用一次。

3）轴类零件的粗加工，可选择外圆表面作为定位粗基准，以此定位加工两端面和中心孔，为后续工序准备精基准，加工方法见《机械加工工艺手册》。

任务四　拟订工艺路线

【任务目标】

1）选择主轴承盖各表面的加工方法。

2）初步拟订主轴承盖机械加工工艺路线。

【任务实施】

步骤 1　选择主轴承盖各表面的加工方法

根据加工表面的精度和表面粗糙度要求，查机械设计手册《外圆表面加工方案》，可查得各外圆的加工方案，各表面的加工方法见表 3-7。

表 3-7　各表面的加工方法

加工表面	精度要求	表面粗糙度值 $Ra/\mu m$	加工方案
$\phi 60H7$ 孔	IT7	1.6	粗车→半精车→精车
$\phi 142k6$ 外圆	IT6	1.6	粗车→半精车→精车
M、N 面（两端面距离 28mm）	IT9	1.6、3.2	粗车→半精车→精车
$6 \times \phi 9mm$、$\phi 18mm$ 沉孔	IT12 以上	12.5	钻孔

步骤 2　初步拟订主轴承盖机械加工工艺路线

1）划分加工阶段。根据表 3-7 和相关知识可知，主轴承盖主要表面的加工可划分为粗加工、半精加工、精加工三个阶段。考虑到工序过于分散，装夹次数太多，反而影响生产率，所以划分为粗加工、精加工两个阶段即可。

2）组合工序。由于主轴承盖属于大批量生产，组合工序既可按工序分散原则，也可按工序集中原则。本实例考虑到要充分利用现有资源中的半自动转塔车床，因此尽量采用多刀来进行多工位加工，组合工序遵循工序集中原则。

3）安排加工顺序。根据机械加工的安排原则，先安排基准和主要表面的粗加工，然后安排基准和主要表面的精加工。

4）初步拟订工艺路线。根据上述分析，初步拟订加工工艺路线方案（表3-8）两个，供分析选择。

表3-8 加工工艺路线方案

方案一				方案二			
工序号	工序名称	工序内容	加工设备	工序号	工序名称	工序内容	加工设备
10	检验	外协毛坯检验		10	检验	外协毛坯检验	
20	车削	粗车 ϕ60H7 孔、ϕ142k6 外圆以及 M、N 面	转塔车床	20	车削	粗车 ϕ60H7 孔	卧式车床
30	车削	半精车、精车 ϕ60H7 孔	卧式车床	30	车削	粗车 ϕ142k6 外圆和 M、N 端面	卧式车床
40	车削	半精车、精车 ϕ142k6 外圆和 M、N 面	卧式车床	40	车削	半精车、精车 ϕ60H7 孔、ϕ142k6 外圆以及 M、N 面	转塔车床
50	钻锪削	钻、锪 6×ϕ9mm、ϕ18mm 沉孔	专用机床	50	钻锪削	钻、锪 6×ϕ9mm、ϕ18mm 沉孔	专用机床
60	去毛刺	去毛刺，吹铁屑		60	去毛刺	去毛刺，吹铁屑	
70	终检	按检验工序卡片的要求检验		70	终检	按检验工序卡片的要求检验	
优点：各车削工序加工内容均衡 缺点：转塔车床为半自动机床，价格高于卧式车床。长期用于粗加工工序，易降低该机床的加工精度				优点：半自动转塔车床用于精车工序，有利于长期保持该机床的加工精度 缺点：半精车、精车工序加工内容过于集中，精加工质量监控集中在一个工序，调刀、检验等工作量大，工序时间比其他工序长得多			

【任务结果】

选择方案一，在编制加工工艺过程中还可修改。

【知识点1】 组合工序的原则

1）组合工序有两种不同的原则，即工序分散原则和工序集中原则。一般单件小批量生产遵循工序集中原则，大批大量生产既可按工序集中原则，也可按工序分散原则。

2）工序分散原则的特点如下：

①工序多，工艺过程长，每个工序所包含的加工内容很少，极端情况下每个工序只有一个工步。

②所使用的加工设备与工艺装备比较简单，易于调整和掌握。

③有利于选择合理的切削用量，减少基本加工时间。

④生产技术准备工作较容易，易于变换产品。

3）工序集中原则的特点如下：

①零件各个表面的加工，集中在少数几个工序内完成，每个工序所安排的加工内容多。

②工件装夹次数少，加工表面间的相互位置精度易于保证。

③有利于采用高效的专用设备和工艺装备。

④生产计划和组织简单化,生产面积和操作工人的数量少,辅助时间短。

⑤专用设备和工艺装备投资大,调整和维护复杂,生产技术准备工作量大,变换产品困难。

【知识点2】 精加工和光整加工

一、拉削加工

1. 拉削的加工范围和特点

(1) 拉削的加工范围 拉削一般用于加工圆孔、内齿轮、外齿轮、方孔、长方孔、六角孔、三角孔、鼓形孔、键槽、尖齿孔等。

(2) 拉削特点 拉削加工(图3-19)是利用一种带许多刀齿的拉刀做匀速直线运动,通过固定的工件,切下一层薄薄的金属层,从而使工件表面达到较高精度和表面粗糙度的高生产率加工方法。

当刀具在切削时所承受的是压力而不是拉力时,这种刀具称为推刀。推刀容易弯曲折断,长度受到限制,不如拉刀用得广泛。

拉削加工与其他切削方法相比,具有以下一些特点。

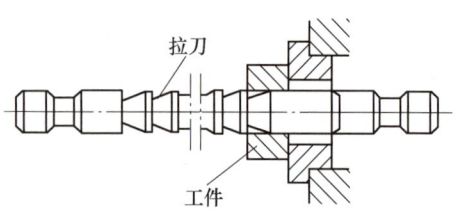

图3-19 拉削加工

1) 拉削过程只有主运动(拉刀运动),没有进给运动(由拉刀本身的齿升量完成),因此拉床结构简单。

2) 拉刀是多刃刀具,一次行程即可同时完成粗、精加工,因此生产率很高。在大量生产时,成本较低,特别是加工大批特殊形状的孔或外表面时,效果更显著。

3) 由于拉削速度低,拉削过程平稳,切削层厚度很薄,因此能提高加工精度(可达二级)与表面粗糙度(一般可达$0.8\mu m$以上。若拉刀尾部装有浮动挤压环时,则还可以提高,可达$0.1\mu m$左右)。

4) 对操作人员的技术水平和熟练程度要求低。

拉削加工的应用也有移动的局限性,即不通孔和加工表面有挡墙的工件不能采用拉削。拉刀的结构较为复杂,制造成本高,因此只适用于大量或成批生产。

2. 拉削前的工艺准备

(1) 对拉削前工件的工艺要求

1) 若加工表面有氧化皮层或其他污垢,应在拉削前采用喷砂或酸洗等方法除去。

2) 工件形状尽可能简单,孔壁厚薄尽量均匀,以免拉削后的孔表面变形,影响精度。

3) 拉削基面必须平整光滑,并应为前一工序的钻孔基面,否则应采用球面支承夹具。

4) 毛坯表面的冷硬层,应避免直接和拉刀刃口接触,否则会使刀齿迅速磨钝,因此一般在拉削前都需先经过其他切削加工。但如采用轮切式拉刀或综合轮切式拉刀,由于齿升量较大,有可能直接在毛坯表面进行拉削,因刀齿刃口能切去冷硬层表面。

5) 对于较短工件,其长度小于拉刀两个齿距时,可用夹具把几个工件紧固在一起拉削,但必须注意将工件夹紧,不使松动,否则会损坏拉刀刀齿。

（2）拉削速度的选取　由于切削宽度与切削厚度（齿升量）是固定的，因此合理选取拉削速度对提高拉削加工生产率很重要。

拉削速度一般在 1~8m/min 范围内。选取时，要考虑到拉刀的类型、尺寸、齿升量、工件和刀具的材料，以及工件表面质量的要求等因素。当拉刀齿升量大时，拉削速度应取小些；拉刀材料耐热性高的，可以用较大的拉削速度；拉削较硬（280~320HBW）或较软（147~170HBW）的工件时，拉刀速度应相应降低。拉削硬度 320HBW 以上的工件时，拉削速度更应该降低。对于拉削硬度过低或过高的工件，最好经过预先热处理后再进行拉削。

二、磨削加工

磨削是指用磨料，磨具（砂轮、砂带、油石等）切除工件上多余材料的加工方法。磨削加工是应用较为广泛的切削加工方法之一，适用难切削、高硬度材料的半精加工、精加工，是常用的半精加工和精加工方法，加工精度 IT5~IT6，表面粗糙度值 Ra 0.01~1.25μm。螺旋面、花键、齿轮的加工如图 3-20 所示。

1. 磨削原理

磨料形状很不规则，但大多呈菱形八面体。顶锥角在 80°~145°范围内，但大多数顶锥角为 90°~120°。磨具上无数个磨粒的微切削刃对工件表面的微切削形成了磨削的整个过程。磨粒的切削过程如图 3-21 所示。

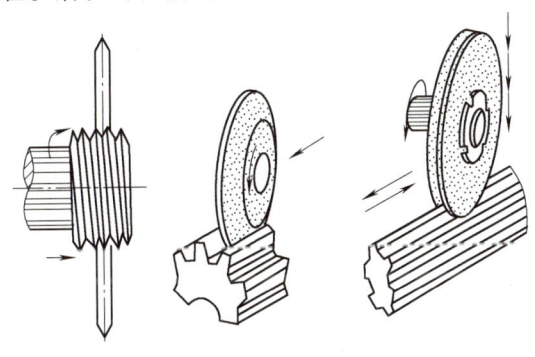

图 3-20　螺旋面、花键、齿轮的加工

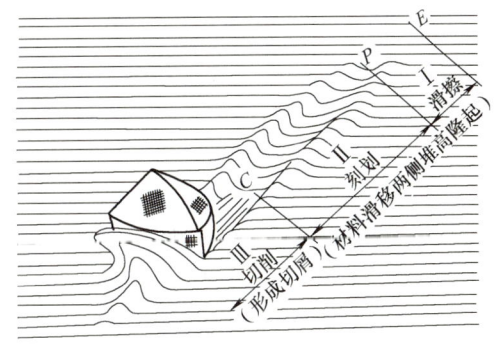

图 3-21　磨粒的切削过程

2. 单个磨粒的磨削过程

（1）滑擦阶段　磨粒切削刃刚开始与工件接触，切削厚度由零开始逐渐增大，实际磨粒并未切削工件，而只是在其表面滑擦而过，工件仅产生弹性变形，磨粒与工件之间的相互作用主要是摩擦作用，使磨削区产生大量的热，使工件温度升高。

（2）刻滑阶段　当磨粒继续切入工件，工件表面产生塑性变形，使磨粒前方受挤压的金属向两边塑性流动，在工件表面上耕犁出沟槽，而沟槽的两侧微微隆起。工件表层材料在磨粒的作用下，产生塑性变形，表层组织内产生变形强化。

（3）切削阶段　磨粒继续向工件切入，切削厚度不断增大，达到临界值时，被磨粒挤压的金属材料产生剪切滑移而形成切屑，砂轮上磨粒随机分布，形状高低各不相同，凸起、锋利的磨粒起切削作用，凸起较小、较钝的磨粒起刻滑、挤压作用，凹下、更钝的磨粒起滑擦作用。

3. 砂轮的磨损及耐用度

砂轮磨损有三种形态：磨耗磨损、破碎磨损及脱落磨损。

（1）磨耗磨损　砂轮磨粒上形成磨损小棱面，在磨削过程中，由于工件硬质点的机械摩擦，高温氧化及扩散等作用均会使磨粒切刃产生耗损钝化。

（2）破碎磨损　磨粒在磨削过程中，经受反复多次急热急冷，在磨粒表面形成极大的热应力，最后磨粒沿某面出现局部破碎。

（3）脱落磨损　磨削过程中，随磨削温度的上升，结合剂强度相应下降。当磨削力增大超过结合剂强度时，整个磨粒从砂轮上脱落，即成脱落磨损。

砂轮磨损的结果是导致磨削性能的恶化，主要形式有钝化型、脱落型及堵塞型。当砂轮硬度较高，修整较细，磨削载荷较轻时，易出现钝化型。这时，加工表面质量虽较好，但金属切除率显著下降。当砂轮硬度较低，修整较粗，磨削载荷较重时，易出现脱落型。这时，砂轮廓形失真，严重影响磨削表面质量及加工精度。磨削碳钢时切屑在磨削高温下发生软化，嵌塞在砂轮空隙处，形成嵌入式堵塞；磨削钛合金时，由于切屑与磨粒的亲和力强，使切屑熔结黏附于磨粒上，形成黏附式堵塞。砂轮堵塞后磨削力及温度剧增，表面质量明显下降。

三、珩磨加工

1. 珩磨原理及珩磨头

珩磨是利用带有磨石的珩磨头对孔进行精整、光整加工的方法。珩磨时，工件固定不动，珩磨头由机床主轴带动旋转并做往复直线运动。在相对运动过程中，磨石以一定压力作用于工件表面，从工件表面上切除一层极薄的材料，其切削轨迹是交叉的网纹。为使砂条磨粒的运动轨迹不重复，珩磨头回转运动的每分钟转数与珩磨头每分钟往复行程数应互成质数。珩磨原理如图 3-22 所示。

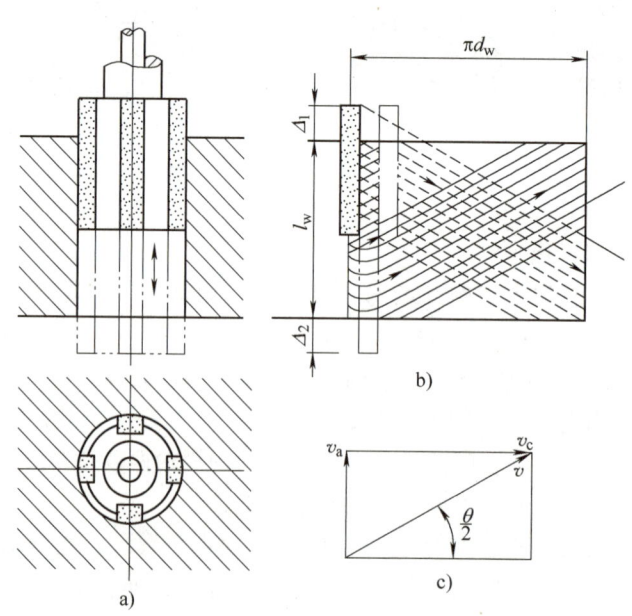

图 3-22　珩磨原理
a）形成运动　b）砂条磨削轨迹展开图　c）合成速度

2. 珩磨的工艺特点及应用范围

1）珩磨能获得较高的尺寸精度和形状精度，加工精度为 IT6~IT7 级，孔的圆度和圆柱度误差可控制在 3~5μm 的范围之内，但珩磨不能提高被加工孔的位置精度。

2）珩磨能获得较高的表面质量，表面粗糙度值 Ra 为 0.2~0.025μm，表层金属的变质缺陷层深度极微（2.5~25μm）。

3）与磨削速度相比，珩磨头的圆周速度虽不高，但由于砂条与工件的接触面积大，往复速度相对较高，所以珩磨仍有较高的生产率。

珩磨在大批大量生产中广泛用于发动机缸孔及各种液压装置中精密孔的加工，孔径范围一般为 φ15~φ500mm 或更大，并可加工长径比大于 10 的深孔。但珩磨不适用于加工塑性较大的非铁金属工件上的孔，也不能加工带键槽的孔以及内花键等断续表面。

四、超精加工

1. 超精密加工技术

超精密加工技术的发展，直接影响到一个国家尖端技术和国防工业的发展，因此世界各国对此都极为重视，投入很大力量进行研究开发，同时实行技术保密，控制关键加工技术及设备出口。

超精密加工技术，是现代机械制造业最主要的发展方向之一。在提高机电产品的性能、质量和发展高新技术中起着至关重要的作用，并且已成为在国际竞争中取得成功的关键技术。超精密加工是指亚微米级（尺寸误差为 0.03~0.3μm，表面粗糙度值 Ra 为 0.005~0.03μm）和纳米级（精度误差为 0.03μm，表面粗糙度值 Ra 小于 0.005μm）精度的加工。实现这些加工所采取的工艺方法和技术措施，则称为超精密加工技术。加上测量技术、环境保障和材料等问题，人们把这种技术总称为超精工程。

超精密加工技术主要包括如下三个领域。

1）超精密切削加工。例如，金刚石刀具的超精密切削，可加工各种镜面。它已成功地解决了用于激光核聚变系统和天体望远镜的大型抛物面镜的加工。

2）超精密磨削和研磨加工。例如高密度硬软盘的涂层表面加工和大规模集成电路基片的加工。

3）超精密特种加工。例如，大规模集成电路芯片上的图形是用电子束、离子束刻蚀的方法加工的，线宽可达 0.1μm。例如，用扫描隧道电子显微镜（STM）加工，线宽可达 2~5mm。

2. 分类

近年来，在传统加工方法中，金刚石刀具超精密切削、金刚石微粉砂轮超精密磨削、精密高速切削、精密砂带磨削等已占有重要地位；在非传统加工中，出现了电子束、离子束、激光束等高能加工、微波加工、超声加工、蚀刻、电火花和电化学加工等多种方法，特别是复合加工，如磁性研磨、磁流体抛光、电解研磨、超声珩磨等，在加工机理上均有所创新。

3. 设备

（1）精密和超精密加工设备要求

1）高精度。包括高的静精度和动精度，主要的性能指标有几何精度、定位精度和重复定位精度、分辨率等，如主轴回转精度、导轨运动精度、分度精度等。

2）高刚度。包括高的静刚度和动刚度，除本身刚度外，还应注意接触刚度，以及由工件、机床、刀具、夹具所组成的工艺系统刚度。

3）高稳定性。设备在经运输、存储以后，在规定的工作环境下使用，应能长时间保持精度、抗干扰、稳定工作。设备应有良好的耐磨性、抗振性等。

4）高自动化。为了保证加工质量，减少人为因素影响，加工设备多采用数控系统实现自动化。

（2）加工工具　加工工具主要是指刀具、磨具及刃磨技术。用金刚石刀具超精密切削，值得研究的问题有：金刚石刀具的超精密刃磨，其刃口钝圆半径应达到2～4mm，同时应解决其检测方法，刃口钝圆半径与切削厚度关系密切，若切削厚度欲达到10mm，则刃口钝圆半径应为2mm。

任务五　设计加工工序

【任务目标】

1）确定主轴承盖各工序的加工余量及工序尺寸。
2）选择主轴承盖各工序的切削用量。
3）计算主轴承盖各工序的时间定额。

【任务实施】

步骤1　确定主轴承盖各工序的加工余量及工序尺寸

（1）确定$\phi60H7$孔的加工余量及工序尺寸　查表《基孔制7级精度（H7）孔加工的工序尺寸》得出，半精加工的加工余量经验值是1～2mm，精加工的加工余量经验值是0.1～0.8mm。同时参考该表，工序尺寸用车刀镗孔后为$\phi59.5mm$，第2次钻孔为$\phi55mm$。考虑到精车与半精车$\phi60H7$孔在同一工序一次装夹加工完成，精车与半精车不存在定位误差，精车的加工余量可以取小值，所以精车$\phi60H7$孔的单边加工余量取0.3mm，半精车单边加工余量取1.3mm。

半精车（相当于半精镗）孔的经济精度为IT8～IT9，表面粗糙度值Ra为1.6～3.2μm。半精车$\phi60H7$孔的公差等级取IT9，表面粗糙度值Ra取3.2μm。

粗车（相当于粗镗）孔的经济精度为IT11～IT12，表面粗糙度值Ra为6.3～12.5μm。粗车$\phi60H7$孔的公差等级取IT12，表面粗糙度值Ra取12.5μm。

根据工序尺寸和公差等级，查表《标准公差数值》得出精车、半精车$\phi60H7$孔的工序尺寸偏差，按"入体原则"标注。$\phi60H7$孔的加工余量及工序尺寸见表3-9和图3-23所示。

表3-9　$\phi60H7$孔的加工余量及工序尺寸

工序	公称尺寸/mm	工序双边余量 Z/mm	公差等级	偏差/mm	尺寸及其公差/mm	表面粗糙度值 Ra/μm
精车	$D_{精}=\phi60$	$Z_3=2\times0.3=0.6$	IT7	0.03	$\phi60H7\,(^{+0.03}_{\ 0})$	1.6
半精车	$D_{半精}=\phi(60-0.6)=\phi59.4$	$Z_2=2\times1.3=2.6$	IT9	0.074	$\phi59.4\,(^{+0.074}_{\ 0})$	3.2
粗车	$D_{粗}=\phi(59.6-2.6)=\phi57$	$Z_1=57-50=7$	IT12	0.3	$\phi57\,(^{+0.3}_{\ 0})$	12.5
毛坯	$D_{毛坯}=\phi50$	$Z_0=10$		±1.0	$\phi50\pm1.0$	

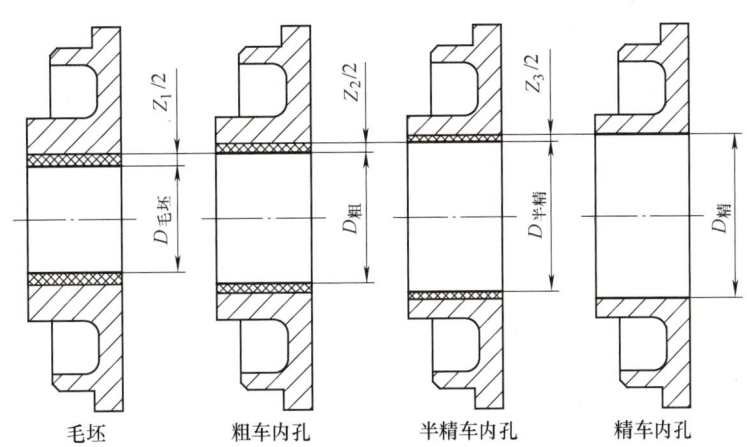

图 3-23　ϕ60H7 孔的加工余量及工序尺寸

（2）确定 ϕ142k6 外圆的加工余量及工序尺寸　查表《车削加工的加工余量经验参考值》得出，精车的加工余量经验值是 0.1~0.8mm。考虑到精车与半精车 ϕ142k6 外圆在同一工序一次装夹加工完成，精车与半精车不存在定位误差，精车的加工余量可以取小值，所以精车 ϕ142k6 外圆的单边加工余量取 0.3mm。

根据尺寸（ϕ142mm）和长度（28mm），查表《车削加工的加工余量经验参考值》得出，半精车 ϕ142k6 外圆的加工余量为 2.0mm（为双边余量时）。查表《外圆表面加工方案》得出，半精车公差等级为 IT8~IT10，表面粗糙度值 Ra 为 3.2~6.3μm。半精车 ϕ142k6 外圆的公差等级取 IT9，表面粗糙度值 Ra 为 3.2μm。

查表《外圆表面加工方案》得出，粗车外圆的公差等级为 IT11 以上，表面粗糙度值 Ra 为 6.3~25μm。粗车 ϕ142k6 外圆的公差等级取 IT12，表面粗糙度值 Ra 取 12.5μm。

根据工序尺寸和公差等级，查表《车削加工的加工余量经验参考值》得出精车、半精车 ϕ142k6 外圆的工序尺寸偏差，按"入体原则"标注，ϕ142k6 外圆的加工余量及工序尺寸见表 3-10 和图 3-24 所示。

表 3-10　ϕ142k6 外圆的加工余量及工序尺寸

工序	公称尺寸/mm	工序双边余量 Z/mm	公差等级	偏差/mm	尺寸及其公差/mm	表面粗糙度值 Ra/μm
粗车	$d_{精} = \phi142$	$Z_3 = 0.6$	IT6		ϕ142k6	1.6
半精车	$d_{半精} = \phi142.6$	$Z_2 = 2.0$	IT9		ϕ142.6	3.2
粗车	$d_{粗} = \phi144.6$	$Z_1 = 7.4$	IT12		ϕ144.6	12.5
毛坯	$d_{毛坯} = \phi152$	总余量 $Z_0 = 10$		±1.0	$\phi152 \pm 1.0$	

（3）确定 M、N 面的加工余量及工序尺寸　查表《车削加工的加工余量经验参考值》得出精车的加工余量经验值是 0.1~0.8mm。考虑到精车与半精车 M、N 端面在同一工序一次装夹的情况下完成，精车与半精车不存在定位误差，精车的加工余量可以取小值，所以精车 M、N 端面的加工余量取 0.3mm。

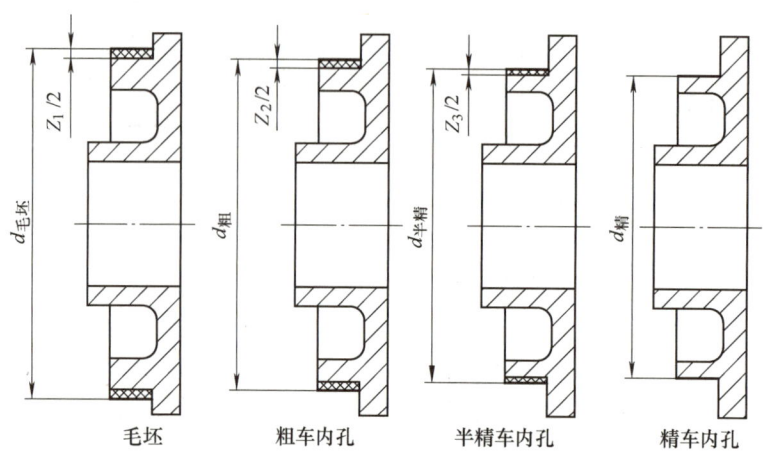

图 3-24　φ142k6 外圆的加工余量及工序尺寸

根据零件全长（40mm）和长端面最大直径（φ184mm），查表《半精车轴端面加工余量及偏差》得出半精车 M、N 端面的加工余量为 1.2mm。查表《外圆表面加工方案》得出半精车外圆的公差等级为 IT8～IT10，表面粗糙度值 Ra 为 3.2～6.3μm。M、N 面的公差等级取 IT10，表面粗糙度值 Ra 分别为 3.2μm、6.3μm。

查表《半精车轴端面加工余量及偏差》得出，粗车端面的尺寸精度为 IT12～IT13，粗车 M、N 面的公差等级取 IT13，表面粗糙度值 Ra 取 12.5μm。

根据工序尺寸和公差等级，查表《标准公差数值》得出精车、半精车 M、N 面的工序尺寸及其公差数值，因 M、N 面距离尺寸无法按"入体原则"标注，此类工序尺寸的公差可以按精车工序的形式标注。M、N 面的加工余量及工序尺寸见表 3-11 和图 3-25 所示。

表 3-11　M、N 面的加工余量及工序尺寸

工序	公称尺寸/mm	工序余量 Z /mm	公差等级	偏差	尺寸及其公差 /mm	表面粗糙度值 Ra /μm
精车	$L_{精}=40$（已知）	$Z_3=0.3$	—	—	40	1.6（M 面）、3.2（N 面）
	$l_{精}=28$（已知）		IT9		28	
半精车	$L_{半精}=40.3$	$Z_2=1.2$	—	—	40.3	3.2（M 面）、6.3（N 面）
	$l_{半精}=28$		IT10	0.084	28	
粗车	$L_{粗}=41.5$	$Z_1=3.5$	—	—	41.5	12.5
	$l_{粗}=28$		IT13	0.33	28	
毛坯	$L_{毛坯}=45$	总余量 $Z_0=5$		±1.0	45±1.0	
	$l_{毛坯}=28$				28±1.0	

步骤 2　选择主轴承盖各工序的切削用量

（1）粗车工序

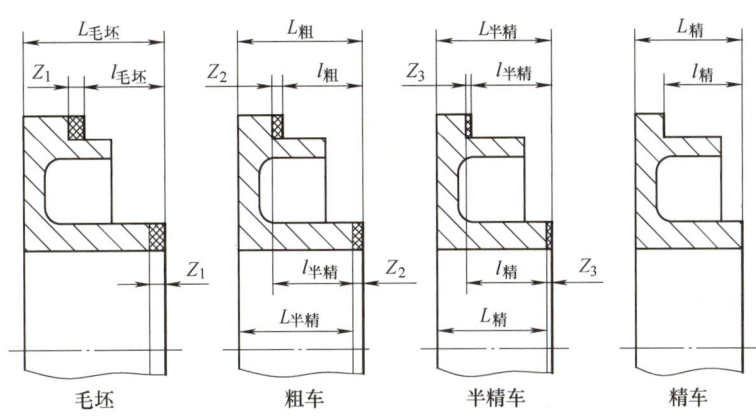

图 3-25 M、N 面的加工余量及工序尺寸

1）确定进给量。根据加工材料（因表中未列出铸铁材料，可根据材料的硬度 170 ~ 241HBW）和背吃刀量（3.5 ~ 3.7mm），查表《车削加工的切削速度参考值》查得（大批量生产时按焊接式硬质合金刀具），切削速度 $v = 90 ~ 100$m/min，进给量 $f = 0.50$mm/r。

2）确定主轴转速和切削速度。根据工序中最大尺寸（端面直径 $\phi 184$mm）和转速 $v = \pi dn/1000$，初算主轴转速 $n = 1000v/\pi d = 155.8$r/min。查表《常见通用机床的主轴转速和进给量》车床技术参数（CA6140 正转），取 $n = 160$r/min。各表面的实际切削速度分别：$v_{内孔} = 29.4$m/min；$v_{外圆} = 72.1$ m/min；$v_{端面} = 92.4$m/min。

（2）半精、精车 $\phi 60$H7 孔工序

1）确定进给量。根据加工材料（因表中未列出铸铁材料，可根据材料的硬度 170 ~ 241HBW）和背吃刀量（0.3 ~ 1.3mm），查表《车削加工的切削速度参考值》查得（大批量生产时按焊接式硬质合金刀具），切削速度 $v = 115 ~ 130$m/min，进给量 $f = 0.18$mm/r。

2）确定主轴转速和切削速度。根据工序中最大尺寸（$\phi 60$mm）和转速 $v = \pi dn/1000$，初算主轴转速 $n = 610.4$r/min。查转塔车床说明书，取 $n = 560$r/min。实际切削速度：$v_{半精} = 104.4$m/min；$v_{精} = 105.5$m/min。

（3）半精、精车 $\phi 142$k6 外圆和 M、N 面工序

1）确定进给量。根据加工材料（因表中未列出铸铁材料，可根据材料的硬度 170 ~ 241HBW）和背吃刀量（0.3 ~ 1.3mm），查表《车削加工的切削速度参考值》（大批量生产时按焊接式硬质合金刀具）查得，切削速度 $v = 115 ~ 130$m/min，进给量 $f = 0.18$mm/r。

2）确定主轴转速和切削速度。根据工序中最大尺寸（$\phi 184$mm）和转速 $v = \pi dn/1000$，初算主轴转速 $n = 225.0$ r/min。

查表《常见通用机床的主轴转速和进给量》车床技术参数（CA6140 正转），取 $n = 250$r/min。实际切削速度：$v_{半精车外圆} = 111.9$ m/min；$v_{精车外圆} = 111.5$ m/min；$v_{半精、精端面} = 144.4$ m/min。

（4）钻、锪 $6 \times \phi 9$mm，$\phi 18$mm 沉孔工序

1）确定进给量。本工序采用专用机床群钻加工，根据工件材料（灰铸铁、硬度 170 ~ 241HBW）和深径比（$l/d_0 = 12$mm/9mm = 1.3），查《机械加工工艺手册》中表 28-16《群钻的切削用量》，表中未列出 $d_0 = 9$mm，可按 $d_0 = 8$mm 或 $d_0 = 10$mm 查表，也可取两者的中

间值，得出进给量 $f=0.24\text{mm/r}$，$v=16\text{m/min}$。

根据刀具材料（高速工具钢锪钻）和工件材料（铸铁），查表《锪钻加工的切削用量表》查得，进给量 $f=0.13\sim0.18\text{mm/r}$，切削速度 $v=37\sim43\text{m/min}$。因为锪孔采用专用机床多刀加工，所以切削用量取最小值或小于最小值。取 $f=0.1\text{mm/r}$，$v=35\text{m/min}$。

2）确定主轴转速和实际切削速度。根据公式 $v=\pi dn/1000$ 和加工直径（$\phi9\text{mm}$）、v（16 m/min），计算钻孔主轴转速 $n=566.2\text{r/min}$。

因专用机床为自行设计机床，其切削用量按计算值取整数即可。取钻孔主轴转速 $n=570\text{r/min}$。钻孔实际切削速度：$v_{钻}=16.1\text{ m/min}$。

根据公式 $v=$ 和加工直径（$\phi18\text{mm}$）、v（35 m/min），计算锪孔主轴转速 $n=619.2\text{r/min}$。

同理，取锪孔主轴 $n=620\text{r/min}$。锪孔实际切削速度：$v_{锪}=35.0\text{ m/min}$。

各工序的切削用量见表 3-12。

表 3-12 各工序的切削用量

工序	工步内容	背吃刀量/mm	进给次数	进给量/(mm/r)	主轴转速/(r/min)	切削速度/(m/min)
粗车	粗车 $\phi60H7$ 孔至 $\phi57\text{mm}$	3.5	1	0.5	160	29.4
	粗车 $\phi142k6$ 外圆至 $\phi144.6\text{mm}$	3.7	1	0.5	160	72.1
	粗车 M、N 面至 28mm	3.5	1	0.5	160	92.4
	车内、外倒角		1	0.5	160	
半精、精车内孔	半精车 $\phi60H7$ 孔至 $\phi59.4\text{mm}$	1.3	1	0.18	560	104.4
	精车 $\phi60H7$ 孔	0.3	1	0.18	560	105.5
半精、精车外圆和端面	半精车 $\phi142k6$ 外圆至 $\phi142.6\text{mm}$	1	1	0.18	250	89.6
	半精车 M、N 面至 28mm	1.2	1	0.18	250	115.6
	精车 $\phi142k6$ 外圆	0.3	1	0.18	250	89.2
	精车 M、N 面至 28mm	0.3	1	0.18	250	115.6
钻、锪削	钻 $6\times\phi9\text{mm}$ 孔	4.5	1	0.24	570	16.1
	锪 $6\times\phi18\text{mm}$ 沉孔	4.5	1	0.1	620	35.0

步骤 3　计算工序工时定额

根据《典型加工情况下 $T_{基本}$ 的计算》查得，车削工序的基本工时定额按下式计算

$$T_{基本}=(L+L_1+L_2)/nSi60$$

任务六　填写主轴承盖机械加工工艺文件

【任务目标】

1）填写主轴承盖机械加工工艺过程卡片。

2）填写主轴承盖机械加工工序卡片。

【任务实施】

主轴承盖机械加工工艺过程卡片见表 3-13。

表 3-13 主轴承盖机械加工工艺过程卡片

企业名称		机械加工工艺过程卡片		产品型号		零(部)件图号		010016		
				产品名称		零(部)件名称		主轴承盖	共1页	第1页
材料牌号	HT200	毛坯种类	铸件	毛坯外形尺寸	$\phi184mm \times 45mm$	每毛坯可制件数	1	每台件数	1	备注
工序号	工序名称	工序内容		车间	工段	设备	工艺装备		工时/s	
									准终	单件
10	检验	外协毛坯检验		质检处						
20	车削	粗车内孔至$\phi57mm$,粗车外圆至$\phi144.6mm$,粗车M、N面,车两外圆及孔口倒角C2.5		机加工	三班	CB3463-1	J01、D01-D05、游标卡尺			178
30	车削	半精车、精车内孔$\phi60H7$		机加工	三班	CA6140	J02、D06、塞规和环规、内径百分表			148
40	车削	半精车、精车外圆$\phi142k6$,半精、精车M、N面至$28_{\ 0}^{+0.1}mm$		机加工	三班	CA6140	J03、D07\08、卡规、外径千分尺等			279
50	钻削	钻$6\times\phi9mm$通孔,锪$6\times\phi18mm$沉孔		机加工	三班	双面钻孔专机	J04、麻花钻、锪钻、塞规、游标卡尺			115
60	去毛刺	去毛刺,吹铁屑		机加工	三班	风砂轮机				40
70	终检	按检验工序卡片的要求检验		质检处						
描图										
描校										
底图号										
装订号						编制(日期)	审核(日期)	标准化(日期)	会签(日期)	
标记	处数	更改文件号	签名	日期	标记	处数	更改文件号	签名	日期	

📁 项目小结

本项目是制订主轴承盖加工工艺的训练。运用所学的工艺制订方法和步骤,结合主轴承盖的工艺特点,完成主轴承盖工艺制订项目。

本项目通过主轴承盖加工工艺分析、主轴承盖毛坯选择、选择定位基准和装夹方式、拟订主轴承盖机械加工工艺路线等项目任务,完成主轴承盖工艺的制订过程。主轴承盖结构一般较简单,在项目实施过程中,融入热处理工艺和精加工和光整加工工艺的学习。通过相关知识的学习和主轴承盖工艺制订的训练,掌握主轴承盖零件工艺编制的方法,具备盘盖类零件制造工艺编制的能力。

新技术应用—CAPP

计算机辅助工艺过程设计（Computer Aided Process Planning，CAPP）指产品制造工艺过程中的计算机辅助设计与文档编制。它是通过向计算机输入被加工零件的几何信息（形状、尺寸等）和工艺信息（材料、热处理、批量等），由计算机自动输出零件的工艺路线和工序内容等工艺文件的过程。用CAPP技术进行工艺设计可以较好地解决传统的工艺设计方法存在的填写表格工作量大，设计效率低，可靠性差，数据的正确性和信息的共享难以保证等问题。CAPP是连接CAD和CAM，实现CAD/CAM真正集成的关键环节，是计算机集成制造系统的重要技术基础。CAPP技术经过多年研究取得了很大进展，但真正应用到生产中的还不是很多。

实 作 训 练

读懂图3-26，确定该盘盖零件生产类型、选择毛坯、确定基准及装夹并制订工件机械加工工艺路线，并指出各工序的定位基准，图中 $\phi20mm$ 的孔数量为6个（列表表示）。

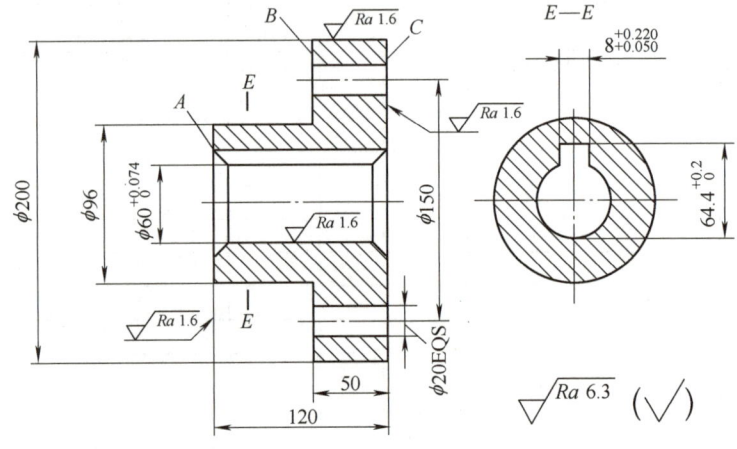

图3-26　实作训练图

模块四　齿轮制造工艺

知识目标

1. 掌握圆柱齿轮零件制造工艺过程。
2. 学习圆柱齿轮零件工艺文件编制要求。

能力目标

能够编制圆柱齿轮制造工艺文件。

学习引导

1. 齿轮类零件功用与结构特点

齿轮类零件功用是按规定的速比传递运动和动力。其主要特点有：多为盘状，可以将它们分成轮齿和轮体两部分。圆柱齿轮的结构形式如图 4-1 所示。

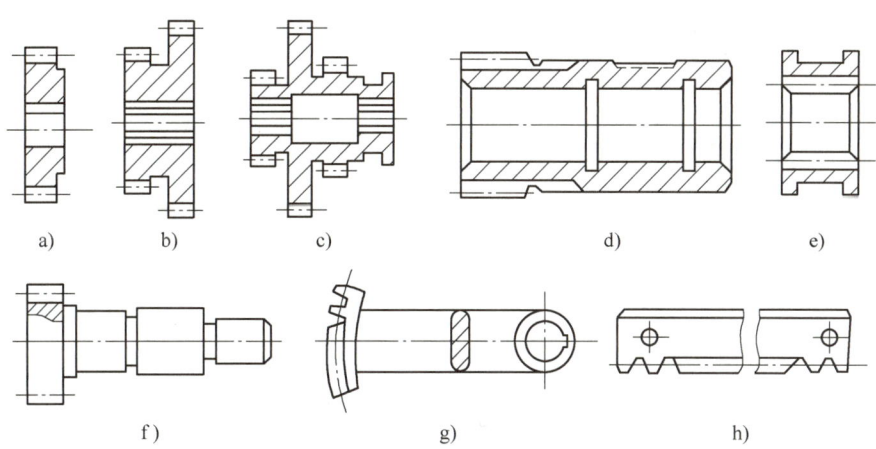

图 4-1　圆柱齿轮的结构形式

a) 单齿圈齿轮　b) 双联齿轮　c) 多联齿轮　d) 套类齿轮
e) 内齿轮　f) 轴齿轮　g) 扇形齿轮　h) 齿条

2. 圆柱齿轮技术要求

1) 齿轮传动精度为 1~12 级，1 级最高，12 级最低。
2) 齿侧间隙可通过润滑以弥补制造误差。
3) 齿坯基准面精度与齿轮精度匹配，一般孔 IT7 级，轴向圆跳动 0.02~0.05mm。
4) 表面粗糙度与尺寸精度相适应。

项目　齿轮加工工艺

项目任务书

现要加工图 4-2 所示的圆柱齿轮，材料为 HT200，公差等级 8-7-7GK，硬度 190～217HBW，成批生产，要求编制该齿轮制造的工艺文件。

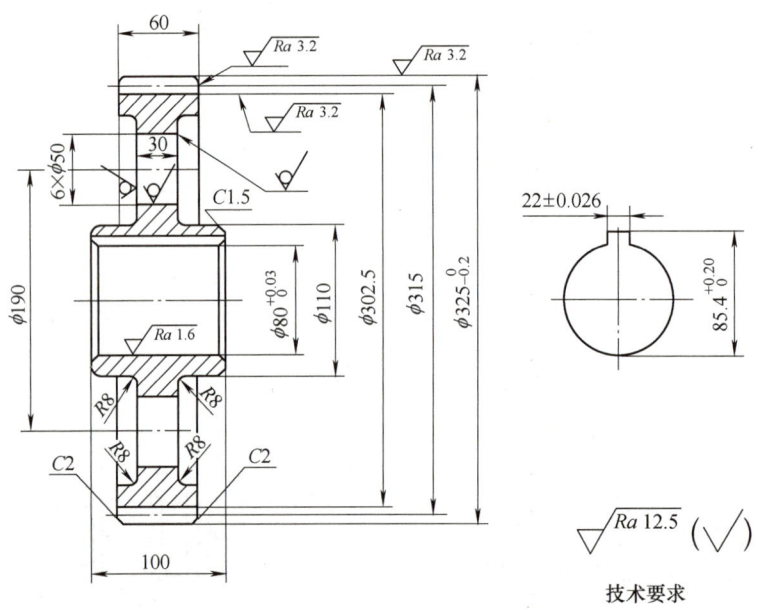

技术要求
1. 热处理：190～217HBW。
2. 未注倒角 C1。
3. 材料：HT200。
4. 齿轮基本参数：$m=5mm$；$z=63$；$\alpha=20°$；公差等级 8-7-7GK。

图 4-2　圆柱齿轮

任务一　齿轮工艺分析

【任务目标】
1) 明确直齿圆柱齿轮材料的基本要求。
2) 分析齿轮材料的工艺特点及尺寸精度。

【任务实施】

步骤1　明确直齿圆柱齿轮材料的基本要求

为了保证齿轮工作的可靠性，提高零件的使用寿命，齿轮的毛坯材料及其热处理应根据工作条件和材料的特点来确定。直齿圆柱齿轮材料的基本要求：齿心有足够的强度和韧性，齿面有足够的硬度和耐磨性，易于加工及热处理，以达到齿轮的各种技术要求。

步骤2　分析齿轮材料的工艺特点及尺寸精度

1）齿轮材料（HT200）为铸铁件，应进行人工时效处理。对于精密齿轮，应进行二次时效处理，以保证加工精度。

2）若铸件尺寸铸造精度较差时，在粗加工前就应先画线，保证均匀的加工量。

3）渐开线圆柱齿轮适用于平行轴传动，法向模数 $m_n \geqslant 1 \sim 40\text{mm}$，分度圆直径 $d \leqslant 4000\text{mm}$ 的渐开线圆柱齿轮及其齿轮副，其基准齿廓按 GB/T 1356—2001 的规定。

齿轮及齿轮副共有 12 个公差等级，其第 1 级精度为最高，第 12 级精度为最低。齿轮副中两个齿轮的公差等级一般取成相同，也允许取成不相同。

按误差的特性及它们对传动性能的主要影响，齿轮的各项公差分为三组。根据使用要求的不同，允许各公差组采用不同的公差等级。但在同一公差组内，各项公差与极限偏差应保持相同的公差等级。

任务二　齿轮毛坯选择

【任务目标】

确定常用齿轮毛坯选用原则。

【任务实施】

齿轮毛坯选择由技术要求决定，齿轮毛坯的选择取决于齿轮材料、结构形式与尺寸、使用条件及生产批量等因素。常用的齿轮毛坯如下。

1）下料件用于一些不重要，受力不大且尺寸较小，结构简单的齿轮。

2）锻件用于重要并且受力大或受冲击载荷的齿轮。

3）铸钢件用于直径大或结构形状复杂，不宜锻造的齿轮。

4）铸铁件用于受力小，无冲击的开式传动的齿轮。

齿轮材质选择：零件可以是 45 钢，不锈钢 1Cr18Ni9Ti，合金钢 38CrSi，20Cr2Ni4 等材质。

齿轮材料选择为 HT200，即灰铸铁，铸造性能较好，需要进行人工时效处理。

任务三　定位基准和装夹方式的选择

【任务目标】

1）明确齿轮的定位基准。

2）明确齿轮的装夹方式。

【任务实施】

步骤1　明确齿轮的定位基准

定位基准主要是由零件的结构特点决定的，一般以零件内孔作为基准，内孔有矩形花键或渐开线花键的都可以作为基准来加工齿轮。根据选择的加工方式不同，基准的选择也是不一样的，插削以外圆或内孔定位，滚齿以内孔、花键、两端顶尖孔等进行定位。

步骤2　明确齿轮的装夹方式

内孔、外圆的加工都采用自定心卡盘固定即可，加工齿形时，插削加工采用齿轮端面+心轴（锥度心轴、花键心轴）或双顶尖夹持，滚削加工采用心轴（锥度心轴、花键心轴）固定。

任务四 工艺路线

【任务目标】
1）明确齿轮的加工方式。
2）明确齿轮的工艺路线。

【任务实施】

步骤1 齿轮的加工方式

齿轮的加工有插齿，滚齿等，目前大型齿轮的齿形是插削加工出来的，小型齿轮采用滚齿加工方式加工出来。滚齿的加工应用广，相同模数的滚刀可以加工任意齿数的齿轮，所以滚齿刀数量少，插齿刀数量大，不同模数和齿数的齿形需要相应的插刀生产。

步骤2 齿轮的工艺路线

按照尺寸要求、齿轮精度、表面处理状态的不同，安排的工艺路线也不一样。一般路线为：下料、锻造（可选），粗加工（内孔、外圆），调质，抛丸，精加工（内孔、外圆），插齿/滚齿，渗碳或渗氮，淬火，磨齿。

任务五 填写工艺文件

【任务目标】
制作圆柱齿轮机械加工工艺过程卡。

【任务实施】
圆柱齿轮机械加工工艺过程卡见表4-1。

表4-1 圆柱齿轮机械加工工艺过程卡

工序号	工序名称	工序内容	工艺装备
1	铸造	铸造	
2	清砂	清砂	
3	热处理	人工时效处理	
4	粗车	夹工件一端外圆，按毛坯找正，照顾工件各部毛坯尺寸，车内径至 $\phi75\pm0.1$mm，车端面，保证距轮辐侧面尺寸38mm，齿轮侧面至轮辐侧面18mm，车齿轮外圆至 $\phi330$mm	CA6163
5	粗车	调头，夹 $\phi330$mm 处，找正 $\phi75\pm0.1$mm 内径，车端面，$\phi110$mm 端面距轮辐侧面尺寸38mm，齿轮部分侧面距轮辐侧面17mm，车齿轮外圆至 $\phi330$mm	CA6163
6	画线	参考轮辐厚度，划各部加工线	
7	精车	夹 $\phi330$mm 齿轮外圆，加工齿轮一端面各至图样尺寸，内径加工至尺寸 $\phi80^{+0.03}_{0}$mm，外圆加工至尺寸 $\phi325^{0}_{-0.2}$mm	CA6163
8	精车	调头，以 $\phi325^{0}_{-0.2}$mm 定位装夹工件，内径找正，车工件另一端各部至图样尺寸，保证工件总厚度尺寸100mm 和60mm，外圆加工至尺寸 $\phi325^{0}_{-0.2}$mm 接刀	CA6163
9	画线	划 22 ± 0.026mm 键槽加工线	
10	插键槽	以 $\phi325^{0}_{-0.2}$mm 外圆及一端面定位装夹工件，插键槽至尺寸	B5020 夹具

（续）

工序号	工序名称	工序内容	工艺装备
11	滚齿	以 $\phi 80^{+0.03}_{0}$ mm 及一端面定位滚齿，$m=5$ mm，$z=63$，$\alpha=20°$	Y315 专用心轴
12	检验	按图样检验工件各部尺寸及精度	
13	入库	涂油入库	

【知识点 1】 齿面加工

一、圆柱齿轮齿面加工概述

汽车上使用的齿轮，主要用于传递大的转矩，齿廓多为渐开线形。齿轮的齿面可用塑性变形、粉末冶金和切削加工等方法形成。当前制造齿面主要运用切削加工方法。渐开线齿面的切削加工从原理上讲有仿形法和展成法两类。

仿形法也称成形法，特点是所用刀具的切削刃形状与被切齿轮齿槽形状相同，有仿形铣齿、仿形拉齿和仿形插齿等。前一种常用于单件小批生产中，后两种的生产率高。仿形法拉齿能同时切削齿轮所有齿面，广泛应用于加工内齿轮的齿面，外齿面也有用拉齿加工的。仿形拉外齿用的筒式拉刀能在一个工作行程中拉出全部齿槽，整个拉刀由很多片高速工具钢齿圈组成，齿圈的内齿具有前角和后角，形成切削刃。所有齿圈装在圆筒中，每片齿圈刀齿的高度均比前一片略高，称为齿升，以便切去相应厚度的金属层。最后几片齿圈的刀齿轮廓与被加工齿轮齿槽形状完全一致。齿坯通过筒式拉刀内腔后，便加工出全部齿面。仿形法拉齿的拉刀制造费用大，只用于大批量生产。

用展成法切削齿轮渐开线齿面是利用齿轮啮合原理进行工作的。用此法加工出的齿形轮廓是刀具切削刃的包络线。所以，刀具切削刃形状与被加工齿轮齿槽形状并不需要相同。齿数不同的齿轮，只要其模数和压力角相同，就可以用同一把刀具加工。用展成法加工齿面，其加工精度和生产率一般比仿形法高，在汽车制造厂中应用广泛。常见的用展成法加工的齿轮有滚齿、插齿、剃齿、冷挤齿和珩齿等。

二、圆柱齿轮齿面的展成法加工

展成法加工齿面，是使具有切削刃的齿轮形（或齿条形）刀具与被加工齿轮（齿坯）啮合运转，两者间严格保持着一对渐开线齿轮正确啮合的传动比关系。这样，刀具的切削刃相对于齿坯连续切削的轨迹，包络形成了齿坯上的渐开线齿形。两齿轮正确啮合匀速运转的条件必须是基节相等，才能保证传动比不变。在两个渐开线齿轮中，压力角按规定都等于 20°，只要它们的模数相等，基节就相等，也就能正确啮合运转。

三、圆柱齿轮齿面预加工精度和生产率的提高

1. 圆柱齿轮齿面预加工精度的提高

齿轮的加工精度，主要取决于机床、夹具、刀具、齿坯、机床调整和操作等环节。

（1）机床精度的影响　机床的精度对被加工齿轮的精度影响很大，主要是机床传动链各环节的精度，各旋转运动和直线运动部件的运动精度，机床受热变形产生的误差，以及工作台、顶尖的精度等。为提高机床精度，可在各个方面采取相应措施。

（2）刀具精度的影响　刀具的误差将直接反映到被加工齿轮上。常见的滚刀为整体式及组合式滚刀。组合式滚刀的制造精度高，提高了齿轮加工精度和生产率、降低了刀具成

本。组合式滚刀是由若干片齿条形刀片、刀体、圆盘压板等组成的,优点是可以把刀片装在专用夹具上刃磨,刃磨的质量好、效率高。

(3)其他方面的影响因素 被加工齿轮是用夹具装夹在机床上的,夹具的制造精度、齿坯装在夹具上的定位精度等都会影响齿轮的加工精度。因此,对夹具和齿坯的制造及其定位都有高的要求。

2. 圆柱齿轮齿面预加工生产率的提高

采用多头滚刀可以提高滚齿的生产率。由于多头滚刀制造精度低,故只用于粗加工或对精度要求不高的场合。

高速滚齿是提高滚齿生产率的有效途径。一般用高速工具钢滚刀滚齿的切削速度约为 35m/min,高速滚齿切削速度可到 100m/min。使用硬质合金滚刀,滚齿的切削速度达 300m/min 以上。高速滚齿,机床的动、静刚度要高,在高转速下机床的动平衡要好;要有适于高速滚齿的滚刀材料;工件材料应易于切削。

增大进给量可相应提高生产率,一般滚齿垂直进给量为 1.5~2mm/r,国外使用的进给量可达 10~12.5mm/r。提高了切削速度和进给量后,滚齿机的功率也要相应提高。

四、锥齿轮齿面加工

锥齿轮用于传递相交轴或交叉轴之间的旋转运动。按齿面节线分类,分为直齿锥齿轮、弧齿锥齿轮、延伸外摆线锥齿轮;按齿高分类,分为收缩齿锥齿轮、等高齿锥齿轮;按轴线相互位置分类,分为相啮合的两个锥齿轮轴线,垂直相交、相啮合的两个锥齿轮轴线,相交但不垂直、相啮合的两个锥齿轮轴线,其轴线是偏置的,称准双曲面齿轮。

直齿锥齿轮齿面的加工方法基本上分为仿形法和展成法两类。在展成法中,又有展成法刨齿和展成法铣齿两种。用模数盘状铣刀仿形法加工直齿锥齿轮的精度不高,在汽车、拖拉机制造中只用作开齿槽,为齿面精切留下较少和较均匀的余量。在大批量生产中,为提高生产率,开齿槽可在专用铣床上进行。直齿锥齿轮的齿面,大多用各种展成法加工。

五、直齿锥齿轮齿面的展成法加工

在生产中加工直齿锥齿轮时,并不需制出真实的平面齿轮刀具,而是由刨刀的往复运动来模拟的。因为是假的,故称为假想平面齿轮。假想平面齿轮的一个齿槽表面,是由两把刨刀 A、B 的直线刃的往复运动轨迹来模拟的。刨刀装在机床的摇台上。刨刀在往复运动的同时,还随着摇台转动、摇台的轴线即假想平面齿轮的轴线。摇台转动时,齿坯也转动。摇台与齿坯的传动比,准确地等于平面齿轮与被加工锥齿轮啮合传动的传动比。通过刨刀的往复运动,就能在齿坯上加工出一个齿两侧的渐开线形齿面。加工完一个齿后,工件需分齿以便加工下一个齿。这就是用展成法加工直齿锥齿轮的刨齿法。

六、直齿锥齿轮齿面的拉削加工

直齿锥齿轮的拉削加工,是用一个画盘拉刀在专用拉床上顺序地拉削齿轮每个齿槽,用于大量生产汽车、拖拉机差速器直齿锥齿轮和半轴直齿锥齿轮。直齿锥齿轮的拉削加工既不是仿形法,也不是展成法,拉出来的不是渐开线齿形,而是经过精确计算的近似于圆弧的齿形。这种直齿锥齿轮在啮合精度、传动平稳性、噪声、牙齿强度和耐磨性等方面不比用展成法加工的齿轮差,甚至在某些方面还超过它。同时由于拉削加工的动作简单,机床结构比展成法切齿机床简单得多。

七、弧齿锥齿轮齿面加工

弧齿锥齿轮的加工主要用展成法，也是应用假想平面齿轮或假想平顶齿轮与锥齿轮的啮合原理。不同的仅在于，因为被切齿轮的齿线是圆弧形的，从而当量齿轮的齿线也是圆弧形的。圆弧形齿线，是用旋转刀盘上刀齿的直线刃在转动时所扫出的圆弧形轨迹来模拟，并用它按展成法切削工件一个齿槽两侧的齿面。

加工弧齿锥齿轮时，铣刀盘的自转是切削运动。铣刀盘装在摇台上随摇台摆动，即公转。铣刀盘的公转形成了假想平顶齿轮的转动。被切齿坯装在分齿装置的主轴上，由主轴带动转动。摇台与齿坯的转动，相当于假想平顶齿轮与锥齿轮的啮合传动，形成展成运动。工作循环和直齿锥齿轮刨齿机相同：开动机床，刀盘旋转，工件趋近刀具摇台和工件展成运动，它们往返摆动一次，切完一个齿槽，工件退离刀具分齿，再引进，切削其他齿槽；全部齿槽切削完毕，工件退到原装卸位置，机床自动停车。

八、弧齿锥齿轮的接触区检查及其修正

在正常啮合的条件下，一对齿面上的实际接触部分称为接触。弧齿锥齿轮检查时，齿面接触区的理想位置是在中间略靠小端，并均布在齿线的两侧（图4-3），长度为齿长的40%~60%，高度为齿高的60%~80%，形状呈椭圆形。齿面接触区的形状、大小和位置，与齿轮运转的平稳性、使用寿命和噪声等有直接影响，它是衡量齿轮啮合质量的重要标志之一。为此，弧齿锥齿轮在切齿和热处理后的配对工序，应严格控制齿面接触区。

齿面接触区不良，主要是由于这对齿轮切齿计算的近似性，以及机床、刀具、夹具等各方面误差的影响。按切齿计算的数据，第一次调整机床进行切齿后，其接触区一般总是与规定的有偏差，因此要补充调整机床加以修正。

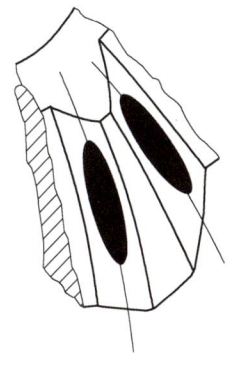

图4-3 弧齿锥齿轮的齿面接触区

九、延伸外接线锥齿轮加工概述

切齿时有三个运动，即铣刀和工件的旋转运动及摇台的摆动，它们同时进行。总而言之，铣刀的连续旋转运动，摇台在加工一个工件过程中的一次往复摆动以及工件的合成旋转运动三者结合起来，才能连续分齿加工出延伸外接线锥齿轮。

【知识点2】 花键及螺纹加工

汽车零件，常常用到矩形、渐开线或三角形花键联接。花键轴和内花键的加工，根据花键形状、定心方式及生产类型，其加工方法和工艺过程也有所不同。渐开线及三角形花键主要是齿形定心。矩形花键联接的定心方式有三种，即内径、外径和侧面定心。定心表面的尺寸精度有2级和4级两种，非定心直径为7级精度。定心方式不同，工艺过程也不同。下面按不同定心方式分别介绍矩形花键加工工艺过程，并从工艺上分析三种定心方式的特点。

一、内径定心花键轴和内花键的加工

1. 内径定心花键轴的加工

在成批大量生产时，花键轴的粗加工方法有两种。一种是在普通卧式铣床上，用成形盘铣刀加工，另一种是在花键轴铣床上，用花键滚刀加工。

为了提高在普通卧式铣床上加工花键轴的生产率，可用自动分度机构进行多件加工。有些专用的花键轴铣床，除具有自动分度机构和能同时用几把成形盘铣刀进行多件加工外，还

具有较高的刚度,允许采用较大的切削用量,尺寸较大的花键轴也能在一次走刀中加工出来,生产率较高。用成形盘铣刀加工花键轴,由于有退刀和分度等辅助时间,生产率的提高有一定限制。

目前,在花键轴铣床上,用花键滚刀加工花键轴应用最为广泛。一般较小的花键轴(如直径50mm以下),一次走刀就能加工出来,直径较大的可分两次走刀铣出。采用铲磨过的滚刀加工直径80mm以下的花键轴,键宽精度可达0.025~0.05mm,内径精度达0.05~0.1mm。

内径定心花键轴,一般都要热处理。热处理后,为提高定心内径、键宽的精度和表面粗糙度,花键轴的内径和侧面都要进行磨削。在成批大量生产时,磨削花键轴内径和侧面是在花键轴磨床上用成形砂轮进行的。为使花键轴内径以外的键侧面完全切成直线,保证与轴套的内花键顺利接合,并减少磨削花键的成形砂轮尖角处的磨损,在花键齿根处留有退刀槽。为此,在成形盘铣刀和花键滚刀的刀齿齿顶两侧,都相应地做出有两个凸起的"触角"。花键轴内径和键侧面都留有磨削余量。

2. 内径定心内花键的加工

成批大量生产时,一般内花键都在拉床上加工。用花键拉刀同时把内径、侧面和外径拉出,以保证其相互位置精度。拉好的内花键一般需要热处理。热处理后在内圆磨床上磨削内孔,一般还同时磨削一个端面,以保证内孔对该端面的垂直度。为了保证定心内径与齿轮齿圈间的位置精度,磨孔时用齿圈齿面定位。由于热处理后硬度很高。花键孔的键侧和外径加工困难,如果键侧变形很小,一般不再修整键侧和外径。如硬度不太高且变形也不大,可用磨好的内径做导向、用推刀(挤压类工具)修整键侧和外径。如硬度较高或变形较大,则只能采用电解成形加工方法修整,或者用装在平面磨床或专用花键孔磨床上的专用磨头的砂轮进行修整。用装在平面磨床或专用花键孔磨床上的专用磨头的砂轮进行修整,由于花键孔尺寸的限制,磨头的刚度很低,生产率也很低,适用于生产批量较小、变形较大的高精度内花键。用电解成形加工修整内花键,方法简便,适用于成批大量生产。

二、外径定心花键轴和内花键的加工

1. 外径定心花键轴的加工

外径定心花键轴的加工,与内径定心花键轴相同。外径定心花键轴,在热处理后一般不需磨花键侧面和内径。在花键齿根处不留退刀槽,因此,刀具刀齿齿顶两侧没有凸起的"触角",刀具结构简单,提高了刀具寿命。同时,花键轴本身的结构也简单、轴的强度也提高了。

外径定心花键轴(以下简称花键轴)的最终加工,热处理后在外圆磨床上磨削外圆。一般不磨花键轴侧面。但对于精度要求较高的间隙配合的花键轴,在热处理、磨外圆后,也可磨削花键侧面。此外,也可进行大量的试验,找出热处理时花键轴的变形规律,适当移动公差带位置和缩小机械加工时的公差,使得热处理后的花键轴即使不磨侧面,也能保证产品质量要求。

2. 外径定心内花键的加工

外径定心内花键,通常是用花键拉刀拉出的。为了保持拉削后的外径精度,内花键一般不热处理。如需热处理,则应尽量减小其变形。热处理后如需修整外径定心内花键,修整方法与内径定心内花键的相同。

三、侧面定心花键轴和内花键的加工

1. 侧面定心花键轴的加工

侧面定心花键轴的加工与内、外径定心的相同。侧面定心的矩形花键热处理后需要磨花键侧面。

用冷轧法加工侧面定心花键轴，加工精度和表面粗糙度都较高，加工中表面产生加工硬化，增加了表面层的硬度，提高了耐磨性，热处理后一般可省去磨削花键侧面的工序。只在冷轧工序前、后增加磨削外圆工序，提高冷轧前的外圆表面的尺寸精度和磨去冷轧后在外圆上出现的飞边。

2. 侧面定心内花键的加工

侧面定心内花键的加工和内、外径定心内花键的相同。其不同点是在热处理后只需修整花键侧面（按需要），而不必修整外径。

四、螺纹加工

螺纹分：粗牙螺纹和细牙螺纹；传动用螺纹和紧固用螺纹；内螺纹和外螺纹；圆柱螺纹和圆锥螺纹；管螺纹、梯形螺纹和锯齿形螺纹等。螺纹加工方法很多，根据零件形状、材料、精度、硬度及生产类型的不同，可采用不同的加工方法。常用的加工方法有车削、铣削、切削和滚压等。小直径的内螺纹主要用丝锥攻螺纹。

切削螺纹的方法，存在材料消耗多、材料利用率低、加工精度（除车削外）及表面粗糙度较低等缺点。在大批量生产的汽车厂，广泛应用滚压法加工螺纹。滚压螺纹是利用金属材料在冷状态（常温）下的可塑性进行压力成形加工的，在滚压工具的压力作用下，在工件表面挤压出所需要的螺纹。常见的滚压螺纹方法有用搓丝板搓螺纹、用双滚丝轮滚压螺纹和用滚压式板牙头滚压螺纹。

滚压螺纹与切削螺纹比较，具有如下特点。

1) 滚压螺纹加工精度和表面粗糙度较高。
2) 滚压螺纹生产率较高。
3) 滚压螺纹具有较高的强度和耐磨性。
4) 滚压螺纹能节约金属材料。
5) 滚压螺纹是利用金属材料的塑性变形加工的，只能滚压硬度37HRC以下，伸长率大于10%的结构钢、合金钢和非铁金属零件。
6) 滚压螺纹时的滚压力较大，不适用于滚压薄壁零件上的螺纹。

项目小结

本项目是制订齿轮加工工艺的训练。运用所学的工艺制订方法，结合齿轮的工艺特点，完成齿轮工艺制订项目。

本项目通过齿轮工艺分析、齿轮毛坯选择、选择定位基准和装夹方式、拟订齿轮机械加工工艺路线及填写工艺文件等项目任务，完成齿轮工艺的制订过程。齿轮结构较为特殊，齿面加工比较复杂，在项目实施过程中，融入齿面、花键及螺纹加工的学习。通过相关知识的学习和齿轮工艺制订的训练，掌握齿轮零件工艺编制的方法，具备齿轮零件制造工艺编制的能力。

榜样力量

在齐嵩宇看来,"工匠精神"就是爱岗敬业、精益求精的精神。二十多年来齐嵩宇扎根一线,凭借对职业的热爱及善于学习、勤于钻研、敢于创新的精神,从一名普通的汽修工人逐渐成长为"技能名师"。他拥有 22 项发明专利技术成果,填补了世界汽车行业在线治理白车身点焊、漏焊、开焊难题的空白,多次获得世界级和"中华技能大奖"等国家级技术创新领域的奖项,成为中国"智造"的典范之一,被称为新时代"大国工匠"。他本人获得了"中国当代发明家""全国劳动模范"等荣誉称号,享受国务院政府特殊津贴。齐嵩宇说他将不忘初心,牢记使命,会继续深耕基层、埋头一线,将自己的技能转化成生产力,把产品做到最好,通过技术创新继续为国家发展添砖加瓦。

实 作 训 练

读懂下图,对该倒档齿轮套进行零件分析、确定生产类型、选择毛坯、确定基准及装夹并制订工件机械加工工艺路线(写明工序号、工序名称、工序内容、工艺装备)。

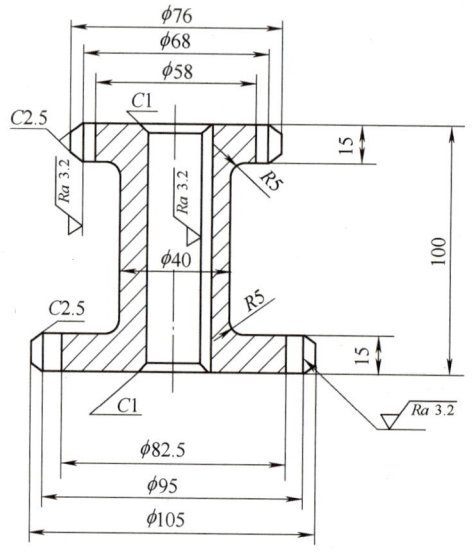

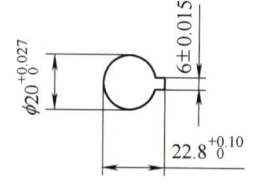

图 4-4　实作训练图

模块五 箱体制造工艺

知识目标

了解箱体类零件机械加工工艺编制的方法和步骤。

能力目标

1. 能够看懂箱体类零件机械加工工艺文件。
2. 能够对箱体类零件进行工艺过程分析。
3. 能够编制简单箱体类零件工艺过程卡。

学习引导

箱体是机器或部件的基础零件,是总成中其他零件的装配基体,它和齿轮、轴等零件组装成一个整体,并保持它们之间正确的位置关系,以按照设计的速比传递运动或力,因此,箱体的加工质量将会影响部件的使用性能和寿命。

箱体类零件样式很多,根据箱体的结构形式,可分为分离式箱体(图 5-1c)和整体式箱体(图 5-1a、图 5-1b、图 5-1d)。分离式箱体分别制造,加工和装配方便,缺点是增加了装配工作量。整体式箱体是整体铸造、整体加工,加工比较困难,优点是装配精度高。按功用可分为机床进给箱、减速箱、变速器、机床主轴箱、发动机缸体和机座等。

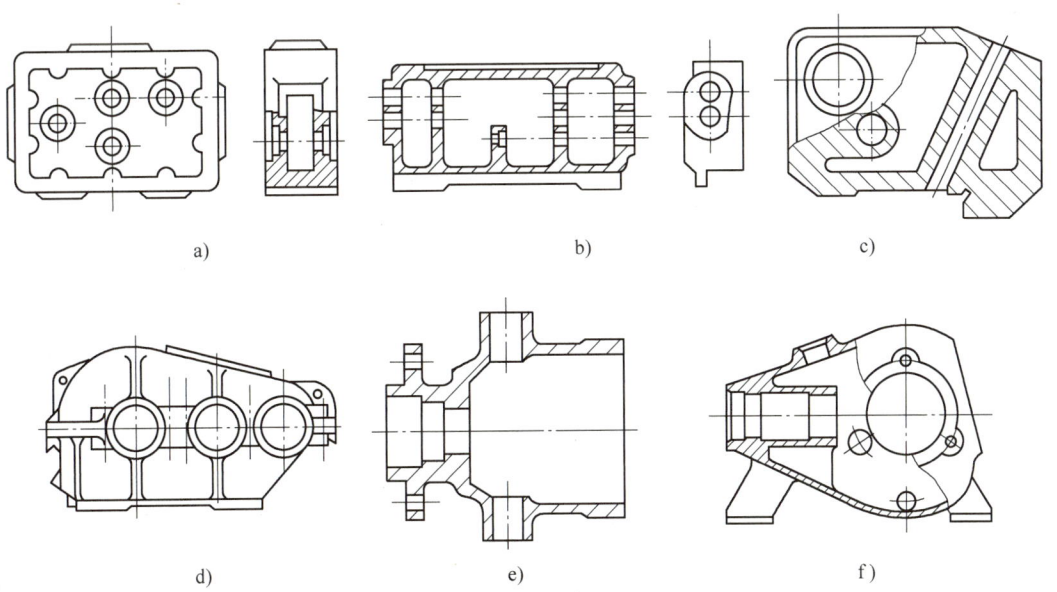

图 5-1 几种箱体零件的结构简图

a) 组合机床主轴箱 b) 车床进给箱 c) 磨床尾座壳体 d) 分离式减速箱 e) 泵壳 f) 曲轴箱

项目 变速器箱体制造工艺

项目任务书

编制某箱体制造工艺,其项目任务书见表 5-1。

表 5-1 箱体制造工艺项目任务书

任务名称	编制箱体零件机械加工工艺
编制依据	1. 相关技术文件和资料 (1) 箱体零件图(图 5-2) (2) 箱体装配图(图 5-3) (3) 相关的设备和工艺装备资料 2. 产品生产纲领 (1) 产品的生产纲领为"小批单件"(≤100 台/年) (2) 箱体的备品百分率为 2%、废品百分率为 1% 3. 生产条件和资源 (1) 毛坯由铸铁车间提供,由机加工车间负责加工 (2) 现有相关设备如下 1) 2000mm×5000mm 画线平台 2) Z5140A 立式钻床 3 台 3) B1010/1 单臂刨床 3 台 4) B6050 牛头刨床 5 台 5) X5030 立式铣床 3 台 6) X336 单柱平面铣床 3 台 7) TX618 卧式镗铣床 3 台 (3) 各设备均达到通用机床规定的各项精度要求
工作结果	1. 编制工艺过程卡 2. 编制关键加工工序卡和工艺附图

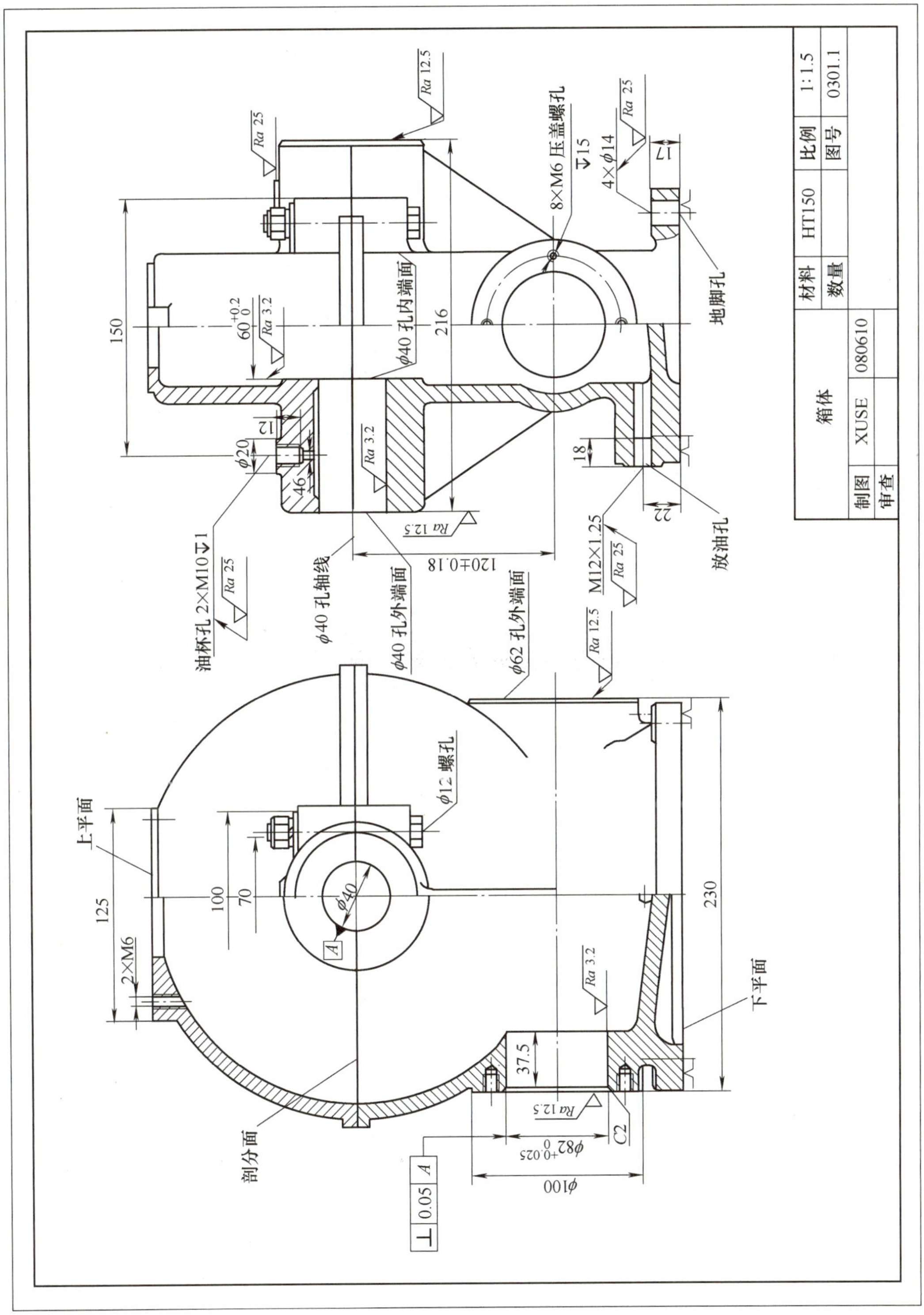

图 5-2 箱体零件图（镗削、钻削工艺附图）

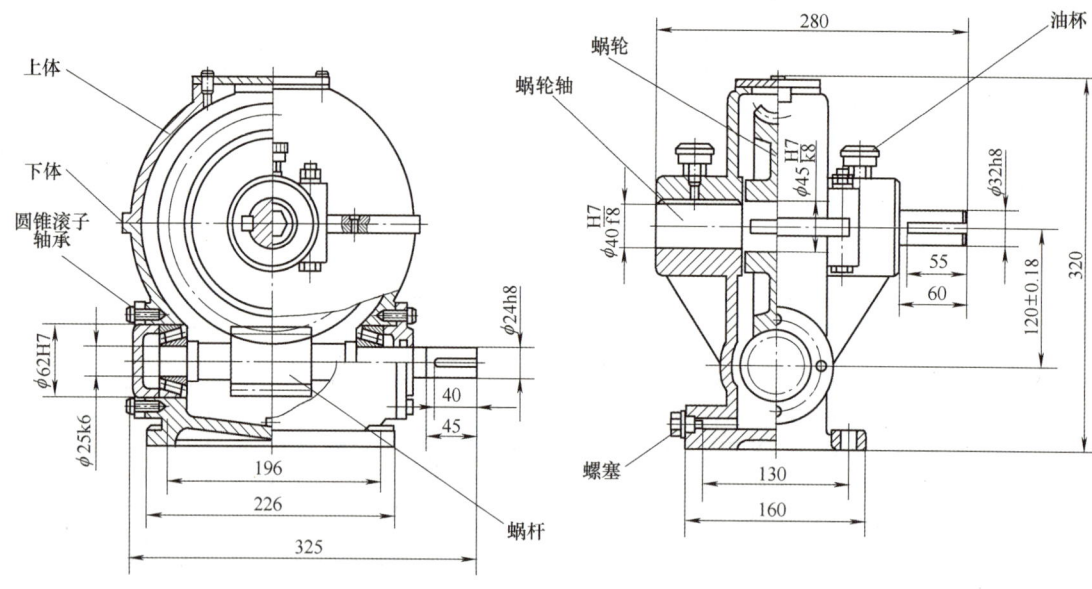

图 5-3 箱体装配图

任务一 箱体工艺分析

【任务目标】
1）看懂箱体的零件图和装配图，明确箱体在产品中的作用。
2）找出其主要技术要求，确定箱体的加工关键表面。

【任务实施】

步骤 1 明确箱体的结构和作用

分析箱体装配图和零件图的结构特点，找出其主要技术要求和关键加工位置。箱体立体结构如图 5-4 所示。

步骤 2 分析箱体零件的精度要求

分析得到箱体的孔与平面精度要求较高。$\phi 62H7$、$\phi 40H7$ 内孔都具有较高的尺寸精度（IT7）、位置精度要求（垂直度 0.05mm），表面粗糙度值 Ra 为 3.2μm，是加工的关键表面。$\phi 40$mm 孔的内端面距离尺寸为 60mm，尺寸精度要求不高，但均要求与 $\phi 40H7$ 轴线垂直，由于是对称标注，

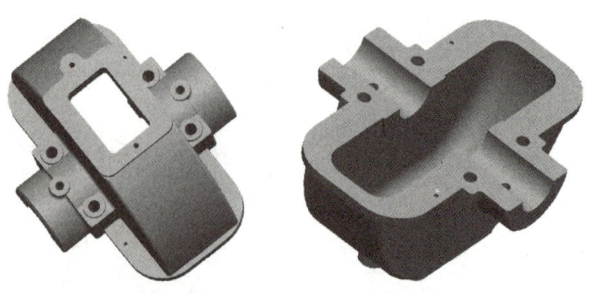

图 5-4 箱体立体结构

两平面要关于中心线对称。表面粗糙度值 Ra 为 3.2μm，也是加工的关键表面。两孔轴线为 90°的立体相交，而且中心距为 120 ± 0.18mm，是加工的关键点和难点。90°立体相交的精度

只能由设备（镗床）的精度予以保证。箱体零件的形状结构较为复杂，但尺寸不是很大，材料为灰铸铁，毛坯类型为铸件。

一般箱体类零件孔的尺寸公差等级为 IT6～IT8，表面粗糙度值 Ra 为 1.6～6.3μm，几何公差常有圆柱度、同轴度、平行度、垂直度、圆跳动或全跳动等要求。其余表面的精度要求较低，有的不需要机械加工。

步骤3　确定生产类型

1. 计算箱体零件的生产纲领

1）产品的生产纲领 $Q = 100$ 台/年。
2）每台产品中箱体的数量 $n = 1$ 件/台。
3）箱体零件的备品百分率 $a = 2\%$。
4）箱体零件的废品百分率 $b = 1\%$。

箱体零件的生产纲领计算如下

$$N = Qn(1+a)(1+b) = 100 \times 1(1+2\%)(1+1\%) = 103 \text{ 件/年}$$

2. 确定箱体零件的生产类型

根据箱体零件的生产纲领为 103 件/年，查《机械设计手册1》可知（箱体零件是中型机械），生产类型属于小批单件生产，其工艺特征如下。

1）生产率不高，但需要熟练的技术工人。
2）毛坯的制造采用木模手工造型的铸造方法。
3）加工设备采用通用机床。
4）工艺装备采用通用夹具和专、通用刀具及标准量具。
5）工艺文件需编制加工工艺过程卡片和关键工序卡片。

【知识点】 箱体零件制造工艺

一、箱体零件的结构特点及技术要求

1. 箱体零件的结构特点

箱体零件是机器或箱体部件的主要零件，尽管种类很多，形状各异、尺寸不一，但主要特点有很多相同之处。

1）形状复杂。箱体通常作为装配的基础件，在它上面安装的零件或部件越多，箱体的形状越复杂，因为安装时要有定位面、定位孔，还要有固定用的螺钉孔等。
2）体积较大，内部呈腔形。箱体内要安装和容纳有关的零部件，因此必然要求箱体有足够大的体积。
3）壁薄容易变形。
4）需加工的部位多，加工难度较大，既有加工精度要求低的紧固孔，也有加工精度要求高的平面和孔系。

2. 箱体零件的技术要求

箱体零件的技术要求如下。

（1）主要平面的表面粗糙度和形状精度　箱体的主要平面是装配基准，且常常是加工过程的定位基准，所以要求有较小的表面粗糙度和较高的平面度，否则会影响箱体与机座总装时的相互位置精度和接触刚度，影响箱体零件加工时的定位精度。一般箱体类零件主要平面的平面度在 0.003～0.1mm，表面粗糙度值 Ra 为 0.63～2.5μm，各个主要平面对装配基准面的垂直度为 0.1mm/300mm。

（2）主要孔和平面相互位置精度　同轴线的孔要求有一定的同轴度要求，各个支承孔之间也要有一定的平行度要求和孔距尺寸精度，否则，不仅会装配困难，而且容易导致动不平衡，使轴的运转情况恶化，油膜温度升高，加剧轴承磨损，齿轮啮合精度下降，引起噪声和振动，降低齿轮使用寿命。一般主要平面间及主要平面对支承孔之间垂直度公差为 0.04 ~ 0.1mm。支承孔和主要平面的平行度公差为 0.01 ~ 0.05mm。支承孔之间的孔距公差为 0.12 ~ 0.15mm，平行度公差应小于孔距公差，一般在全长取 0.04 ~ 0.1mm。一般同轴上孔的同轴度公差为 0.01 ~ 0.04mm。

（3）孔的形状精度、尺寸精度和表面粗糙度　箱体上的轴承支承孔的形状精度、尺寸精度和表面粗糙度要求都比较高，否则会影响箱体上的孔与轴承的配合精度，导致轴的回转精度下降，会使轴上的传动件发生振动和噪声。机床主轴箱上主轴支承孔的公差等级一般为 IT6，表面粗糙度值 Ra 为 0.32 ~ 0.63μm，圆柱度、圆度公差不超过孔径公差的二分之一。其他支承孔的公差等级一般为 IT6 ~ IT7，表面粗糙度值 Ra 为 0.63 ~ 2.5μm。

二、箱体类零件的毛坯

箱体类零件毛坯制造方法有两种，一种是焊接，另一种是铸造。金属切削机床的箱体，形状复杂，而铸铁成形容易、可加工性好，吸振性好、成本低，所以一般采用铸铁。汽车传动系中的减速器壳体等，形状复杂，要求结构紧凑、体积小、质量轻，可以用铝合金压铸。压力铸造毛坯，制造质量好，不易产生缩孔，在生产中应用十分广泛。承受冲击载荷或重载的锻压机床、工程机械的箱体零件，可以用钢板焊接或铸钢。有些简易箱体为缩短制造周期，也常焊接，但焊接件的残余应力很难消除。

铸件适用于形状复杂的零件毛坯，其材料有铸铁、铸钢及铜、铝等非铁金属。箱体采用铸铁材料最多的是灰铸铁，如 HT200、HT250、HT300 等。灰铸铁成本低，且具有较好的可铸性、耐磨性、可加工性和阻尼特性。对要求较高的箱体，可采用高磷铸铁、耐磨合金铸铁，以提高铸件质量。

铸件的制造方法有砂型铸造、压力铸造、金属型铸造、精密铸造等，其中砂型铸造最为常用。不同的毛坯制造方法，其生产率和成本都不相同。当产量较小、精度较低时，一般采用木模手工造型的砂型铸造法。由于木模制造精度低，易受潮变形，加上手工造型误差大、效率低，所以铸件精度低，加工余量大且不均匀，生产率低。因不需配备过多的造型设备，毛坯的制造成本较低。当产量较大、精度较高时，一般采用金属型机械造型的砂型铸造法。由于紧砂和起模工序均采用机械化代替手工操作，所以相对于手工造型精度较高，加工余量小且均匀，生产率高。但需配备金属模板和相应的造型设备，一次性投入费用较高，所以不适用于较小批量的生产。

毛坯的加工余量和毛坯尺寸、生产批量、结构、铸造方法、精度等因素有关。箱体零件壁厚应尽可能均匀，箱体浇注后应有时效处理或退火工序，以减少毛坯制造过程产生的残余应力。

三、箱体零件的结构工艺性分析

箱体零件上的孔分通孔、不通孔、阶梯孔、交叉孔等。通孔的工艺性最好，其中孔长 L 与孔径 d 之比小于 1 ~ 1.5 的短圆柱孔工艺性最好；孔长 L 与孔径 d 之比大于 5 的深孔要求表面粗糙度值较小、精度要求比较高时，加工会比较难。不通孔的工艺性最差，由于精铰或精镗不通孔时，需要采用特殊工具送进或手动送进，所以应尽量避免。阶梯孔工艺性较差，孔径相差很大，最小孔径又很小，工艺性也差。贯通的交叉孔的工艺性也比较差，加工过程刀具走到贯通部位，刀具所受背向力不同会造成孔轴线偏斜。

图 5-5 所示为同轴线上孔径的排列方式。图 5-5a 所示为孔径从两端到中间逐渐减小，加工时刀杆可从两边伸入，不但可以同时加工双面，而且缩短了镗杆的长度，提高了镗杆刚度。大批量生产的箱体，常常用这种孔径排列。图 5-5b 所示为孔径大小沿一个方向递减，且相邻的两个孔直径之差大于孔的毛坯加工余量，加工时刀具和镗杆从一端进入同时加工同轴线上的各个孔。单件小批量生产的箱体，这种结构加工比较方便。图 5-5c 所示为孔径大小排列不规则，结构工艺性差，要尽量避免。

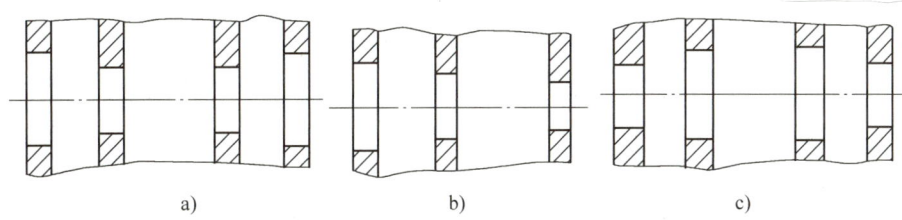

图 5-5　同轴线上孔径的排列方式
a）孔径大小单双向排列　b）孔径大小单向排列　c）孔径大小无规则排列

箱体零件内端面加工较难，必须加工时，要尽量使内端面的尺寸小于刀具，并穿过孔加工前的直径，如图 5-6a 所示，可避免划伤其他的孔。如图 5-6b 所示，加工过程镗杆伸进之后才可以装刀，镗杆退出前又要卸下刀具，加工不方便。当内端面的尺寸较大时，还需要用专用径向进给装置。如图 5-7a 所示，箱体零件外端面凸台应尽量在同一个平面上。图 5-7b 所示的结构形式，加工比较麻烦。

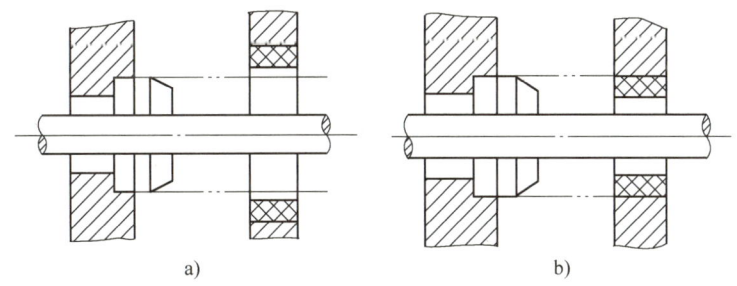

图 5-6　孔内端面的结构工艺性
a）外大内小　b）外小内大

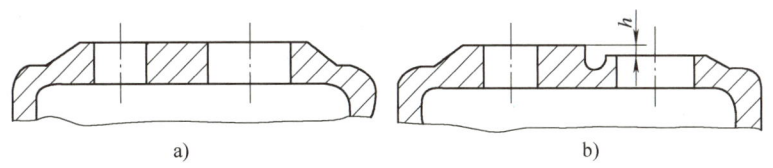

图 5-7　孔外端面的结构工艺性
a）工艺性好　b）工艺性差

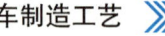

箱体装配基面的尺寸要尽量大，形状尽可能简单，便于加工、装配及检验。箱体零件紧固孔的尺寸应尽量一致，以减少加工过程中校刀的次数。

四、箱体零件机械加工工艺分析

箱体结构复杂，生产厂家和生产批量大小不同，零件的加工方法也是不同的。表 5-2 为某厂车床主轴箱大批量生产的工艺过程。表 5-3 为某主轴箱小批量生产的工艺过程。

表 5-2　某厂车床主轴箱大批量生产的工艺过程

序号	工 序 内 容	定 位 基 准
1	铸造	
2	时效	
3	油底漆	
4	铣顶面 A	Ⅰ孔与Ⅱ孔
5	钻、扩、铰 $2 \times \phi 8H7$ 工艺孔	顶面 A 及外形
6	铣两端面 E、F 及前面 D	顶面 A 及两工艺孔
7	铣导轨面 B、C	顶面 A 及两工艺孔
8	磨顶面 A	导轨面 B、C
9	粗镗各纵向孔	顶面 A 及两工艺孔
10	精镗各纵向孔	顶面 A 及两工艺孔
11	精镗主轴孔Ⅰ	顶面 A 及两工艺孔
12	加工横向孔及各面上的次要孔	顶面 A 及两工艺孔
13	磨 B、C 导轨面及前面 D	顶面 A 及两工艺孔
14	将 $2 \times \phi 8H7$ 及 $4 \times \phi 7.8mm$ 均扩钻至 $\phi 8.5mm$，攻 $6 \times M10$ 螺纹	
15	清洗、去毛刺、倒角	
16	检验	

表 5-3　某主轴箱小批量生产的工艺过程

序号	工 序 内 容	定 位 基 准
1	铸造	
2	时效	
3	油底漆	
4	画线：考虑主轴孔有加工余量，并尽量均匀；C、A、D、E 面画加工线	
5	粗精加工顶面 A	画线找正
6	粗、精加工 B、C 面及侧面 D	顶面 A 并找正主轴线
7	粗、精加工端面 E、F	B、C 面
8	粗、半精加工各纵向孔	B、C 面
9	精加工各纵向孔	B、C 面
10	粗、精加工纵向孔	B、C 面
11	加工螺纹孔及各次要孔	
12	清洗、去毛刺	
13	检验	

五、箱体零件主要表面机械加工方法

箱体零件主要表面有轴承支承孔和平面。箱体零件支承孔的加工，直径小于 $\phi50mm$ 的孔，一般不铸出，采用钻—扩（或半精锉）—铰（或精镗）的方案。已铸出的孔，可以采用粗镗—半精镗—精镗（用浮动镗刀片）的方案。因为主轴轴承孔表面质量和精度要求比其他轴孔高，所以，在精镗后，还要用浮动镗刀片进行精细镗。对箱体零件上的高精度孔，最后精加工工序也可采用滚压、珩磨等工艺方法。

中、小件箱体的主要平面一般在普通铣床或牛头刨床上进行加工，大件一般在龙门铣床或龙门刨床上进行加工。刨削加工的优点是机床成本比较低，刀具结构简单，调整方便，但是生产率低。所以大批量生产时，多采用铣削。生产批量大而且精度要求较高时，可以采用磨削。单件小批量生产但平面精度要求较高时，一些高精度的箱体仍用手工刮研，一般用宽刃精刨。为确保平面之间的相互位置精度或生产批量较大时，可以采用组合磨削和组合铣削。

六、箱体零件的检验

加工箱体零件时，在完成一定工序之后，对主要技术要求要全部进行检验，次要技术要求可以进行抽检。箱体加工完成后的最终检验，主要包括以下几个方面。

1）检查孔及平面的形状精度、孔的尺寸精度。
2）检查孔系的位置精度，这是检验的重点项目。
3）检查外观质量、主要表面的表面粗糙度。

大批量生产箱体零件时，孔系的相互位置精度检验可以使用检验夹具。检验夹具使用前注意量具、仪表的校零。小批量生产时，一般用万能检具检验箱体零件。

在大批量生产的汽车工厂里，箱体零件加工已经由流水线加工发展到自动线加工，随着组合机床自动线工艺范围的不断扩大，许多精加工工序都纳入自动线加工。因此，为了可靠地保证零件的加工精度，减少因精加工工序经常停车调刀的时间损失，提高生产率，在组合机床自动线上开始逐渐采用自动测量和刀具的自动补偿技术等。

随着高精度自动化生产技术的发展，要求采用自动测量技术，用测量信息去反馈控制加工过程，这样不仅可以消除测量的直观误差，而且能补偿包括测量装置在内的系统误差。自动测量技术要求测量装置本身精度高，稳定性好，不仅可以自动测量、分析处理测量信息，还能联系前后工序，把电子计算技术与测量技术相结合，实现高精度的自动测量。

任务二　箱体毛坯选择

根据箱体零件设计采用的材料及现有生产条件等选择毛坯的制造方法，并绘制木模造型的热加工锻件图（铸造工艺图略）。由于该箱体为上下体组合结构，制造材料是HT150，其毛坯种类只能是铸件。依据小批单件生产的工艺特征，箱体的毛坯常采用低效、低精度、余量较大的制造方法，所以，箱体毛坯宜采用木模砂型铸造法。

任务三　定位基准和装夹方式的选择

【任务目标】
1）选择粗基准和精基准。
2）选择装夹方式。

【任务实施】

步骤1 选择定位基准

合理选择各工序的定位基准是保证零件加工精度的关键,对提高生产率、降低生产成本都有重要影响。选好第一道工序或创建或转换精基准是保证零件加工精度的关键,最初因毛坯的表面没有经过加工,只能以粗基准定位加工出精基准。在以后的工序中,则应采用精基准定位贯穿加工的全过程。选择定位基准时,一般根据零件主要表面的加工精度,特别是有位置精度要求的表面做精基准,同时,要确保工件装夹稳定可靠,控制好装夹变形,操作要方便,夹具要通用、简单。选择粗基准应遵循:便于加工转化为精基准;面积较大;平整光洁,无浇道、冒口、飞边等缺陷的表面;能保证各加工面有足够的加工余量。选择精基准应遵循:基准重合原则、统一原则、自为与互为基准原则。在具体选择基准时,应根据具体情况进行分析,要保证主、次要表面的加工精度。

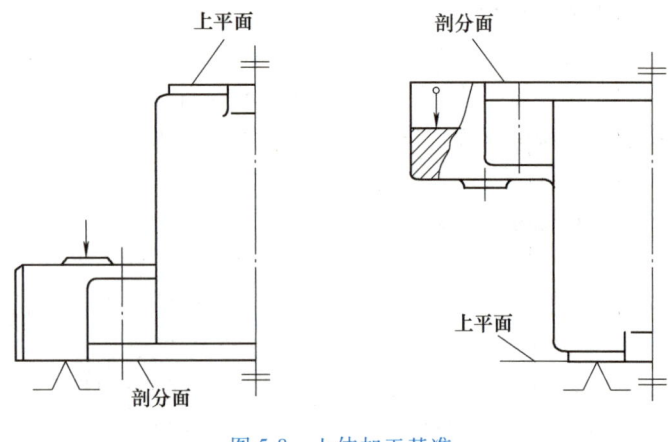

图5-8 上体加工基准

根据以上原则,对零件上体,首先以剖分面为粗基准加工上平面,然后以上平面为精基准加工剖分面。上体加工基准如图5-8所示。

对下体,首先以剖分面为粗基准加工下平面,然后以下平面为精基准加工剖分面。下体加工基准如图5-9所示。

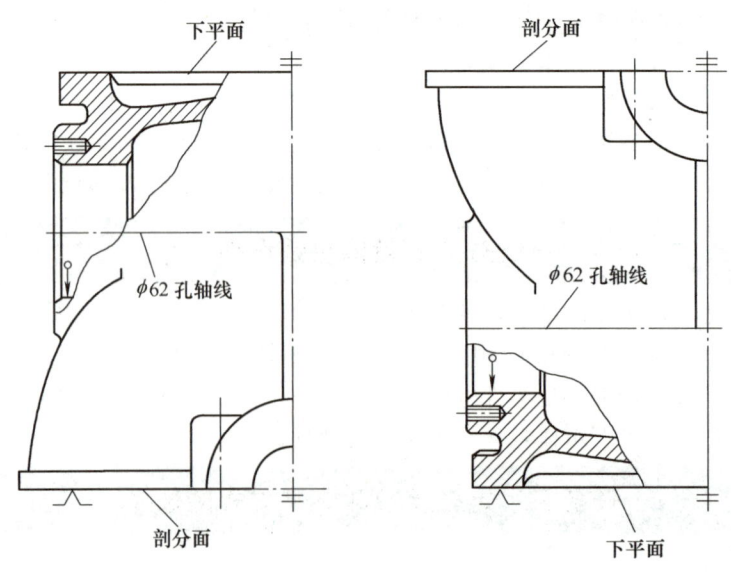

图5-9 下体加工基准

步骤2 选择加工装备

根据该箱体的生产类型与工艺特点,多采用通用夹具和专、通用刀具及标准量具的原则,夹具宜采用活动压板、T形槽用螺栓(图5-10)、气动夹紧;刀具常采用专用多刃镗刀、铰刀、铣刀和麻花钻、标准车刀等;量具常用千分尺、游标卡尺、百分表、高度尺、量块等。

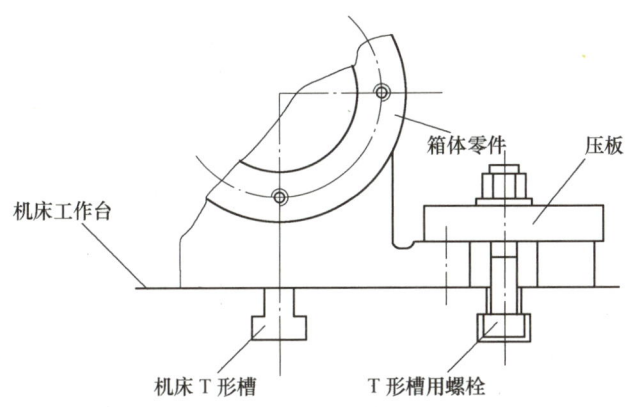

图 5-10 箱体装夹

任务四 工 艺 路 线

【任务目标】

确定零件加工的工艺路线。

【任务实施】

根据零件的工艺特点、公差等级和生产率要求,并结合工厂生产能力、设备资源,合理配置、确定工序,拟出零件的加工工艺路线、加工方法和设备。

箱体类零件主要是一些平面和孔的加工,平面加工常用的加工方法和工艺路线有:粗刨—精刨;粗刨—半精刨—磨削;粗铣—精铣或粗铣—磨削(可查阅机械设计手册)。

箱体中常有多个同心孔、阶梯孔与端面等结构组成,其同轴度、圆柱度、平行度、垂直度的要求较高时,可采用镗床主轴或镗杆加尾座加工孔和采用镗床中的辐射刀架加工内外平面,本箱体实例就是采用此方法加工蜗轮与蜗杆的轴孔与端面的。

加工顺序的安排原则如下。

1)先加工基准表面,后加工其他表面。

2)先加工主要表面(指装配基面、工作表面等),后加工次要表面(指沉孔、螺纹孔等);先加工高精度孔,后加工次高精度孔;先加工高精度孔端面,后加工次高精度孔端面。

3)先安排粗加工工序,后安排精加工工序。

4)热处理工序可参照机械设计手册的路线来安排。

5)工序完成后,除各工序操作者自检外,全部加工结束后应安排检验工序。

根据前述分析,初步拟订三个加工方案(表5-4)。

表5-4 初步拟订三个加工方案

	方案一	方案二	方案三
工序	刨削加工	铣削加工	刨削加工
设备	B1010 单臂刨床	X336 平面铣床	B6050 牛头刨床
一次加工件	5件	5件	1件
加工精度	上平面表面粗糙度值 Ra 为 $25\mu m$;剖分面表面粗糙度值 Ra 为 $3.2\mu m$	上平面表面粗糙度值 Ra 为 $25\mu m$;剖分面表面粗糙度值 Ra 为 $3.2\mu m$	上平面表面粗糙度值 Ra 为 $25\mu m$;剖分面表面粗糙度值 Ra 为 $3.2\mu m$
单件功耗	12kW	3kW	3kW
空回程	有	无	有
多刀切削	无	有	无
加工效率	中等	较高	低
分析结果	良	优	一般

根据箱体的上下体加工方案分析比较,终选方案二。

1)采用画线-配钻的加工方法。画出箱体长方向和宽方向的中心线;画出孔 $\phi62mm$、$\phi40mm$、$4\times\phi12mm$ 及放油孔、圆锥销孔的中心线和圆线以及同时画出有加工要求的孔端面线并打上样冲眼作为记号。采用 Z5140A 钻床,加工上下体的螺栓孔 $4\times\phi12mm$ 及锪平螺栓孔的端面并画出主要孔的位置线;用螺栓将其组装成箱体零件。

2)在 TX618 镗床,分别以下平面为定位精基准,以剖分面为孔的中心基准,加工箱体孔 $\phi62H7$ 与端面,移动镗床坐标并旋转 $90°$ 工作台加工孔 $\phi40H7$ 和内外端面,最后加工放油孔和各外端面的螺纹孔。

3)完成镗孔作业后,先做自检后再送检。然后上下体分开再加工上体轴孔油槽。

任务五 工序加工余量、工序尺寸及公差

【任务目标】

1)确定各工序加工余量及工序尺寸。

2)计算工时定额。

【相关知识】

1)加工余量的确定。加工总余量(毛坯余量)是毛坯尺寸与零件图设计尺寸之差;工序余量是相邻两工序的工序尺寸之差。加工余量确定方法有三种:经验法、计算法、查表法。经验法:根据经验来确定加工余量大小的方法,常用在单件小批的生产类型中。计算法:根据各种影响加工工艺的因素逐一分析计算,此法较为准确但较烦琐,很少采用。查表法:在各种机械加工工艺手册中都有加工余量表,可查取数值加以修正后使用。

2)确定切削用量。确定切削用量就是对不同的材质,在已选定的刀具材料和几何角度的基础上,合理选择主轴转速、切削速度、进给量、切削深度和进给次数。合理选择工艺过程中各工序加工切削用量,可查阅《机械加工工艺手册》或其他的工艺手册。

3)计算工时定额。查阅《机械加工工艺手册》或其他的工艺手册确定各工序的加工工时。

【任务结果】

任务结果见工序文件的具体内容。

任务六 填写工艺文件

根据以上加工顺序安排,编制箱体加工工艺过程卡(表 5-5)。各工序卡片见表 5-6 ~ 表 5-10。其中,表 5-7 和表 5-9 的工艺附图如图 5-11、图 5-12 所示。

表 5-5 箱体加工工艺过程卡

企业名称		机械加工工艺过程卡片		产品型号		零件图号	0301.1		
				产品名称	蜗轮减速机	零件名称	箱体	共1页	第1页
材料		HT150	毛坯种类	铸件	毛坯外形尺寸	350mm×300mm×330mm	每台件数		1
工序号	工序名称	工序内容		车间	工段	设备	准终	工时单件	
01	画线	画出上下体的上下平面和剖分线的加工线		加工	1	画线平台		45min	
02	铣削	加工上下平面和剖分面达图样要求,上下平面做精基准		加工	1	X336 铣床		65min	
03	配画	将上下体叠配画出箱体中心线和螺纹孔及各孔与端面的加工线,完成后组合成箱体零件		加工	1	画线平台		45min	
04	钻削	钻削加工 4×φ12mm 并锪平孔端面,完成后组合成箱体零件		加工	1	Z5140 钻床		35min	
05	镗削	加工 φ62H7 和 φ40H8 孔和内外端面,加工放油孔		加工	1	TX618 镗床		240min	
06	钻削	加工 φ62mm 孔的端面及其他孔的端面,加工地脚孔		加工	1	Z5140 钻床		35min	
07	铣削	加工 φ40mm 孔的油槽		加工	1	X5030 立铣		40min	
08	终检								
						编制/日期	审核/日期	标准化/日期	
标记	处数	更改文件号	签字	日期	标记	更改文件号	签字	日期	

表 5-6　箱体加工工序卡-画线

企业名称		机械加工工序卡片	产品型号		零件图号	0301.1		
			产品名称	蜗轮减速机	零件名称	上、下体	共　页	第1页

				车间	工序号	工序名称	材料牌号
				机加工	01	画线	HT150
				毛坯种类	毛坯外形尺寸	毛坯件数	每台件数
				铸件		2 件	各 1 件
				设备名称	设备型号	设备编号	同加工
				划线平台	2000mm×4500mm	01	2 件
				夹具编号		夹具名称	切削液

工位器具编号	工位器具名称	工序工时/min	
		准终	单件
			40

工步号	工步内容	工艺装备	主轴转速/(r/min)	进给量/mm	切削深度/mm	进给次数	工时定额/min	
							机动	辅助
1	画出上体长、宽方向中心线	画线平台						
2	画出上体上平面和剖分面的加工线	画线平台						
3	画出下体长、宽方向中心线	画线平台						
4	画出下体平面和剖分面的加工线	画线平台						

						编制/日期	审核/日期	会签/日期	标准化/日期
标记	处数	更改文件号	签字	日期	标记	处数	更改文件号	签字	日期

表 5-7　箱体加工工序卡-铣削

企业名称	机械加工工序卡片	产品型号		零件图号	0301.1		
		产品名称	蜗轮减速机	零件名称	上、下体	共 页	第 1 页

车间	工序号	工序名称	材料牌号
机加工	02	铣削	HT150
毛坯种类	毛坯外形尺寸	毛坯件数	每台件数
铸件		2 件	各 1 件
设备名称	设备型号	设备编号	同加工
划线平台	2000mm×4500mm	01	5 件
夹具编号	夹具名称		切削液

铣削工艺附图（图 5-11）

工位器具编号	工位器具名称	工序工时/min	
		准终	单件
			60

工步号	工步内容	工艺装备	主轴转速/(r/min)	进给量/mm	切削深度/mm	进给次数	工时定额/min	
							机动	辅助
1	以上、下体的剖分面为粗基准，按照图样尺寸加工出上下平面，表面粗糙度值 Ra 为 25μm	X336 铣床	250		2			
2	将零件调头，以上下平面为精基准，按照图样尺寸加工出剖分面，表面粗糙度值 Ra 为 3.2μm	X336 铣床	300	0.08	1			

				编制/日期	审核/日期	会签/日期	标准化/日期
标记	处数	更改文件号	签字	日期	标记	处数	更改文件号	签字	日期

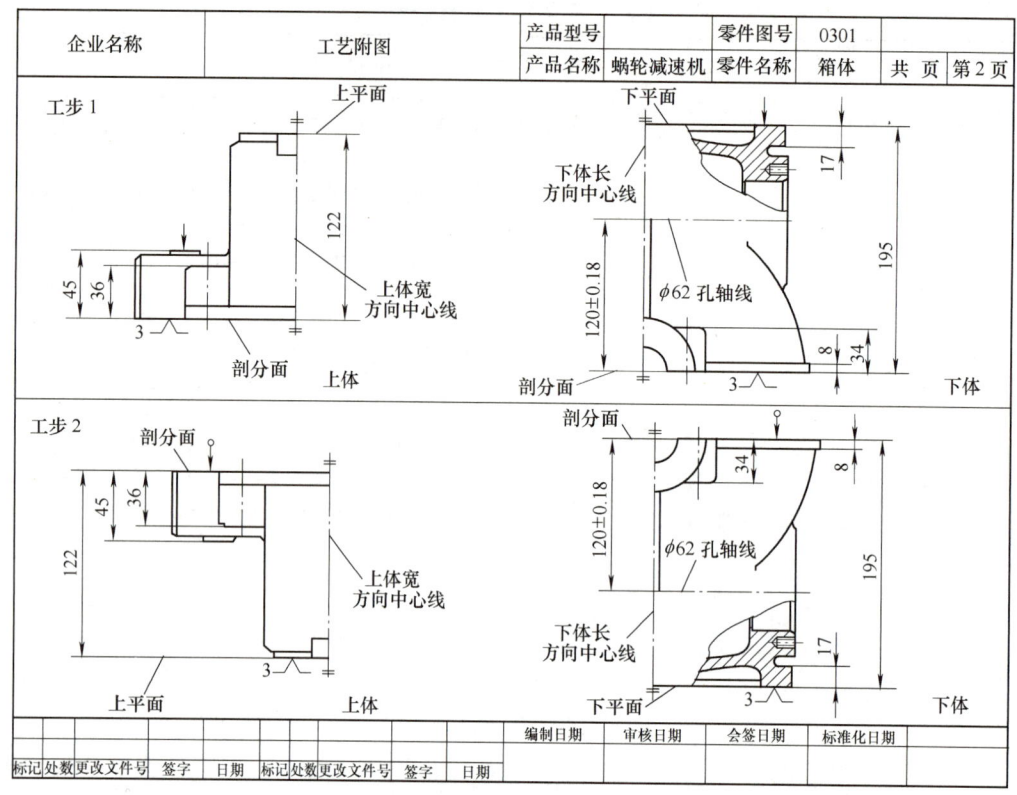

图 5-11　铣削工艺附图

表 5-8　箱体加工工序卡-配画、钻削

企业名称	机械加工工序卡片	产品型号		零件图号	0301.1			
		产品名称	蜗轮减速机	零件名称	上、下体	共　页		第1页
			车间	工序号	工序名称		材料牌号	
			机加工	03、04	配画、钻削		HT150	
			毛坯种类	毛坯外形尺寸	毛坯件数		每台件数	
			铸件		2件		各1件	
			设备名称	设备型号	设备编号		同加工	
配划、钻削工艺附图（图 5-2）			画线平台	2000mm×4500mm	01		1件	
			夹具编号	夹具名称			切削液	
			工位器具编号	工位器具名称	工序工时/min			
					准终		单件	
							60	
工步号	工步内容	工艺装备	主轴转速/(r/min)	进给量/mm	切削深度/mm	进给次数	工时定额/min	
							机动	辅助
1	将上下体的剖分面叠合在一起，按照图样尺寸画出箱体中心线；各加工孔的线和面位置线；定位；螺栓孔的位置线等；并打上弹冲记号	2000mm×5000mm画线平台						
2	上下体配钻出螺栓孔 4×φ12mm	Z5140 钻床						
			编制/日期	审核/日期	会签/日期		标准化/日期	
标记	处数	更改文件号	签字	日期	标记	处数	更改文件号	签字	日期

表5-9　箱体加工工序卡-镗削、钻削

企业名称		机械加工工序卡片		产品型号		零件图号	0301.1		
				产品名称	蜗轮减速机	零件名称	上、下体	共 页	第1页

			车间	工序号	工序名称	材料牌号
			机加工	05、06	镗削、钻削	HT150
			毛坯种类	毛坯外形尺寸	毛坯件数	每台件数
镗削、钻削工艺附图（图5-2）			铸件		2件	各1件
			设备名称	设备型号	设备编号	同加工
			画线平台	2000mm×4500mm	01	1件
			夹具编号	夹具名称		切削液

工位器具编号	工位器具名称	工序工时/min	
		准终	单件
			60

工步号	工步内容	工艺装备	主轴转速/(r/min)	进给量/mm	切削深度/mm	进给次数	工时定额/min	
							机动	辅助
1	以下平面作为精基准，找正楷体十字中心线和剖分面φ40II8孔的中心，粗镗出孔和内外端面，移动纵坐标轴并旋转工作台90°，粗镗出孔φ62H7和外端面	TX38镗床	80	0.4	3～5		150	30
2	按先面后孔原则按图样要求精镗φ40mm和φ62mm孔及端面		120	0.05	0.3		40	20
3	按图样要求钻出放油孔，完成后对孔与面尺寸自检							
4	配画出孔端面的螺纹孔位后按图样要求加工各螺纹孔	Z5140钻床	150				25	20

						编制/日期	审核/日期	会签/日期	标准化/日期

标记	处数	更改文件号	签字	日期	标记	处数	更改文件号	签字	日期

表 5-10 箱体加工工序卡-铣削

企业名称	机械加工工序卡片	产品型号		零件图号	0301.1		
		产品名称	蜗轮减速机	零件名称	上、下体	共 页	第 1 页
				车间	工序号	工序名称	材料牌号
				机加工	07	铣削	HT150
				毛坯种类	毛坯外形尺寸	毛坯件数	每台件数
				铸件		2件	各1件
				设备名称	设备型号	设备编号	同加工
				画线平台	2000mm×4500mm	01	1件
				夹具编号	夹具名称		切削液

			工位器具编号	工位器具名称	工序工时/min	
					准终	单件
						60

工步号	工步内容	工艺装备	主轴转速 /(r/min)	进给量 /mm	切削深度 /mm	进给次数	工时定额/min	
							机动	辅助
	以上平面为基准,铣出直径 φ40mm 孔内油槽	X5030 立铣	100	0.2	2	1	20	15
			编制/日期	审核/日期	会签/日期	标准化/日期		
标记	处数	更改文件号	签字	日期	标记	处数	更改文件号	签字	日期

📁 项目小结

本项目是制订箱体加工工艺的训练。运用所学的工艺制订方法和步骤,结合箱体的工艺特点,完成箱体工艺制订项目。

本项目通过箱体工艺分析、箱体毛坯选择、选择定位基准和装夹方式、拟订箱体机械加工工艺路线、工序加工余量、工序尺寸及公差以及填写工艺文件等项目任务,完成箱体工艺的制订过程。箱体结构复杂,加工难度大,在项目实施过程中,融入箱体零件制造工艺的学习。通过相关知识的学习和箱体工艺制订的训练,掌握箱体零件工艺编制的方法,具备箱体零件制造工艺编制的能力。

新技术应用——智能网联汽车

智能网联汽车（Intelligent Connected Vehicle，ICV）指车联网与智能汽车的有机联合，是搭载先进的车载传感器、控制器、执行器等装置，融合现代通信与网络技术，实现车与人、路、后台等智能化信息交换共享，实现安全、舒适、节能、高效行驶并最终可替代人来操作的新一代汽车。智能网联汽车是一种跨技术、跨产业领域的新兴汽车体系，侧重于解决安全、节能、环保等制约产业发展的核心问题，其本身具备自主的环境感知能力，其聚焦点在车本身，发展重点是提高汽车安全性。

实 作 训 练

根据下面剖分式减速箱的组装图，写出该箱体的加工工艺过程卡。

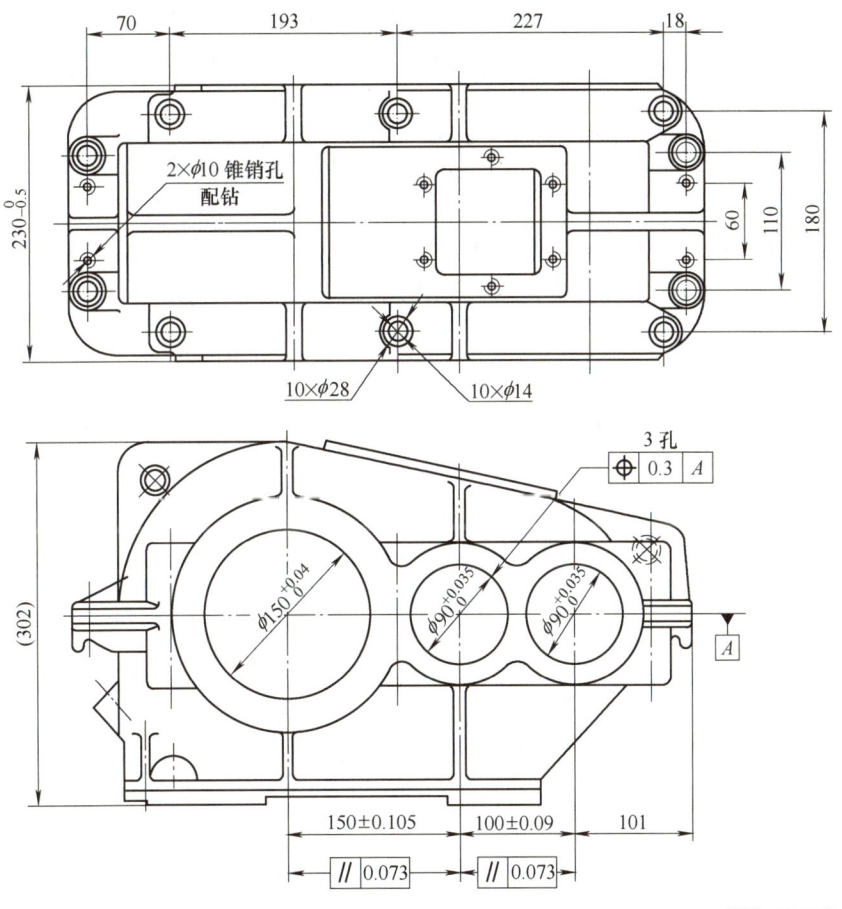

图 5-12 实作训练图

学习领域二　汽车车身制造工艺

随着科学技术的发展和物质生活水平的提高，人们追求汽车的安全、舒适、新颖和豪华等特色大多要通过汽车车身来体现。近年来，汽车车身技术发展迅猛，已成为世界汽车工业激烈竞争的主战场。

汽车车身是一个形状复杂的空间薄壁壳体，其主要零部件均由钢板冲压焊接而成。车身作为汽车上的三大部件之一，从质量上，轿车、客车的车身已占整车的40%～60%，货车车身也达20%～40%；从制造成本上，车身占整车的百分比还要超过这些数值的上限值；此外，还有各种金属和非金属的装饰件。

从结构上看，车身大致可以分为无骨架车身和有骨架车身两大类。冲压、焊装和涂装是车身制造的主要工序，无骨架车身的生产工艺流程如下。

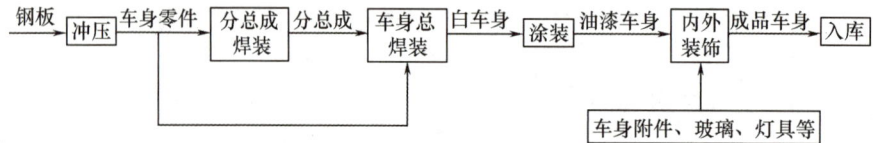

微型车、轿车和各种小型客车及载货汽车的驾驶室等都属于无骨架车身。无骨架车身并不是因为没有骨架就不能承载，有些无骨架车身（如很多轿车）属于承载式车身。即使属于非承载式车身的货车驾驶室等也要具有一定的刚度以抵抗受力变形。无骨架车身是以车身板制件冲压成某种形状，或者几个车身零件焊合后形成具有某种截面形式的"梁"，以增加其刚性或承受较大载荷，只是没有专门的骨架零件而已。无骨架车身的零件一般比较复杂。

其次，由于没有骨架，车身的表面形状完全由覆盖件形成。所以覆盖件必须具有要求的形状和能保持这种形状的刚性。增加车身零件刚性有的是通过结构实现的，如车身顶盖一般都冲有加强筋；有的则是通过工艺实现的，如某些形状变化不大而较平坦的零件，在拉深成形时可通过增加拉深阻力使其增加胀形成分而变形更加充分些。

另外，无骨架车身的覆盖件的表面质量要求较高，特别是轿车。

有骨架车身的生产工艺流程大致如下。

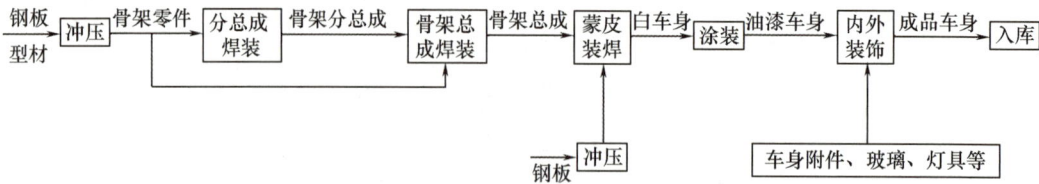

从工艺流程图中可以看出，这类车身的制造工艺基本上分两个阶段。先制成车身骨架，再在骨架上蒙上蒙皮。相对无骨架车身来说，由于有骨架支承。蒙皮的形状较简单，要求也较低。一般中、大型客车的产量不很大，所以工艺水平也较低。

模块六　汽车车身冲压工艺

知识目标

1. 了解冲压材料的特性要求和各种钢板的种类、特征。
2. 了解冲压车间平面布置的方法。
3. 掌握汽车各部位零件的冲压工艺。
4. 掌握汽车车身覆盖件冲压成形的特点。
5. 了解冲压质量控制的方法。

能力目标

1. 能够根据冲压工艺要求，合理选择钢板材料。
2. 能够合理制订汽车各部位零件的冲压工艺。

学习引导

冲压是塑性加工的基本方法之一。它主要用于加工板料，故又称板料冲压。冲压加工时，板料某些部分在模具的作用下，产生相应的变形，从而获得一定形状、尺寸和性能的零件。冲压件具有质量轻，强度高，形状美观等特点。

冲压在汽车车身制造中占有非常突出的地位，汽车冲压件可分为车身冲压件与车架、车轮冲压件两大类。车身的绝大多数零件都是用冲压方法制造的，特别是大型覆盖件，由于其形状复杂，尺寸大，表面质量要求高，采用冲压工艺来制造是其他任何加工方法都无法比拟的。但是，由于冲压模具的制造技术要求高，制造周期较长，成本高，因而冲压加工在单件和小批量生产中的应用受到一定的限制。

项目一　了解冲压工艺

冲压是利用冲模使板料发生变形或分离的加工方法。冲压加工通常在常温下进行，当板料厚度超过 8~10mm 时，可采用热冲压。

板料冲压应用广泛，特别在汽车、拖拉机、航空、电器、仪器及国防等工业中占有极其重要的地位。板料冲压具有下列特点。

1) 冲压操作简单，工艺过程便于机械化、自动化，生产率很高，零件成本低。
2) 能获得质量轻，材料消耗少，刚度、强度较高的零件。
3) 可冲压形状复杂的零件，废料较少。
4) 产品具有足够高的精度和表面粗糙度，互换性能好。
5) 冲模制造复杂，一般用于大批量生产加工。
6) 板料冲压的原材料，必须具有足够的塑性。常用的金属材料有低碳钢、高塑性的合金钢、铜、铝及镁合金等。

在汽车制造过程中,冲压工艺用于制造汽车骨架和护板零件,冲压材料的质量约占全部汽车材料的40%~45%。冲压是汽车制造最重要的工艺之一,具有劳动效率高,劳动量小,无切屑,材料消耗低等优点。由于不同形状、尺寸的零件加工均需要专用模具,所以冲压加工较适用于大批量生产。

任务一　了解冲压过程

1. 冲压工艺基本过程

冲压件一般通过冲裁、拉深、切边、冲孔、复合冲裁、弯曲、复合屈曲等若干工序冲压成形。冲压加工的生产周期极短,仅为0.1min左右。大量生产时,通常将3~6台压力机按工艺顺序排列,依次完成加工过程。车身护板等大型冲压件,一般在包括装料机和卸料机组成的冲压自动线上加工。冲压工艺基本过程如图6-1所示。

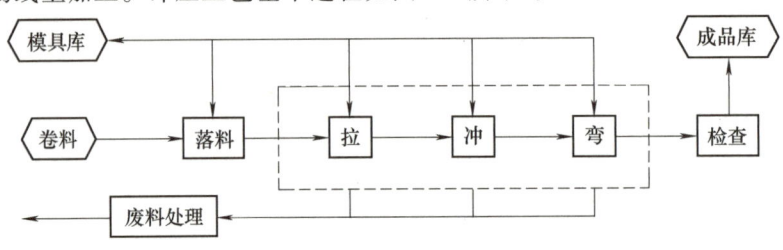

图6-1　冲压工艺基本过程

2. 冲压件

汽车冲压件可分为车身冲压件与车架、车轮冲压件两大类。

(1) 车身冲压件　车身外护板是汽车外观件,要求外表美观、精度高,应重视冲模精加工技术,保证冲压件质量。车身冲压件一般用0.6~1.2mm薄钢板制成,厚度大于1.6mm的钢板少量用于需加强的零件上。拉深是车身冲压件成形的主要工艺。

(2) 车架、车轮冲压件　一般用1.2~3.6mm的厚钢板制成。成形工艺以弯曲为主,成形压力较大。

表6-1列举了轿车车身冲压件件数、工序数和成形压力机的规格。C级以下零件的冲压加工有连续自动化和多工序连续化的倾向。

表6-1　轿车车身冲压件与所用压力机规格

类别	零件名称	件/辆	工序数	机床吨位/t	模座面积/mm²
A	顶篷、挡泥板、外护板、地板、保险杠、发动机罩	8~12	3~6	600~1000	3500×2000~4000×2000
B	车门护板、车身内护板、行李箱盖板、仪表板、车轮罩盖、挡板	20~26	5~6	400~500	2500×1500~2500×1700
C	行李箱、侧板、中间柱、前柱、前侧支架件	50	3~6	300~400	2150×1200~2150×1500
D	门铰链板、前围侧护板	20~30	2~6	250	1500×1000

3. 冲压生产线的控制

冲压生产线的控制方法与各公司的历史、技术条件与生产规模有关。批量生产时,应根据调整时间、生产速度、负荷时间等因素，确定适当的批量。

冲压生产线的生产速度一般是：连续自动压力机——700~1200 件/h；顺序加工冲压线——1200~1300 件/h；推杆式送料冲压线——450~700 件/h；梭式送料冲压线——600~900 件/h。

冲压生产线一般是针对特定的产品零件设计的，生产量确定后即可算出冲压设备负荷率。当设备负荷不平衡时，可更改设计或调整生产计划以求平衡。冲压生产时，通常根据后面工序的要求，核定冲压件库存量与最佳生产批量，并加以实施。

任务二　了解冲压材料

1. 冲压材料的特性要求

汽车冲压件大部分由低碳钢板制成，电器件、内饰件及其他附件，也以不锈钢板、非铁金属板制造。冲压用材料必须具备良好的拉延性、延展性、弯曲性、凸缘拉伸性及复合成形性。选定冲压材料时，应根据零件成形的难易程度，选择具有相应成形能力的材料。但在选用具备必要强度的汽车用热轧钢板时，成形能力随强度升高而降低，成为零件设计的制约条件。如果所选的材料与零件形状、冲模设计和加工条件不相适应，会产生断裂、折皱、成形不完整（气眼、凸包、回弹）等缺陷。冲压成形工艺体系与成形缺陷之间的关系如图 6-2 所示。冲压加工在成形方面的主要问题，从产品断裂转向了精度、气眼、凸包等缺陷，对于材料提出了形状性这个新的特性要求。

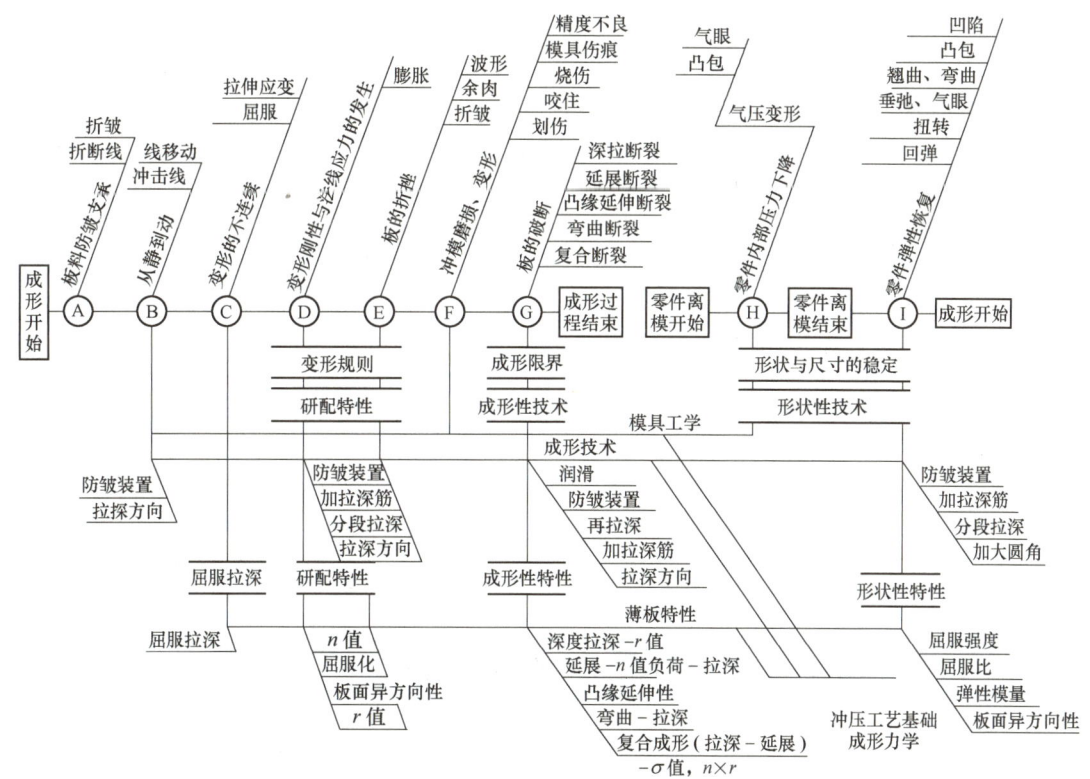

图 6-2　冲压成形工艺体系与成形缺陷之间的关系

2. 材料选定

从生产技术方面分析材料的成形性，并根据对过去数据的归纳和经验来进行材料选定。冲压用钢板的选定大致可遵循下列步骤。

1）新设计的冲压件与过去类似的冲压件做对比。将新设计的冲压件和已经分析过并掌握了制造工艺的冲压件进行对比，推算其变形状态、线增长率和面积增长率，以确定材料的级别。

2）试冲压。制成按比例缩小或1:1尺寸的试验冲模进行试冲压，以获得材料成形性资料。这类冲模也常用作试制样车的简易冲模。

3）在生产准备阶段掌握材料成形的难易程度。在大量生产试运转过程中，核对所用材料的适用性、生产稳定性和加工条件，最后确定大量生产用材料。一般问题可通过修整冲模、改变零件形状等措施来解决，有时还应对发生问题的零件进行网格塑性试验，掌握破断危险部位附近的变形分布状态，从变形相图上的变形临界线判断选材是否恰当。

4）对大量生产状况的监视与价值分析。监视大量生产时的生产情况，将废品率控制在允许限度之内，对发生的问题立即采取适当的方法解决。在稳定生产状态的前提下，力求缩小原材料尺寸，降低材料的级别。

3. 冷轧钢板

冷轧钢板的厚度在0.15~3.2mm之间，尺寸精度高，具有美观平滑的表面，以及良好的力学性能和加工性。这类钢板的屈服极限低，成形性和形状性好，一般用于汽车车门、车顶、发动机罩、后行李箱盖、汽车挡泥板、油箱底壳等零部件。

4. 热轧钢板

热轧软钢板与冷轧钢板在成分上几乎没有差异，由于制造工艺不同，力学性能、表面状况、尺寸精度、平整度等都较低。厚度为1.2~1.6mm的热轧软钢板主要用在下车身零件与内护板，而强度要求高的车梁、底盘零件与车轮等则以汽车构造用的热轧钢板制造。

5. 表面处理钢板

表面处理钢板主要有金属电镀钢板、化学被膜生成处理钢板、非金属复层钢板等。

（1）金属电镀钢板　电镀包括镀锌、镀铝、镀铅锡合金等，广泛使用镀锌钢板制造下部车身件、汽油箱、消声器等汽车零件。钢板镀锌后即可使用，也可涂油使用。为了提高镀锌钢板抵抗白斑（氧化锌层）的能力，可进行铬酸处理。为了提高镀锌钢板的涂漆性能，可进行磷化处理。这些钢板也用在客车、货车车身的制造方面。

（2）非金属复层钢板　非金属复层钢板主要用于汽车内饰件，有聚氯乙烯复层钢板和印有花纹图案的装饰钢板等。以提高冲压加工润滑性为目的的润滑处理钢板，以及提高耐蚀性的复层钢板也正在实用化或研制之中。这类钢板冲压时易产生瑕疵，导致焊接性降低，并影响涂漆，选用时须慎重。

任务三　了解冲压模具

1. 模具种类

设计者根据工艺规程提出的要求，进行各道工序的模具设计。根据成形方法不同，模具可分为拉深模、弯曲模、冲裁模三类。根据模具构造、工序类别和压力机形式等方面，模具还可以进一步细分。例如拉深模可细分为首次拉深模、二次拉深模、三次拉深模；冲裁模可细分为坯料落料模、外形落料模、落料冲孔模、冲孔模、复合冲模；弯曲模可细分为弯曲模、二次弯曲模、复合弯曲模及连续冲模等。

2. 模具构造

模具构造由零件形状、工艺、模具种类、自动化程度等因素决定。以车门外护板为例，按工艺顺序排列的模具断面结构与零件简图如图 6-3 所示。其中，图 6-3a 所示的设计要点有：加工压力，冲压方向，防皱压边面，拉深剖面，下道工序的加工法，模具刚度等。图 6-3b 所示的设计要点有：加工压力，切断刃的选择，切断角度，废料切断刃的配置，废料落下的方便程度，模具刚度等。图 6-3c 所示的设计要点有：加工压力，弯曲加工部位的压料板压力，弯曲模块的同步，回弹，弯曲模块材料，模块刚度等。图 6-3d 所示的设计要点有：加工压力，凸轮结构及其同步，凸轮滑动部分的结构与材料，凸轮复位方法等。图 6-3e 所示的设计要点以图 6-3d 所示为准。

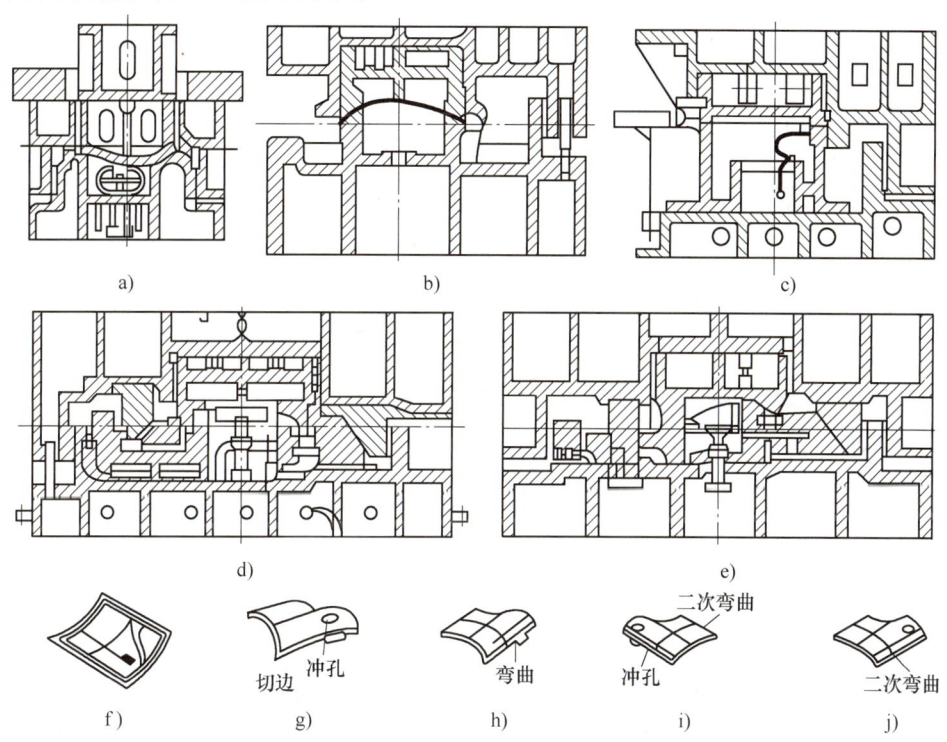

图 6-3 车门外护板模具断面结构与零件简图
a) 第一道工序：双动式压力机拉深模 b) 第二道工序：落料冲孔模 c) 第三道工序：弯曲模
d) 第四道工序：冲、弯曲复合模 e) 第五道工序：弯曲复合模 f) 第一道工序零件简图
g) 第二道工序零件简图 h) 第三道工序零件简图 i) 第四道工序零件简图 j) 第五道工序零件简图

3. 模具材料

材料选择是根据成形特点和加工部位确定的，对于模具的耐久性与寿命有很大影响。表 6-2 列出了冲模材料及其用途。

4. 自动化与模具

随着自动冲压生产线的应用，近年来搬运自动化与无人管理化都有了进一步地发展，对于模具综合质量的要求也更严格、更加复杂化。除了在成形性之外，还在操作性方面对模具结构提出要求。例如保证安全的各种连锁机构，零件送进与取出的检测装置，确定零件在模内位置的传感器等。

表 6-2 冲模材料及其用途

冲模材料	使 用 部 位
合金工具钢 SKD1、SKD11、SKX4、SKX44、SKS3、SKS4	用在严重磨损部位（拉深防皱压边面，弯曲模块、刀刃），需经热处理（根据使用要求进行镀硬铬、氮碳共渗、碳化物气相沉积处理等）
机器制造用碳素钢 S55C、S45C	用在成品装置等辅助部分（用于对强度、刚度提出要求的部位）
一般构造用轧制钢 SS41	用于卸料器、缓冲器、衬板、模架等
灰铸铁 FC20、FC25、FC30	用于一般零件、模架、底座、冲头、上下模本体、其他零件（用在无强度、刚度与耐磨性要求的部位）
球墨铸铁 FCD55	用于拉深、弯曲工序中需要强度、刚度、耐磨性的部位（底座、冲头、底座环、冲模固定板）

5. 模具制造

模具制造包括主模型的制造。由于采用了仿形加工、电火花加工和最近引进的数控机床，模具制造工时大幅度降低。特别是数控机床的显著进展，可在数字控制下进行曲面切削。

（1）模具制造工艺　模具制造的一般工艺过程如图 6-4 所示。一般来说，从粗加工、精加工直到装配的所有工序可按下列顺序进行。

1）基准面切削加工。

2）画线。

3）机械加工（包括通用机床切削加工、仿形加工、特殊加工（电火花加工）等）。

4）精加工（包括曲面粗精加工、模具研配修正等）。

5）合模。

6）模具装配。

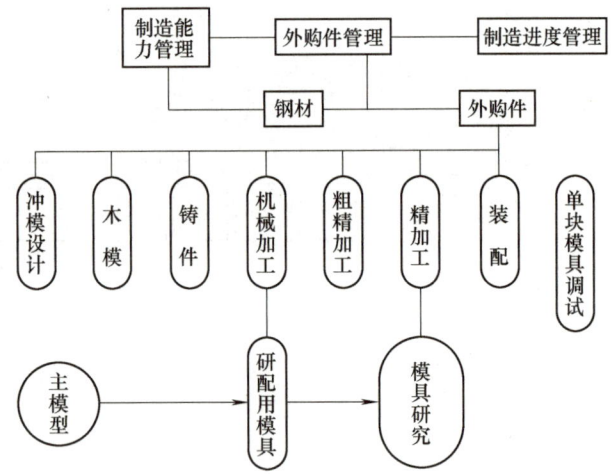

图 6-4　模具制造的一般工艺过程

（2）模型　图 6-5 所示列举出了模型、样板的典型实例。按主模型进行曲面加工需用种种复制模型。此外，在模具制造过程中还要使用外形样板和画线样板。

（3）标准件　模具中使用次数多的零件已标准化，采用由专门制造厂编制的制造系列。典型的标准件有球形冲头、模架、导柱、导套、各类滑板、气缸、上料装置（气缸、直角杠杆提升器）、螺旋弹簧、各类轴承、空气管道零件、螺柱、螺母等。

项目小结

本项目是对冲压工艺的概念性了解和学习。板料冲压应用广泛，在汽车工业中占有极其

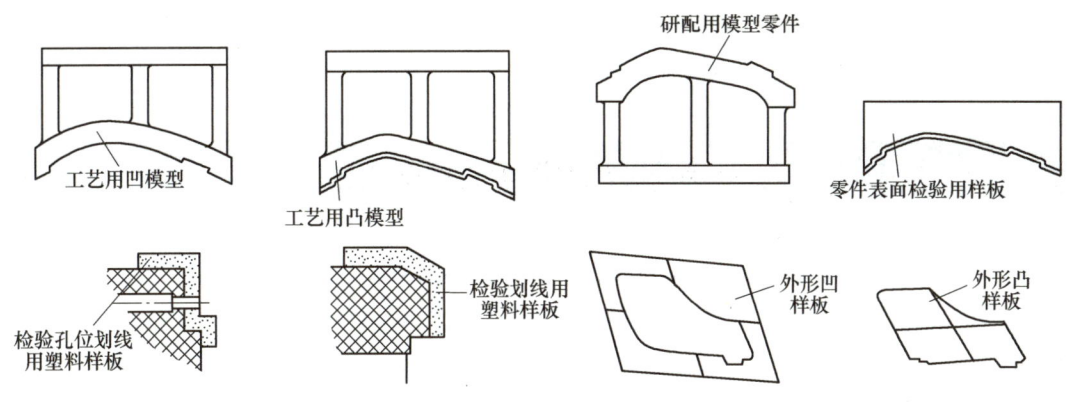

图 6-5 模型、样板的典型实例

重要的地位。在汽车制造过程中，冲压工艺用于制造汽车骨架和护板零件，冲压材料的质量约占全部汽车材料的 40%～45%。冲压是汽车制造最重要的工艺之一，具有劳动效率高、劳动量小、无切屑、材料消耗低等优点。由于不同形状、尺寸的零件加工均需要专用模具，所以冲压加工较适用于大批量生产。

冲压是利用冲模使板料发生变形或分离的加工方法。冲压加工通常在常温下进行，当板料厚度超过 8～10mm 时，可采用热冲压。汽车冲压件大部分由低碳钢板制成，电器件、内饰件及其他附件，也以不锈钢板、非铁金属板制造。冲压用材料必须具备良好的拉延性、延展性、弯曲性、凸缘拉伸性及复合成形性。选定冲压材料时，应根据零件成形的难易程度选择具有相应成形能力的材料。但在选用具备必要强度的汽车用热轧钢板时，成形能力随强度升高而降低，成为零件设计的制约条件。

根据成形方法不同，冲压模具可分为拉深模、弯曲模、冲裁模三类。根据模具构造、工序类别和压力机形式等方面，模具还可以进一步细分。例如拉深模可细分为首次拉深模、二次拉深模、三次拉深模；冲裁模可细分为坯料落料模、外形落料模、落料冲孔模、冲孔模、复合冲模；弯曲模可细分为弯曲模、二次弯曲模、复合弯曲模及连续冲模等。

项目二　冲压工艺过程

冲压车间内部可按功能区分为四个部分，这四个部分应具备相互协调的生产能力、面积和高效率的产品流动方向。

（1）备料工段　将原材料剪切成所需要的尺寸。备料工段由卷料库、落料生产线、剪切生产线、龙门剪床、钢板矫平机等组成。

（2）冲压工段　通常并排安装着几台压力机，其间以轴送机连成一条生产线，可在极短时间内完成冲压加工。小型冲压件可用连续自动压力机或辊道送料压力机进行加工。

（3）模具堆放处　由于冲压生产线具有通用性，可在一条线上进行多品种生产，所以每条冲压线都应具备足够面积来堆放模具。模具堆放应尽量靠近生产线，便于模具的频繁更换。

（4）模修工段　对于冲压模具工艺性能要求极为严格，需要经常进行修理，为此必须配备必要的模修设备。此外，冲压车间的辅助设备还有：①废料处理设备。冲压生产线的废料全部落入地下输送带上,集中起来处理。②运输设备。使用桥式起重机、铲车、平板车进行各区间材料和模具搬运。③成品库。冲压加工属于批量生产,为了存放冲压成品,需设成品库。

任务一　汽车零件的冲压工艺

1. 车身零件的冲压工艺

汽车车身零件大多数是 0.7~1.2mm 厚的钢板经 3~6 道工序加工而成的。

1) 顶篷在汽车冲压件中属于最大件一类,其形状比较简单,可用三道工序成形。

2) 车门护板外形平直,容易变形,必须注意拉深形状与零件装卸。

3) 发动机罩内板是经四道工序成形的,因为零件上有大型孔,确定冲压方式时,必须考虑到余料利用,其加工工序如图 6-6 所示。

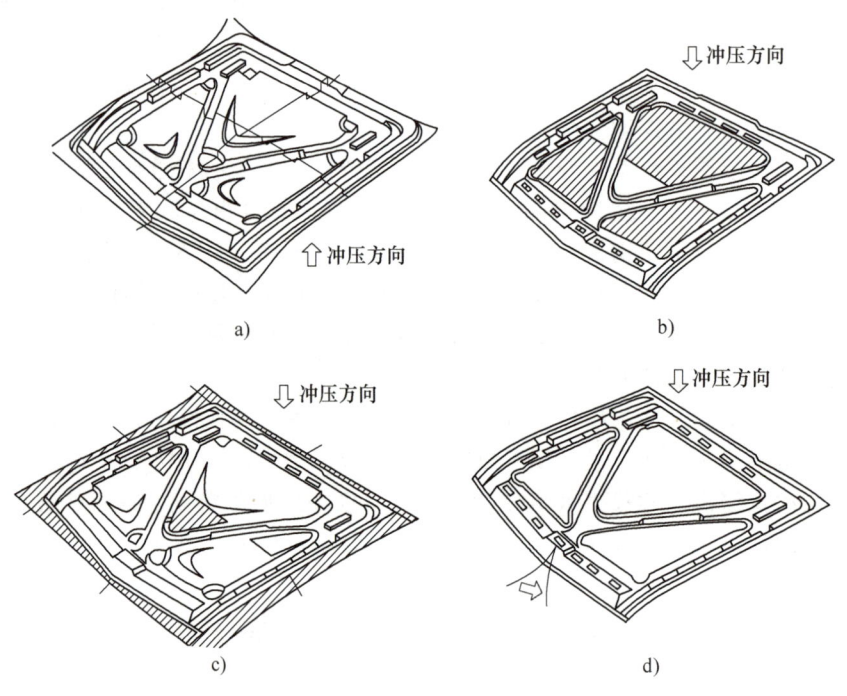

图 6-6　发动机罩内板的加工工序
a) 拉深　b) 冲孔　c) 切边　d) 弯曲冲孔

2. 车架、底盘件的冲压工艺

车架、底盘零件所用钢板比车身零件厚,从零件的功能出发,一般有精度要求。

1) 后桥壳经一次拉深成形还达不到精度要求时,需进行整形。切边时,零件应横放,必须注意切刃强度与废料处理。

2) 悬架零件不希望在工序之间翻转,考虑到切刃的强度,在第五道工序中不得不翻转。此外,为了提高材料利用率而采用连续模。图 6-7 所示为其加工过程。

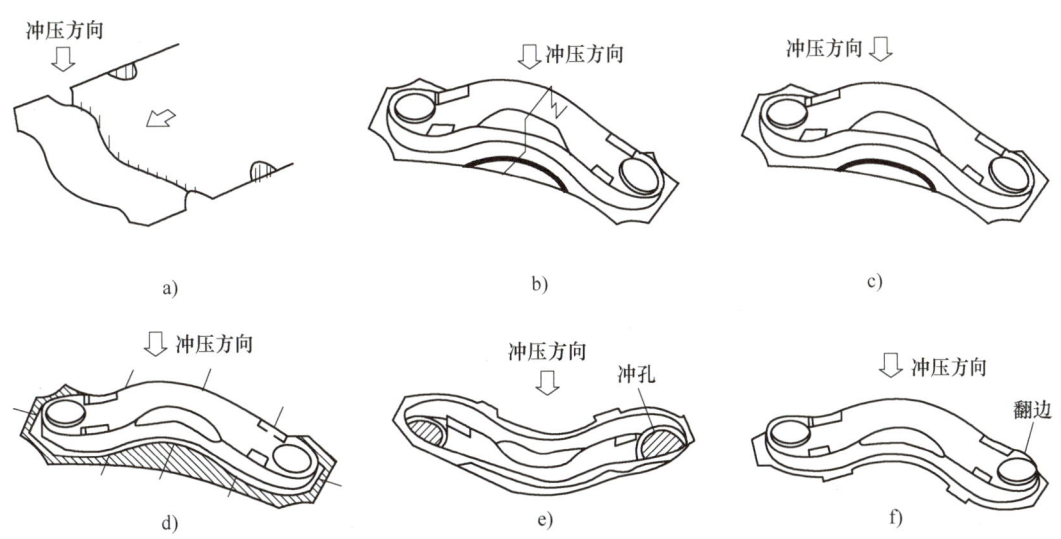

图 6-7 悬架零件的加工过程
a) 切口落料 b) 拉深 c) 整形 d) 切边 e) 冲孔 f) 孔翻边

任务二 冲压生产线及冲压设备

1. 冲压生产线

随着冲压工艺的发展,自动化程度不断提高,自动化方式和自动化装置的品种不断增加。在选择包括自动化的生产方式时,大都考虑生产量、生产周期、加工内容(工艺、能力、产品精度)、设备费用等因素,并根据将来的加工费用对比而决定。

冲压生产线自动化时,必须尽量提高生产率,保持零件冲压的通用性,并应注意设备的经济性和可靠性。图 6-8 所示为车门护板生产速度的一般变化情况。

(1) 半自动冲压生产线 生产线上装有各种自动化装置(装料器、卸料器),除二次加工件需人工搬运外,已全部自动化。半自动冲压生产线如图 6-9 所示。向头道工序进给板料的板料送料器如图 6-10 所示。

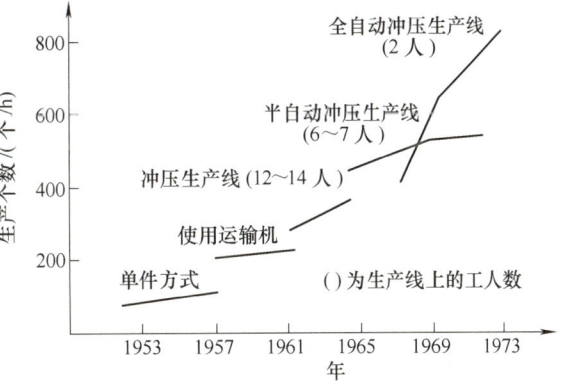

图 6-8 车门护板生产速度的一般变化情况

(2) 连续自动压力机 压力机上装有连续自动送料机械手,将工件依次送至下一工位。其可在一台连续自动压力机上进行多工序高速生产,是一种生产率高、自动化程度高、生产费用低的自动机。由于落料工位和各成形工位都排列在同一台压力机上,无法避免偏心载荷,所以必须充分分析工艺设计要求,慎重确定压力机的规格。汽车制造用压力机的吨位可从 160t 直到 3500t,不论薄板或厚板,都可以 700~1500 件/h 的速度进行连续自动加工。主要冲压件有:机油盘、油箱、轮盘、轮罩、坐垫、悬架臂、后桥壳、操纵杆保护板、地板零件、保险杠零件、车门零件等,加工零件正向大型化发展。产量越高,加工工位越多,就越

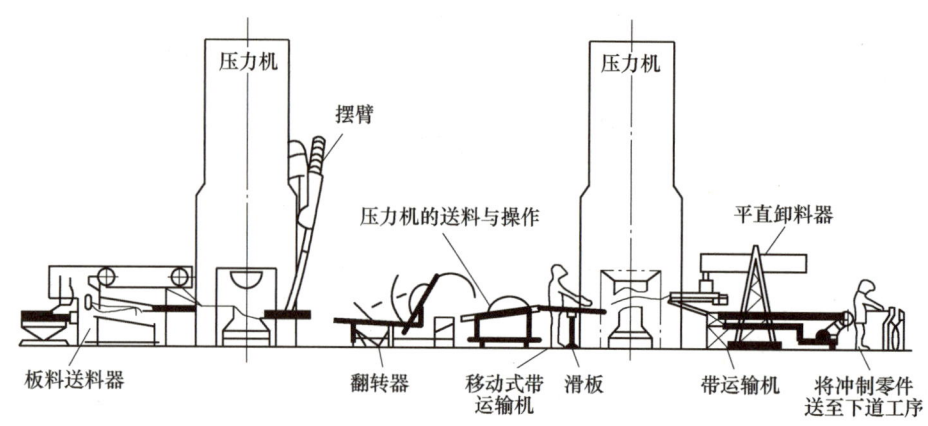

图 6-9　半自动冲压生产线

能显示出连续自动加工在节省劳动力方面的优点，较上连续生产线具有更大的优越性，已开始出现的连续自动送料最大速度可达 2.3m/min，最大加速度可达 1.8g（重力加速度） m/s² 的连续自动压力机。此外，在送料机构方面，除去已有平面上的两轴送料外，又出现了能够上下动作的三轴立体送料压力机，从而大大增加了冲压零件的自由度。

（3）全自动冲压生产线　全自动冲压生产线是由 4～6 台压力机和介于其间以电力或机械的工件搬运装置相互连接而成的，其运转宛如一台连续自动压力机，可生产地板、顶盖、发动机罩、保险杠、车门等大型板件，生产速度为 450～800 件/h。

2. 冲压生产设备

生产规模不同，所用的冲压设备也不一样。一般来说，冲压车间

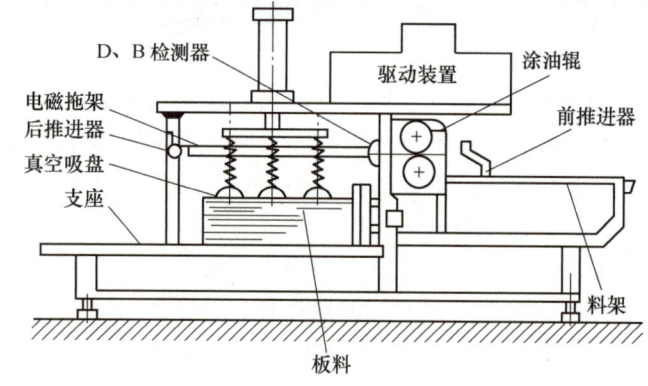

图 6-10　向头道工序进给板料的板料送料器

的规模越大则效率越高，所以形成了规模相当大的车间。表 6-3 列举了月产 4 万～5 万辆轿车的冲压车间所用设备的情况。

表 6-3　轿车冲压车间所用设备的情况

用途	分类	台数/万辆	备注
坯料剪切冲压前处理	落料生产线	4	包括梯形落料生产线
	剪切生产线	3	
	龙门剪切机	6	
	多圆剪切机	1	
	钢板平整机	2	
	钢板清洗机	1	
	钢板翻转机	2	

(续)

用途	分　类	台数/万辆	备　注
冲压加工（拉深冲孔弯曲等）	大型压力机（吨位：400～1500t） 中型压力机（吨位：300～500t） 小型压力机（吨位：50～250t） 连续自动压力机 高速自动压力机	80（13） 62（9） 33 2 2	1. 一般由3～6台压力机组成生产线 2. （　）为双动压力机
模具修理用	模具修理用压力机	2	油压驱动
皮料处理	打包机	6	油压驱动

（1）落料剪切生产线　汽车车身冲压件所用钢板一般以卷料包装，冲压成形前须在剪切线上剪成所需要的尺寸与形状。卷料剪切线可按剪切机类型或卷料输送方式区分。按剪床分类有高速剪床生产线、剪床生产线、落料压力机生产线、移动式梯形落料生产线和圆盘剪床生产线等。按卷料输送方式，可分为定量滚动送料、长度定程送料、夹持送料、辊道送料和凸轮送料等。

图6-11所示为汽车外板落料生产线。生产线由卷料台车、储存装置、开卷机、缓冲架、洗涤弯转装置、平整机、高速送料器、落料压力机、堆料机、控制装置组成。平整机用于卷料矫平，可消除加工硬化钢板屈服极限延伸现象，其效果与弯曲装置相同。高速输送机由电力控制，最大速度为180m/min，送料精度为±0.4mm，压力机转速为15～60r/min。落料压力机生产线除可进行卷料剪切外，还可用于大件连续加工。此外，也可在落料压力机上安装梯形剪切模，模具在压力机的每一冲程中摇动，因而可具备移动式梯形落料生产线的功能。在落料生产线或剪切生产线上已剪成的大型板料，可再用圆盘剪床或龙门剪床剪成板条料，剪切机床如图6-12所示。

图6-11　汽车外板落料生产线

（2）压力机　拉深、冲弧弯曲等板料冲压加工是将冲模装在压力机上，高速、大量生产出高质量的零件。压力机可按动力种类、传动机构、床身结构、滑块运动方式进行分类。

仅以冲压车间常用压力机为例加以说明。压力机分类见表6-4。

1)无曲柄压力机。汽车大型板料冲压,要求同时具有大的冲程和高的压力,多使用不用曲轴的无曲柄压力机。这种压力机的主要驱动部件装在横梁内,是由和偏心杆连在一起的主齿轮将动力传至滑块的。偏心杆数称为点数,有1、2、4点等几类。

2)双柱式压力机。这种结构的床面和滑块行程大,宜用于100t以上弧度、刚度高的大、中型压力机,适于加工精度要求较高的冲压件。双柱形床身四拉杆连接结构是在板料冲压加工中广泛采用的压力机式样,由上部横梁、下部床面、两侧立柱四部分组成,其间以四根拉杆连接,并施以装配预载荷。采用这种将横梁、床面分成两部分并施加预载荷的装配方法,可不受设备运输方面的严格限制,可制成大型压力机。四块拼装双柱式压力机生产线如图6-13所示。

图 6-12 剪切机床

表 6-4 压力机分类

动力种类	传动机构	床身结构	滑块运动方式
机械压力机	曲柄压力机 无曲柄压力机 弯板机 特种压力机	C形(开式) 单柱式 双柱式 拱式 四柱式	单动式 双动式 三动式
油压机	油压机		

图 6-13 四块拼装双柱式压力机生产线

3)C形可倾式单动压力机。这类压力机上便于安装模具,加工后的冲压件可从后面输出,容易组成连续生产线。床身采用C形结构,施载时容易变形,造成开口现象,不利于生产精度要求高的零件。压力机吨位可从几吨（小型）到150t左右（中型），可用作大件主要冲压线的辅助设备。图6-14所示为C形可倾式单动压力机。

4) 四柱式油压机。四柱式床身结构主要用在油压机上，由上横梁、工作台和四根立柱装配而成，主柱也是滑块的导轨，如图6-15所示。

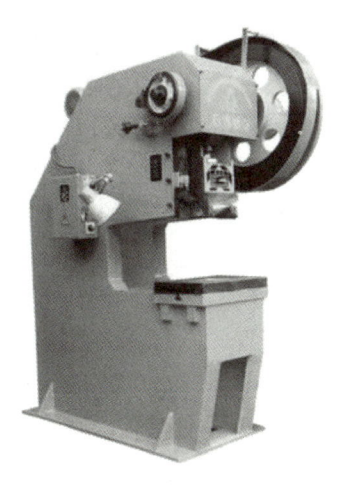 

图6-14　C形可倾式单动压力机　　　　图6-15　四柱式油压机

5) 双动压力机。浅拉深件或几乎无精度要求的拉深件，大都采用缓冲装置来压边；而深拉深件或高精度的拉深件，则在双动压力机上成形。当压料圈压住板料后，装在内滑块上的冲模开始拉深。压料圈的负荷虽按滑块的负荷而变化，但可从液压压料装置中得到补偿，以使压边力在冲压成形过程中保持一致。

3. 附属设备

(1) 可动式模座　压力机的生产率高，其运行时间的15%~30%会消耗在模具更换上。可采用能缩短模具更换时间，促进安全生产的快速换模方式。每台压力机备有两个可动式模座，在未使用的空的模座上装好下次生产用的模具。更换模具时，只需把下阶段使用的带有模具的模座换装好。这样，一条生产线只须停顿2~5min就又能开始大量生产。

(2) 废料处理装置　冲压车间的材料利用率为60%~65%，其余为废料。卷料或板料冲压加工时，废料经废料槽落入设在冲压生产线地下室的废料输送带上，再集中到主输送带上，最后汇集到车间的某一部位。在废料压力机上把废料压成边长200mm或400mm的立方体，作为铸造原料。

(3) 安全装置压力机　安全装置的作用在于保证操作工人的安全和防止机床、模具损坏。冲压车间容易发生人身事故，钢板或冲压件造成的创伤很多，压力机造成的人身事故也比较多。

一般压力机上会安装安全装置，除提高机床的可靠性外，还装有防止滑块连冲的装置，防止误按启动电钮的踏板护罩和电钮护罩，各种联锁机构和警报装置，防止非操作者发生人身事故的安全栅栏等。此外，可将安全栅栏与安全部件相结合，当出现不安全情况时，切断主电动机电源或操作回路，确保安全，还可设置滑块紧急停车装置。在这些安全措施中，可以两种或三种同时并用,以提高操作的安全性。但在噪声和振动极为严重的环境中,往往不能消除操作者注意力分散的弊病。采用自动化装置,将操作者置于安全范围内,是最好的安全措施。

 项目小结

本项目是对汽车零件冲压工艺过程的学习和掌握。主要是车身零件的冲压工艺和车架、底盘件的冲压工艺。

汽车车身零件大多数是由 0.7~1.2mm 厚的钢板经 3~6 道工序加工而成的。顶篷在汽车冲压件中属于最大件一类,其形状比较简单,可用三道工序成形;车门护板外形平直,容易变形,必须注意拉深形状与零件装卸;发动机罩内板是经四道工序成形的,因为零件上有大型孔,确定冲压方式时,必须考虑到余料利用。

车架、底盘零件所用钢板比车身零件厚,从零件的功能出发,一般有精度要求。后桥壳经一次拉深成形还达不到精度要求时,需进行整形。切边时,零件应横放,必须注意切刃强度与废料处理;悬架零件不希望在工序之间翻转,考虑到切刃的强度,在第五道工序中不得不翻转。此外,为了提高材料利用率而采用连续模。

随着冲压工艺的发展,自动化程度不断提高,自动化方式和自动化装置的品种不断增加。在选择包括自动化的生产方式时,大都考虑生产量、生产周期、加工内容(工艺、能力、产品精度)、设备费用等因素,并根据将来的加工费用对比而决定。

项目三　汽车车身覆盖件冲压工艺

汽车覆盖件的形状复杂,尺寸大,深度不均匀,一般不能在一道冲压工序中直接获得,有的需要十几道工序,最少的也要三道基本工序,即落料、拉深、修边。其他还有翻边和冲孔等工序。也可根据需要将修边和冲孔合并,修边和翻边合并。落料工序为拉深工序准备板料;拉深工序是覆盖件冲压的关键工序,覆盖件的绝大部分形状由拉深工序形成;冲孔工序加工覆盖件上的工艺孔和装配孔,一般安排在拉深工序之后,避免孔洞在拉深后变形;修边工序切除拉深件的工艺补充部分;翻边工序在修边工序之后,使覆盖件边缘的竖边成形,可作为焊装面。覆盖件按具体工序的内容,称为拉深件、修边件和翻边件等工序件。

任务一　汽车车身覆盖件冲压成形特点

1. 车身覆盖件的特点

车身覆盖件指汽车车身内外表面的薄壳板件。覆盖件在结构和质量要求上与一般冲压件不同,在冲压工艺、冲模设计和冲模制造工艺上也比较独特,一般将覆盖件作为一类特殊的冲压件来研究,覆盖件主要具有以下特点。

1)形状复杂。大多数覆盖件由复杂的三维空间曲面组成。为了获得空气动力特性好的车身外形,覆盖件应当具有连续的空间曲面形状且冲压深度不均等特点。为体现车身造型的风格,常在一些曲面上设有棱线和装饰性结构(在拉深时同时进行反拉深),使覆盖件的形状更加复杂。

2)外形尺寸大。为了简化装配工艺,减少零件数,保证车身外表曲面的连续性和完整性，大多数覆盖件的外形尺寸比较大，有些覆盖件（如侧围）外轮廓尺寸可达 2~3m。

3）表面质量要求高。覆盖件的可见表面不允许有波纹、桔皮、凹痕、边缘拉痕、擦伤以及其他破坏表面完美的缺陷。覆盖件上的装饰棱线、肋条都应清晰、平滑，曲线应圆滑。相邻覆盖件上的装饰棱线在衔接处必须一致，不允许对不齐。特别是乘用车，覆盖件表面上的微小缺陷也会在涂装后引起光的杂乱不规则反射而影响外观。

4）要求足够的刚度。覆盖件是薄壳零件，在汽车行驶时会产生振动，引起覆盖件的激振。通过充分的塑性变形可提高覆盖件的刚度，避免共振，减少噪声和延长车身寿命。

5）要有良好的成形工艺性。在一定的生产规模条件下，能够较容易地安排冲压工艺和设计冲压模具，有合理的装配硬点，能够最经济、最安全、最稳定地获得高质量的产品。

2. 覆盖件冲压成形特点

覆盖件的质量要求和结构特点决定了其冲压成形特点，主要有以下几个方面。

1）一次拉深成形。覆盖件结构形状复杂，变形也复杂，其冲压变形规律难以定量把握。目前的理论分析和技术水平，尚不能像对圆筒形轴对称零件那样对其进行多道拉深工艺参数的精确分析计算，求出每次拉深的拉深系数及确定中间工序件的尺寸等。因此，覆盖件产品设计要与冲压成形工艺相结合，在小变形、浅拉深的基础上一次拉深成形。多道拉深一方面难以定位和保证精度，另一方面易形成冲击线、弯曲痕迹线，影响覆盖件油漆后的表面质量。因此，要求以最小的拉深深度、最少的冲压工序和尽可能简单的模具结构来实现覆盖件的冲压成形。

2）拉胀复合成形。由于覆盖件形状复杂，其成形过程中坯料的变形并不是简单的拉深变形，而是拉深和胀形变形同时存在的复合成形。通常，除内凹形轮廓（如 L 形轮廓）对应的压料面外，压料面上坯料的变形为拉深变形（径向为拉应力，切向为压应力），而坯料轮廓内部（尤其是中心区域）的变形为胀形变形（径向和切向均为拉应力）。车身覆盖件不同部位的变形性质如图 6-16 所示。

3）局部成形。当轮廓内部有局部形状（凸起或凹进）的零件冲压成形时，压料面上的坯料由于受到压边圈的压力，随着拉深凸模的下行，首先产生变形并向凹模内流动。在凸模下行到一定深度时，局部形状开始成形，并在成形终了时全部贴模。该局部形状处外部的材料难以向该部位流动，其局部成形主要靠坯料在

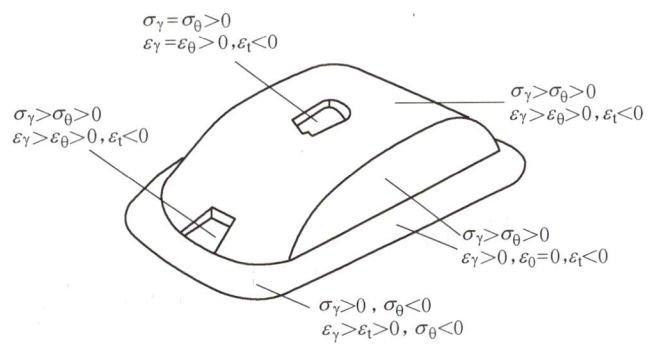

图 6-16 覆盖件不同部位的变形性质

双向拉应力下的变薄来达到面积的增大，以实现局部成形，故这种内部局部成形为胀形成形。

4）变形路径变化。覆盖件冲压成形时，内部的坯料并不是同时贴模，而是随着拉深过程的进行而逐步贴模的。这种逐步贴模过程，使坯料保持塑性变形所需的成形力不断变化，同时坯料各部位板面内的主应力方向与大小、板面内两个主应力之比 σ_1/σ_2 等受力情况不断变化，坯料（特别是内部坯料）产生变形的主应变方向与大小、板平面内两主应变之比

($\varepsilon_1/\varepsilon_2$) 等变形情况也随之不断地变化。即坯料在整个冲压成形中的变形路径（$\varepsilon_2/\varepsilon_1$）不是一成不变的，而是变路径的。

5) 变形趋向性的控制。覆盖件在冲压成形过程中的变形极其复杂，各部位的变形形式与趋向不同。目前，定量控制其变形十分困难，只能以板材塑性变形分析为手段，通过正确地设计冲压成形工艺和模具参数来保证预期的变形，并排除那些不必要的和有害的变形，以获得合格的高质量的覆盖件。

控制覆盖件冲压成形变形趋向的主要措施是确定合理的冲压方向、压料面，合理设计并敷设拉深筋。确定拉深冲压方向是制订覆盖件冲压工艺方案时的首要问题。它不但决定能否拉深出满意的覆盖件来，而且影响到工艺补充部分的大小以及拉深之后各工序的方案。压料面是工艺补充的重要组成部分，覆盖件拉深时，压料面的形状对拉深变形起着举足轻重的作用。压料面的形状不但要保证压料面上的材料不起皱，而且应尽量造成凸模下的材料能下凹以降低拉深深度，更重要的是要保证拉入凹模内的材料不起皱、不破裂。拉深方向、工艺补充和压料面形状是决定能否拉深成覆盖件的先决条件，而控制整个拉深坯料流动的拉深筋的合理敷设则是保证拉深出合格覆盖件的必要条件。拉深筋在压料面上的合理布置能控制和调节整个拉深件向凹模内的流动。

任务二　覆盖件冲压基本工序及冲压工艺方案的确定

1. 覆盖件冲压工艺的基本工序及其安排

覆盖件形状复杂，轮廓尺寸大，不可能在一两道冲压工序中制成，需要多道工序才能完成。覆盖件冲压工艺的基本工序有落料、拉深、整形、修边、翻边和冲孔等。根据实际生产需要可将一些工序合并，如落料拉深、修边冲孔、修边翻边、翻边冲孔等。

拉深工序是覆盖件冲压成形的关键工序，覆盖件的形状大部分是在拉深工序中形成的。在覆盖件的生产技术准备中，应首先考虑拉深工艺的设计与拉深模具的设计、制造与调试。

落料工序主要是获得拉深工序所需要的坯料形状和尺寸。由于覆盖件冲压成形的复杂性，不可能计算出其准确的落料尺寸，应在拉深工艺试冲成功后，方可确定坯料的形状和尺寸。在生产技术准备时，落料工序及落料模的设计应安排在拉深、翻边调试成功后再进行。

整形工序的主要内容是将拉深工序中尚未成形出的覆盖件形状成形出来。

整形工序变形的性质一般是胀形变形，经常复合在修边或翻边工序中。

修边工序的主要内容是切除拉深件上的工艺补充部分。这些工艺补充部分仅在拉深工序需要，拉深完成后要将其切掉。

翻边工序位于修边工序之后，主要任务是将覆盖件的边缘进行翻边成形。

冲孔工序用以加工覆盖件上的各种孔洞。一般安排在拉深工序之后，有的安排在翻边工序之后进行。若先冲孔，孔的位置和尺寸形状会在拉深或翻边时发生变化，影响以后的安装与连接。

2. 冲压工艺方案设计

不同的冲压工艺方案，会有不同的产品质量、生产率和生产成本。应根据企业及生产的具体情况来选择与制订冲压工艺方案。

(1) 准备工作　在选择与制订覆盖件的冲压工艺方案之前需进行如下准备工作。

1) 查阅相关资料。例如零件图或实物图，必要时应参考主模型或数字模型；冲压件的公差、所用板材的性能参数及表面质量等；压力机的参数、各种模具的设计标准等；产量、生产率及生产准备的时间等。

2）对零件图和拉深件图进行分析。了解该零件的功能、强度、表面质量以及与相关零件的配合、连接要求等，并明确以下几点。

①零件轮廓、法兰、侧壁及底部是否有形状急剧变化之处，有无其他难成形的形状。
②各个凸缘的允许精度（如长度、凸缘面的位置、回弹等）。
③各孔的精度、间距要求，以及这些孔位于何处（平面部分、倾斜部分、侧壁部分）。
④该零件和相关零件焊装面有何要求，装配、焊接的基准面和孔在何处。
⑤材料利用率。

（2）应考虑的主要因素

1）生产纲领。生产纲领是制订冲压工艺时采用多大的工装系数、设备安排布线、原材料、半成品及成品件等的物流安排、生产过程自动化程度的主要依据。

2）零件的形状复杂程度、轮廓尺寸大小、板料的厚度和性质，以及对零件质量、精度和使用性能的要求等。在设计冲压工艺时应首先考虑保证产品的相关质量与性能要求。

当工艺难度与产品性能质量要求矛盾时，应与产品设计部门协商，在不影响产品功能的前提下，改变产品结构设计，增加冲压生产的稳定性。

3）现有的设备条件和生产技术水平，模具设计与制造的技术水平与能力，以及生产技术准备周期等。

任务三 车身覆盖件拉深件成形

覆盖件形状复杂，成形过程中坯料的变形也很复杂，而拉深成形是其冲压工艺的关键核心工艺。简单地按覆盖件图展开来确定坯料的形状和尺寸，并不能保证覆盖件冲压时顺利成形。在制订覆盖件冲压工艺时，首先要进行拉深件的成形设计，根据覆盖件图并按拉深位置制订拉深件图，然后根据拉深件图展开来确定坯料的形状和各部位尺寸，制订冲压工艺和模具设计方案。主要有拉深方向的选择、压料面与工艺补充的确定等工作。

1. 拉深件形状构成及各部分的变形特点

为了便于拉深工艺的制订，首先应研究拉深件形状构成及各部分的变形特点。

（1）拉深件的形状构成 拉深件的形状构成如图6-17所示。由压料凸缘 *ABIJ*、凹圆角 *BCHI*、侧壁 *CDGH*、凸圆角 *DEFG*、底部 *EF* 这5部分构成。

（2）各组成部分的变形特点

1）在压料凸缘上，径向承受拉应力，切向由拉深凹模洞口的形状决定。当为直线时无切向力，凸曲线时呈压应力，凹曲线时为拉应力，变形特点取决于其应力状态。

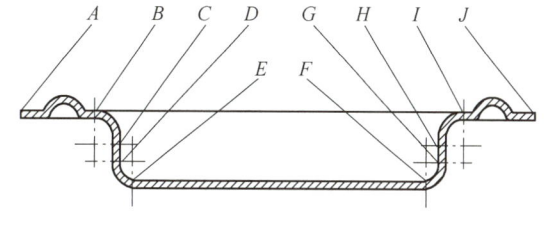

图6-17 覆盖件拉深件形状的构成

2）凹圆角处变形基本上与压料凸缘处相似。

3）侧壁上的材料经压料凸缘和凹圆角的变形以后，根据侧壁形状的不同会出现不同的应力状态。若不考虑邻界影响，一般直壁形状时只呈单向拉深状态，属于传力区。当侧壁为凸曲面时会出现双向拉应力，使拉深件继续产生类似胀形的变形；若是凹曲面，则出现切向拉应力、径向压应力，拉深件的变形类似缩颈。

4）凸圆角上变形和侧壁相仿。

5）底部若是平面则基本上不变形；底部若是曲面或带有形状复杂的反拉深部分，则应对其变形情况做具体分析。

从上述各组成部分的应力应变情况来看，覆盖件拉深变形情况是相当复杂的，其成形一般均是以拉深变形性质和胀形变形性质的复合变形来实现的，多数情况下拉深性质的变形是主要的变形形式。

2. 拉深方向的选择

确定拉深方向是拉深工艺方案首先遇到的问题。它不仅决定能否成功拉深出满意的覆盖件，还影响到工艺补充部分的多少，以及拉深后各工序（如整形、修边、翻边）的方案。确定拉深方向时必须考虑以下几点。

1）首先保证拉深凸模能够进入凹模。此类问题主要出现在覆盖件的某一部位或局部（侧壁）形状呈凹形或有反拉深处。为了使凹形或反拉深的凸模能够进入到凹模，只能使拉深方向满足上述要求，故覆盖件本身形状具有的局部凹形或反拉深处的要求决定了其拉深方向。

图6-18所示为覆盖件上的侧凹形决定拉深方向示意图。图6-18a所示的拉深方向不合理，凸模不能够全部进入凹模拉深，会形成"死区"，无法成形出所要求的形状。将覆盖件旋转一定角度后，就能使凸模全部进入凹模，成形出零件的全部形状，如图6-18b所示。

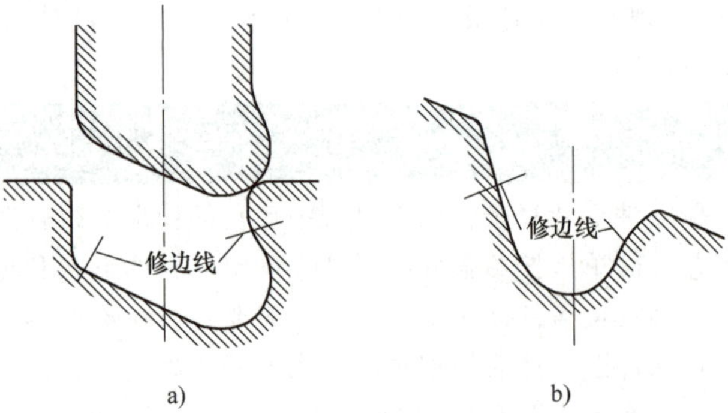

图6-19所示为按覆盖件底部的反拉深处最有利于成形所决定的拉深方向，若不按此拉深方向则不能保证窗口呈水平方向和90°角。

2）保证凸模与坯料有良好的拉深初始接触状态。这样能减少坯料与凸模的相对滑动，有利于毛坯的变形，并能显著提高冲压件的表面质量。图6-20所示为凸模开始拉深时与坯料的接触状态示意图，图6-20b、d、f、h所示为改进后的结构。

图6-18 覆盖件上的侧凹形决定拉深方向示意图
a）凸模不能进入凹模拉深　b）旋转

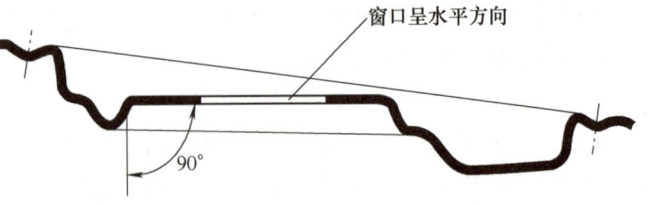

图6-19 覆盖件的反拉深决定拉深方向

图6-20a所示凸模与坯料的接触面积应尽量大，以保证有较大的接触面积，避免因点接触或线接触造成材料局部变形太大而发生破裂。

图6-20c所示凸模与坯料开始接触的地方应处于冲模的中间，而不要偏离一侧。这样，凸模在拉深过程中能使材料均匀地拉入凹模内。

图 6-20e 所示的凸模开始拉深时其表面与坯料的接触点要多而分散,且尽可能均匀分布和同时接触,以防止局部变形过大或拉深过程中坯料与凸模表面发生相对滑动而影响表面质量。

图 6-20g 所示在拉深方向没有选择余地,而凸模与坯料的接触状态又很不理想时,应在工艺补充部分想办法,通过改变压料面形状改善凸模与坯料的接触状态。

3. 工艺补充与压料面

工艺补充是指为了顺利拉深成形出合格制件,在冲压件基础上添加的那部分材料,用以满足拉深、压料面和修边等工序的需要。这部分材料仅仅是冲压成形需要而不是零件本身所需要的,在拉深成形后的修边工序中需将工艺补充切除掉。

大多数覆盖件都需要添加工艺补充后才能拉深成形,这是覆盖件冲压工艺的重要内容,也是与普通简单件拉深工艺的主要不同。

工艺补充有内工艺补充和外工艺补充两大类。

内工艺补充是在零件内部的工艺补充,通过填补内部孔洞创造适合于拉深的良好条件(开工艺切口或冲工艺孔也是设在内部的工艺补充部分)。这部分工艺补充不增加材料消耗,而且在冲内孔后,该部分材料仍能适当利用,如图 6-21 中工艺补充部分 1。

外工艺补充是在零件沿外轮廓边缘展开(含翻边展开部分)的基础上添加的工艺补充,包括拉深部分的补充和压面料两部分。外工艺补充如图 6-21 中的工艺补充部分 2,是为了选择合理拉深方向,创造良好的拉深条件而增加的,它会增加零件的材料消耗。

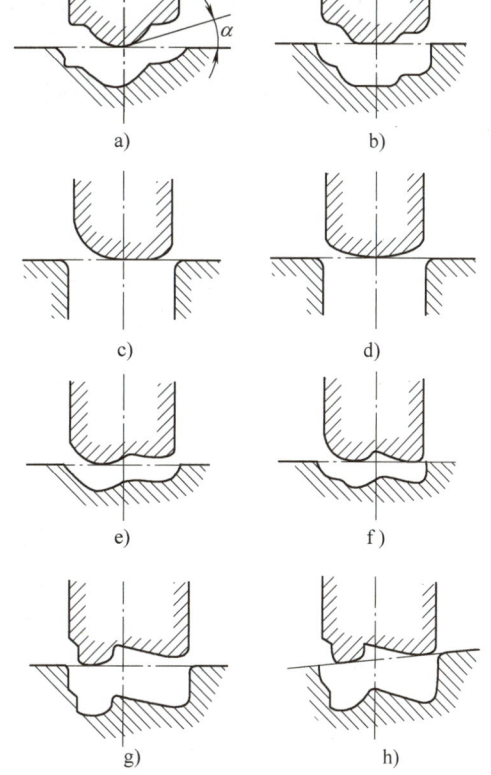

图 6-20 凸模开始拉深时与坯料的接触状态示意图

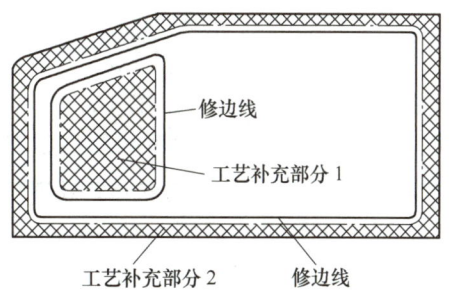

图 6-21 工艺补充示意图

工艺补充设计得合理与否,是衡量覆盖件冲压工艺设计先进与否的重要标志,它直接影响到拉深成形时工艺参数、坯料的变形条件、变形量大小、变形的分布、表面质量、破裂与起皱等缺陷的产生等。

(1) 工艺补充的基本要求

1) 简化拉深件结构形状原则。覆盖件的结构形状越复杂,拉深成形中的材料流动和塑性变形就越难控制。零件外部的工艺补充应有利于拉深件的结构、形状简单化。工艺补充简化拉深件形状和压料面形状如图 6-22 所示。

图 6-22a 中，工艺补充（图中余料部分）简化了零件轮廓形状，使压料面的轮廓形状简单，毛坯变形在压料面上的分布比较均匀，从而有利于控制坯料的变形和塑性流动。

图 6-22b 中的工艺补充增加了局部侧壁高度，使拉深件深度变化比较小，大大减小了塑性流动的不均匀性。

图 6-22c 中工艺补充简化了压料面形状，有利于坯料的均匀变形和均匀流动。

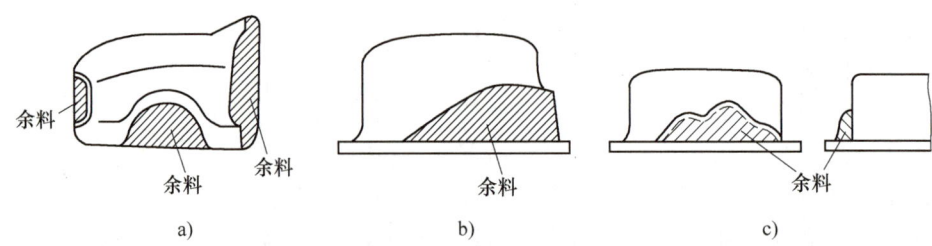

图 6-22 工艺补充简化拉深件形状和压料面形状
a) 简化零件轮廓形状 b) 增加局部侧壁高度 c) 简化压料面形状

2) 保证良好的塑性变形条件。有些覆盖件如发动机盖板等，深度较浅、曲率较小，但轮廓尺寸较大，必须保证坯料在拉深成形过程中有足够的塑性变形量，才能保证有较好的形状精度和刚度。图 6-23 所示的侧壁斜面较大的拉深件成形时，若选择图 6-23a 所示的工艺补充，凸模上的 A 点直到下极点才和拉深坯料相接触。压料面上的进料阻力小，在拉深过程中会在斜壁部分形成波纹，虽然成形结束时凸模与凹模最后是镦死的，但也不可能将波纹压平。若选择图 6-23b 所示的工艺补充，使拉深件增加一段直壁 AB，凸模上的 A 点进入凹模后开始就将坯料拉入凸模与凹模之间所形成的垂直间隙中一直到 B 点。在拉深直壁 AB 的过程中，凸模对坯料的拉深能使形成的波纹清除掉，还能增加拉深件的刚度。直壁 AB 段一般取 10~20mm。

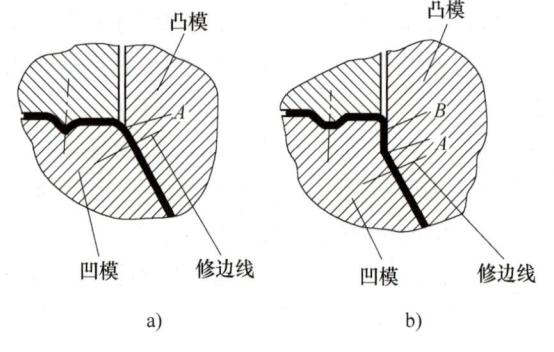

图 6-23 工艺补充对变形的影响
a) 实例一 b) 实例二

3) 内孔封闭补充原则。对零件内部的孔首先进行封闭补充，使零件变成无内孔的冲压件。若内部带有反拉深的局部成形部分，则要对其进行变形分析，这部分的成形一般属于胀形变形量。如图 6-24a 所示，若内部工艺补充部分不开工艺孔，则因胀形变形量大，会产生破裂。经试验研究后，确定预先冲制的工艺孔的形状、尺寸，便改变了拉深成形时的变形分布和变形量，使得拉深能够顺利进行。图 6-24b 所示为开工艺切口的例子。

4) 对后序工序有利原则。工艺补充要考虑对后序工序的影响，要有利于后序工序定位的稳定性，尽量能够实现垂直修边等。拉深件在修边时和修边之后工序的定位必须在确定拉深件工艺补充时进行考虑，要保证定位可靠，否则会影响修边和翻边的质量。

5) 成双拉深工艺补充。有些零件进行拉深工艺补充时，需要增加很多材料或者单个拉深冲压方向不好选择而且变形条件不易控制。此时，若零件不是太大的话，可以将两件通过工艺补充设计成一个拉深件,称为"成双拉深法"。设计成双拉深工艺补充时,首先要考虑两件中间连接部分的工艺补充,然后再按上述原则进行周围部分的工艺补充设计。图6-25所示为成双拉深工艺补充的一个例子。

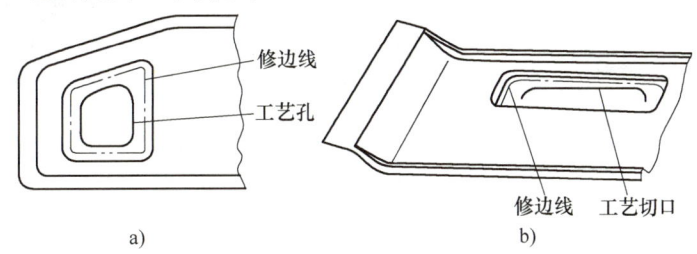

图 6-24　工艺补充上预冲孔或工艺切口实例
a) 内部不开工艺孔　b) 开工艺切口的实例

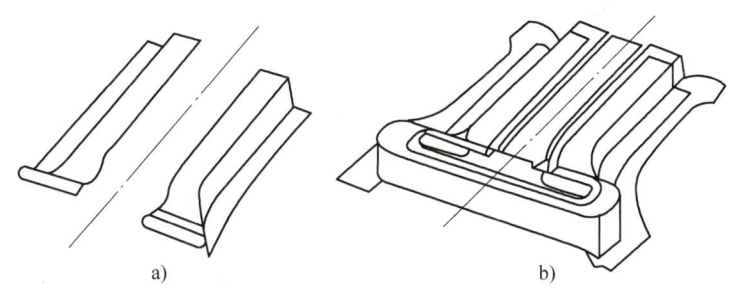

图 6-25　成双拉深工艺补充
a) 产品件示意图　b) 拉深件示意图

6) 外工艺补充部分尽量小。外工艺补充不是零件本体,拉深后被切掉变成废料。应在保证拉深件具有良好拉深条件的前提下,尽量减小这部分工艺补充,以减少材料浪费,提高材料利用率。

(2) 常见工艺补充的类型

1) 修边线在拉深件的压料面上,垂直修边。如图6-26a所示,压料面本身就是覆盖件的凸缘面。考虑到拉深模在使用中,压料面要经常调整,并且由于拉深筋的磨损而需要打磨拉深筋槽,修边线距压料筋的距离 A 应为 25mm 左右。

2) 修边线位于拉深件的底面上,垂直修边。如图6-26b所示,修边线距凸模圆角半径 $R_凸$ 的距离 B 应保证不致因凸模圆角的磨损而影响到修边线,B 值一般取 3~5mm。凸模圆角半径 $R_凸$ 应根据拉深深度和斜线形状来确定,一般取 3~10mm。对于拉深深度浅的和直线部分取下限;对于拉深深度深的和形状部分取上限。凹模圆角半径 $R_凹$ 对拉深坯料的进料阻力影响极大,其半径应适当确定。当凹模圆角半径也是工艺补充的组成部分时,$R_凹$ 取 8~10mm。当凹模圆角部分本身就是覆盖件的组成部分时,则首先要保证拉深成形工艺的要求,由此而导致加大的圆角,利用以后的整形工序整压圆角。同时考虑到修边模的强度,一般取 $C = 10~20mm$,$D = 40~50mm$。

3) 修边线在拉深件翻边展开斜面上,垂直修边。如图6-26c所示,修边方向和修边表面的夹角 α 应不小于 50°。α 过小会使修边刃口变钝,使修边处易产生毛刺。其他参数可取

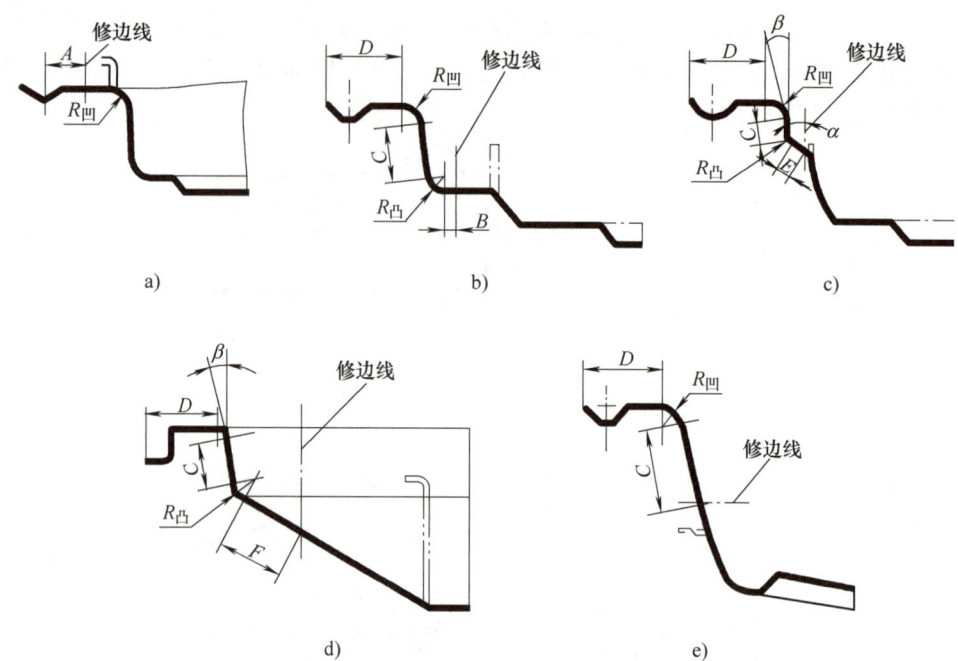

图 6-26 工艺补充部分可能采用的几种类型
a) 修边线在拉深件的压料面上 b) 修边线在拉深件的底面上 c) 修边线在拉深件翻边展开斜面上 d) 修边线在拉深件的斜面上 e) 修边线侧壁上

为：$\beta = 6° \sim 12°$；$E = 3 \sim 5\mathrm{mm}$；$R_{凹} = (4 \sim 10)t$；$C = 10 \sim 20\mathrm{mm}$；$D = 40 \sim 50\mathrm{mm}$。

4）修边线在拉深件的斜面上，垂直修边。如图 6-26d 所示，修边线是按覆盖件翻边轮廓展开的，而且翻边轮廓外形复杂，若使拉深件轮廓平行于修边线，则不利于拉深成形。此种情况下，应尽量使拉深件外轮廓形状补充成规则形状，因此修边线距凸模圆角半径 $R_{凹}$ 的距离 F 是变化的，一般只控制几个最小尺寸：$F = 5 \sim 8\mathrm{mm}$；$\beta = 6° \sim 12°$；$R_{凹} = 3 \sim 10\mathrm{mm}$；$C = 10 \sim 20\mathrm{mm}$。

5）修边线在侧壁上，水平或倾斜修边。如图 6-26e 所示，修边线距凹模圆角半径 $R_{凹}$ 的距离 G（侧壁深度）应根据压料面形状的需要来确定，不可能和修边线完全平行。一般也只控制几个最小尺寸：$G > 12\mathrm{mm}$；$R_{凹} = (4 \sim 10)t$；$D = 40 \sim 50\mathrm{mm}$。

（3）压料面形状的确定 压料面是工艺补充的一个重要组成部分，对覆盖件的拉深成形起着重要作用。在凸模对坯料开始拉深前，压边圈将坯料压紧在凹模压料面上。拉深开始后，凸模的作用力与压料面上的阻力共同形成坯料的变形力，使坯料产生塑性变形，实现覆盖件的拉深成形过程。

对压料面形状的要求是压边圈将拉深坯料压紧在凹模压料面上，所形成的压料面形状应不形成桔皮和折痕，以保证凸模对拉深坯料有良好的拉深条件。一般压料面形状应由平面、圆柱面、圆锥面等组成。

图 6-27 所示为常用的一些压料面形状。确定压料面形状必须考虑以下几点。

1）降低拉深深度。压料面呈一定的弯曲形状，即拉深坯料在压边圈和凹模压料面压紧下呈一定的弯曲形状，是降低拉深深度的主要方法。图 6-28 所示的左、右门外板拉深件就

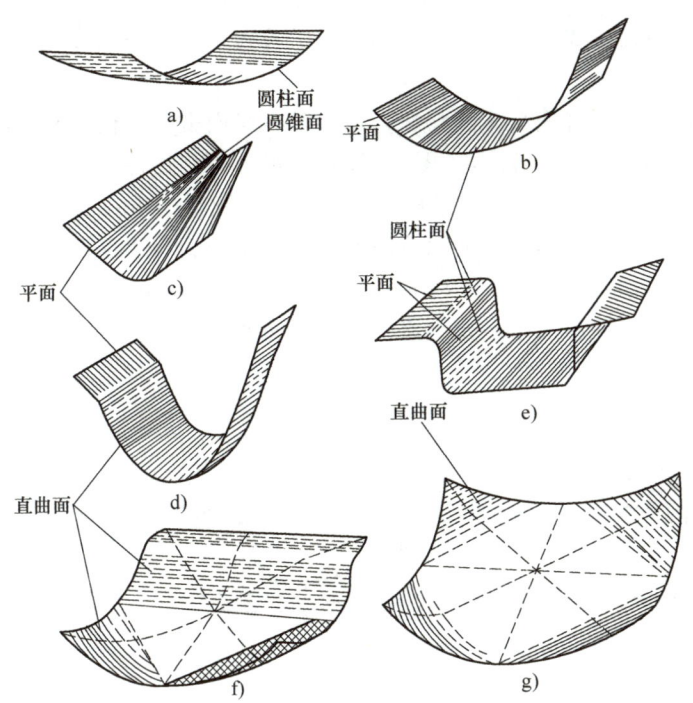

图 6-27 常用的一些压料面形状

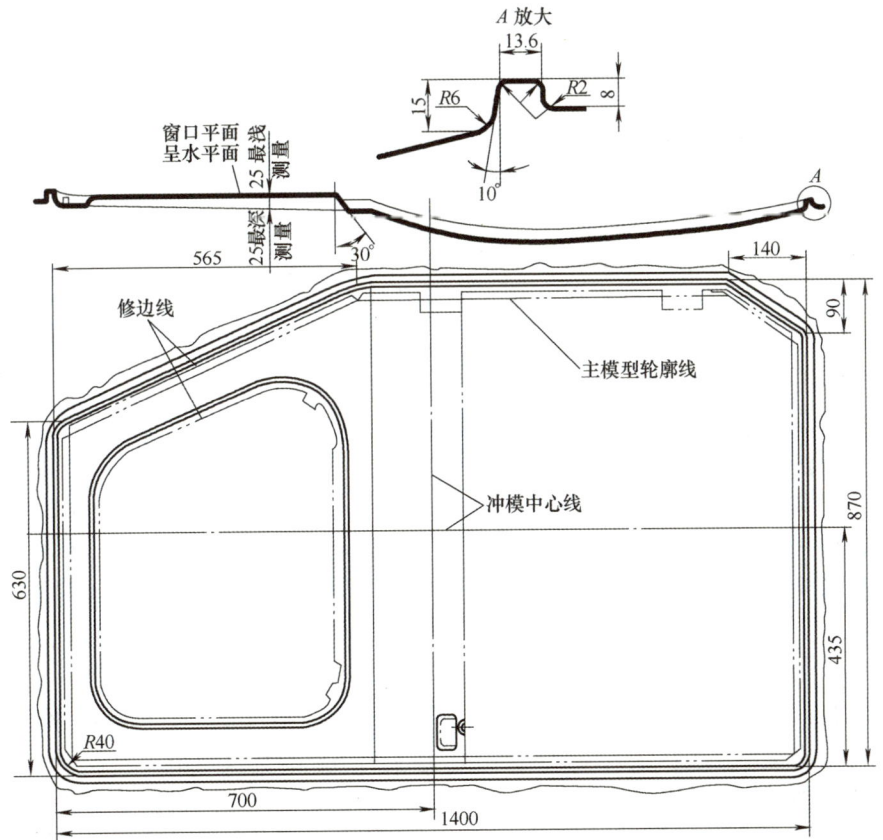

图 6-28 左、右门外板拉深件

是考虑降低拉深深度这一要求，而使压料面形状沿覆盖件外形呈凹形弯曲并使拉深深度均匀的。

为了降低拉深深度，并使拉深坯料服帖地压紧在料面上，致使压料面的某些局部形成倾斜角，如图6-29所示。平的压料面（图6-29a）压料效果好，但对材料的流动阻力较大。一般采用图6-29b所示的压料面形状，锥形或碗口形向内倾斜的压料面。这种压料面对材料的流动阻力较小，可在塑性变形较大的深拉深件拉深时采用。为了保证压边圈的强度，倾斜角 ϕ 应小于60°。在特殊情况下压料面向外向下倾斜，如图6-29c所示，往往是由覆盖件本身的凸缘面所决定的。其压料效果最差，不但凹模表面磨损严重，而且易产生破裂，应尽量少采用。

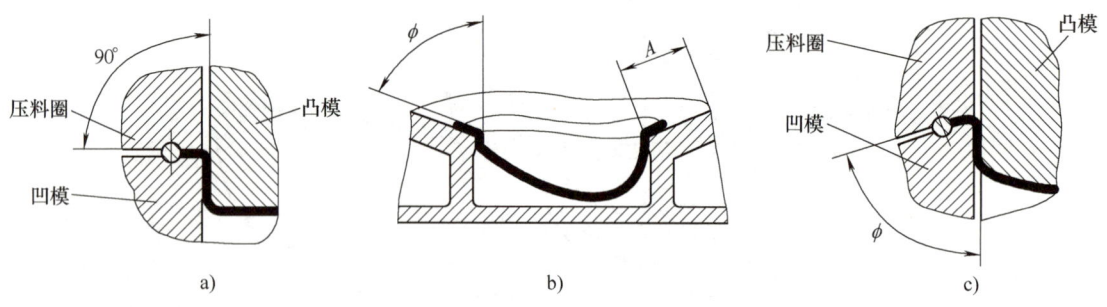

图6-29 压料面的倾斜角

a）平的压料面 b）向内倾斜的压料面 c）向外向下倾斜的压料面

2）凸模对拉深坯料要有拉深作用，这是确定压料面形状必须充分考虑的一个重要因素。通常认为，覆盖件冲压成形时各断面上的伸长变形量在3%～5%的范围内，才能有较好的形状冻结性，并且最小伸长变形量不应小于2%。如图6-30所示，应使压料面任一断面的曲线长度 l_1 小于拉深件内部（凸模表面）相应断面的曲线长度 l_0。否则，拉深件上会出现余料、松弛及桔皮等缺陷，应保证 $l_0 < 0.97 l_1$。

3）压料面夹角 β 必须大于凸模表面夹角 α，才能避免产生波纹和桔皮。图6-31所示为汽车前围外板压料面形状的一个方案，压料面夹角 β 比凸模表面夹角 α 小，从凸模开始拉深到最后的拉深过程中，会有几个瞬间位置的压料面展开长度比凸模表面形状展开长度长，从而形成桔皮，并且不能在拉深过程中消除。凸模拉深过程中四个瞬间形成桔皮的情况如图6-32所示。

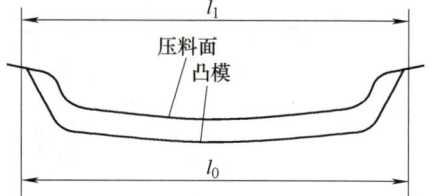

图6-30 压料面展开长度应比凸模展开长度短的示意图

项目小结

本项目是汽车车身覆盖件冲压工艺的学习和掌握。包括汽车车身覆盖件冲压成形特点、覆盖件冲压基本工序及冲压工艺方案的确定、车身覆盖件拉深件成形等内容。

车身覆盖件指汽车车身内、外表面的薄壳板件。覆盖件在结构和质量要求上与一般冲压件不同，在冲压工艺、冲模设计和冲模制造工艺上也比较独特，一般将覆盖件作为一类特殊的冲压件来研究。

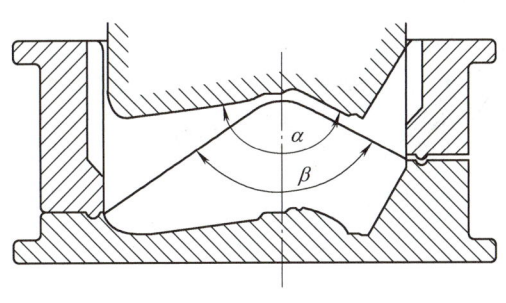
图 6-31　汽车前围外板压料面
　　　　形状的一个方案

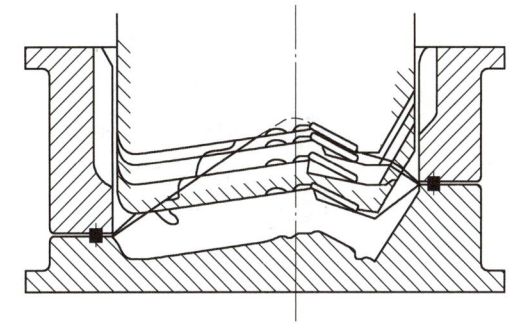
图 6-32　凸模拉深过程中四个瞬间
　　　　形成桔皮的情况

覆盖件形状复杂，轮廓尺寸大，不可能在一两道冲压工序中制成，需要多道工序才能完成。覆盖件冲压工艺的基本工序有落料、拉深、整形、修边、翻边和冲孔等。根据实际生产需要可将一些工序合并，如落料拉深、修边冲孔、修边翻边、翻边冲孔等。

覆盖件形状复杂，成形过程中坯料的变形也很复杂，而拉深成形是其冲压工艺的关键核心工艺。简单地按覆盖件图展开来确定坯料的形状和尺寸，并不能保证覆盖件冲压时顺利成形。在制订覆盖件冲压工艺时，首先要进行拉深件的成形设计，根据覆盖件图并按拉深位置制订拉深件图，然后根据拉深件图展开来确定坯料的形状和各部位尺寸，制订冲压工艺和模具设计方案。主要有拉深方向的选择、压料面与工艺补充的确定等工作。

项目四　冲压件质量控制

冲压件的质量检测有精度检验与外观检验两种。根据检查结果，可进行冲压零件的手工修整，模具的修补，更改模具的设计与制造方法等措施。

1. 精度检验

精度检验一般在检验夹具上进行，测定的主要项目有外形尺寸、表面位置、孔的位置、压肩位置、拉深线位置、各主要断面等。还应检查零件的尺寸重复精度。图 6-33 所示为检验夹具。

2. 外观检验

外观检验是靠手摸和目视的感觉检验的，用以发现歪扭、拉长、冲撞线、黏着、折皱、裂纹、滑移线错动、压痕与麻点、弯曲错边、毛刺等缺陷。车门护板与保险杠的外观疵病示例如图 6-34 所示。

随着测量技术的进步，自动测量装置已投入使用。将零件各部位设计尺寸的数据记忆储存，以传感器读出零件各部位的测量尺

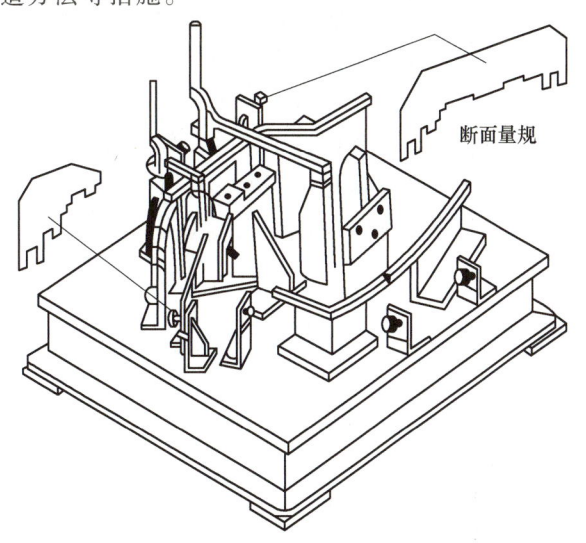
图 6-33　检验夹具

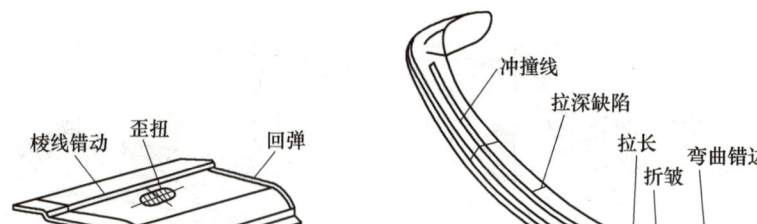

图 6-34 车门护板与保险杠的外观疵病示例
a) 车门护板　b) 保险杠

寸,并计算出差值。车身外护板(发动机罩、挡泥板、车门、顶盖、行李箱等)表面歪斜、凹凸不平等缺陷,已开始采用光学技术数值显示的判断方法。

项目小结

本项目是汽车冲压件的质量检测的学习和掌握。冲压件的质量检测有精度检验与外观检验两种。根据检查结果,可进行冲压零件的手工修整,模具的修补,更改模具的设计与制造方法等措施。

精度检验一般在检验夹具上进行,测定的主要项目有外形尺寸、表面位置、孔的位置、压肩位置、拉深线位置、各主要断面等。还应检查零件的尺寸重复精度。

外观检验是靠手摸和目视的感觉检验的,用以发现歪扭、拉长、冲撞线、黏着、折皱、裂纹、滑移线错动、压痕与麻点、弯曲错边、毛刺等缺陷。

习　题

1. 板料冲压生产有何特点?应用范围如何?
2. 汽车冲压件可分为哪几类?
3. 冲压材料有哪些特性要求?
4. 试述冲压模具制造工艺的一般过程。
5. 试述冲压件质量保证方法有哪些。
6. 试述车身覆盖件冲压成形特点。

模块七　汽车车身焊装工艺

知识目标

1. 掌握了解车身焊接工艺。
2. 掌握了解车身焊装夹具。
3. 了解车身焊装生产线。
4. 了解车身焊装的工艺性。

能力目标

1. 掌握几种车身焊接工艺的基本特点。
2. 了解汽车车身焊装的基本流程。

学习引导

汽车车身是由薄板构成的结构件，冲压成形后的板料通过装配和焊接形成车身壳体的(白车身)。汽车车身装配主要采用焊接方式，焊装工艺是车身制造工艺的主要部分。焊装是车身成形的关键，在汽车车身结构设计时就必须考虑零部件的焊装工艺性。焊装工艺设计与车身产品设计及冲压工艺设计是互相联系、互相制约的，必须进行综合考虑，它是影响车身制造质量的重要因素。

项目一　车身焊接工艺

在汽车厂中，焊接生产线相对于涂装线和总装线来说，刚性强，多品种车型的通用性差，每更新换代一种车型，均需要更新车间大量专用设备和生产工艺。焊接工艺设计可以称得上是焊接生产线的"灵魂"，涉及的专业知识较多，如机械化、电控、非标设备、建筑、结构、水道、电气、暖通、动力、环保和通信等，从宏观上决定了车间工艺水平、物流、投资和预留发展，具体决定着生产线的工艺设备种类和数量、夹具形式、物流工位器具形式、机械化输送方式及控制模式等。因此，焊接工艺设计在焊接生产线的开发中占有举足轻重的地位，是产生高性价比焊接生产线的关键。

任务一　了解车身焊接工艺

汽车车身壳体是一个复杂的结构件，它是由百余种、甚至数百种薄板冲压件经焊接、铆接、机械联结及粘结等方法连接而成的。车身冲压件的材料大都是具有良好焊接性的低碳钢，焊接是现代车身制造中应用最广泛的连接方式。表 7-1 列举了车身制造中常用的焊接方法及典型应用实例。

车身制造中应用最多的是电阻焊，一般占整个焊接工作量的 60% 以上，有的车身几乎全部采用电阻焊。除此之外就是CO_2气体保护焊,它主要用于车身骨架和车身总成的焊接。

表 7-1 车身制造中常用的焊接方法及典型应用实例

焊接方法				典型应用举例
电阻焊	点焊	单点焊	悬挂式点焊机	车身侧围、车身总成等分总成
			固定式点焊机	小型板类零件
		多点焊	压床式多点焊机	车身地板总成
			C形多点焊机	车门、发动机盖等总成
	缝焊		悬挂式缝焊	车身顶盖流水槽
			固定式缝焊	油箱总成
	凸焊			小支架、螺母
电弧焊			CO_2气体保护焊	车身总成
			氩弧焊	车身顶盖后两侧接缝
			焊条电弧焊	原料零部件
气焊			氧乙炔焊	车身总成补焊
钎焊			锡钎焊	散热器
特种焊			微弧等离子焊	车身顶盖后角板
			激光焊	车身底板

车身零件大都是薄壁板件或薄壁杆件,刚性很差,在焊装过程中必须使用多点定位夹紧的专用焊装夹具,以保证各零件或合件在焊接处的贴合和相对位置,特别是门窗及孔洞的尺寸等。这也是车身焊装工艺的特点之一。

为了便于制造,车身设计时,通常将车身划分为若干个分总成,各分总成又划分为多个合件,合件由众多个零件组成。车身焊装的过程则与上述过程相反,即先将若干个零件焊装成合件,再将若干个合件和零件焊装成分总成,最后将分总成和合件、零件焊装成车身总成。图7-1所示的轿车白车身结构大致是按图7-2所示的制造过程焊装的。

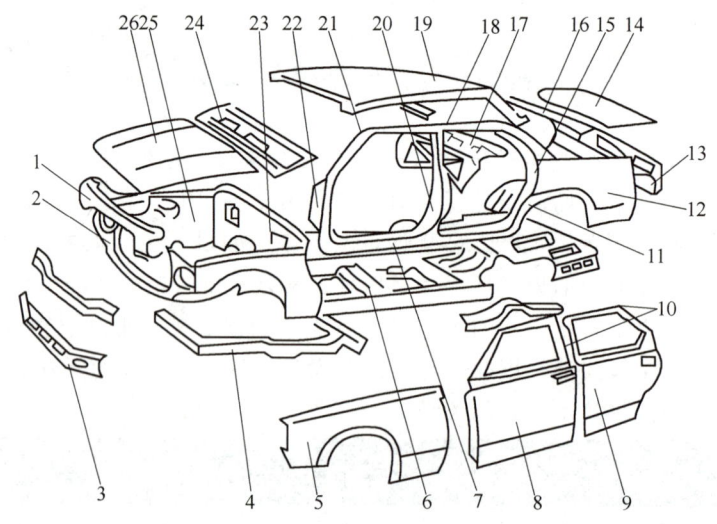

图 7-1 轿车白车身结构

1—发动机罩前支承板 2—散热器固定框架 3—前裙板 4—前框架 5—前翼子板 6—地板总成 7—门槛 8—前门 9—后门 10—门窗框 11—车轮挡泥板 12—后翼子板 13—后围板 14—行李箱盖 15—后立柱(A柱) 16—后围上盖板 17—后窗台板 18—上边梁 19—顶盖 20—中立柱(B柱) 21—前立柱(A柱) 22—前围侧板 23—前围板 24—前围上盖板 25—前挡泥板 26—发动机罩

模块七 汽车车身焊装工艺

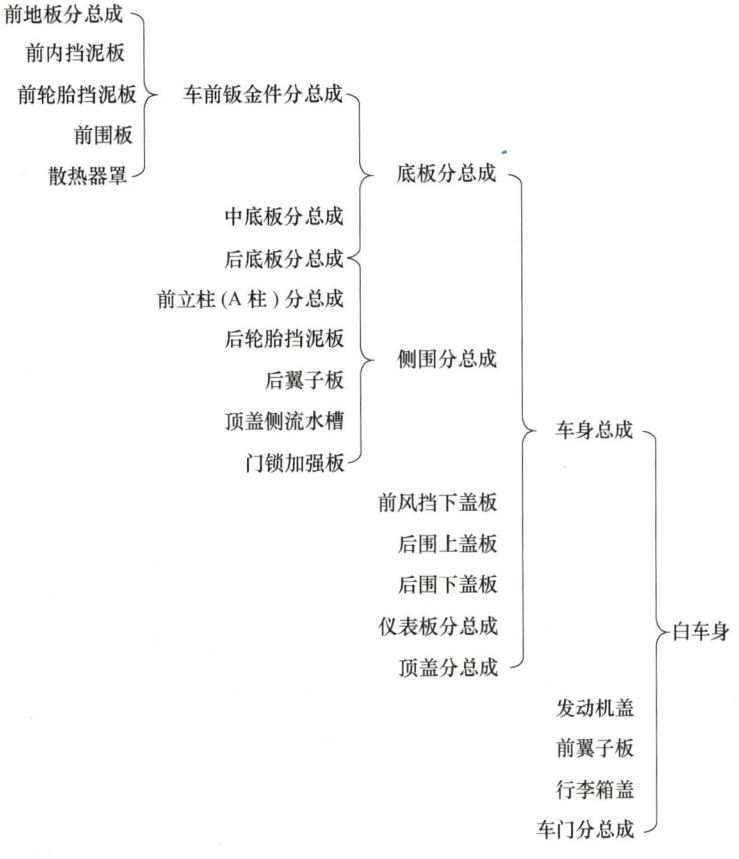

图 7-2 轿车白车身焊装程序图

对于有骨架的中型或大型客车的车身，一般是先焊装前、后围和左、右侧围及顶盖等几大片骨架分总成，然后在底板的基础上将这几大片分总成焊合成车身骨架总成，最后在骨架上蒙上蒙皮成为白车身总成。

车身焊装的方式与生产率密切相关。在单件小批量生产中，大都是采用手工焊装的方式，只有少量的焊装夹具，全部焊装工作都在一个或几个工位上完成。随着批量的增大，焊装工作转为流水线式，特别是车身总装常常是在有多个工位的流水焊装线上完成的。每个工位都有保证焊装质量的夹具。若是大批量生产，焊装工作则是在具有定位迅速准确的焊装夹具和完善的质量控制手段的自动化生产线上完成的。有的自动化生产线上还大量地使用了焊接机器人，以适应快的生产节奏和保证稳定的焊接质量。

任务二 电 阻 焊

电阻焊是汽车车身制造中应用最广泛的焊接方法。图 7-3 所示为电阻焊原理示意图，将置于两电极之间的工件加压，并在焊接处通以电流，利用电流通过工件本身的电阻产生的热量来加热而形成局部熔化，断电冷却时，在压力继续作用下而形成牢固接头。这种工艺过程称为电阻焊。

一、电阻焊特点

1) 利用电流通过工件焊接处的电阻而产生的热量对工件加热。热量不是来源于工件之外,而是内部热源。

2)整个焊接过程都是在压力作用下完成的,即必须施加压力。

3)在焊接处不需加任何填充材料,也不需任何保护剂。

4)形成电阻焊接头的基本条件只有电极压力和焊接电流。

二、电阻焊的种类

电阻焊的种类很多,按接头形式可分为搭接电阻焊和对接电阻焊两种。根据焊接工艺,搭接电阻焊又可分为点焊、缝焊和凸焊三种,对接电阻焊一般有电阻对焊和闪光对焊两种。应对电阻焊的分类进行了解与掌握。

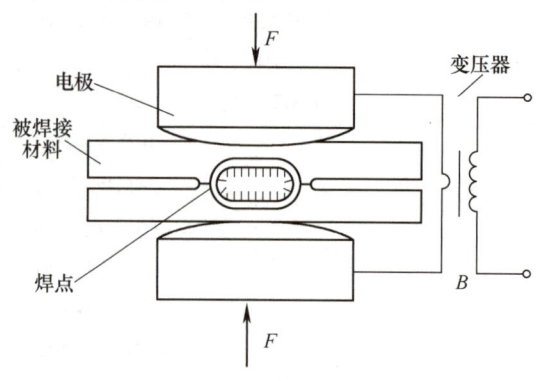

图 7-3 电阻焊原理示意图

1. 点焊

点焊是利用在焊件间形成的一个个焊点来连接焊件的。如图 7-3 所示,两焊件被压紧于两柱形电极之间并通以强大的电流,利用电阻热将工件焊接区加热到形成一定尺寸的熔核为止。然后切断电流,熔核在压力作用下冷却结晶形成焊点。点焊在车身制造中应用最广。

点焊的形式很多,但按供电方向来分只有单面点焊和双面点焊两种。在这两种点焊中,按同时完成的焊点数又可分为单点、双点和多点焊。

双面点焊时,电极在工件的两侧向焊接处馈电,也可以一侧是电极,另一侧是接触面积较大的导电板,这样可以消除或减轻下面工件的压痕,常用于汽车车身外表面或装饰性面板的点焊。

单面点焊时,电极由工件的一侧向焊接处馈电。单面点焊多用于工件较大或受焊机机臂尺寸限制的场合。在汽车车身的大量生产中,单面多点焊获得广泛应用。可采用由一个变压器供电,各对电极轮流压住工件的形式,也可采用各对电极均由单独的变压器供电,全部电极同时压住工件的形式。后一种形式具有较多优点,应用也较广泛。

2. 缝焊

缝焊类似于连续点焊,是以旋转的滚盘状电极代替点焊的柱状电极。缝焊的焊缝实质上是由许多彼此互相重叠的焊点组成的。缝焊按滚盘转动与馈电方式可分为连续缝焊、断续缝焊和步进式缝焊等。缝焊主要用于要求气密性的焊缝,如汽车燃油箱等。

3. 凸焊

凸焊是点焊的一种变型,它是利用零件原有的能使电流集中的型面、倒角或预制的凸点作为焊接部位的。凸焊时,一次可在接头处形成一个或多个熔核。

在汽车车身制造中,凸焊主要用于将较小的零件(如螺母、垫圈等)焊到较大的零件上。

4. 对焊

对焊是电阻焊的另一大类,是把焊件整个接触面焊接在一起,接头均为对接接头。对焊分为电阻对焊和闪光对焊两种。电阻对焊是用夹具将两焊件夹紧,并使其端面相互挤紧,然后通电加热,当焊件端面加热至塑性状态时,断电并加大压力进行顶锻,直至两焊件冷却结晶而形成牢固的对接接头。闪光对焊也是用夹具将两焊件夹紧并通电，然后使两焊件缓慢靠拢并轻微接触，因端面个别点的接触而形成喷射状火花，加热至一定温度时，断电进行迅速顶锻，最后在压力作用下冷却结晶而形成牢固接头。

三、电阻焊的优缺点

1. 电阻焊的优点

1）焊接质量好。焊接的内部热源热量集中，加热时间短促，在焊点形成过程中始终被塑性环包围，故电阻焊冶金过程简单，热影响区小，变形小，易于获得质量较好的接头。特别是焊接的表面质量也较好，这对轿车、客车等外观质量要求较高的车身来说具有重要意义。

2）生产率高。一个焊点可以在几分之一秒内完成。目前通用点焊机的生产率为每分钟60个焊点；对焊机每小时大约可焊150个接头，快速点焊机每分钟可焊500多个焊点。

3）成本低。不需在焊缝区加任何填充材料，也不需要防止熔焊区金属氧化的保护材料，即不需要焊丝和焊剂。

4）劳动条件好，不放出有害气体和强光。

5）操作简单，容易实现机械化和自动化。通过夹具和自动传送装置，可以与其他设备连成生产线。

2. 电阻焊的缺点

1）焊接设备费用较高，投资较大。

2）需要的供电功率大。

3）焊件的尺寸、形状和厚度受到设备的限制。

现代汽车车身制造中，电阻焊的应用不断发展。近年来，国内外电阻焊技术正向着保证焊接质量、扩大使用范围和提高自动化程度及生产率三个方面迅速发展。

任务三　点　焊

点焊是车身制造中应用最广的焊接方法，一辆载货汽车车身约有2000多个焊点，轿车车身的焊点数更多，汽车车身是一个典型的点焊结构件。

一、点焊循环

焊点是在电极压力作用下，对焊件通电加热而实现的。通常把一个焊点形成过程称为一个点焊循环，点焊循环如图7-4所示，它反映了点焊中电极压力和焊接电流与时间的关系。

一个点焊循环由预压、焊接、锻压和停止四个阶段组成。点焊循环如图7-5所示。

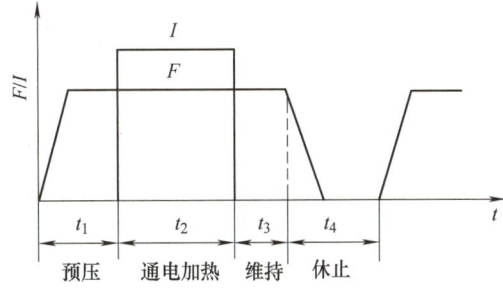

图7-4　点焊循环

1. 预压

预压是为了克服构件刚性，获得低而均匀的接触电阻，以保证焊接过程中获得重复性好的电流密度。对厚板或刚度大的冲压零件，可在此期间先加大预压力，再回复到焊接时的电极压力，使接触电阻恒定而又不太小，以提高热效率，或通过预热电流以达上述目的。

在预压阶段，通过电极对焊件施加压力，使焊接处相互紧密接触。电极与焊件、焊件与

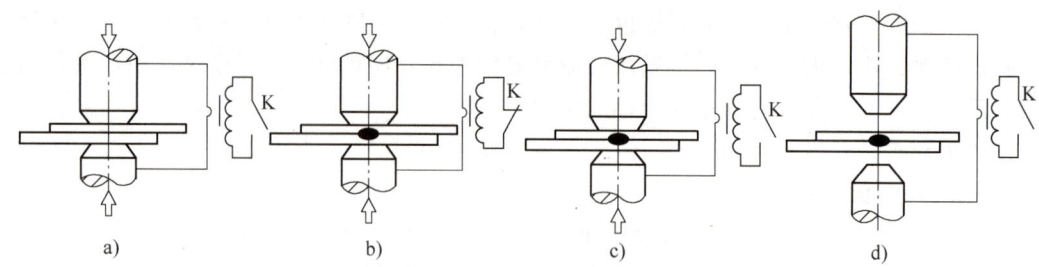

图 7-5　点焊循环

a) 预压　b) 焊接　c) 锻压　d) 停止

焊件之间保持着一定的接触电阻，接触电阻的大小与压力的大小成反比。

2. 焊接

焊接是将焊件加热熔化形成熔核的过程。焊接电流可基本不变，也可逐渐上升或阶段上升。

当工件经过预压阶段，形成了合适的导电通路，即可开始点焊循环的第二阶段。焊接阶段是整个循环中最关键的阶段，即通电加热、熔核形成的阶段（此阶段也称为通电加热阶段或加热熔化阶段）。点焊和凸焊过程中通电加热必须是在电极压力达到满值且稳定后进行的。否则可能因压力过小，接触电阻太大而引起强烈飞溅，或者因压力前后不一致，影响加热，造成焊点强度的波动。

3. 锻压

由于熔核体积小，夹持在水冷电极间，冷速高，如无外力维持，将产生三向拉应力，极易产生缩孔、裂纹等缺陷。

对厚钢板、铝合金、高温合金等零件，还需增加顶锻力来防止缩孔、裂纹。此外，加热后缓冷电流可降低凝固速度，也可防止缩孔、裂纹，在焊接易淬硬的材料时，应加回火电流以改善金相组织。

4. 停止

停止是恢复到起始状态所必需的工艺时间。

电极提起也必须在电流全部切断之后，否则电极与焊件之间会引起电弧，甚至烧穿工件。

二、点焊参数

在了解了点焊的四个基本过程以后，要对点焊的规范参数进行选择。

点焊的规范参数主要有焊接电流 I_w、焊接压力 F_w、通电时间 t_w 和电极工作端面几何形状与尺寸等。

1. 焊接电流

焊接电流对产热的影响比电阻和通电时间大，它是平方正比关系，因此是必须严格控制的重要参数。焊接电流较小，热源强度不足时不能形成熔核，焊点的拉剪载荷较低且不稳定；随着电流的提高，内部热源急剧增大，熔核尺寸稳定增加，焊点的拉剪载荷不断提高；当电流过大时，会引起金属过热，接头性能降低。

2. 通电时间

通电时间对接头性能的影响与焊接电流相似。通电时间过长或过短都不利于获得高质量的焊点。

3. 电极压力

电极压力过大时将使焊接区总电阻和电流密度均减小，焊接散热增加，熔核尺寸下降，接头性能降低。为了使焊接热量达到原有水平，保持焊点强度不变，在增大电极压力的同时，应适当增大焊接电流或延长通电时间以弥补电阻减小的影响。在确定电极压力时，还必须考虑到备料或装配质量，如果工件已经变形，以致焊接区不能紧密接触，则需采用较高的电极压力以克服这种变形。

4. 电极形状及其材料

电极的接触面积决定着电流密度和熔核的大小，电极材料的电阻率和导热性关系着热量的产生和散失。电极必须有合适的强度和硬度，不至于在反复加压过程中发生变形和损耗，使接触面积加大，接头强度下降。电极头端面尺寸增加，焊接区电流密度减小，散热增强导致熔核尺寸减小，接头承载能力降低。

5. 焊件表面状况

焊件表面上带有氧化物、铁锈或其他杂质等不均匀覆层时，会因接触电阻的不一致，各个焊点产生的热量就会大小不一致，引起焊接质量的波动。所以焊前彻底清理待焊表面是获得优质焊点的必备条件。

三、点焊参数的选择

1. 设计图

零件、组件设计图中的焊点直径、搭接量、板材厚度决定电极直径；零件、组件的结构形状决定焊接的可达性、分流情况，从而确定选用直电极还是特殊电极。

2. 被焊材料的热物理性能与力学性能

材料的电阻率决定了所选用的焊机功率和焊接电流；热导率或热扩散率决定了所选用焊接规范强、弱程度。

3. 焊接设备的性能

焊接设备的性能包括焊机的电气和机械参数，如焊机的额定功率、一次电压和二次电压范围、二次电压调节级数、负载持续率、电极臂有效伸长、电极臂间最大距离、电极工作行程及最大焊接压力等，在选择焊接规范时都要加以综合考虑。

4. 焊接材料情况

当焊接两层不同厚度的材料时，应以薄板作为选择焊接参数的依据；当焊接两层以上的板材时，应以外层材料为主要依据；当焊接不同材料时，应考虑焊接性较差的板材。

四、点焊参数间相互关系及选择

电阻点焊时，为了保证熔核尺寸和焊点强度，通电时间和焊接电流在一定范围内可以互为补充，总热量既可通过调节电流也可通过调节通电时间来改变，但传热情况与时间有关。

1. 强条件焊接

为了获得一定强度的焊点，可以采用大电流和短时间的强条件（硬规范）焊接。其特点是：加热不平稳，焊接质量对规范参数波动敏感性高，焊点强度稳定性差；温度场分布不平稳，塑性区小，接头缩孔、裂纹倾向大；有淬硬倾向的材料，接头冷裂倾向大；设备容量大，设备价格高；焊点压痕小，接头变形小，表面质量高；电极磨损小，生产率高；适用于铝合金、奥氏体不锈钢、低碳钢及不等厚板材的焊接。

2. 弱条件焊接

也可以采用小电流和长时间的弱条件（软规范）焊接。其特点是：加热平稳，焊接质量对规范参数波动敏感性低，焊点强度稳定性好；温度场分布平稳，塑性区宽，压力作用下接头缩孔、裂纹倾向小，但易变形；有淬硬倾向的材料，接头冷裂倾向小；设备容量小，控制精度不高，设备价格便宜；焊点压痕深，接头变形大，表面质量差；电极磨损快，生产率低，能耗大。适用于低合金钢、可淬硬钢、耐热合金及钛合金等焊接。

在生产中选用强条件焊接还是弱条件焊接主要取决于金属的性质、厚度和所用焊接电源的功率。

五、点焊设备的选择

焊件的点焊是在点焊机上完成的，点焊机的种类很多，按用途可分为通用的和专用的两大类，无论哪一类点焊机，一般均由供电系统、控制系统、加压机构和冷却系统等几部分构成。

1. 固定式点焊机

固定式点焊机在车身焊接中主要用来点焊合件、分总成和一些较小的总成。焊机不动，每焊完一个焊点后，焊件移动一个点距，以进行下一个焊点的焊接。固定式点焊机主要由供电系统、焊具部分、加压机构、冷却系统、机体等部分组成。

（1）供电系统　供电系统包括变压器和焊机的二次回路，作用是转换并传递点焊时所需的电能。

（2）焊具部分　焊具部分包括机臂、电极夹持器及电极。这实质上也是供电系统中二次回路的一部分。它们的功能是向焊件传导电流和传递压力。故要求它们有良好的导电性和足够的刚度。

机臂分为上下机臂，伸出长度都可调节。下机臂常是固定的，上机臂可做上、下垂直运动。

电极夹持器是连接机臂和电极间的构件。除了完成导电作用外，还负有冷却电极的作用。电极用于导电与加压，并起散热作用。为了防止电极变形，避免与焊件黏附，要求电极材料有合适的导电性，在高温条件下有足够的硬度、强度和抗氧化能力。

（3）加压机构　点焊机的加压机构是使电极间产生足够的压力，以满足焊接规范中对压力的要求。加压方式的种类很多，常见的有脚踏式、电动机凸轮式、气压式及液压式等。脚踏式加压机构用于功率小于 25kV·A 的非自动化焊机上，压力小而不稳定，且工人劳动强度大。电动机凸轮式加压机构是用电动机驱动凸轮旋转通过弹簧给电极加压的，其优点是简单可靠，但焊接循环时间不能变，压力也不稳定。

（4）冷却系统　点焊机的冷却系统是用来保证点焊机正常工作的。

（5）机体　机体是点焊机的基础及骨架，所有其他部件都固定其上。机体一般用型钢和钢板拼焊而成。

2. 移动式点焊机

有些汽车车身零部件外形尺寸大，也较笨重，移动不方便，不便用固定式点焊机焊接。所以在车身制造中，移动式点焊机得到了广泛的应用，表 7-2 是三种移动式点焊机的技术参数。

悬挂式点焊机是将焊接变压器和焊接工具悬挂在空中，移动方便灵活，适合于焊装大型薄板件。按变压器与焊具连接的方式，分为有缆式和无缆式两种。

表 7-2　三种移动式点焊机的技术参数

焊机类型	型号	特性	额定功率/kV·A	负载持续率/V	二次侧空载电压/V	电极臂长/mm	焊接板厚/mm	备注
有缆悬挂式	C130-A$_2$	I 频	150	50	14	200	钢 3+3	C 系列焊机
无缆悬挂式	KT-826	I 频	26	50	4.7	170	钢 3.5+3.5	KT 系列焊机
便携式	KT-218	I 频	2.5	50	2.3	115	钢 2.5+3	KT 系列焊机

移动式点焊机使用的焊接工具是焊枪或焊钳。焊枪分为手动焊枪和反作用焊枪两种。

手动焊枪的电极压力与弹簧的软硬有关，当采用硬弹簧时，焊接质量较好，但劳动强度大，反之焊点质量会有所下降。

反作用焊枪工作时，压缩空气经空心活塞杆进入缸筒顶部，即将缸筒向上推移，直到焊枪的后盖碰到反作用撑板为止，此时焊枪电极对工件产生压力，并实现焊接。

移动式点焊机上使用的电缆有两种，一种是用两根的有感电缆，由于电磁感应使两电缆间产生斥力，需将它们捆在一起，以免影响操作；另一种是只用一根内有几条多股软导线的无感电缆。由于通正向电流与通反向电流的导线相间，这样就没有电磁感应引起的斥力，这种电缆还可以通冷却水，电流密度较大。但柔性不如有感电缆，使用不够方便。若某相电缆断裂，只好整根报废，经济性也不如有感电缆。

任务四　缝焊和凸焊

一、缝焊

焊件装配成搭接或斜对接头并置于两滚轮电极之间，滚轮加压焊件并转动，连续或断续送电，形成一条连续焊缝的电阻焊方法，称为缝焊。缝焊是用一对滚盘电极代替点焊的圆柱形电极，与工件做相对运动，从而产生一个个熔核相互搭叠的密封焊缝的焊接方法。缝焊广泛应用于油桶、罐头罐、暖气片、飞机和汽车燃油箱，以及喷气发动机、火箭、导弹中密封容器的薄板焊接。

1. 缝焊过程

缝焊的焊接过程与点焊一样，也存在加压、通电加热熔化和冷却结晶三个阶段。与点焊有两点主要区别：一是传递压力和通电加热的滚盘不断转动而变换焊接的位置；二是由于点距极小而不可避免地存在较大的分流，这也是缝焊的特点。

缝焊按滚盘转动与馈电方式分为连续缝焊、断续缝焊和步进缝焊。按供电方向或一次成缝条数也可分为单面缝焊、双面缝焊、单缝缝焊和双缝缝焊等。

连续缝焊时，滚盘连续转动，焊件在两滚盘间连续移动，焊接电流连续接通。由于两滚盘始终通过很大的电流，所以滚盘和焊件发热严重，滚盘容易损耗，焊缝容易过热而产生大的压坑。

步进缝焊时，滚盘断续转动，焊件在两滚盘间做相应的断续移动，而焊接电流则在滚盘停止时接通。由于熔核的凝固是在滚盘停止时进行的，所以能获得比较致密的焊缝。但是使滚盘传动的机械装置比连续缝焊复杂。

断续缝焊时，滚盘连续转动，焊件在两滚盘间连续移动，而焊接电流断续接通。由于焊接电流间断地接通，滚盘和焊件有冷却的机会，滚盘损耗小，焊缝也不易过热，因此应用最广泛。

2. 影响接头质量的因素

缝焊接头的形成在本质上与点焊相同，因而影响接头质量的很多因素也是类似的。由于缝焊的分流较大，故焊接电流一般应比点焊增加 20%～60%，具体数值视材料厚度和点距而定。电极压力（即滚盘压力）与点焊时接近，考虑到缝焊时滚盘不断转换位置，压力作用时间短，故应略有提高。除了焊接电流和电极压力外，通电时间、焊接速度、焊点间距、滚盘工作表面形状和尺寸等因素对焊接质量也有影响。

要求气密性的缝焊接头，各焊点之间必须有一定的重叠，通常焊点间距应比焊点直径小 30%～50%，焊点间距可按下列经验公式选取

对于低碳钢 $\qquad C = (2.8 \sim 3.2)t$

对于铝合金 $\qquad C = (2.0 \sim 2.4)t$

式中，C 为缝焊焊点间距（mm）；t 为两焊件中较薄焊件的厚度（mm）。

对于非气密性接头，焊点间距可在很宽的范围内变化，甚至可以使各相邻焊点相互分离，成为缝点焊。

焊接速度决定了滚盘与加热部位的接触时间，因而影响了接头的加热和散热，当焊接速度增大时，为了获得足够的热量，必须增大焊接电流，过大的焊接电流不仅需要功率很大的焊接设备，而且会引起板件表面烧损和电极黏附，即使采用外部水冷却，焊接速度也要受到限制，所以断续缝焊时的焊接速度通常为 0.5～3m/min。

缝焊时，主要通过通电时间控制熔核尺寸，冷却时间控制重叠量。在较低的焊接速度时，焊接与休止时间之比通常为 1.25:1～2:1 就可获得满意效果。当焊接速度较高时，焊点间距增加，此时要获得重叠量相同的焊缝，就必须将此比例增大到 3:1 或更高。

只要焊件结构允许，滚轮直径应尽可能地选得大些，并使上、下滚轮直径尽量接近。滚轮的工作表面有平面形和球形两种，缝焊钢件时，通常采用平面形滚盘，常用的滚盘宽度为 3～12mm；而缝焊铝合金时，一般采用球形滚盘，其球面半径为 25～100mm。滚盘宽度和球面半径大小可根据焊件厚度确定。近年来，为减小搭边尺寸，减轻结构重量，提高热效率，减小焊机功率，还发展了一种接触面宽度只有 3～5mm 的窄边滚盘。

上述工艺参数主要是根据被焊金属的性能、厚度、质量要求和设备条件来选择的，通常可参考已有的推荐数据初步确定，再通过工艺试验加以修正。低碳钢的缝焊规范见表 7-3。

表 7-3　低碳钢的缝焊规范

条件	板厚 /mm	电极压力/N		通电时间 /周波	休止时间 /周波	电流 /A	焊接速度 /(m/min)	焊点数/ (点/cm)
		最小	标准					
高速条件（A）	0.6	2100	2500	2	1	12500	2.7	4.3
	0.8	2400	3200	2	1	15000	2.62	4.5
	1.0	2700	4100	2	2	18300	2.50	3.5
	1.6	3400	5400	3	1	21000	2.30	4.0
	2.0	4500	6800	3	1	22000	2.15	4.1
	2.4	5000	7700	4	2	23000	2.03	3.0

(续)

条件	板厚/mm	电极压力/N		通电时间/周波	休止时间/周波	电流/A	焊接速度/(m/min)	焊点数/(点/cm)
		最小	标准					
中速条件(A)	0.6	2100	2500	2	2	11000	1.90	4.7
	0.8	2400	3200	3	2	13000	1.83	4.0
	1.0	2700	4100	3	3	15000	1.70	3.5
	1.6	3400	5400	4	5	17500	1.60	2.8
	2.0	4500	6800	6	6	20000	1.40	2.4
	2.4	5000	7700	7	6	21000	1.27	2.2
低速条件(A)	0.6	2100	2500	3	3	9000	1.14	5.1
	0.8	2400	3200	2	4	12000	1.07	5.5
	1.0	2700	4100	2	4	13500	0.99	5.1
	1.6	3400	5400	4	4	15400	0.91	4.9
	2.0	4500	6800	6	6	16000	0.76	4.0
	2.4	5000	7700	6	6	17000	0.70	4.3

二、凸焊

凸焊与点焊相比,其不同点是在焊件上预先加工出凸点,或者利用焊件上原有的能使电流集中的型面、倒角等作为焊接时的局部接触部位。因为是凸点接触,提高了单位面积上的压力与电流,有利于板件表面氧化膜的破裂与热量的集中,减小了分流电流,一次可进行多点凸焊,提高了生产率,并减小了接头的变形。在使用平板电极凸焊时,零件表面平整无压坑,电极寿命长。

凸焊与点焊的焊接方法相同,可用点焊机来进行凸焊。当焊点数目增多时,则需要高电极压力和大电流。从而需要能承受高电极压力,能保持高的机械精度并能提供大电流的凸焊机。

凸焊由于需要预先冲制出凸起部分,所以比点焊多一些焊前准备的工序和设备。因而,在选用凸焊时,必须全面考虑。

为了使各个凸点熔化能均匀一致,凸焊时电极压力和焊接电流应均匀地分布在同时焊的各个凸点上。为此,凸点冲制必须精确,尺寸稳定,且焊件必须仔细清理。

当凸焊厚度大于 2.5~3mm 的焊件时,最好采用脉冲加热法(用 3~5 个电流脉冲加热,每个脉冲的时间为 0.2~0.4s,脉冲间隔时间为 0.06~0.12s)。脉冲加热可以使凸出部分在焊接开始后逐步进行塑性变形,并使电流和压力在各个凸点上比较均匀地分布以防止飞溅。

任务五 CO_2 气体保护焊

CO_2 气体保护焊是一种熔化极气体保护电弧焊接法,它利用焊丝与工件间产生的电弧来熔化金属,由 CO_2 气体作为保护气体,并采用光焊丝作为填充金属,其焊接原理如图 7-6 所示。焊丝盘上的焊丝被送丝辊轮送入导电嘴,到达焊接区与焊件接触引燃电弧,气瓶中的 CO_2 气体经预热、干燥和减压后以一定的流量从喷嘴流出,把电弧和熔池与空气机械地隔离开来,防止了空气对熔化金属的有害作用。焊丝不断地熔化到焊件的熔池里,从而形成连续的焊缝。

一、CO_2 气体保护焊的特点

CO_2 气体保护焊的分类很多，按焊丝直径分为细丝 CO_2 气体保护焊（焊丝直径≤1.2mm）和粗丝 CO_2 气体保护焊（焊丝直径≥1.6mm），按操作方法分为半自动 CO_2 气体保护焊（焊枪手动）和自动 CO_2 气体保护焊等。CO_2 气体保护焊与其他电弧焊相比，具有以下优点。

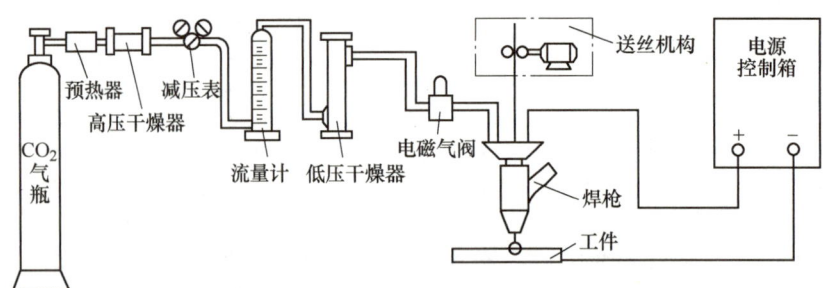

图 7-6　CO_2 气体保护焊原理图

1）焊接质量高。由于 CO_2 气体保护焊的热量比较集中，焊接速度快，所以焊缝的热影响区狭窄，焊件的变形量小，焊缝金属中含氢量低，焊缝的抗裂性能良好，质量高。

2）生产率高。CO_2 气体保护焊在车身焊接中是采用较细焊丝进行焊接，其电流密度大，电弧热量利用率较高，焊后不需清渣，因此，生产率比焊条电弧焊提高 1~2 倍。

3）操作简单。因为是明弧，焊丝端头容易对准焊缝中心，便于清楚地观察焊接过程，操作技术易于掌握。

4）成本低。由于 CO_2 气体和焊丝的价格低廉，且耗电量小，所以其成本仅为焊条电弧焊和埋弧焊的 30%~60%。

5）易于实现机械化和自动化。

6）适应性强，适用范围广。CO_2 气体保护焊不仅能焊接中、厚钢板，还能焊接车身薄板件。不仅适用于水平位置焊接，也能进行全位置焊接。

7）对铁锈的敏感性小。其抗锈能力比其他焊接方法要优越得多。

但是，CO_2 气体保护焊不可避免地也存在一些不足之处：怕风，露天作业受到一定限制；弧光和热辐射强；不能采用交流电源等。

二、焊接过程

在进行 CO_2 气体保护焊时，电弧燃烧热大部分用来加热焊件，使其形成熔池。小部分电弧热用于加热焊丝，使其不断地被熔化而形成熔滴，离开焊丝末端而进入熔池，这个过程称为熔滴过渡，整个焊接过程就是由无数个熔滴过渡过程所组成的。

CO_2 气体保护焊有两种熔滴过渡，一种是短路过渡的短弧焊；另一种是非轴向颗粒状过渡的长弧焊。熔滴过渡对焊接过程的稳定性、焊缝成形、飞溅程度及接头的质量有很大的影响。下面介绍汽车车身制造中用得较多的细丝 CO_2 气体保护焊短路过渡的短弧焊。

细丝 CO_2 气体保护焊短路过渡的短弧焊，其特点是采用小电流、低电压（电弧长度短）、熔滴细小，而过渡频率高（一般在 250~300 次/s），常用的焊丝直径为 0.6~1.6mm，焊接电流在 50~250A，电弧电压 15~25V。

短路过渡时，焊丝端部的熔化金属在还未形成较大的熔滴时，就与熔池相接触而短路，形成焊丝与熔池间的液体金属过桥，电弧随即熄灭，短路电流瞬时增加，这时由于重力、表面张力和电磁收缩力的作用，焊丝熔化金属形成缩颈，进而在缩颈处被拉断，从而使熔滴迅速过渡到熔池中去，在此瞬间电压迅速恢复，电弧重新引燃，电源空载电压降至电弧电压，这种熔滴通过短路而过渡到熔池中去的方式，称为短路过渡。

短路过渡电弧的加热特点是：在短路期间，焊机供给的电能大部分用于加热焊丝伸出长度部分和短路桥的液体金属，而焊件受热不多。又因焊件的体积大，散热作用强，因此在短路期间焊件和熔池得到一定的冷却，即焊件处于加热—冷却—加热的变化状态下。这种加热状态，减少了焊件上的热量输入，使熔池容易控制，液体金属不易往下淌，焊件也不容易烧穿，这就是 CO_2 气体保护焊短路过渡的优点，可适用于薄板及全位置焊接。

三、焊接的规范参数

CO_2 气体保护焊的规范参数主要有电源极性、焊丝直径、电弧电压、焊接电流、气体流量、焊接速度、焊丝伸出长度、直流回路电感等。选择这些规范参数的原则是：要在保证焊接质量的前提下，尽可能提高劳动生产率，并要注意焊接规范参数对飞溅、气孔、焊缝形成及焊接过程稳定性的影响。为简便起见，下面仅对各个规范参数的选择及影响分别加以讨论。

（1）焊丝直径　焊丝直径通常是根据焊件的厚薄、施焊的位置和效率等要求选择的。焊接薄板或中厚板的全位置焊缝时，多采用 $\phi1.6mm$ 以下的焊丝。

（2）焊接电流　焊接电流的大小主要取决于送丝速度。送丝的速度越快，则焊接的电流就越大。焊接电流对焊缝的熔深的影响最大。当焊接电流为 60～250A，即以短路过渡形式焊接时，焊缝熔深一般为 1～2mm；只有在 300A 以上时，熔深才明显地增大。

（3）电弧电压　电弧电压主要根据焊接电流、焊丝直径等参数来选择。对于一定的焊接电流，通常有一范围很窄的（约3V）最佳电弧电压，若电弧电压过高，就容易产生气孔和飞溅。若电弧电压过低时，就会影响焊缝的成形。电弧电压增加，熔宽显著增加，熔深有所减少。

焊丝直径一定时，随着焊接电流的增大，电弧电压也要相应提高。

焊接电流一定时，随选用焊丝直径的增大，电弧电压要相应降低。

（4）焊接速度　半自动焊接时，熟练的焊工的焊接速度为 18～36m/h；自动焊时，焊接速度可高达 150m/h。

（5）焊丝的伸出长度　一般情况下焊丝的伸出长度约为焊丝直径的 10 倍左右，并随焊接电流的增加而增加。

 项目小结

本项目是对车身焊接工艺的学习和掌握。包括车身焊接工艺的概念性了解、电阻焊工艺、点焊工艺、缝焊和凸焊工艺、CO_2 气体保护焊工艺等相关内容。

汽车车身壳体是一个复杂的结构件，它是由百余种、甚至数百种薄板冲压件经焊接、铆接、机械联结及粘结等方法联结而成的。车身冲压件的材料大都是具有良好焊接性的低碳钢，焊接是现代车身制造中应用最广泛的联结方式。

电阻焊是汽车车身制造中应用最广泛的焊接方法。将置于两电极之间的工件加压，并在焊接处通以电流，利用电流通过工件本身的电阻产生的热量来加热而形成局部熔化，断电冷却时，在压力继续作用下而形成牢固接头。

点焊是车身制造中应用最广的焊接方法，汽车车身是一个典型的点焊结构件。焊点是在电极压力作用下，对焊件通电加热而实现的。一个点焊循环由预压、焊接（通电加热）、锻压（维持）和停止四个阶段组成。

焊件装配成搭接或斜对接头并置于两滚轮电极之间，滚轮加压焊件并转动，连续或断续送电，形成一条连续焊缝的电阻焊方法，称为缝焊。缝焊是用一对滚盘电极代替点焊的圆柱形电极，与工件做相对运动，从而产生一个个熔核相互搭叠的密封焊缝的焊接方法。

凸焊与点焊相比，其不同点是在焊件上预先加工出凸点，或者利用焊件上原有的能使电流集中的型面、倒角等作为焊接时的局部接触部位。

CO_2 气体保护焊是一种熔化极气体保护电弧焊接法，它利用焊丝与工件间产生的电弧来熔化金属，由 CO_2 气体作为保护气体，并采用光焊丝作为填充金属。

项目二 车身焊装夹具

汽车车身一般由内外覆盖件和骨架件等组成，覆盖件厚度为 0.8~1.2mm，骨架件厚度为 1.2~2.5mm，车身结构复杂、刚性差、易变形。为了保证焊装质量，特别是孔洞的尺寸、形状和相互位置，以及在焊接过程中零件不致借位，必须采用适当的焊装夹具予以保证。

任务一 了解车身焊装夹具

在汽车车身的焊装生产过程中，为了保证产品质量、提高劳动生产率和减轻劳动强度，经常使用一些用以夹持并确定工件位置的工具和装置来完成装配和焊接工作。这些工具和装置统称为焊装夹具。

1. 焊装夹具分类

焊装夹具的种类繁多，按用途可分为装配用夹具、焊接用夹具和焊装夹具。

（1）装配用夹具　这类夹具主要是按车身图样和工艺要求，把焊件中各零件或部件的相互位置进行准确固定，工件只在它上面进行定位焊，而不完成整个焊接工作。

（2）焊接用夹具　定位焊好的焊件放在这一类夹具上完成所有焊缝的焊接。它的主要任务是防止焊接变形，并将各种位置的焊缝都尽可能地调整到最有利于焊接的位置。

（3）焊装夹具　在夹具上能完成整个焊件的装配和焊接工作，它兼备有上述两种夹具的性能。车身的大型焊装夹具往往是这类夹具。

在汽车车身制造中，为了便于装配和焊接，通常是将车身划分为若干个分总成，各分总成又划分为若干个合件，各合件则由若干个零件组成。车身焊装时，通常都是先将零件焊装成合件，再将合件焊装成分总成，最后将分总成焊装成车身壳体总成。因此，车身焊装夹具也可分为合件焊装夹具、分总成焊装夹具和车身总成焊装夹具。

2. 车身焊装夹具应满足的要求

1）保证尺寸和形状。保证焊件焊后能获得正确的几何形状和尺寸，特别是车身的门窗等孔洞的尺寸和形状。装配时，夹具必须使被装配的零件或部件获得正确的位置和可靠的夹紧，并且在焊接时能阻止焊件产生变形。

2）便于操作。在保证强度与刚度的前提下，应轻便灵巧；定位、夹紧和松开应省力而又迅速。

3）便于施工。夹具应使装配和焊接过程简化，操作程序合理；工件装卸应当方便；保证焊装工艺的正常进行，如采用反作用焊枪的夹具上应设置有支承装置，并将焊件的一些配合面压紧以便进行焊接；采用焊枪的夹具，应考虑下电极的结构形式和必要的导电绝缘装置，以减少阻抗和分流；能使焊缝处于最方便施焊的位置；具有供焊枪、焊钳、焊炬进出和移动的空间和工人自由操作的位置，在夹具上便于进行中间质量检查等。

4）使用安全可靠。在夹具上，凡是受力的各种零件，都应具有足够的强度和刚度，足以承受重力和因焊件变形所引起的各个方向的力。

5）成本低，制作时投资少，使用时能源消耗和管理费用少。

6）容易制造和便于维修。夹具零部件应尽量标准化、通用化，易于加工制作；易磨损的零件要便于更换。

7）车身总成焊装夹具结构复杂，在制造和使用中应能用调整样架来进行找正。

上述这些原则是设计焊装夹具所必须考虑的，但具体到焊装夹具的结构上差异甚大，有的焊装夹具只有一个简单的框架，有的则相当复杂。一般说来，应根据生产批量的大小和产品结构的特点结合本厂的生产条件（如车间面积、起重设备、气电供应情况和技术水平等）来选择焊装夹具的类型，设计夹具。

任务二　焊装件的定位与夹紧

在夹具上进行焊装时，一般分三步进行。第一步是定位，就是准确地确定被焊装的零件或部件相对于夹具的位置；第二步是夹紧，把定好位置的零部件压紧夹牢，以免产生位移；第三步是定位焊，对已定好位置的各个零部件以一定间隔焊一段焊缝，把这些零部件的相互位置固定。如果焊点很少或焊缝很短，也可不进行定位焊，直接焊接即可。如果装配好的零部件不需卸下，就在夹具上焊接，也可省去定位焊。

1. 定位方法

车身焊装夹具装夹的主要加工对象是冲压件，由于制件外形复杂且易变形，因此在夹具设计时应考虑以制件的下列部位定位。

1）装配用孔和工艺孔口。

2）经修边的窗口和外部边缘。

3）曲面上经过整形的平台。

4）工件经拉深和压弯成形的台阶。

5）曲面外形。

2. 定位元件

（1）挡铁　挡铁是应用最普遍、结构最简单的一种定位元件。主要应用于车身骨架的焊装夹具中。

（2）定位销　它是靠圆柱面与工件的定位基准孔接触进行定位的。在汽车车身件焊装中，由于工件厚度不大，多用短定位销。定位销除固定在夹具上使用的以外还可设计成可拆的。

（3）支承板　支承板分平面和曲面两种。平面支承板主要用于工件定位表面是平面的场合，其形式可与一般夹具设计用的支承板相同或类似。如果工件的定位表面是曲面，则要用曲面支承板定位。

（4）样板　样板是预先按各零件的相互位置制作的。装配时使它和工件紧靠来实现工件的定位，角尺实质上就是最简单的样板。

3. 夹紧

当工件的重力与点焊时加压方向一致，焊接压力足以克服工件的弹性变形而保持正确的装配位置时可以省去夹紧机构。另外，在固定式点焊机上用焊接样板点焊接时，焊工可用手控制被焊工件而不用夹紧机构。除此之外，均应夹紧工件。

在焊装夹具上对焊件夹紧有两个目的，第一是使工件的定位基准与定位元件紧密接触；第二是保持工件位置在焊接过程中不变动。要达到上述目的，必须研究解决夹紧力的大小、作用方向、作用点和力的大小问题。

确定夹紧力大小时，一般应考虑下列因素。

1）夹紧力应能够克服零件的局部变形，使各焊装零部件都能达到要求的相对位置。

2）夹紧力要足以应付焊接过程中热应力引起的约束反力。

3）当工件在胎具上实现翻转或回转时，夹紧力应足以克服重力和惯性力，把工件牢牢地夹持在胎具上。

4）需要在夹具上实现焊件预反变形时，夹具就得具有使焊件获得预反变形量所需要的夹紧力。

图 7-7 所示为常用的夹紧钳。图 7-7a 所示为固定式的，如在驾驶室总装夹具中与车门洞本体固定，用于前、后围立柱上的夹紧点。图 7-7b 所示则是活动式的，其特点是灵活、方便，随处可夹。

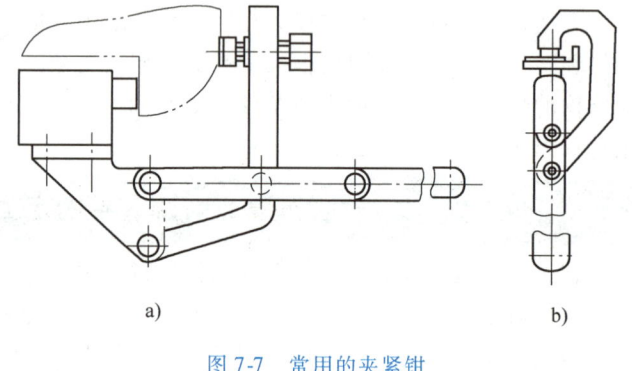

图 7-7　常用的夹紧钳
a）固定式　b）活动式

任务三　常见车身焊装夹具

1. 一次性装配定位的总装夹具

一次性装配定位的总装夹具是指车身总成的主要焊装工作是在一台总装夹具上完成的。组成车身的零件、合件和分总成等依次装到总装夹具上进行定位和夹紧，直至车身总成的主要焊装工作完毕，才从夹具上取下来。这种夹具的特点是车身焊装时的定位和夹紧只进行一次，容易保证车身焊装质量。根据车身生产纲领可设置一台或数台同样的夹具，单台夹具可采用固定式的。多台夹具可配置在车身焊装生产线上，随生产线移动，这种随生产线移动的夹具称为随行焊装夹具（图 7-8）。它包括底板及门框定位夹具，采用快速的气动及手动夹紧器，夹具连同小车一起重约 3t。随行焊装夹具制造复杂，成本高。每个装配台上都需装有电、水和气路的快速插座或插头，使夹具行走到每一工位时都能方便、迅速地接通。

当产量比较小时，这种一次性装配定位的总装夹具也可以制成台车式的，工位之间的运送可由人力推动。

2. 多次性装配定位的总装夹具

多次性装配定位的总装夹具指车身总成的主要焊装工作是在两台以上的不同总装夹具上完成的。车身每通过一台总装夹具就要被定位夹紧一次，主要用于有骨架驾驶室的焊装，如在第一台夹具上完成内骨架的焊装，在第二台夹具上则完成外覆盖件的焊装，这两台夹具均以底板上的悬置孔和门框作为定位基准。其优点是夹具制造简单、数量少，不存在水、气、电的连接问题，但增加定位夹紧次数，容易产生装配误差，质量不稳定。

EQ1090 驾驶室总成随行焊装夹具如图 7-9 所示。它的任务是完成底板、前围、后围、门上梁和顶盖的焊装。左、右门框夹具的底部可在 V 形导轨上沿 X 轴移动，并且导轨磨损后能自动补偿，不会产生间隙，因此导向性好。但由于底部平移，定位部分上部的摆差会使门洞尺寸的精度受到一定的影响。

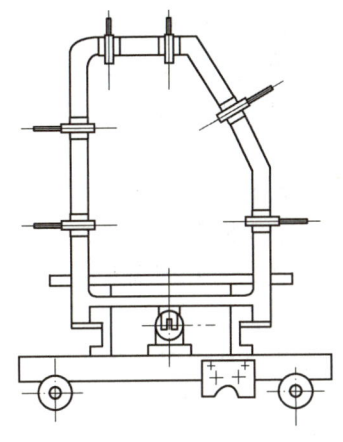

图 7-8　随行焊装夹具

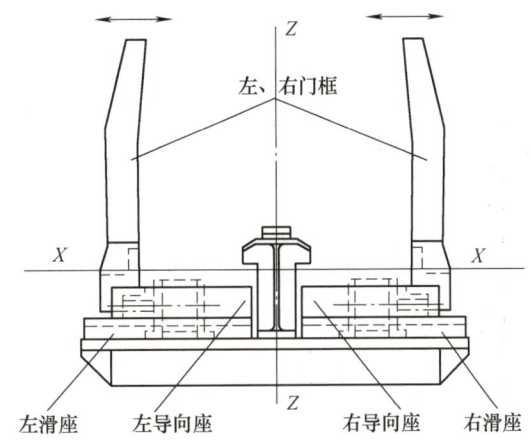

图 7-9　EQ1090 驾驶室总成随行焊装夹具

项目小结

本项目是对车身焊装夹具的学习和掌握。包括车身焊装夹具的概念性了解、焊装件的定位与夹紧、常见车身焊装夹具等相关内容。

焊装夹具的种类繁多，按用途可分为装配用夹具、焊接用夹具和焊装夹具。焊装夹具的结构上差异甚大，有的焊装夹具只有一个简单的框架，有的则相当复杂。一般来说，应根据生产批量的大小和产品结构的特点结合本厂的生产条件（如车间面积、起重设备、气电供应情况和技术水平等）来选择焊装夹具的类型，设计夹具。

在夹具上进行焊装时，一般分三步进行。第一步是定位，就是准确地确定被焊装的零件或部件相对于夹具的位置；第二步是夹紧，把定好位置的零部件压紧夹牢，以免产生位移；第三步是定位焊，对已定好位置的各个零部件以一定间隔焊一段焊缝，把这些零部件的相互位置固定。如果焊点很少或焊缝很短，也可不进行定位焊，直接焊接即可。如果装配好的零部件不需卸下，就在夹具上焊接，也可省去定位焊。

一次性装配定位的总装夹具是指车身总成的主要焊装工作是在一台总装夹具上完成的。组成车身的零件、合件和分总成等依次装到总装夹具上进行定位和夹紧，直至车身总成的主要焊装工作完毕，才从夹具上取下来。

多次性装配定位的总装夹具指车身总成的主要焊装工作是在两台以上的不同总装夹具上完成的。车身每通过一台总装夹具就被定位夹紧一次,主要用于有骨架驾驶室的焊装。

项目三　车身焊装的工艺性

车身的结构设计时,除了要考虑零件的冲压工艺性外,还得考虑零部件的焊装工艺性。影响焊装工艺性的因素主要有制件分块、焊接结构、焊点布置等。

任务一　车身制件分块

汽车车身是一个尺寸很大的复杂结构件,设计时要根据现有的设备情况和技术水平,合理划分成若干个部件、合件和零件,以便于制造。这种将制件分块的制造方法有很多优点。

1)有利于保证焊装质量。部件的几何尺寸较小,焊装夹具也简单,容易保证焊装精度,而且可以减少和较方便地矫正焊接变形,车身尺寸、形状和技术要求等在部件上保证比在整车上保证要容易。例如车身侧窗孔的尺寸和侧围的外廓曲线形状等都是在侧围总成的制造中得到保证的。

2)可以降低焊装夹具的复杂程度,有利于夹具制造和降低成本。

3)分部件制造可以避免许多在总装后难以焊接的工作。可以把需要仰焊、立焊的焊缝改为平焊,有利于提高劳动生产率和保证焊接质量。例如车身的顶盖和侧围及前后围在整车上分别为仰焊和立焊,在分部件制造中都成为平焊。

4)每个部件或合件可以平行地开展作业,有的部件或合件还有相同或相似的形状、尺寸,可以组织连续流水作业以缩短焊装时间。例如车身的左右侧围的焊装就是这样的。

从焊装的角度,覆盖件分块的原则是根据现有的设备情况和技术水平,在冲压工艺允许的前提下,尽量采用整体结构,零件数量越少越好,减少焊装工作量和装配误差。同时也要使接口处有良好的焊装工艺性。

车身上的孔洞,如门洞和窗洞等,要尽量采取整体结构或由尽可能少的零件焊装而成,以保证其尺寸和形状。若孔洞部位为双层结构,则至少要有一层为整体结构,以减少焊装误差,提高孔洞尺寸的准确性,保证门、窗和盖板等的装配质量。

任务二　焊接结构与焊点布置

汽车车身焊装件多为厚度在3mm以下的低碳钢薄板件,采用的焊接方法主要是点焊和CO_2气体保护焊。设计汽车车身点焊焊接结构时,应尽量使焊缝在剪切力而不是在拉力下工作,焊接结构设计不仅影响焊接工艺的正常进行,还会导致车身损坏。

设计车身不同部位的接头时,应考虑所采用的点焊方式。当组成搭接接头的零件比较小,焊点又布置在靠近零件的边缘时,可以在固定式点焊机上进行焊接;当搭接接头的零件比较大,焊点位置处于零件、合件中间时,就不便于在固定式点焊机上焊接,可以使用悬挂式点焊机;若其焊点数多且排列整齐,则可以在多点焊机上焊接。

在固定式点焊机或多点焊机上焊接的接头要比采用悬挂式点焊机焊接的接头可靠,而且质量稳定,效率也高。特别是多点焊机,其点数和点距是固定的,不受操作的影响。适合用悬挂式点焊机焊接的接头则使用液压焊钳较为可靠,其压力比气动焊枪大,但劳动强度也较大。焊接电流需流经零件或夹具的导电部分，使这种接头的质量不易保证。如果产品的刚性或零件形状稍有偏差，焊装质量就更难控制。因此，封闭式接头在车身设计时应尽量避免采用。

从装配精度来看，弯边接头比搭接接头易于保证质量。例如汽车的顶盖下盖板与下后围的联结，采用搭接接头时，装配易上下错位，装配质量要靠操作工人的熟练程度来保证；若改成弯边接头，则装配位置比较稳定。

点焊时焊点间距的确定也是一个重要的焊装工艺性问题。并非焊点之间的距离越近，焊点数越多，焊接强度就越高。当焊点之间的距离越近、焊点数越多时，焊接质量因分流的影响就越不易保证，反而会给产品的强度带来不利的影响。一般情况最小点距不能小于焊点直径的3倍。实践证明，表7-4所列焊接结构钢时的点距是较合理的，设计时可参考选用。

表7-4 焊接结构钢时的点距 （单位：mm）

一个焊件的厚度	1	2	3	4	6
焊二层板的最小点距	15	25	30	40	60

在焊接大的零件、合件时，点距应适当加大，一般可不小于35mm。在有些非受力的部位，则焊点的距离还可以加大到70~80mm。

在多点焊机上焊接时，焊点之间的距离要求不小于50mm。这是由于焊枪压力一般为3000N，液压焊枪外径尺寸大于45mm，若采用气动焊枪，则其外形尺寸还要加大。为了保证焊点质量，对焊点距离边板的最小尺寸也有一定的要求，焊接结构钢时焊点中心到板边距离见表7-5。

表7-5 焊接结构钢时焊点中心到板边距离 （单位：mm）

一个焊件的厚度	1	2	3	4	6
焊点中心到板边最小距离	8	12	18	25	30

在实际生产中，对于车身薄板零件的弯边接头，由于焊接辅具的要求，弯边宽度在可能的情况下应设计为20~25mm，其根部的尺寸R应尽可能减小，一般等于板厚。

焊接三层板时，其点距比焊接二层板要适当大些，三层板焊接的点距见表7-6。

表7-6 三层板焊接的点距 （单位：mm）

一个焊件的厚度	1	2	3	4	6
焊三层板焊接点距	20	30	40	50	80

项目小结

本项目是对车身焊装工艺性的学习和掌握，包括车身制件分块和焊接结构与焊点布置等相关内容。

车身的结构设计时，除了要考虑零件的冲压工艺性外，还得考虑零部件的焊装工艺性。影响焊装工艺性的因素主要有制件分块、焊接结构、焊点布置等。

从焊装的角度，覆盖件分块的原则是根据现有的设备情况和技术水平，在冲压工艺允许的前提下，尽量采用整体结构，零件数量越少越好，减少焊装工作量和装配误差。同时也要使接口处有良好的焊装工艺性。

设计车身不同部位的接头时，应考虑所采用的点焊方式。当组成搭接接头的零件比较小，焊点又布置在靠近零件的边缘时，可以在固定式点焊机上进行焊接；当搭接接头的零件比较大，焊点位置处于零件、合件中间时，就不便于在固定式点焊机上焊接，可以使用悬挂式点焊机；若其焊点数多且排列整齐，则可以在多点焊机上焊接。

榜样力量

张永忠从部队退役后来到重庆长安汽车（集团）有限责任公司，他从一个个螺钉干起、从基本的零件名称学起，装配、磨合、调试，不分工种，什么都干。他心里非常清楚，要成为发动机调试工，自己必需认真学习，大量实践。"发现问题、找出原因、解决问题"成了他最大的乐趣。通过不懈努力，张永忠技能提升很快，独立承担或参与了多项专利发明，获得"中华技能大赛一等奖""中国科学技术突出贡献奖"等奖项，获得"全国劳动模范""全国技术能手""中国兵器装备集团公司技能带头人""长安汽车一级技能师"等荣誉。张永忠自创的"望、闻、听、切"诊断方法，被命名为"重庆市职工经典操作法"，为长安汽车品牌质量提升、中国汽车动力发展做出了重要的贡献。

习　　题

1. 简述电阻焊的优缺点。
2. 试述凸焊与点焊的异同。
3. 简述 CO_2 气体保护焊的特点。
4. 车身焊装夹具应满足哪些要求？
5. 试述焊装件的定位与夹紧的一般要求。
6. 常见车身焊装夹具有哪些？各有什么特点？
7. 试述车身制件分块制造的优点。

模块八　汽车车身涂装工艺

知识目标

1. 了解汽车车身用底漆、车身用中间层涂料和车身用面漆的特性及选择。
2. 了解汽车漆前表面处理的内容。
3. 掌握车身表面脱脂及磷化处理工艺。
4. 掌握车身涂装工艺的关键工序。

能力目标

1. 能够合理选择车身用底漆、车身用中间涂层和车身用面漆。
2. 能够合理制订漆前表面处理工艺。
3. 能够编制典型汽车车身涂装工艺。

学习引导

汽车车身涂装的目的是保护车身并提高其装饰性。汽车在各种恶劣的环境中使用,要求在各种条件下能长期保持车身的装饰性和耐久性。汽车外观色泽鲜丽且经久不变,不仅是汽车质量的一个标志,而且起到装饰美化的作用,提高了使用效果和商品价值。

随着汽车业的发展,用户在选择汽车时,除了要求提高车身外观装饰性外,流行色和与汽车流行式样相适应的颜色多样化也成为重要内容。

项目一　汽车车身用涂料

涂料的品种很多,成分各异,根据其成膜情况,主要由以下三部分组成。

1. 主要成膜物质

主要成膜物质是构成涂料的基础,使涂料黏附在车身表面成为涂膜的主要物质,通常称为基料或漆基,有油料和树脂两大类。以油料作为主要成膜物质的涂料,称为油性涂料;以树脂作为主要成膜物质的涂料,称为树脂涂料。

2. 次要成膜物质

次要成膜物质是构成涂膜的组成部分,不能离开主要成膜物质单独构成涂膜。例如颜料是次要成膜物质,漆膜中有了它,能使涂膜性能增强和提高,使涂料品种增多,满足更多的需要。

3. 辅助成膜物质

辅助成膜物质是对涂料变成涂膜的过程或对涂膜性能起一些辅助作用的成分。辅助成膜物质不能单独构成涂膜,包括稀料和辅助材料两大类。

以上三部分按其在涂膜中存在的状态可分为固体成分和稀料成分两部分。固体成分是涂料中能最后存在于涂膜中的成分，包括油、树脂、颜料和辅助材料。稀料存在于涂料中，而在涂料变成涂膜的过程中挥发掉，不存在于涂膜中；稀料包括溶剂、稀释剂和助溶剂。

涂料按其成分的作用可分为粘合剂和其他材料。粘合剂也称漆料，由主要成膜物质和溶剂构成，其他材料由颜料、辅助材料、溶剂等构成。

任务一　车身用底漆

车身用底漆（以下简称底漆）是直接涂布在经过表面处理的车身表面的第一道漆，是整个涂层的基础。它对车身的防锈蚀和整个涂层的经久耐用起主要作用。对底漆的基本要求如下：

1）附着力强。在车身表面附着牢固，并能与腻子或面漆黏附牢固。

2）良好的防锈能力、耐蚀性和耐水性。

3）底漆涂膜具有较高的机械强度和适当的弹性。当车身蒙皮膨胀或收缩时，不致脆裂脱落。当面漆老化收缩时，也不致折裂卷皮。

4）与中间涂层或面漆涂层有良好的配套性，不被中间涂层或面漆涂层所含溶剂咬起。

5）良好的施工性。能适应汽车涂装工艺的大量流水生产的特点。

底漆发展很快，特别是阳离子型电泳底漆，泳透力强，耐蚀性好。它是一种以环氧树脂为基料的电泳涂料，漆基是环氧树脂为主的聚酰胺树脂，用有机酸中和成水溶液。汽车车身常用底漆见表8-1。

表8-1　汽车车身常用底漆

型号	名称	性能	施工注意事项	应用
F06-9	铁红纯酚醛底漆	附着力和防锈性能好，是优良的防锈底漆	不能与铁红醇酸底漆C06-1混合	中级轿车及驾驶室
C06-10	铁红纯酚醛电泳底漆	附着力好，防锈性能好，漆膜平整与面漆结合力好	水做溶剂，施工时遵守技术规范	覆盖件
C06-1	铁红醇酸底漆	附着力和防锈性好，与多种面漆配套性好，耐湿耐热性差	不能与铁红纯酚醛底漆混合	中级轿车及驾驶室
H06-3	铁红、锌黄环氧底漆	优越的附着力，良好的耐水性及耐化学药品性能		高级轿车和驾驶室覆盖件
H06-5	铁红环氧酯电泳底漆	附着力、耐水、防潮及缓蚀性能近似于环氧底漆	以水为溶剂	驾驶室覆盖件
H06-19	铁红锌黄环氧酯底漆	漆膜坚硬耐久，附着力好，可与磷化漆配套使用		驾驶室覆盖件等

任务二　车身用中间涂层

车身用中间涂层（以下简称中间涂层）是介于底漆层与面漆层之间的涂层，主要用于改善被涂工件表面的平整度，为面漆层创造良好的基底，以提高整个涂层的装饰性，特别适于装饰性要求高的轿车。

1. 中间涂层的特性

1）与底面漆层配套性好，结合力强。

2）具有填平性，能消除被涂表面的微小缺陷。

3）打磨性能良好。

4）耐潮湿性好，不引起中间涂层起泡。为保证中间涂层间的结合力和配套性，中间涂层所选用的漆基与底漆和面漆所用漆基相仿，并逐步由底漆向面漆过渡。

2. 中间涂层的种类

中间涂层的种类也比较多，主要有环氧树脂漆、氨基醇酸树脂漆和醇酸树脂漆。常用的中间涂层如下。

1）C06-10醇酸二道底漆。又称为醇酸二道浆，多喷涂在有底漆和腻子的表面，或者只有底漆的金属上，填平微孔和细纹。喷涂后可常温干燥，若喷涂后放置半小时，再在100～110℃温度下烘烤1h，可提高漆膜性能。该涂料用二甲苯稀释后喷涂，与醇酸底漆、醇酸磁漆、醇酸腻子、氨基烘漆等配套使用。漆膜细腻、容易打磨，打磨后平整光滑。

2）H06-9环氧酯烘干二道底漆。作为汽车车身封闭底漆，用在有底漆和打磨平滑的腻子上，填密性良好，可填密腻子孔隙、细痕，也易打磨。施工以喷涂为主，用二甲苯调稀，漆膜烘干后，可用水砂纸打磨，使底层平滑。

3）G06-5过氯乙烯二道底漆。又称过氯乙烯封闭漆，用来作为头道底漆和腻子层上的封闭性底漆，可填平微孔和细纹，打磨性较好，能增加面漆的附着力和丰满度。可与过氯乙烯底漆、腻子、磁漆、清漆等配套使用，适宜喷涂，用X-3过氯乙烯漆稀释剂和F-2过氯乙烯防潮剂调整黏度，除防潮外还可防止发白。

此外，H06-12环氧醇酸二道底漆、Q06-5灰硝基二道底漆、T06-6各色脂胶二道底漆和F06-13各色酚醛二道底漆等也是较常用的中间涂层。

任务三　车身用面漆

车身用面漆（以下简称面漆）是覆盖件最后一层涂料，车身耐候性、装饰性、耐潮湿性等主要靠面漆来实现，尤其是高级轿车对面漆的质量要求非常高。选择面漆应根据汽车种类及其使用条件而定，具体要求如下。

1. 外观修饰

新生产的汽车，特别是高级轿车，在努力提高涂装质量的同时，也在确保得到丰满度优良的外观，获得如镜面那样平滑漂亮的外观装饰性。

2. 耐候性

在热带地区长期暴晒后，面漆涂层只允许极轻微的失光和变色，不得起泡、开裂和锈蚀。

3. 硬度和抗崩裂性

面漆涂膜应坚硬耐磨，在恶劣的气候环境中行驶时，路面砂石的冲击不产生裂纹。

4. 耐潮湿性和防腐蚀性

浸泡在40～50℃的水中，面漆应不起泡，不变色或不失光。面漆与底漆涂层结合紧密，增强整个涂层的防腐蚀性。

5. 耐药剂性

面漆涂层与汽油、机油，路面沥青等直接接触，擦净后接触面不应变色或失光，不应产生斑印。

6. 施工性

在大量流水生产中，对采用自动喷漆或静电喷漆等施工工艺有良好的适应性。

汽车车身常用面漆一览表见表 8-2。

表 8-2　汽车车身常用面漆一览表

型号	名称	性　　能	施工注意事项	应用
B01-10	丙烯酸清烘漆	漆膜有较好的光泽、硬度、丰满度，防湿热、防烟雾、防霉变的性能，保色保光性极好	供 B05-4 面漆罩光用	轿车车身
B05-4	各色丙烯酸烘漆	热固性漆，烘干后漆膜丰满，光泽及硬度良好，保色和保光性极好、三防性能好	用 B05-4 烘漆并掺入 50%~70% 的 B01-10 清烘漆喷涂罩光作为最后工序	光泽要求高及三防性能好的轿车车身
A01-10	氨基清烘漆	漆膜坚硬，光泽平滑，耐潮及耐候性好	作为 A05-15 面漆罩光用	轿车室外金属表面罩光
A05-15	各色氨基烘漆	漆膜硬度高，光亮度好，漆膜丰满，耐候性优良，附着力好	与电泳底漆、环氧树脂底漆配套	中级轿车车身
C04-49	各色醇酸磁漆	较好的耐候性，附着力，耐水耐油性也较好	加少量氨基树脂起防止起皱作用，可一次喷得较厚，120~130℃烘干 30min	汽车驾驶室表面涂布
Q04-31	硝基磁漆	漆膜光亮平滑，耐温变及机械强度较好，户外耐久性好	面漆总厚度层控制 100μm 以内，在 100~110℃烘 1h，提高耐温变性	中、高级轿车车身

项目小结

本项目是对汽车车身用涂料的学习和掌握。包括车身用底漆、车身用中间涂层和车身用面漆等相关内容。

车身用涂料按其在涂膜中存在的状态可分为固体成分和稀料成分两部分。固体成分是涂料中能最后存在于涂膜中的成分，包括油、树脂、颜料和辅助材料。稀料存在于涂料中，而在涂料变成涂膜的过程中挥发掉，不存在于涂膜中，稀料包括溶剂、稀释剂和助溶剂。

车身用底漆是直接涂布在经过表面处理的车身表面的第一道漆，是整个涂层的基础。它对车身的防锈蚀和整个涂层的经久耐用起主要作用。

车身用中间涂层是介于底漆层与面漆层之间的涂层，主要用于改善被涂工件表面的平整度，为面漆层创造良好的基底，以提高整个涂层的装饰性，特别适于装饰性要求高的轿车。

车身用面漆是覆盖件最后一层涂料，车身耐候性、装饰性、耐潮湿性等主要靠面漆来实现，尤其是高级轿车对面漆的质量要求非常高。

项目二　漆前表面处理

汽车车身涂饰前首先要把车身表面所附着的油脂、锈蚀、氧化皮、灰尘等异物除掉，否

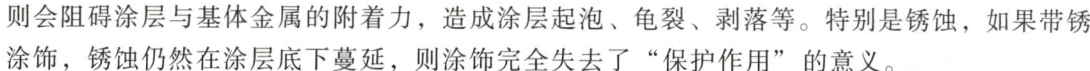

则会阻碍涂层与基体金属的附着力，造成涂层起泡、龟裂、剥落等。特别是锈蚀，如果带锈涂饰，锈蚀仍然在涂层底下蔓延，则涂饰完全失去了"保护作用"的意义。

车身表面涂漆前，必须根据表面污物的性质及沾污的程度、被涂金属的种类、制品表面粗糙度及最后涂层的作用来选择表面处理方法。这些处理方法主要是指去除表面上的各种污物，以及在预先处理过的表面上进行特殊的加工处理。具体来说包括脱脂、除锈和磷化三大部分。其中除锈所用的主要方法是酸洗，一般在板料冲压之前进行。

任务一　车身表面脱脂

一、碱液清洗脱脂

碱液清洗脱脂法在汽车车身制造中应用较为广泛，虽然近年来发展有各种新型的脱脂材料及工艺，但由于碱液脱脂方法简单，成本低廉，故仍在金属表面清洗脱脂中占优势地位。碱液清洗脱脂法主要是通过皂化作用、乳化作用和分散作用来完成脱脂过程的。

1. 脱脂剂的组成与选择

在选择脱脂剂时，除了必须考虑其具有上述的皂化、乳化和分散作用外，还必须具有表面张力小，冲洗性好，热稳定性好，对金属没有腐蚀作用，无毒性和成本低等特点。因为车身零部件表面上的油污情况比较复杂，很难有一种单独组分的脱脂剂能够同时具备皂化、乳化和分散等作用。实用的脱脂剂主要是由多种成分的碱类和几种表面活性剂等共同组成的复合碱液清洗剂。

（1）无机碱类　常用碱液清洗剂中的碱主要有氢氧化钠、碳酸钠、磷酸三钠及多聚磷酸钠、焦磷酸钠等磷酸盐、偏硅酸钠和正硅酸钠等。

一般使用的碱液清洗剂，根据金属的材质和附着的油类的种类多少而选定合适的配方，最好是2~3种碱配合使用，使其各自的特性充分发挥，以达到更好的效果。

在碱液清洗剂中，还要加入三聚磷酸钠或偏磷酸钠等磷酸盐来除去硬水中的钙离子和镁离子，使硬水软化；若加入葡萄糖酸钠及乙二胺四乙酸也能起到同样的作用。

（2）表面活性剂　碱液清洗剂中还要加入各种具有去垢、湿润或乳化作用的表面活性剂。

表面活性剂是一种有机物质，有阳离子、阴离子和非离子型三大类。它们是脱脂剂的主要成分之一，能降低溶液表面张力，改善湿润功能，并能除去金属表面的油脂和污物。用于磷化前脱脂的表面活性剂，多数采用非离子型的。这种表面活性剂的特点是在水中不分解，也不受水的硬度影响，使槽液保持稳定，具有良好的脱脂效果。

在选择表面活性剂脱脂时，要注意工艺所要求的温度。因为表面活性剂在不溶解的条件下，在水中发挥乳化、润湿、分散能力。当温度上升时，表面活性剂会从溶液中沉淀下来，失去净化作用。

表面活性剂的浓度在脱脂中起着重要的作用。脱脂液中必须保持一定量的表面活性剂的"分子聚集体"，故在选择表面活性剂时，要注意表面活性剂最佳浓度值。

2. 脱脂工艺

碱液清洗脱脂工艺根据脱脂零件的形状大小、油污的情况及生产批量各不相同，一般制件表面脱脂的典型工艺是先碱液脱脂，再经过一次洗涤和二次洗涤，最后烘干，去掉残留水分。

碱液清洗脱脂的方法常用的有喷射式脱脂和浸渍式脱脂或两者的结合。喷射式脱脂的优点在于除碱液的化学作用外同时还具有液流的撞击力，效果较显著，但对于某些形状较复杂的零件，液流喷射不到的部位则效果较差一些。喷射式脱脂结合浸渍式脱脂是比较理想的方法。

在汽车车身制造过程中，一些大型覆盖件在冲压成形后至焊装前须进行脱脂清洗，洗去大量的拉延油等，而在焊装后涂漆前再进行一次漆前清洗。对某些中小型零件，油污不太多的则在漆前进行一次清洗就可以。

下面介绍漆前碱液清洗脱脂的有关工艺参数。

（1）浓度　脱脂液浓度与脱脂方式有关。浸式脱脂液浓度应高于喷式脱脂液浓度。浓度对脱脂效果影响很大，浓度低，净化能力弱。浓度高虽能提高脱脂效果和耐用性，但耗量高，同时水洗量也相应提高。且在高浓度的溶液中，有许多脱脂剂起盐析作用而浮于溶液表面或下沉于槽底。从而失去脱脂能力。所以浓度过高的脱脂液的脱脂效果有时比低浓度的还要差。一般情况下。喷射式脱脂液浓度为1%，浸渍式脱脂液浓度为5%比较适宜。

（2）温度　脱脂液温度高，脱脂效果比较好。但在喷射式脱脂条件下，液温太高，会产生蒸汽。同时，由于液温过高，工件表面干得快，造成水洗困难，能量也消耗大，不经济。工作温度可在80℃左右，一般以70～90℃为宜。

（3）脱脂时间　喷射式脱脂时间较浸渍式脱脂时间短。喷射式脱脂在0.5～1min内，就会除去金属表面约90%的油脂与污垢；浸渍式脱脂时间一般在3～10min。

（4）喷洗压力　脱脂时，工件及清洗液的相对运动起着重要作用。在喷式脱脂中，除喷射压力外，喷嘴和工件的距离，以及溶液的喷射量都是重要因素。

提高喷射压力，可以缩短净化时间。但对于易变形的工件，不允许采用高压喷射。另外，从喷嘴喷出的溶液不应是雾状的，而应以足够的压力喷射到工件表面上。

如果采用浸渍式脱脂方式，也应强化脱脂液的流动，如加强循环搅拌等。

二、乳化剂清洗脱脂

乳化剂清洗脱脂法是在有机溶剂中加入一种或数种表面活性剂，或者再添加弱碱性净洗剂组成的一种混合液，当用这种混合液浸渍或喷射在被洗物上时，溶剂浸透油脂层使油脂微粒化，而表面活性剂又使油脂微粒乳化分散在水中，从而把油脂除去。

乳化剂清洗液是由有机溶剂和表面活性剂组成的。有机溶剂是指沸点在220～240℃的烃系溶剂，如煤油、轻油、干洗用溶剂等。所谓表面活性剂是具有乳化、洗净、浸透、分散、湿润和可溶等作用的物质，是亲水基和亲油基有机物的混合物。作为主要乳化清洗剂而采用的表面活性剂是非离子性的，有烷基醚型、脂脉酸醋型、烷基酚型、多元醇诱导体四大类。

三、溶剂脱脂

制件表面上有的油污，特别是一些陈旧性"老化"了的油污或所谓"重型"污物，以及一些树脂型的润滑剂、天然石蜡等，用碱液清洗剂清除比较困难，多借助于有机溶剂溶解油脂的能力，来达到脱脂的目的。

有机溶剂脱脂的方式有浸渍式、喷射式、溶剂蒸气法及超声波清理法等。浸渍式较简单，但在长期浸渍清洗的溶剂里积累一定量的油脂，当部件取出后往往有残存的油脂留于工件表面。溶剂蒸气清洗可以避免此缺陷，但操作及设备较复杂，去油速度较慢，而喷射方式则去油速度快,质量好。

在国内车身制造中,大型覆盖件的脱脂一般极少采用有机溶剂脱脂法。

任务二　车身表面磷化处理

用磷酸或锰、铁、锌、镉的磷酸盐溶液处理金属制品表面,使金属表面生成一层不溶于水的磷酸盐薄膜的过程称为磷化处理。

磷化处理在车身涂装中占有很重要的地位。磷化膜作为油漆涂层的基底,能显著提高涂层的耐蚀性。阻止腐蚀在涂层下以及在涂层被破坏的部位扩展,并能增强涂层与金属之间的附着力,因而能大大延长涂层的使用寿命。在车身制造过程中,对于一些大型覆盖件几乎毫无例外地在漆前都进行磷化处理。

磷化处理按其处理方式不同可分为浸渍式、喷射式和电化学磷化处理;而根据其反应时温度不同分为高温、中温和低温磷化处理;根据反应时速度不同又可分为正常磷化处理和快速磷化处理。在车身制造过程中应用较广的是喷射式快速磷化处理。磷化膜的厚度在 1.5 ~ 3μm 内。

影响磷化处理的因素和采取相应的措施主要如下。

1. 总酸

总酸是反映磷化液浓度的一项指标。总酸过低时,磷化膜稀疏、发暗,甚至磷化处理不上,总酸过高时,沉淀多,浪费材料,且对金属有一定的腐蚀作用。

在磷化液的使用过程中,总酸只会因消耗而下降,此时用补充浓磷化液的方法来提高总酸。

2. 游离酸

磷化液中游离酸的作用是控制磷酸二氢盐的离解度,游离酸浓度在 0.7 ~ 1.1 点之间时,就可满足成膜离子浓度的需要。如果游离酸过高,则膜薄,反应缓慢,且易引起制件表面酸蚀;若游离酸过低,将促使生成过多的磷化沉渣,表面产生粉末状的残渣。

3. 酸比

酸比是总酸与游离酸的比值。酸比大的配方,成膜速度快,磷化处理时间短,需要的温度也低。配方已定,控制好总酸的浓度,酸比也就确定了。

4. 温度的影响

温度过高,磷酸二氢锌的离解度大,成膜离子浓度大幅度提高,沉淀大量生成,结晶粗糙,且消耗了磷化液中的有效成分。温度过低,成膜离子浓度达不到浓度值,不能生成完整的磷化膜。所以,温度必须控制在 (35±3)℃。

5. 时间的影响

时间过短,成膜量不足,不能形成微密的磷化膜;时间过长,结晶在已形成的膜上继续生长,表层形成较粗的疏松厚膜。因此,时间要控制在 1 ~ 3min。

6. 磷化处理方式

磷化液与被处理表面的接触方式有搅拌、浸渍、淋涂和喷浸结合等多种方式。喷射磷化处理比浸渍磷化处理所需要的时间短,生成的膜薄。

项目小结

本项目是对汽车车身漆前表面处理的学习和掌握。包括车身表面脱脂和车身表面磷化处理等相关内容。

车身表面涂漆前，必须根据表面污物的性质及沾污的程度、被涂金属的种类、制品表面粗糙度以及最后涂层的作用来选择表面处理方法。具体来说包括脱脂、除锈和磷化处理三大部分。

碱液清洗脱脂法在汽车车身制造中应用较为广泛，虽然近年来发展有各种新型的脱脂材料及工艺，但由于碱液脱脂方法简单，成本低廉，故仍在金属表面清洗脱脂法中占优势地位。碱液清洗脱脂法主要是通过皂化作用、乳化作用和分散作用来完成脱脂过程的。

乳化剂清洗脱脂法是在有机溶剂中加入一种或数种表面活性剂，或者再添加弱碱性净洗剂组成的一种混合液，当用这种混合液浸渍或喷射在被洗物上时，溶剂浸透油脂层使油脂微粒化，而表面活性剂又使油脂微粒乳化分散在水中，从而把油脂除去。

有机溶剂脱脂的方式有浸渍式、喷射式、溶剂蒸气法及超声波清理法等。浸渍式较简单，但在长期浸渍清洗的溶剂里积累一定量的油脂，当部件取出后往往有残存的油脂留于工件表面。溶剂蒸气清洗可以避免此缺陷，但操作及设备较复杂，去油速度较慢，而喷射方式则去油速度快，质量好。

项目三　汽车车身涂装工艺

汽车涂装属于多层涂装，由于各种类型汽车的使用条件和外观装饰性要求不同，涂装工艺也各不相同。

任务一　汽车车身涂装工艺的关键工序

一、漆前表面处理

漆前表面处理主要包括脱脂、除锈和磷化处理三部分。

二、涂底漆

汽车涂层与金属的结合力和防蚀性主要靠底漆涂层实现，因此底漆涂层是整个涂装的基础。汽车车身涂底漆常用的工艺有喷涂、浸涂、电泳涂底漆等。

1. 喷涂

汽车车身涂底漆最初采用喷涂法为主，常用的是以压缩空气做动力喷涂，需要有空气压缩机、喷枪、胶管、储气罐及油水分离器等设备，使用方便，适于手工喷涂或机械化喷涂，但油漆的利用率低，喷涂不严，钢板的边缘、焊缝、内腔涂不上漆，车身耐蚀性不好，还易引起火灾和苯中毒等。

2. 浸涂

浸涂是将被涂物件浸入盛有底漆的槽中，经过一定的时间后，用悬挂吊钩把浸过漆的物件取出，经滴漆、流平、干燥即可。其设备和操作较简单、生产率较高，并能进行机械化或自动化生产。缺点是漆溶液损耗较大，漆膜的厚度不够均匀，外观也不够理想，有流痕，而大型浸漆槽必要时要有加热或冷却设施和循环泵、过滤器等附属设备。

3. 电泳涂底漆

美国为解决上述涂漆的缺点，最先研究成功和采用了电泳法涂底漆。当初采用的是阳极电泳法，因工件是阳极，在电泳涂漆过程中，产生阳极溶解，使磷化膜也部分溶解，涂膜的耐蚀性不佳，故又研究成功阴极电泳法涂底漆。阴极电泳涂底漆是七八十年代发展起来的先进工艺技术，它具有生产率高、成膜均匀、涂料利用率高以及漆膜稳定性好、坚韧耐磨、抗腐蚀性能优良等独特的优点。特别是对成批生产的形状复杂的轿车车身、驾驶室等，可以机械化或自动化涂装，对工件的缝隙、凹槽、焊缝等，均可获得良好的涂膜，涂料的利用率高达90%～95%，但电泳涂漆设备及投资较大，工件表面处理要求高，且需消耗大量的水和电，并要处理生产中排放的污水等。

三、涂密封胶和防声绝热浆

这工序一般安排在底漆烘干后和涂二道浆或封底漆之前，密封胶涂布于车身需要防止水渗入的部位，如焊缝处。其功能是防止焊缝渗水而锈蚀，此外，还应具有弹性和良好的附着力，使其受振动时不开裂或脱落。一般是酚醛树脂与不干性醇酸树脂、合成橡胶、再生橡胶或加增塑剂的聚氯乙烯树脂制成的。

防声绝热浆的涂布厚度达1～3mm，采用喷涂法，一般喷涂在车身的挡泥板、车轮罩、发动机罩、底板、行李箱等部件的内部。

目前尚有一种热融附着型防声板，受热融熔后粘贴在工件的表面，作为车身内部的防声和保护用。密封胶和防声绝热浆涂层的干燥固化是与二道浆或面漆一道烘干的。

四、涂二道浆或封底漆

涂二道浆或封底漆的目的是提高轿车表面的平整度和光滑性，使用手工喷涂、自动喷涂等方法，涂膜厚度一般为30～40μm，它们的颜色以浅灰、深灰、浅绿色、黑色等为主。通常喷涂在电泳底漆层上，单独烘干后用适当粒度的耐水砂纸进行湿打磨，达到表面平滑。

五、涂面漆

面漆是最后一道涂层，直接影响汽车的装饰性、外观、耐候性和品价位，应选用遮盖力强、装饰性好，与底涂层结合力强的涂料。

车身涂面漆一般采用上送风下抽风型喷漆室，从喷漆室顶部向室内输送经过除尘、调温的新鲜空气，使室内稍处正压，确保外界的脏空气不进入室内。喷涂时，周围环境应整洁，两车身间保持一定距离，防止落上漆雾。同一喷漆室不允许喷涂不同类型的面漆。

批量生产的汽车面漆涂装一般采用自动喷涂和静电喷涂。

静电喷涂是一种新的涂装方法，它与普通空气喷涂相比，具有减少漆雾飞散、改善工人劳动条件、消除职业病、节约油漆、提高涂层质量和生产率、便于实现涂漆作业自动化等显著特点，被广泛使用。

六、涂膜的干燥

为保证涂层的装饰质量，必须根据涂料的特性，正确选择干燥方法和干燥工艺。在现代汽车生产中，根据受热方式，主要有对流式热风干燥和热辐射式干燥两种。

对流式干燥利用热源以对流传热的原理进行面漆干燥。热源首先加热空气，然后靠自然对流或强制对流的形式将热量传递给涂装工件，从而达到烘干的作用。这种干燥方式设备简单，目前应用较为普遍，但热能利用率及干燥的效率都比较低。对于大批量生产，可以设计自动化运输线。在自动化运输线中设置有不同温度的烘烤室，中间温度高，两端温度低，符合漆膜干燥规律。工件边移动边烘烤，最后出烘烤室的另一端，完成干燥过程。

辐射式红外线干燥方法，是将热能转变为不同波长的电磁振动辐射能。这种辐射能又被其他物体吸收转为热能，便产生了热能的辐射和吸收的过程，即辐射交换。红外线具有较高的发热效率，当红外线照射在涂漆工件表面时，能透过漆层被工件吸收，转变为热能使漆膜干燥。热辐射式干燥法干燥速度快，漆膜坚硬、光亮。

任务二　汽车车身涂装典型工艺

国内外汽车车身涂装工艺可以分为以下三个基本体系。

1. 涂三层烘三次体系

底漆涂层＋中间涂层＋面漆涂层，三层分别烘干。

外观装饰性要求高的轿车车身、旅行车和大客车车身一般都采用这一涂装体系。

2. 涂三层烘两次体系

涂层同上，底漆层不烘干，涂中间涂层后一起烘干，采用"湿碰湿"工艺，烘干次数由三次减为两次。

对于外观装饰性要求不太高的旅行车和大客车车身及轻型载货汽车的驾驶室等一般采用这一涂装体系。

3. 涂两层烘两次体系

底漆涂层＋面漆涂层，无中间涂层，两层分别烘干。

中型、重型载货汽车的驾驶室一般采用这一涂装体系。

国内汽车制造厂在引进车身涂装技术的基础上，根据国内外汽车车身涂装工艺的现状，建立了车身涂装生产线，我国第二汽车有限公司的载货汽车车身的涂装工艺路线如下：

白件装挂→预脱脂→脱脂→水洗→磷化→水洗→钝化→循环纯水洗→干净纯水洗→热风吹干→冷却→上电极→阴极电泳涂漆→循环超滤水洗→干净超滤水洗→循环纯水洗→干净纯水洗→卸电极→电泳漆烘干→打磨→喷防声胶→擦净→喷一道面漆→闪蒸→喷二道面漆→晾置→面漆烘干→检验→送总装车间。

这是应用涂两层烘两次体系。

第二汽车有限公司的雪铁龙富康轿车小批量生产的涂装工艺路线如下：

预清洗→碱液脱脂→水洗→表面调整→磷化→水洗→阴极电泳涂漆→水洗（四次）→烘干→底漆打磨→喷中涂（两道）→晾置→烘干→中涂打磨→喷面漆（两道）→烘干→检查。

这是涂三层烘三次体系。

项目小结

本项目是对汽车车身涂装工艺的学习和掌握。包括汽车车身涂装工艺的关键工序和汽车车身涂装典型工艺等相关内容。

汽车涂装属于多层涂装，由于各种类型的汽车的使用条件和外观装饰性要求不同，涂装工艺也各不相同。

国内外汽车车身涂装工艺可以分为三个基本体系。

1）涂三层烘三次体系。底漆涂层＋中间涂层＋面漆涂层，三层分别烘干。外观装饰性要求高的轿车车身、旅行车和大客车车身一般都采用这一涂装体系。

2）涂三层烘两次体系。涂层同上，底漆层不烘干，涂中间涂层后一起烘干，采用"湿碰湿"工艺，烘干次数由三次减为两次。对于外观装饰性要求不太高的旅行车和大客车车身及轻型载货汽车的驾驶室等一般采用这一涂装体系。

3) 涂两层烘两次体系。底漆涂层+面漆涂层，无中间涂层，两层分别烘干。中型、重型载货汽车的驾驶室一般采用这一涂装体系。

新技术应用——汽车增材制造

汽车工业是综合性的技术密集型工业，需要运用许多新材料、新设备、新工艺和新技术。增材制造技术作为一项颠覆性制造工艺正受到汽车公司管理者的关注，在不断缩减研发周期、轻量化设计及满足定制化需求等方面，为汽车制造业最关注的问题提供解决方案。

1. 增材制造技术在汽车制造业的应用

增材制造（AM）通常称为3D打印，国际标准化组织美国材料与试验协会（ASTM）把增材制造定义为"用3D模型数据将材料连接在一起制造对象的过程，通常是一层一层地增加，不同于传统机加工那样的减材制造。增材制造是采用离散化手段逐点或逐层"堆积"的成型原理，依据产品三维CAD模型，快速"打印"出产品零件，完成零件或产品组件的制造。增材制造彻底改变了传统零件，特别是高性能难加工、构型复杂的金属零件的加工模式。

（1）重塑原型制作过程　借助增材制造，汽车设计师可以快速地制造物理零件或组件的原型，如从简单的内部元件到仪表板甚至是整车的比例模型。快速原型设计使公司能够将想法转化为令人信服的概念证明，然后可以将这些概念推进到与最终结果非常匹配的高保真原型，并最终指导产品通过一系列验证阶段后进行批量生产。

（2）轻量化设计　布加迪汽车的8活塞单体制动钳就是一个很好的例子。由于材料的高性能特性，布加迪汽车倾向于使用钛作为某些部件的材料，但使用传统方法处理金属是昂贵且具有挑战性的，增材制造技术的使用不仅使布加迪汽车能够以所需的规模生产，还使其性能潜力更高，大大减轻了部件的重量，同时使其比传统的生产替代品（铝）更加坚硬和坚固。

（3）工装工具和制造辅助工具　汽车工厂和零件供应商要使用数以千计的定制工装和夹具，每个工具都根据最终用途进行了高度优化并定制制造。增材制造可以将交付周期缩短到几个小时，并且可以大大降低成本。

（4）解决备件问题　将所有部件的设计保存为数字副本，从而实现备件零库存。随着台式3D打印机的普及，备件可以根据客户的要求在维修店内生产。增材制造同时帮助供应商开辟新的业务空间，供应简单的增材制造备件。另外，在基于现有零件的数字扫描的逆向工程中，即使已不存在的零件也可以被重新按要求制造出来，较旧的设计也可能会重获新生。

（5）聚合通用零件制造　随着增材制造的硬件和材料的成本越来越低，3D打印将逐步发展到生产常规汽车零件。

2. 汽车制造业增材制造集成化平台

增材制造集成化平台是指把软件和3D打印机系统解决方案与增材制造进行集成，为增材制造开发的端到端的设计制造平台，涵盖从概念、设计、制造到车间操作及自动化的所有过程。增材制造集成化平台中除了具备传统三维CAD/CAE/CAM能力外，同时推出了拓扑优化设计，针对多种增材制造方式的工艺辅助设计的准备、输出、校验以及增材制造设备连接处理器等崭新的专业功能。

（1）面向增材制造的设计　创成式设计技术可以从产品设计开始就基于性能需求，解放零件的几何形状和拓扑时的约束限制，生成可以满足所有性能需求的最优、轻量的形状结构。新的创成式设计技术可以减轻零件重量和减少所需材料，甚至具有性能优势。

（2）拓扑优化技术　拓扑优化提供在特定的设计空间生成满足各种产品性能、材料和制造需求的创新性结构，通常生成的结构形状更适合于增材制造技术。

（3）收敛建模技术　这一创新技术大大简化了由小面体、曲面和实体组成的几何图形的处理过程。这种设计方法，可以帮助工程师优化增材制造的零件设计，并且加快整个开发过程。其与传统设计及创成式设计的区别如图8-1所示。

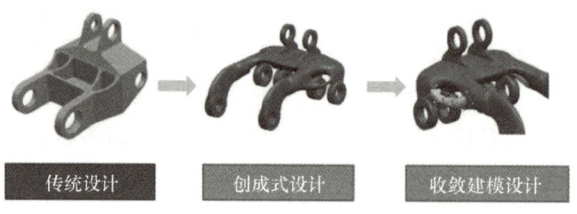

图8-1　不同结构设计技术的区别

（4）从扫描到打印　通过使用收敛建模技术，用户可以立即开始用扫描的数据来设计产品。将收敛建模与增材制造能力直接结合，可大幅简化增材制造的开发过程。

（5）晶格设计　在晶格设计中使用晶格命令可创建轻量级结构收敛体，用户可以选择多个不同单元格类型，并指定单元边长度和杆径，还可以指定晶格的放置方式和方位等。

（6）增材制造设计规则检测　验证用于增材制造的设计是整个过程中的一个关键步骤，这些验证可以帮助进行数据准备，确保设计零件的可打印性。拓扑优化考虑基于增材制造工艺的产品设计规则，以确保产品的可制造性。

（7）面向增材制造的性能仿真　通过产品性能仿真，确保增材制造的设计满足结构强度、热力学、流体动力学、振动噪声、多体动力学、疲劳强度等各种性能要求。

（8）面向工程师的增材制造工艺仿真　通过为工程师提供一种简单快捷的自动化优化方法，同时考虑零件设计的优化、结构变形和散热均匀性的多学科综合分析，实现"首次打印即正确"的打印准备工作，从而解决增材制造零件需要经历多次设计和分析迭代，才能确定最优构型取向和优化的支撑结构的问题。

（9）面向增材制造的打印过程工艺仿真　使用数字孪生模型模拟打印前的构建过程，预测打印过程中的变形并自动生成校正后的几何形状以补偿这些变形，帮助制造商预测零件打印的变形，分析增材制造工艺过程中的各种问题，并集成到端到端的增材制造解决方案中。工艺仿真的输入和输出是从初始需求到最终零件打印这一连续数字主线中的一部分，这一连续数字主线允许系统提前生成变形补偿的模型，并无缝传给产品设计及打印制造。

（10）面向增材制造的优化设计　根据增材制造工艺，利用优化算法进行设计空间探索，进行单目标及多目标优化来实现面向增材制造的优化设计。

（11）连接多种增材制造技术和设备　连接粉层熔融、固定多轴材料拉丝、多喷射设备，同时将增材制造与传统制造技术融为一体，使用铣、钻、镗、磨等传统减材工艺与增材制造的增材工艺于一体的"混合型机床"进行制造。大批量的工业产品增材制造量产将能够大大简化传统制造工艺，减少工装装备环节，节约大量毛坯材料，最小化产品制造周期。

（12）增材制造的生产运营管理　增材制造生产过程的管控，是管理所有增材制造的准备和后期生产，进行全生产过程数据跟踪，管理所有加工数据和加工过程，是从订单管理、操作指导和审核流程、打印作业文件管理到打印材料管理的一个闭环的全生命周期管理。

习　题

1. 阐明汽车车身涂装典型工艺过程。
2. 简要说明车身表面脱脂常用的工艺方法。
3. 简要说明汽车车身涂装的关键工序。
4. 影响磷化处理的主要因素有哪些？

学习领域三　汽车装配工艺

　　汽车生产制造的最后一道工序就是装配，包括检测和调整，否则各种零件无法集结而发挥应有的功能。所谓装配就是将各种零件、部件、合件或总成，按规定的技术条件和质量要求连接组合成完整产品的生产过程。也可称为"使各种零件、部件、合件或总成具有规定的相互位置关系的工艺过程"。

　　汽车总装配就是使生产对象在数量、外观发生变化的工艺过程。数量的变化表现为在装配过程中，零部件、总成的数量在不断增加并相互有序地结合起来。外观的变化表现为零部件、总成之间有序结合后具有一定的相互位置关系，外形在不断地变化，最后成为一辆汽车。汽车是一个复杂的机器，由很多总成组成，在一个大型的综合性汽车制造厂里，汽车总成往往在相对独立的各专业厂中生产，再运到总装配厂或总装配车间进行总装。据统计一辆中型货车总装配的零部件、总成有500多种、2000多件，而轿车的零部件和总成的数量更多。汽车装配工艺就是使汽车各零部件和总成具有一定的相互位置关系并形成整车的过程所采用的手段、方法、条件等。汽车装配生产方式，因汽车的种类、生产量大小和生产设备等因素而有所不同。

模块九　装配工艺与设备

知识目标

1. 了解汽车装配工序与车间平面布置方法。
2. 掌握汽车常用的装配设备。

能力目标

1. 能够识读汽车装配工艺。
2. 能够认识一般汽车装配设备。

学习引导

汽车按构造可分为发动机、底盘、车身和电气电子设备四大部分。底盘又由传动系统、行驶系统、转向系统、制动系统、操纵系统、燃料供给系统等组成。按组成汽车的大总成分，有发动机、变速器、离合器、前桥、后桥、车架、车轮、悬架弹簧和驾驶室车厢等。

项目一　装配生产方式

在汽车制造过程中，总装配厂的作业任务是将动力-传动系统、车内总成、车外总成及电气电子装置部分等组装成整车。装配作业由总装配线和车辆性能检查调整线两部分组成。总装厂装配作业的组成见表9-1。总装配线上装配的典型部件的名称见表9-2。

表9-1　总装厂装配作业的组成

总　装　配　线				整车检查调整线
车内总成	动力-传动系统	电气电子装置	车外总成	

表9-2　总装配线上装配的典型部件的名称

部件名称	代表性部件名称
车内总成	仪表板、座椅、加热与冷却装置、车顶内饰件、车门内饰件等
动力-传动系统	发动机、变速器、传动轴、主减速器、差速器、前悬架系统、后悬架系统、转向系统、散热器、车轮等
电子装置	电控燃油喷射系统、OK检测系统、电子防滑控制器、电控自动变速器、电控座椅、安全联锁装置等
车外总成	散热器护栅、前照灯、风窗玻璃、门窗玻璃、保险杠、后组合灯、反射镜等

汽车装配生产方式，因汽车的种类、生产量和厂址、设备条件等因素而有所不同。因产量关系，轿车装配多采用同型车辆专用生产线的方式。由于同型轿车拥有多种不同规格，总

装配线上待装部件的种类繁多，为此采用电子计算机发出装配部件的指示，并同步供应装配汽车所需要的各类部件。这种装配线的特征：变动装配车辆的投入顺序，可使不同规格汽车的装配时间达到平衡。货车、客车与特殊用途车辆的装配，根据产量，常采用多种车型混合生产的方式，即在一条生产线上，装配不同形式的各种车辆。这种生产方式的特征：能够根据车型变动来供应部件，所用设备的附件也能共用或相互交换。

项目小结

在汽车制造过程中，总装配厂的作业任务是将动力—传动系统、车内总成、车外总成、电气电子装置部分等组装成整车。

汽车装配生产方式，因汽车的种类，生产量和厂址、设备条件等因素而有所不同。因产量关系，轿车装配多采用同型车辆专用生产线的方式。

项目二　装配工艺与设备

任务一　汽车装配工序与装配车间平面布置

1. 汽车装配工序

汽车装配工序包括总装配工序和性能检修工序两部分。总装配工序一般采用流水作业方式，由各种输送机构成的主装配线及其附属的分装配线所组成。性能检修工序的作用在于检查、调整车辆，使其满足设计使用性能的要求，通常是一条由各种检查机器按工艺顺序排列的生产线。图9-1所示为装配工艺过程图。由于受到装配车间空间和车辆装配流动方向的限制，地板下面动力系统部分的装配，有时先于车外前部总成部分的装配。此外，也可将车外前部总成部分的装配工序与性能调整工序相混合。电器电子装置部分的装配一般分散到各工序之内，而在作为总装配最后工序的性能综合调整工序内，接通全部电路。

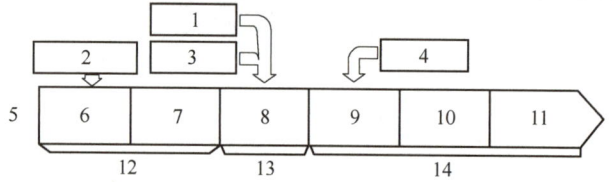

图9-1　装配工艺过程图

1—发动机变速器分装线　2—仪表盘分装配线　3—车轴分装线　4—座椅分装线　5—主装配线
6—除地板外车内总成部分的装配工序　7—除前部外，车外总成部分的装配工序　8—地板以下部位的
动力-传动系统部分的装配工序　9—地板部位车内总成部分的装配工序　10—前部车外各总成部分的
装配工序　11—性能综合调整工序　12—前内饰线　13—车轮部分装配线　14—后内饰线

2. 汽车装配车间平面布置

汽车装配车间平面布置取决于车辆构造、厂址条件、部件供应方式、生产能力、设备条件等因素。根据装配作业内容，装配车间可由前内饰线、车轮部分装配线、后内饰线，以及附属于它们的分装线和检查调整线组成。轿车装配车间平面布置如图9-2所示。布置车间时，还应考虑车辆装配的流动方向、部件的供应方法、车间外面各种油脂类储罐的配置等情

况，然后加以确定。货车装配车间的特点是车轮部分装配线较长，以适应车辆构造的要求。货车装配车间平面布置如图9-3所示。

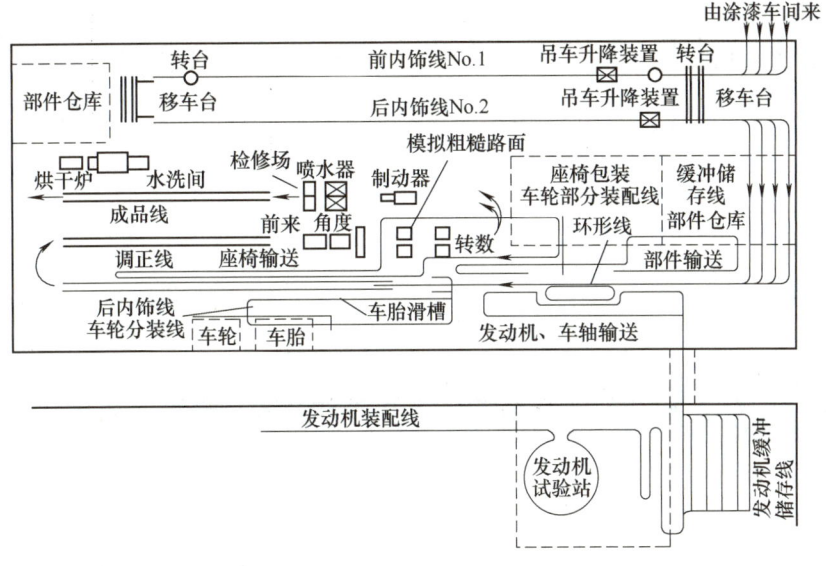

图9-2 轿车装配车间平面布置

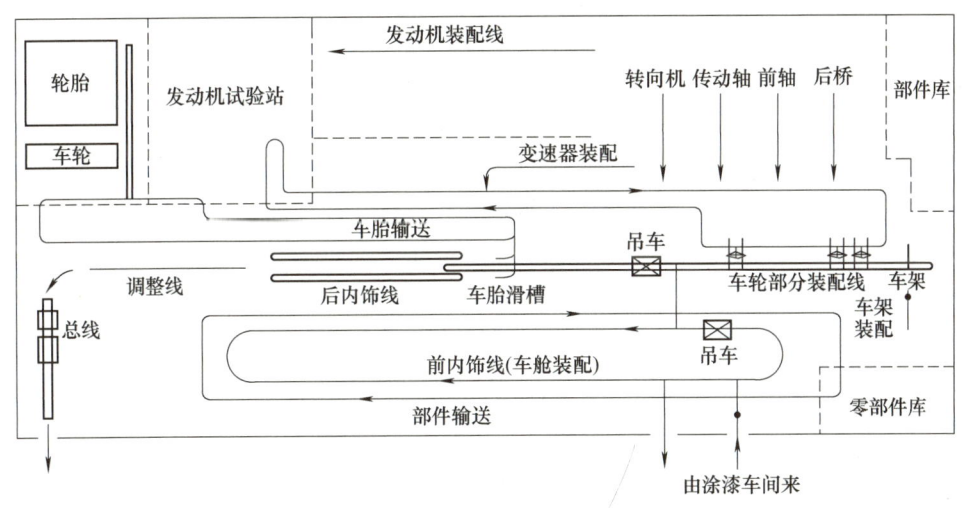

图9-3 货车装配车间平面布置

在汽车总装配厂的一般组成中，必定包含以下部分：一定数量的零部件和总成的储存地；装配线；整车检测和调整；整车返修补漆；简易试车跑道；适当的停车场地；动力站房和生活办公室等。总平面布置图应以总装配车间为中心，按以下的工艺流程来布置建筑物较为合适：零部件和总成存放地—总装配—整车检测调整—调整或返修车停放地—返修补漆，同时考虑试车跑道和成品车停放地。零部件和总成存放地放在总装配车间的端部，有利于向总装配线两侧运送各种零部件或总成。图9-4所示为总装配厂总平面布置示意图。

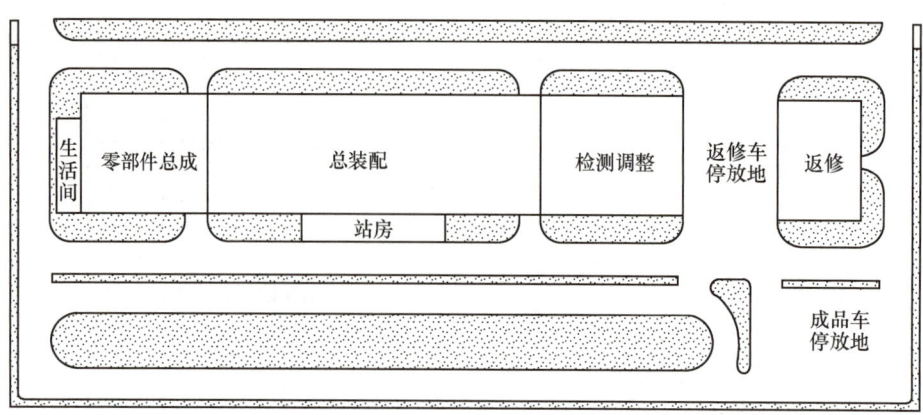

图 9-4　总装配厂总平面布置示意图

任务二　装配工作法

1. 装配连接方式的分类

装配要把各种零部件、合件或总成组合起来，其主要的方法是连接。装配中的连接可分为 4 类：可拆式活动连接、不可拆式活动连接、可拆式固定连接、不可拆式固定连接。

（1）可拆式活动连接　两件或两件以上零件自身或借助其他零件连接后，零件之间能相对运动，可拆卸后再连接，不损坏其中任何一个零件，如铰接、圆柱销联接。

（2）不可拆式活动连接　两件或两件以上零件自身或借助其他零件连接后，零件之间能相对运动，但不能再拆开，或者拆开后必定损坏其中一件或几件零件，不加修复或更换不能重新连接，如轴承。

（3）可拆式固定连接　两件或两件以上零件自身或借助其他零件连接后相互之间不能活动，可以拆开且可以重新连接而不损坏其中任何零件。这种连接在机电产品中最为常见，如螺纹联接、借助螺钉或螺栓螺母的联接、键联接等。

（4）不可拆式固定连接　两件或两件以上零件相互连接后不能相对活动，而且不能拆开，一旦拆开必定损坏其中一个零件，非经修复或更换不能重新连接，如焊接、铆接、热压（过盈配合）等。在机电产品中也是经常采用的连接方式。

2. 常见的典型装配方法

（1）螺钉紧固法　螺钉、螺栓螺母联接是部件装配的基本方法，可使用套筒扳手。此外，为了使紧固力矩保持稳定，多使用螺母拧紧器。如果在许多部位上同时安装螺母，可以使用装有多点螺母拧紧器的工具。对于那些因安全和性能需要必须保证一定紧固力的部位，应以扭力扳手将螺母拧紧。

（2）黏结法　车内总成部分多使用乙烯基类人造革和填料，这些材料可用粘结剂贴牢。黏结乙烯基类人造革时，由于加工后的形状受加热温度的影响，应该使用红外线灯或单元加热器升温。使用高压空气泵压送，而以喷枪涂敷粘结剂。

近年来，开始采用将窗玻璃直接粘到车身上的方法。此法乃是将由两三种高分子材料按固定比例混合成的黏结剂，呈串珠状涂敷在玻璃上，然后把玻璃紧压在车身上。经过一定时间，即可把玻璃粘牢。黏结处可保持橡皮那样的弹性。这种黏结方法所用的设备有压送材料的空气泵、计量材料比率的测量计、混合材料用的混合机和涂敷材料用的喷枪。

（3）液体注入法　液体注入法是指装配时注入发动机油、变速器油、汽油、散热器冷却液、制动液等各种液体的方法。为了能够定量注入发动机油与变速器油，使用油脂类定量供给装置。由于汽油注入时易起火，应使用气控启闭注入阀的加油枪。冬季，散热器中应注入防冻液，采用定比混合供给装置，按固定比率供应水和防冻液。注入制动液时使用真空泵，以加速排气过程。

（4）动力-传动系统部分安装法　动力-传动系统部分的安装法因车身构造不同而异。对于有车架的车辆，可用起重机将后桥、发动机等部件安装在车架上，然后再将车身装上车架。对于无车架单壳体车身结构的车辆，先将前悬架系统、发动机、后桥等部件一同装在气动或液压驱动的升降机上，而后将这个整体部件从地板下方安装到车身上。

任务三　内饰装配线

前内饰装配线的输送机有两种方式：一种是将车身装在台车上，台车则由地板式输送机运载，称为台车方式；另一种是将车身挂在吊架上，吊架由高架输送机运送，称为吊架方式。台车方式的优点在于作业的稳定性高，但台车返回困难，常成为部件供应的障碍。吊架方式具有可以充分利用空间的优点，但作业的稳定性差。

车轮部分装配线的方式因车身结构而异，单壳体车身结构采用吊架方式，有车架车身结构采用具有装载车架辅助装置的地板式输送机方式。后内饰装配线采用装有轮胎的双滑板输送机。为了进行车辆地板下面的装配作业，滑板可与地板同一高度，并设置检修坑，也可不

图 9-5　汽车装配线
a）地拖（推）链台车式总装配线　b）地拖链台车装配线与板式链的"过渡段"
c）自行小车式总装线的自行小车　d）带支架的板式

设置检修坑，而提高输送机的高度。后面这种方式的设备费用高，但可提高部件堆放场地的利用率，并可改善在车辆下面操作工人的劳动条件。

根据所装部件的具体情况，分装线分别采用辊道链板输送机、输送带、辊道输送机等装置。此外，根据分装总成的情况，也可形成闭环式分装线。汽车装配线如图 9-5 所示。闭环式分装线如图 9-6 所示。

车架装配线通常采用装有辅助装置的辊道链板输送机。先在倒置的车架上安装前悬架总成和后悬架总成，而后翻转为正置状态。在车身翻转前后的装配线上，使用装有辅助装置的辊道链板输送机。车架翻转使用平衡锤（块）和起重机。

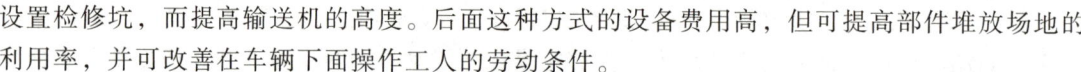

图 9-6 闭环式分装线

一般来说，只向装配线送交所需数量的部件。当部件生产工厂临近总装配线时，可以及时得到需要数量的部件。如果两地相距过远，此点不易办到，则应先储存在部件库内，再用吊运输送机、输送器、拖车、台车、铲车等运到装配线旁。部件供应根据控制室的搬运指示进行。

发动机、车轴、变速器等大型总成，以及轮胎、座椅等大型零部件，都由专用输送机运至装配线旁。小型零部件，应视需要量与线旁堆放面积，用铲车或牵引车搬运到所要安装的装配线旁。

任务四 车辆检查线和调整线

对于总装配线上装配完毕的汽车，根据《公路运输车辆安全标准》所规定的项目，检查其主要性能，并做必要的调整。图 9-7 所示为车辆检查线和调整线的组成。车辆检查线上的检查项目与试验机如下。

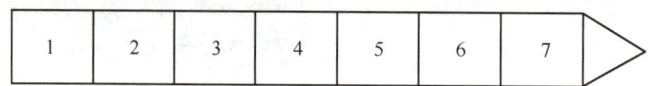

图 9-7 车辆检查线和调整线的组成
1—前轮定位（前束、前轮外倾） 2—转向角 3—前照灯焦点 4—模拟粗糙路面
5—轮毂 6—制动力 7—防雨性

1. 前轮定位

把前轮装在轮毂上，使其具有与行驶中相同的回转状态。随着车轮定位的改变，车轮在轮毂上将发生侧滑。根据侧滑量可以测定前束与前轮外倾角。由此可求得包括车胎扭转角在内的平均定位值，以确定转向盘的正确安装位置。

2. 转向角

在每只前轮上装一个转盘，以检查转向角，并以主销后倾角规检查主销后倾。

3. 前照灯焦点

在车前一定距离处设置光屏，其上开有上、下、左、右四个受光口。旋转调整对光螺钉，使前照灯焦点恰好位于受光口处。此后，进一步检查照度是否符合规定值。

4. 模拟粗糙路面与轮毂

把汽车装在轮毂试验台上，以汽车本身的动力驱动轮毂，进行不改变车辆位置的行驶试验。在轮毂上施加相当于受试汽车惯性的等值惯性矩。通过这项试验，可以检查在各种车速下速度计读数的精度，并可测定加速度值，测定从某一速度开始至停车时的滑行时间。测定各车速噪声，观察变速器的状况。

5. 制动力

把车轮放在两只滚轮上转动，通过踏力计，按规定的踏力操作制动器，检查制动力。

6. 防雨性

从车辆的上下、左右方向喷水，检查车辆在暴雨环境中的漏水情况。应将车辆装在输送机上向前移动，以使汽车各处都受到水柱喷射。在喷水区前后设空气帘幕，防止水花飞溅到车内部。

在车辆检查线和调整线上发现的不合格车辆，送至车辆修整出厂线。此处设有冲洗间及烘干炉，可以进行包括涂漆在内的各种修整工序。在出厂线上，把由外协厂供应的等待安装的毛毯和轮罩等零部件装在车辆上。

 项目小结

本项目是对汽车装配工艺与设备的学习和掌握。包括汽车装配工序与装配车间平面布置、装配工作法、内饰装配线以及车辆检查线和调整线等相关内容。

汽车装配工序包括总装配工序和性能检修工序两部分。总装配工序一般采用流水作业方式，由各种输送机构成的主装配线及其附属的分装配线所组成。性能检修工序的作用在于检查、调整车辆，使其满足设计使用性能的要求，通常是一条由各种检查机器按工艺顺序排列的生产线。

汽车装配车间平面布置取决于车辆构造、厂址条件、部件供应方式、生产能力、设备条件等因素。根据装配作业内容，装配车间可由前内饰线、车轮部分装配线、后内饰线，以及附属于它们的分装线和检查调整线组成。

装配要把各种零部件、合件或总成组合起来，其主要的方法是连接。装配中的连接可分为4类：可拆式活动连接、不可拆式活动连接、可拆式固定连接、不可拆式固定连接。

前内饰装配线的输送机有两种方式：一种是将车身装在台车上，台车则由地板式输送机运载，称为台车方式；另一种是将车身挂在吊架上，吊架由高架输送机运送，称为吊架方式。

对于总装配线上装配完毕的汽车，根据《公路运输车辆安全标准》所规定的项目，检查其主要性能，并做必要的调整。

模块十　车身安装工艺

知识目标
1. 了解汽车车身的种类。
2. 了解车身安装质量保证的几大要点。

能力目标
1. 能够分清汽车车身制造基本工序。
2. 能够掌握汽车车身安装的作业顺序。

学习引导

车身安装一般是指在汽车制造厂所生产的货车底盘上，安装适应不同用途车身的工序。装好车身的成品车可大致区分为以下两类：一类是运输一般货物用的普通车厢货车或大篷货车；另一类是安装特种车身、器具的特殊用途车，或者是装有特殊机械具有其他功能的特殊装备车。普通车厢货车的车厢大都是在专门的车身（厢）制造厂内安装的。此外，从广义上说，客车也属于车身安装的范围。

随着汽车运输的近代化和汽车用途的扩大，近年来对特种用途车或特殊装备车的需要量急剧增加，其种类与形式也日益增多。

1. 大量生产的困难性

尽管车身总装厂在大量生产化的方向上做过种种努力，但在许多方面，至今还不得不按指定规格生产的方法实行。其原因在于：用户强烈要求适合使用情况的专用特种规格车，必须适应各底盘制造厂所生产的种类繁多的底盘结构，自动倾卸车与搅拌车等必须装备动力输出机构，用户对漆色与公司名称标牌等细节也常提出要求。因此，通常采用多品种少量生产的方式。

2. 与底盘制造厂的联系

最近，从货车底盘设计阶段开始，汽车制造厂就致力于如何生产出方便车身安装的底盘，以提高汽车的性能。此外，还在安全与公害问题方面，采取必要措施。装好车身的汽车必须符合相关法律、法规的规定，底盘制造厂与车身安装厂之间的紧密联系日益重要。

3. 标准化的努力

在设计与制造方面所进行的合理化努力的过程中，应逐渐做到设计规格与零部件的标准化。例如，陆续制订了各种团体规格并加以标准化，这些规格有：货车车架宽度规格（JAS-OB101），动力输出口的形状与尺寸规格（JASOE001），客车车身各部分的构造、部件与材料规格（客车车身规格），货车车身小型零件规格（车身工业协会规格）等。

车身安装的基本工序可大致分为：底盘改装作业，车身的钣金、焊接作业，机构部分的机械加工和装配作业，车身与机构的安装作业，车身涂漆作业五种。这些工序几乎为各种车辆所共有。各工序的生产方式如下。

1）车身安装，一般采用汽车底盘自行走动的流水生产方式。

2）对于车身与附属装置等可以标准化的部件，尽量进行批量生产（如搅拌车的轮毂，油罐车的油罐、车厢、驱动装置等）。

3）安装部分必须制成能和各种底盘相适应的形式，这样做有时也会成为装配作业流水化的障碍。

车身安装作业顺序的实例如图 10-1 所示。在大量生产的情况下，预先制成车身与功能部件的总成，等底盘运进并完成改造工作后，即可将这些总成装到底盘上去。这是一种车辆在安装中可缩短停留时间的生产方式。在这种情况下，确保底盘数量及其搬运计划的执行，是成为提高工厂生产率的关键。为此，必须进行严密细致的生产管理。

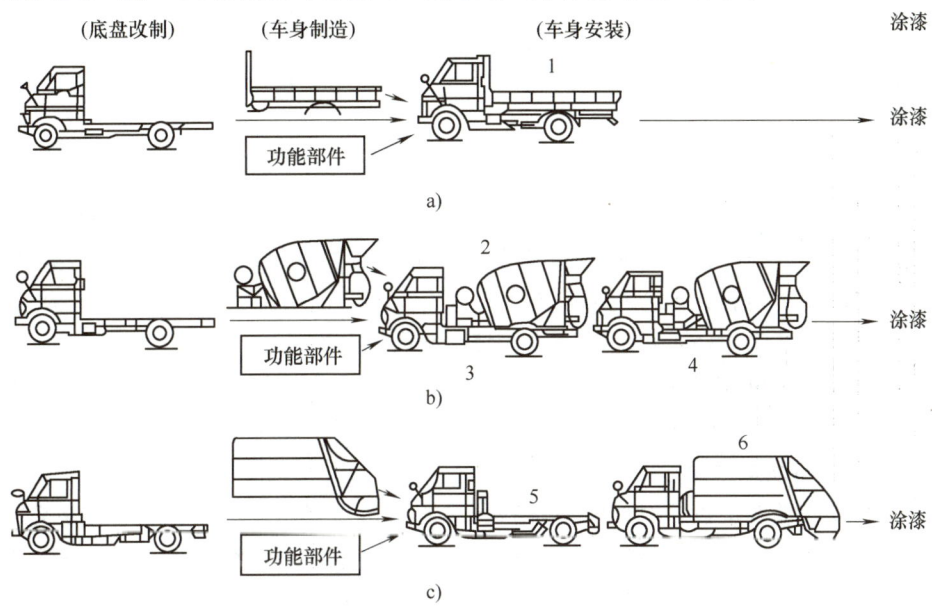

图 10-1　车身安装作业顺序的实例
a）普通车厢货车　b）搅拌车　c）垃圾装运车
1—车厢装配　2—转鼓总成装配　3—泵的装配　4—动力输出装置、驱动装置与其他部件装配
5—动力输出控制装置、副车架装配　6—车身装配

车身安装生产规模的差异很大，其范围包括：从把车身安装仅仅作为汽车翻造过程的一个组成部分（例如小型货车、客车、一部分自动倾卸车等）的产量为 10000 辆/月的生产水平起，直至由汽车制造厂供应底盘的比较大型汽车的车身安装，产量为 50~100 辆/月为止。此外，在一车一样的情况下，由于车身的特殊性，其产量可能每月只有数辆。按车身种类区分，目前车身安装的生产规模概况见表 10-1。在属于大批量生产的厢式货车之类的车辆中，正积极进行车厢的标准化与单一化，以提高其大量生产性，降低生产成本。

在一些情况下，可把车身看成是汽车的一个部分，但在另一些情况下，应把车身作为大型安装件追加到汽车上去。属于第一种情况的有小型货车、小型普通车厢货车等。这些车辆由汽车制造厂单独提出指定形式的汽车申请，质量也主要由该汽车制造厂保证。大型自动倾卸车等属于第二种情况，由汽车制造厂与车身安装厂联名提出指定形式的汽车申请。另外还有无须指定形式的一般车身的车辆,对于这些车辆用户的质量保证,由汽车销售店出面,而包括安装件在内的整部汽车的质量保证,则由汽车制造厂承担。对于车身安装,由车身安装厂直接对汽车制造厂或汽车销售店负责,结果还是对用户间接做出质量保证。以下扼要叙述车身安装厂对车身安装质量保证的内容。

表 10-1   目前车身安装的生产规模概况

大 量 生 产	批 量 生 产	少 量 生 产
普通车厢货车	普通车厢通用车	消防车
自动倾卸车	散装车	各种车身的客车
搅拌车	厢式货车	电视中继车
油罐车	冷藏车、冷冻车	道路清扫车
起重车	旅游宿车	
垃圾装运车	混凝土泵车	
救护车	拖车	
牵引车挂具安装		

由于安装车身车辆的类型千差万别,生产数量少,协作工厂多,加工与装配方式多种多样,生产内容极为复杂。因此,质量保证也比大量、连续装配的汽车生产要复杂得多。然而,质量保证的基本内容并无变化,只不过在综合运用方面增添了困难。因此,从商品规划开始直到售出后的技术服务为止的各阶段,都必须明确各有关工作部门、底盘制造厂与各协作企业的质量保证事项,建立有关质量保证的作业(标准化、规范化),并进行教育,指定负责人并进行管理。必须切实建立能够开展上述各项工作的体制。

1. 产品规划与质量改进

关于车身安装的改进以及对新产品研制要求的构想极多,在产品规划阶段决定取舍时,市场调查与产品需求预测工作极为重要。这些工作正确与否,关系到商品规划乃至产品质量保证能否实现。

2. 安装车身成品车的质量保证

不仅应该保证安装车身与安装件本身的质量,还应保证已装车身的成品车的质量。为此,在研究试制阶段,常常在有代表性的底盘上安装车身,并在有代表性的试验场地上进行实际车辆道路试验,以评定其质量。这种试验的要点在于对试验场所的选择、试验条件的掌握与鉴定标准的制订。此外,能否将在代表性底盘上安装车身的车辆试验结果应用到其他种类底盘安装车身的车辆上,是车身安装试验研究过程中最困难的工作。

3. 售出产品的技术服务与对索赔的掌握

在大量生产车辆开始销售后的技术服务阶段,车身安装厂通过自己的一系列服务网与巡回服务班收集产品情报和损坏索赔情报。属于底盘制造厂的索赔情报居多,而有些情报对车身安装厂也是重要的。这项通过售出产品技术服务收集情报的工作,具有重要意义。

4. 与底盘制造厂共同进行质量保证

车身安装厂与底盘制造厂在每个阶段上的通力协作,是保证车身安装质量的关键。协作内容的要点:在规划阶段,对车辆规格的调整和确定;在试验研究阶段,对设计、试验方面的情报交流,对图样和检查标准的制订,对生产车辆的会同检查等成品检查方式的协商;在售出产品服务阶段,对索赔处理的分担,对补偿零部件的处理以及对损坏索赔情报的交流等。不言而喻,有关指定形式汽车的申请事项,就法规上所规定的内容,也必须明确与底盘制造厂之间的分担体制。

榜样力量

王建清和他的师傅王涛都是全国劳模、全国人大代表,以王涛名字命名的东风商用车有限公司总装配厂调检一车间"王涛班",先后获得全国总工会"五一"劳动奖状、全国职工职业道德百佳班组、全国全面质量管理先进班组、中央企业学习型红旗班组、全国总工会工人先锋号、社会主义劳动竞赛先进班组等一系列国家级荣誉称号。"王涛班"之所以能够有如此卓越的业绩,关键在于他们始终坚持以全国劳模王涛为标杆,充分发挥先锋模范的带头作用,并一直传承王涛倡导的良好"家风",即"当工人,就得好好干活,干出点名堂"。在"王涛班"流传着一句话:"王涛班的人走在哪里都要有王涛的样子,王涛是一杆旗帜,更是一种精神。"新时代班组文化应该为每一位班组成员树"家风",为每一位班组成员的成长和成功营造良好的文化氛围。

新技术应用——汽车智能工厂

智能工厂的概念在制造业已经耳熟能详,在现有技术下的智能工厂,包括增材制造的广泛应用、以需求导向的机器人来完成既定任务、通过 AR 设备结合现场生产实现的作业指导、人机协作、柔性自动检测设备、全自动工位以及根据生产情况的自适应物流系统等,这其中不可或缺的是数字化应用对智能工厂的建设。

一、智能工厂的生产系统工程

智能工厂是以 AGV(自动导引车)、高级机器人、3D 打印机等先进智能制造设备为核心组成的数字化生产线,是自动化、电气化、网络化等多学科的集成应用,是传统工厂在信息、物理融合之路进化的产物。发展智能工厂离不开高效地建立和应用数字孪生。建设智能工厂,企业需要高精益性、高竞争性的技术集成生产系统来支持批量柔性化生产。

汽车制造业在制造终端设备方面的自动化程度已经越来越高,部分生产车间已经实现 100% 的生产过程自动化,物流系统也实现了 AGV 无人配送。

但汽车智能工厂的建设仍面临各种挑战:自动化程度的提高导致对自动化解决方案的复杂度要求增加;缩短产品上市周期的大趋势意味着必须缩短生产工程设计的时间;产品的大规模定制化是大势所趋,这推动着生产工程的多样化,也对各学科间协同工作提出了挑战;自动化程度的提高导致生产系统调试时间变长,而对生产系统调试通常会影响正常生产计划,造成产能损失;复杂的、自主开发的 IT 应用程序需要大量费用进行维护更新,有限的 IT 预算必然会导致工具性能和成本间的矛盾。

二、基于标准化与模块化构建智能工厂

生产系统工程如图 10-2 所示。对于要实现智能制造的汽车企业来说,所有的智能工厂建设需要保持统一的标准。从工装夹具中最基本的夹具单元开始实现标准化,并利用标准夹具单元组合成适用于各区域的工装,这些由标准化夹具单元构成的工装在进行柔性化改造时,能大幅度缩短设计周期和降低成本。同理,模块化组成的工装结合其他的标准化设备构建了生产工位、生产线、生产车间和整个智能工厂。

企业首先需要构建经过深度虚拟验证的生产系统，支持数据在各个平台工具之间进行交互融合、协同设计，同时不可或缺的还有设备和工艺的模块化、标准化和完善的制造工艺开发流程，再结合前沿技术的应用，从而构建出整个生产系统工程的全貌。

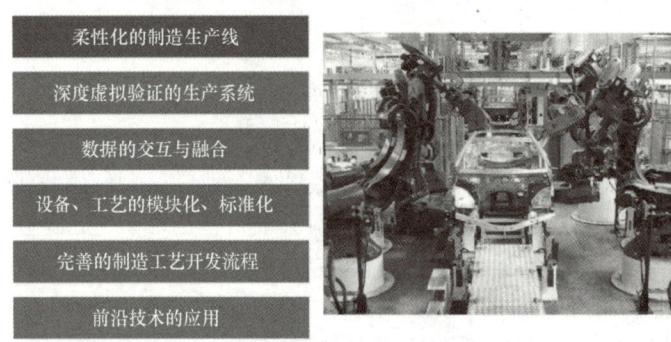

图 10-2　生产系统

在目前的市场中，汽车制造商建立柔性化的制造生产线离不开供应商的参与。生产系统工程不仅仅局限于柔性化的制造生产线的规划，还涉及产品设计、工艺设计、布局规划、工艺仿真、物流以及逻辑控制等各方面的知识。越来越多的汽车制造商由自己来主导智能工厂的规划，将生产制造的知识进行标准化和模块化建设，建立跨学科模型结合仿真的系统工程方法论，将数字孪生付诸于实践。

三、智能工装设计

工装夹具的设计质量会直接影响白车身的装配尺寸。因此，在工装夹具的设计过程中，非常关键的是要遵循定位点系统（Reference Point System，RPS）。它确保了零件和总成定位点的一致性，从而在公差累计中避免由于基准转换带来的额外的尺寸误差。目前大部分整车厂商采用了 RPS，能创建基准点并定义基准点的属性信息，包括基准编号、XYZ 坐标、基准类型（销定位或面定位）、基准控制方向、基准关联的板材信息以及基准对应的标准夹具单元等。在 TCM 进行工艺规划过程中，基准点可以类似于焊点一样被分配至具体工位来定义本工位夹具所使用到的定位点，并遵循 RPS 的原则，保证零件和总成使用的是同一基准（基准点可以被重复分配）。当某个零件发生变更导致基准点坐标或其他属性变化时，该基准点被分配到的所有相关工位都会同时更新，结构化的定位基准能真正实现 RPS 基准一致性的原则。

习　题

1. 汽车装配工序包括哪两大部分？
2. 简述汽车生产车间平面布置的方法。
3. 简述车身安装质量保证的几大要点。
4. 车辆常用的检查、整修项目有哪些？
5. 简述汽车车身的安装基本工序和生产方式。

学习领域四　汽车先进制造技术

在现代制造战略指导下，传统制造技术不断吸取计算机、信息、自动化、新材料和现代系统管理技术，将其综合应用于产品的研究与开发、设计、生产、管理和市场开发、售后服务，并取得社会经济效益的综合技术，统称为先进制造技术（AMT）。

模块十一　精益生产

知识目标

1. 理解精益生产的基本概念。
2. 了解精益生产方式的特征。
3. 掌握精益生产的主要内容。

能力目标

能够理解和分析精益生产模式。

学习引导

精益生产又称精良生产，是20世纪50年代日本工程师根据当时日本国内市场小，所需的汽车种类繁多，而又没有足够的资金和外汇购买西方最新技术，从而在丰田汽车公司创造的一种生产方式。1985年美国麻省理工学院启动了国际汽车研究计划，他们对世界各地近100家汽车制造厂经过研究、分析，提出了精益生产（Lean Production，LP）的概念，并得出一个非常重要的结论：日本经济腾飞在很大程度上依赖于一种新的生产方式——精益生产。

一、精益生产的基本概念

精益生产的英文原意是"瘦型"生产方式。精益生产简练的含义就是运用多种现代管理方法和手段，以社会需求为依托，以充分发挥人的作用为根本，有效配置和合理使用企业资源为企业谋求经济效益的一种新型企业生产方式。

精益生产方式的资源配置原则，是以彻底消除无效劳动和浪费为目标。精益的"精"就是精干，"益"就是效益，合起来就是少投入，多产出，把成果最终落实到经济效益上，追求单位投入产出量。

二、精益生产方式的特征

精益生产方式综合了单件生产与大量生产的优点，既避免了前者的高成本，又避免了后者的僵化，在内容和应用上具有如下的特征：

1）以销售部门作为企业生产过程的起点，产品开发与产品生产均以销售为起点，按订货合同组织多品种小批量生产。

2）在生产制造过程中实行"拉动式"的准时化生产，把上道工序推动下道工序的生产变为下道工序要求拉动上道工序的生产，杜绝一切超前、超量生产。

3）产品开发采用并行工程方法和主查制，确保高质量、低成本，缩短产品开发周期，满足用户要求。

4）追求无废品、零库存、零故障等目标，降低产品成本，保证产品多样化。

5）消除一切影响工作的"松弛点"，以最佳工作环境、最佳条件和最佳工作态度从事最佳工作，从而全面追求尽善尽美，适应市场多元化要求，用户需要什么就生产什么，需要多少就生产多少，达到以尽可能少的投入获取尽可能多的产出。

6）以人为中心，充分调动人的潜能和积极性，普遍推行多机器操作，多工序管理，并把工人组成作业小组，不仅完成生产任务，而且参与企业管理，从事各种革新活动，提高劳动生产率。

7）把主机厂与协作厂之间存在的单纯买卖关系变成利益共同的"共存共荣"的"血缘关系"，把 70% 左右零部件的设计、制造委托给协作厂进行，主机厂只完成约 30% 的设计、制造任务。

三、精益生产的主要内容

精益生产方式的应用涉及企业的产品开发、制造和经营管理的各个方面，主要是改进企业生产劳动组织和现场管理，彻底消除生产制造过程中的无效劳动和浪费，科学、合理地组织与配置生产要素，增强企业适应市场的应变能力，取得更高的经济效益。

1. 主查制的开发组织，并行式的开发程序

精益生产的产品开发组织是比较紧密的矩阵工作组，由主查负责领导。精益生产的主查比大量生产的项目经理具有更大的实权，工作组成员是由各部门抽调来的，根据与开发任务的关系分为核心成员和非核心成员，核心成员自始至终不变动，非核心成员在各自部门里，只有在紧急情况下才聚在一起，业务上受主查和所在部门双重领导。

精益生产采用并行式工作程序，产品开发从一开始设计，相关工艺、质量、成本、销售人员就联手参加有关工作，尽早进行阶段衔接，尽可能地同时工作。在产品设计过程就要确定制造工艺，用工艺保证达到质量标准、生产率、目标成本和各项指标。

2. 拉动式的生产管理

精益生产组织生产制造过程的基本做法是用拉动式管理代替传统的推动式管理，每一道工序的生产都是由其下道工序的需要拉动的，生产什么，生产多少，什么时候生产都是以正好满足下道工序的需要为前提。拉动式方法的特点：一是坚持一切以后道工序要求出发，用拉动式保证生产的准时化，在需要的时候生产需要的产品和数量；二是生产指令不仅是生产作业计划，而且还用"看板"进行微调，即以计划为指导，以"看板"为现场指令。"看板"成为拉动式生产的重要指挥手段。

拉动式方式在生产制造过程中的具体应用，主要表现在几方面：①以市场需求拉动企业生产，即市场需要什么就生产什么，需要多少就生产多少，超前超量生产都是不允许的；②在企业内部，以后道工序拉动前道工序，以总装配拉动总成装配，以总成装配拉动零件加工，以零件加工拉动毛坯生产；③以前方生产拉动后方生产，准时服务于生产现场；④以主机厂拉动协作厂生产，把协作厂的生产看成是主机厂生产制造体系的一个组成部分，尽可能地采用直达送货方式。

3. 以人本管理为根本的劳动组织体制

精益生产方式把雇员看成比机器更为重要的固定资产，在企业中的所有工作人员都是企业的终身雇员，不能随意淘汰。在精益生产方式中，企业不仅将任务和责任最大限度地托付在生产线上创造实际价值的工人，给他们施加工作压力，而且还通过培训等方式为工人们创造条件，扩大他们的知识面，提高他们的技能，使他们学会作业组的所有工作，不仅是产品加工、设备维护、简单修理，甚至还包括材料的订购。职工在这种既受到工厂重视又能掌握多种生产技能，而且又不是在枯燥无味地重复一个同样动作的情况下，以主人公的态度积极地、创造性地对待自己的工作。

4. 简化产品检验环节，强调一体化的现场质量管理

精益生产方式对产品质量的观点是：质量是制造出来的，而不是检查出来的，认为一切生产线外的检查把关及返修都不能创造附加价值，而把保证产品质量的职能和责任转移到直接生产操作人员，要求每一个作业人员尽职尽责，精心完成工序内的每一项作业。由每一个操作工自己保证和检验产品质量，取消了昂贵的检验场所和修补加工区，简化了产品的检验，保证了产品的高质量，而且节省了生产费用。

5. 总装厂与协作厂之间的相互依存

精益生产方式主张在总装厂与协作厂之间建立起一种相互依存的信任关系，以代替单纯订货式的买卖关系。总装厂与协作厂之间的全部关系除了规定在基本合同文件之外，还组织协作厂协会，协会定期开会，交换意见，沟通信息，帮助协作厂培训干部，提高质量，降低成本，改善经营管理。此外，总装厂还常常派高级经理人员去协作厂任职，对主要的协作厂还采取参股控股办法，建立起资金联合纽带的血缘关系。

6. 以顾客为中心的销售策略

精益生产极为重视经销人员素质的提高，认为这是精益生产销售方式的原动力。精益生产销售人员的素质包括两个方面。一是思想素质，经销人员要对企业绝对忠诚，端正对工作的态度，树立正确的价值观；培养自我管理的能力和实践能力；妥善安排时间，不间断地学习，具有遇困难不退缩、坚韧不拔的毅力。二是业务素质，不但要掌握销售知识与技巧，还要非常了解产品，懂技术、会修理。销售部门设立设施精良、现代化的进修中心。

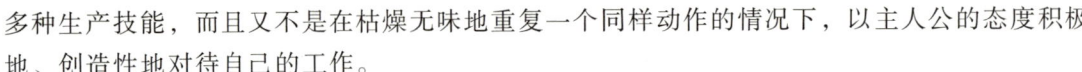

新技术应用——自动驾驶

自动驾驶汽车（Autonomous Vehicles；Self-driving Automobile）又称无人驾驶汽车、电脑驾驶汽车或轮式移动机器人，是一种通过电脑系统实现无人驾驶的智能汽车。自动驾驶汽车依靠人工智能、视觉计算、雷达、监控装置和全球定位系统协同合作，让电脑可以在没有任何人类主动的操作下，自动安全地操作机动车辆。《汽车驾驶自动化分级》将自动驾驶划分为0～5共6个不同的等级。其中，0级驾驶自动化具备应急辅助功能；1级驾驶自动化具备部分驾驶辅助功能；2级驾驶自动化具备组合驾驶辅助功能；3级驾驶自动化具备有条件自动驾驶功能；4级驾驶自动化具备高度自动驾驶功能；5级驾驶自动化具备完全自动驾驶功能。

模块十二 并行工程

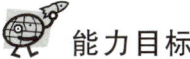知识目标

1. 理解并行工程的基本概念。
2. 了解并行工程的特点。
3. 掌握并行工程的四个关键要素。

能力目标

能够理解和分析并行工程工作模式。

学习引导

传统的串行开发模式,在早期阶段不能很好地考虑生命周期的各种因素,造成较多的设计返工,在一定程度上影响了企业核心竞争力目标的实现。为改进"串行工程"的缺陷,1986年,美国正式提出了"并行工程"概念。并行工程(Concurrent Engineering,CE)是运用新的知识,在计算机技术支持下,对产品设计及其相关过程(包括制造过程和支持过程)进行并行、一体化设计的系统化工作模式。

一、并行工程的基本概念

并行工程是对产品及其相关过程(包括制造和支持过程)进行并行、一体化设计的一种系统化的工作模式,这种模式力图使开发者从一开始就考虑到产品全生命周期中的所有因素,包括质量、成本、进度和用户需求。

二、并行工程的特点

并行工程的主要目标是缩短产品开发周期,提高产品质量,降低产品成本,从而增强企业的核心竞争力。采用并行工程技术进行产品开发具有以下一些特点。

1)在产品设计期间,并行地处理整个产品生命周期中的关系,体现了小组合作、信任及其共享的价值,因而消除了由串行过程引起的孤立、分散及其"抛过墙"综合征。

2)产品开发过程中,开发人员被划分成许多小组,通过并行规划,这些小组将并行工作最大限度地集中起来做并行处理,因而缩短了产品开发周期,进而可使产品早日投放市场。

3)设计一开始就考虑到影响产品质量的所有因素。可以在产品开发过程早期发现不同工程学科设计人员、功能、可制造性、可装配性及可维修性等因素之间的冲突关系,最大限度地避免设计错误,减少设计的更改和重复次数,提高质量,降低成本,使得产品开发过程接近一次成功的目标。

4)这种方法强调用户呼声,对用户更加负责。销售者与用户在产品设计阶段参与工作,对生产的有关要求在相当早的时期就已提出并明确下来。

三、并行工程的四个关键要素

1. 产品开发队伍重构

并行工程首先必须将传统的部门制或专业组变成以产品为主线的多功能集成产品开发团队（Integrated Product Team，IPT）。IPT 包含三类人员：企业管理决策者、团队领导和团队成员。在并行工程的机构中，企业管理决策者的主要作用是提出指导路线、任务和目标，组织产品开发团队，指定团队领导并授权给他们，以及参与和支持他们的决策制订。而产品开发团队必须对他们所做的决策负责，并时刻把顾客的需求作为首先考虑的问题。团队成员的行为应该与整个团队保持一致。团队的数量和他们需要包括的学科由产品的复杂程度及其相应的过程所决定。

2. 产品开发过程重构

并行工程与传统产品开发方式的本质区别在于它把产品开发的各个活动视为一个集成的过程，从全局优化的角度出发对该集成过程进行管理和控制，并且对已有的产品开发过程进行不断地改进和提高，这种方法被称为产品开发过程重构（Product Development Process Re-engineering）。并行工程产品开发的本质是过程重构。

3. 数字化产品定义

其工作内容包括服务于产品整个生命周期各进程的数字化产品模型和产品生命周期数据管理以及数据化工具集成和信息集成。

（1）产品数据定义与管理　建立和使用产品数据库是设计过程中的一个关键工作，这些数据库将工作、任务、工具和人员集成到一起。产品数据库中单个元件的规格和说明可以随时提供所有的工具和人员。产品数据管理系统（PDM）已成为一种重要的支持系统。

（2）工具集成和信息集成　要实现产品并行开发，必须采用各种先进的计算机辅助工具，即广义的 CAD/DFX 数字化工具集，如质量功能配置（QFD，Quality Function Deployment）、面向制造的设计（DFM，Design For Manufacturing）、面向装配的设计（DFA，Design For Assembly）、计算机辅助工装设计（CAFD，Computer Aided Fixture Design）。这些工具通过统一的产品数字化模型定义，在 PDM 技术的支持下，实现各团队之间的协同工作及各阶段部门之间的过程集成和信息集成。

4. 协同工作环境

协同工作环境是用于支持协同工作的网络与计算机平台。它必须支持用于产品开发的特定信息类型和信息容量，把正确的信息在正确的时间以正确的方式传递给正确的人。

在一般情况下，任务、工具和人员越多，数据就越多样化，对通信技术的要求就越高。对不同规模的团队，可以建立不同层次的支持环境。

模块十三　快速成形技术

知识目标

1. 理解快速成形的基本概念和原理。
2. 掌握快速成形工艺方法。
3. 理解快速成形的特点。
4. 了解快速成形技术的应用领域。

能力目标

能够理解和分析快速成型技术。

学习引导

随着全球市场一体化的形成，制造业的竞争越来越激烈，产品的开发速度日益成为市场竞争的主要焦点。在此情况下，自主快速开发产品（快速设计和快速工模具制造）的能力，成为制造业全球竞争的实力基础。同时，制造业为满足日益变化的用户需求，又要求制造技术有较强的灵活性，能够以小批量甚至单件生产而不增加产品的成本。因此，开发产品的速度和制造技术的柔性就显得十分重要。从技术发展角度看，计算机、CAD、材料、激光等技术的发展为新的制造技术的产生奠定了基础。快速成形制造技术（Rapid Prototyping Manufacturing，RPM）就是在这种社会背景下，于20世纪80年代后期产生于美国，并很快扩展到日本及欧洲，是近20年来制造技术领域的一项重大突破。

一、快速成形定义

快速成形（Rapid Prototyping，RP）是系统依据二维CAD模型数据、CT和MRI扫描数据和由三维实物数字化系统创建的数据，把所得数据分成一系列二维平面，又按相同序列沉积或固化出物理实体。

二、快速成形原理

首先由三维CAD软件设计出所需要零件的计算机二维曲面或实体模型（也称电子模型）；然后根据工艺要求，按一定的规则将其按某一厚度进行分层，将原来的三维电子模型变成一系列的二维平面信息；再将分层后的数据进行一定的处理，加入合适的加工参数，产生数控代码；最后在微机控制下，数控系统以平面加工方式，连续有序地加工出每个层片，并使它们自动粘结而成形。

三、快速成形工艺方法

快速成形制造技术的具体工艺不下30余种，最为成熟的有以下四种。

1. 立体印刷（Stereo Lithography，SL）

SL快速成形技术最早由美国3D System公司开发，它的工作原理如图13-1所示。由一个扫描激光头，发出紫外激光束在液态紫外光敏树脂的表层进行扫描，扫描的轨迹及激光的有无均由计算机控制,液态树脂表层受紫外激光束照射的那些点发生聚合反应形成固态。成形开始时,工作平台在液面下一个确定的深度,液面始终处于激光的聚焦平面,聚焦后的光斑在液面上按计算机的指令逐点扫描,即逐点固化。当一层扫描完成后,未被照射的地方仍是液态树脂。然后升降台带动平台下降一层高度,已成形的层面上又布满一层树脂,以便进行第二次扫描,新固化的一层牢固地粘在前一层上。如此重复进行直至三维零件制作完毕。

2. 分层实体制造(Laminated Object Manufacturing,LOM)

LOM 快速成型技术最早由美国 Helisys 公司开发。该项技术将薄片材料,如纸、塑料薄膜等一层一层地堆叠起来,激光束只需扫描和切割每一层的边沿,而不必像 SL 快速成型技术那样,要对整个表面层进行扫描,LOM 法原理图如图 13-2 所示。它的工作原理是:片材表面事先涂覆上一层热熔胶,加工时,热压辊热压片材,使其与下面已成形的工件粘结;在计算机控制下,CO_2 激光器在刚粘结的新层上切割出零件截面轮廓和工件外框,并在截面轮廓与外框之间多余的区域内切割出上下对齐的网格;激光切割完成后,工作台带动已成形的工件下降,与带状片材分离;供料机构转动收料轴和供料轴,带动料带移动,使新层移到加工区域;工作台上升到加工平面;热压辊热压,工件的层数增加一层,高度增加一个料厚;再在新层上切割截面轮廓。如此反复直至零件的所有截面粘结、切割完毕,从而得到分层制造的实体零件。

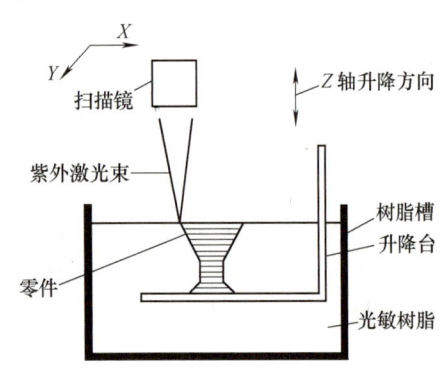

图 13-1 SL 工艺方法原理图

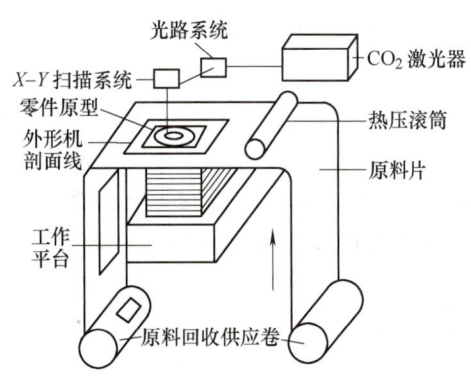

图 13-2 LOM 法原理图

LOM 模型相当坚固,它可以进行机械加工、打磨、抛光、绘制、加涂层等各种形式的加工。目前用于 LOM 技术的箔材主要有涂覆纸、覆膜塑料、覆蜡陶瓷箔、覆膜金属箔等。

3. 选择性激光烧结(Selective Laser Sintering,SLS)

SLS 技术最早由美国得克萨斯大学开发,并由 DTM 公司将其推向市场。如图 13-3 所示,SLS 工艺是利用粉末状材料成形的,将材料粉末铺洒在已成形零件的上表面,并刮平;在计算机的控制下,用高强度的 CO_2 激光器在刚铺的新层上扫描出零件截面;材料粉末在高强度的极光照射下被烧结在一起,得到零件的截面,并与下面已成形的部分粘结;一层完成后再进行下一层,循环往复,全部烧结完成后,取去多余的粉末,便得到烧结成的零件。

4. 熔融沉积成形(Fused Deposition Modeling,FDM)

熔融沉积成形 FDM 工艺由美国学者 Dr. Scott Crump 于 1988 年研制成功。它是一种不使用激光器加工的方法。如图 13-4 所示,喷头在计算机控制下做 X-Y 联动及 Z 向运动,料丝在喷头中被加热到温度略高于其熔点,通过带有一个微细喷嘴的喷头挤喷出来。

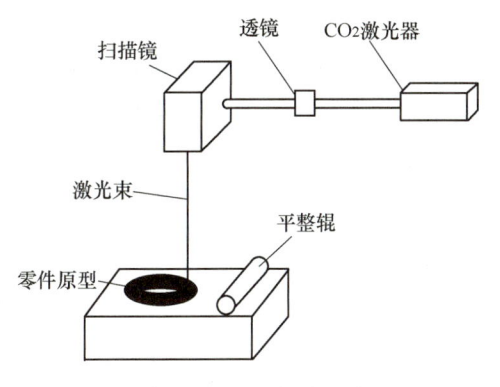
图 13-3　SLS 法原理图

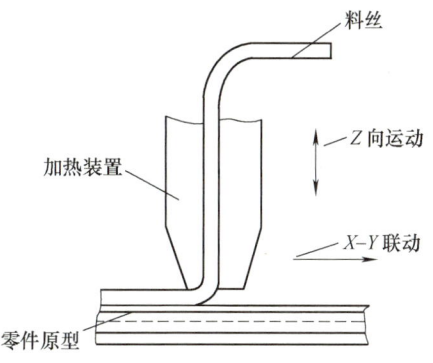
图 13-4　FDM 法原理图

热熔性材料的温度始终稍高于固化温度,而成形的部分温度稍低于固化温度。热熔性材料挤喷出喷嘴后,随即与前一个层面熔结在一起。一个层面沉积完成后,工作台按预定的增量下降一个层的厚度,再继续熔喷沉积,直至完成整个实体零件。

FDM 工艺的热熔性材料一般为 ABS、蜡、聚乙烯、聚丙烯等。

四、快速成型技术的特点

由以上各种工艺的原理可以看出,快速成形技术有一个共同的特点,即先将产品零件做分层处理,然后再一层层地叠加,这决定了快速成形技术有以下特点。

1)速度快。
2)不需要专门设计图样。
3)不需要制造专用的模具、夹具。
4)可以加工出任意形状的产品零部件。
5)可以加工多种材料,以得到不同的力学性能和热特性的工件。
6)不需要编制工艺文件。
7)非常适合于计算机集成制造。
8)成本几乎与零件的复杂程度和生产批量无关,因此快速成形制造技术适合于小批量零部件,尤其是一些独特的零部件。

五、快速成形技术的应用领域

快速成形技术一经出现就得到了广泛应用,目前已应用于汽车、机械、电子、电器、航空航天、医学、建筑、玩具、工艺品等许多领域。

快速成形制造的第一类用途是最早应用于机械零件或产品整体设计效果的直观物理效果实现,因为只是用来审查最终产品的造型、结构和装配关系等目的,因此造型材料要求较低。

快速成形的第二类用途是制造用于造型的模型,如陶瓷型精铸模、熔模铸造模、冷喷模和铸模等。

第三类用途则为应用于最终产品,如采用金属粉直接成形机械零件和压力加工模具等。

最近,快速成型技术因其不可比拟的优势而被用来进行组织工程材料的人体器官诱导成形研究。组织工程材料是与生命体相容的、能够参与生命体代谢并在一定时间内逐渐降解的特种材料。用快速成形技术并采用这种材料制成的细胞载体框架结构能够创造一种微环境,以利于细胞的黏附、增殖和功能发挥。它是一种极其复杂的非均质多孔结构，是一种充满生机的蛋白和细胞活动、繁衍的环境。在新的组织、器官生长完毕后，组织工程材料随代谢而降解、消失。在细胞载体框架结构支承下生长的新器官完全是天然器官。这一技术将为人们的健康提供更强有力的保证。

快速成形技术经过十几年的发展，已经显示出无限的生命力，成功实现了 CAD/CAM 的集成。该项技术以其不可比拟的优势必将成为 21 世纪占有重要地位的先进制造技术。

模块十四　敏捷制造

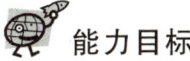知识目标

1. 理解敏捷制造的基本概念。
2. 了解敏捷制造的特点。
3. 掌握敏捷制造的一般实施方法。

能力目标

能够理解和分析敏捷制造生产模式。

学习引导

1991 年，由美国国防制造技术计划秘书办公室资助，由美国海军制造技术办公室和美国里海大学的亚柯卡研究所签订合同，开展未来制造技术发展战略的研究。为此，由亚柯卡研究所和美国 13 家大公司的行政首脑组成核心组进行深入研究，并邀请 100 多家企业和著名的咨询公司参与研讨，历时半年，形成了一份名为"21 世纪制造企业发展战略"的研究报告，在其中首次提出了敏捷制造的新概念。其基本的思想是通过把动态灵活的虚拟组织机构（Virtual Organization）或动态联盟、先进的柔性制造技术和高素质的人员进行全面的集成，从而使企业能够从容应付不断快速变化的市场，获得长期效益。这是一种提高企业竞争能力的全新的制造组织模式，其核心观点是除了学习日本的成功经验外，更要利用美国信息技术的优势，夺回制造工业的世界领先地位。这一新的制造理念在全世界产生了巨大的反响，并且已经取得了引人瞩目的实际效果。

一、敏捷制造的基本概念

敏捷制造（Agile Manufacturing，AM）是指制造系统在满足低成本和高质量的同时，对变幻莫测的市场需求的快速反应。敏捷制造是在无法预测和持续变化的市场环境中保持并不断提高企业的快速反应和竞争能力，通过综合运用在计算机技术基础下迅猛发展的产品制造、信息集成和通信技术，充分利用企业之间以及企业内部的各种资源，结成针对某种产品开发、设计与制造的全球企业动态联盟，并以最快、最经济的方式开发产品，推向市场。

二、敏捷制造的特点

敏捷制造的特点可概括为：通过先进生产技术、先进的管理技术和高素质人员的集成，着眼于获取企业的长期经济效益；用全新的产品设计和产品生产的组织管理方法，来对市场需求和用户要求做出灵敏和有效的响应。具体地讲，它具有以下特点。

1）对产品开发、设计、制造全过程的要求。敏捷制造采用柔性化、模块化的产品设计方法和可重组的工艺设备，使产品能根据用户的需求进行改变，并借助仿真技术进行产品性能和制造过程仿真，让用户很方便地参与设计，从而很快地生产出满足用户需要的产品。

2）多变的动态组织结构。21 世纪衡量竞争优势的准则在于企业对市场反应的速度和满

足用户的能力。而要提高这种速度和能力,必须以最快的速度与最佳的方式把企业内部的优势和企业外部不同公司的优势组织起来,成为灵活的经营实体,即虚拟公司。

3)战略着眼点在于长期获取经济效益。敏捷制造采用先进制造技术和具有高度柔性的生产线进行生产,这些具有高柔性、可重组的生产线可用于多种产品,不需要像大批量生产那样要求在短期内收回投资。它能做到完全按需生产,充分把握市场中的每一个盈利时机,使企业长期有能力获取经济效益。

4)实现技术、管理和人的有效集成。敏捷制造企业需要充分利用分布在各地的各种资源,把这些资源有效地集中在一起,以及把企业中的生产技术、管理和人员有效、相互协调地集成到一起。

5)充分利用人的因素,强调以"人"为中心。敏捷制造提倡以"人"为中心的管理。敏捷制造企业为了充分发挥人的主动性和创造性,强调用分散决策代替集中控制,用协商机制代替递阶控制机制。把权力下放到项目组,提倡"基于统观全局的管理"模式,要求各个项目组都能了解全局的远景,胸怀企业全局,明确工作目标和任务的时间要求,但完成任务的中间过程则由项目组自主决定。

三、敏捷制造的一般实施方法

从系统化的角度看,敏捷制造的一般实施方法可由五个层次组成,即企业敏捷制造战略层,企业的敏捷化建设及经营策略变更层,企业技术准备层,敏捷制造系统构建层,敏捷制造系统运行与管理层。

企业敏捷制造战略层的主要任务是进行企业的竞争优势分析与评估,以便确认企业在实施敏捷化工程中的目标体系。

企业的敏捷化建设及经营策略变更层的主要任务则是分析企业的过程与功能,以便判断是否及如何对企业资源尤其是核心资源进行调整,为企业重组提供必要的工程依据。此外,如何建立适应于相应调整策略的员工培训体系也占据重要位置。

企业技术准备层的主要任务就是完成企业的敏捷化改造。相关的内容包括企业信息化与标准化工作、企业重组、基础信息框架建立、各种智能技术的应用等。

敏捷制造系统构建层的主要任务则是从结构化分析与结构化设计的角度出发,进行系统逻辑层面的建模及物理系统的构建,从而形成功能、过程、组织、信息、资源间的交互与集成。

敏捷制造系统运行与管理层的主要任务则是控制、调度、管理实际的敏捷制造系统,实现产品的制造及向市场的投放。

模块十五　虚　拟　制　造

知识目标

1. 理解虚拟制造和虚拟制造系统的基本概念。
2. 理解虚拟制造的特点。
3. 了解虚拟制造的效果。

能力目标

能够理解和分析虚拟制造。

学习引导

20世纪90年代以来，对市场的快速响应（交货期）成为企业竞争的焦点，于是敏捷制造、智能制造、虚拟制造（VM）等新概念、新的生产组织方式、新的生产模式相继出现。企业的柔性和快速响应市场的能力成为竞争能力的主要标志。21世纪是技术创新的年代，是以高新技术、新颖的产品去开拓市场，创新将是主要标志。因此，知识的获取和创新、信息的交流和技术的合作都是21世纪市场竞争的热点问题。虚拟制造就是根据企业竞争的需求，在强调柔性和快速的前提下，于20世纪80年代提出来的，并随着计算机技术，特别是信息技术的迅速发展，在20世纪90年代得到了人们的极大重视，获得迅速发展。

一、虚拟制造技术与虚拟制造系统

虚拟制造技术（Virtual Manufacturing Technology，VMT）是由多学科先进知识形成的综合系统技术，是以计算机仿真技术为前提，对设计、制造等生产过程进行统一建模，在产品设计阶段，实时、并行地模拟出产品未来制造全过程及其对产品设计的影响，预测产品性能、产品制造成本、产品的制造性，从而更有效、更经济、更灵活地组织制造生产，使工厂和车间的资源得到合理配置，以达到产品的开发周期和成本的最小化、产品设计质量的最优化以及生产率最高化的目的。虚拟制造系统（Virtual Manufacturing System，VMS）是基于虚拟制造技术实现的制造系统，是现实制造系统RMS（Real Manufacturing System）在虚拟环境下的映射。VMS生产的产品是可视的虚拟产品，是一个数字化产品，它具有真实产品所必须具有的特征，并具有动态结构及决策、控制、调度、管理等四个机制。VMT和VMS涉及整个产品开发和制造过程的方方面面，对于产品来说，涉及整个产品生命周期的各个方面，对于制造过程来说，涉及整个工厂的各个方面。

二、虚拟制造的特点

1）虚拟制造是实际制造过程在计算机上的映射和本质表现，可以增强制造过程各个过程的决策与控制能力。

2）产品设计与制造是在虚拟环境下进行的，不依赖于传统的原型样机的反复修改，可将已开发的产品（部件）存放在计算机里，大大节省仓储费用，更能根据用户需求或市场

变化快速改变设计，快速投入批量生产，从而能大幅度压缩新产品的开发时间，提高质量，降低成本。

3）方便不同地点、不同部门的不同专业人员在同一个产品模型上协同工作，相互交流，信息共享，减少大量的文档生成及传递的时间和误差，从而使产品开发以快捷、优质、低耗响应市场变化。

4）虚拟制造通过计算机虚拟模型来模拟和预估产品功能、性能及可加工性等各方面可能存在的问题，提高人们的预测和决策水平，使制造技术走出主要依赖经验的模式，发展到全方位预报的新阶段。

虚拟制造从根本上讲就是要利用计算机生产出"虚拟产品"。不难看出，虚拟制造是一个跨学科的综合性技术，它涉及仿真、可视化、虚拟现实、数据继承、优化等领域。

三、虚拟制造的效果

虚拟制造可以为企业带来以下六个方面的主要效果。

1）提供影响产品性能、制造成本、生产周期的相关信息，以便决策者能够正确地处理产品的性能、制造成本、生产进度和风险之间的平衡关系，做出正确的设计和管理决策。

2）提高产品的设计质量，减少设计缺陷，优化产品性能。

3）提高工艺规划和加工过程的合理性，优化制造过程及提高制造质量。

4）通过提高产品质量，降低生产成本，缩短开发周期以及提高企业的柔性，以适应用户的特殊要求和快速响应市场的变化，形成企业的市场竞争优势。

5）通过生产计划的仿真，可以优化资源配置和物流管理，实现柔性制造和敏捷制造，缩短制造周期，降低生产成本。

6）通过虚拟企业的概念以及具体的实践组成的快速响应部队，能在竞争中为企业把握机遇和带来优势。

新技术应用——基于模型的汽车系统工程

计算机辅助设计技术应用到汽车制造行业，可以进行汽车结构设计、有限元分析、虚拟碰撞、虚拟装配等，利用计算机辅助系统自动生成加工代码，导入数控机床中进行生产。自动驾驶技术是现在热门的研究领域，但以物理样机进行试验难以实现全场景验证，利用系统建模和仿真对模型进行研究，可以大大提升研究的效率和可靠性。

从系统工程面向各个专业领域，需要清楚系统模型中的物理架构和各个专业模型中的基础架构的关系，实现系统工程师和机械设计/仿真工程师之间的协同。系统工程师可以灵活地调取可视化报告、物理架构图，了解设计/仿真工程师的具体工作，还能实时地将需求文档、验证数据等导入系统构架中，进行综合分析和研究。

1. 整车需求管理

需要对整车各个层面，从产品线、总系统、分系统的需求进行定义。从客户、市场的需要出发，转化为利益相关人员的需求，通过需求定义流程，转化为系统需求。这些需求包含有汽车性能需求、集成范围需求、造型总布置需求、电气需求、软件需求等。

2. 系统建模

首先进行运行场景分析，分析研发的汽车适合在什么场景使用，用户的需求是什么。其次进行系统分析，确定系统的边界，定义系统能为用户做什么，对功能的数据流和动态行为进行建模。再次进行逻辑架构，将系统看作是白盒，定义系统如何工作才能满足期望，进行第一个权衡分析。最后是进行物理架构，设计最终方案，确定系统如何开发和构建、各个软硬件如何分配、接口规范、实施的构型等。在这个阶段会产生大量的模型数据，对各个模型间有关联的关系进行统一的管理。

3. 整车多个属性间平衡

汽车是异常复杂和要求极高的工业产品，系统间的微小冲突和异常都可能导致用户体验下降，甚至可能造成使用者面临危险处境。因此，汽车研发过程中的不同性能、不同系统之间的平衡和协调尤为重要。例如，汽车在燃油经济性、轻量化、排放和驾驶性、成本等之间可能存在一些矛盾，如过于轻量化的结构会使驾驶人驾驶时感觉汽车不稳；但过重的车身会导致汽车油耗大、环境污染严重等。

进行整车架构模型优化，在多个属性中进行协调和优化，根据需求输入设置、配置变量，对属性和场景多个方案进行分析，最后找到最优的架构模型。

4. ACC 开发验证

ACC 即自适应巡航控制系统，是高级辅助驾驶系统中的一项重要的功能。智能汽车要实现无人驾驶，其自动驾驶能力必须安全可靠。在自动驾驶中可能出现数百万个场景，实车完成百万场景的试验费时费力，首先需要依靠模型和仿真进行验证，根据需求构建 ACC 的功能模型，并与系统关键参数关联，然后将功能模型转化为 ACC 的逻辑构架，进行模型验证。

5. 电子电气架构开发认证

基于模型的电子电气开发解决方案将来自平台的配置需求和来自多领域模型参数进行协同分析，以完成整车的电子电气的架构设计和优化。当设计完成以后，其输出结果推动下游的专业领域的详细设计，如网络设计、软件设计等。

6. 系统架构开发认证

架构模型完善以后，系统将模型以及需求通过设计任务分发给各个专业领域的设计人员。在进一步的结构设计中，系统架构工程师定义关键参数，将这些参数和分析请求发送给具体的设计和仿真工程师，设计和仿真工程师进行三维模型分析和验证，并将其与关键参数进行比对，反馈给系统架构工程师，形成闭环的研究系统，使产品的设计能持续优化。

习　题

1. 精益生产方式的特征是什么？
2. 精益生产方式的主要内容有哪些？
3. 简述敏捷制造的一般实施方法。
4. 并行工程的特点及关键要素各是什么？
5. 最为成熟的快速成形工艺方法有哪些？
6. 虚拟制造的主要研究内容是什么？

参 考 文 献

[1] 王宝玺. 汽车拖拉机制造工艺学[M]. 2版. 北京：机械工业出版社，2005.
[2] 曾东建. 汽车制造工艺学[M]. 北京：机械工业出版社，2006.
[3] 华健. 现代汽车制造工艺学[M]. 2版. 上海：上海交通大学出版社，2008.
[4] 李海国. 现代发动机及关键零部件最新制造技术和应用[J]. 制造技术与机床，2006(10).
[5] 韩英淳. 汽车制造工艺学[M]. 北京：人民交通出版社，2005.
[6] 王英杰，金升. 金属材料及热处理[M]. 北京：机械工业出版社，2006.
[7] 王怀林. 汽车典型零部件的铸造工艺[M]. 北京：北京理工大学出版社，2003.
[8] 李梦群，庞学慧，王凡. 先进制造技术导论[M]. 北京：国防工业出版社，2005.
[9] 何涛，杨竞，范云. 先进制造技术[M]. 北京：北京大学出版社，2006.
[10] 吴伯杰. 冲压工艺与模具[M]. 北京：电子工业出版社，2004.
[11] 肖智清. 机械制造基础[M]. 2版. 北京：机械工业出版社，2011.
[12] 倪森寿. 机械制造工艺与装备[M]. 2版. 北京：化学工业出版社，2009.
[13] 杨智勇. 汽车涂装技术[M]. 北京：北京理工大学出版社，2005.
[14] 赵桂范，杨娜. 汽车制造工艺[M]. 北京：北京大学出版社，2008.
[15] 李硕，栗新. 机械制造工艺基础[M]. 北京：国防工业出版社，2006.
[16] 战权理. 汽车装试技术[M]. 北京：北京理工大学出版社，2000.